U0601328

国家社科基金
GUOJIA SHEKE JIJIN HOUQI ZIZHU XIANGMU
后期资助项目

两淮私盐与地方社会：
1736－1861

Salt Smuggling and Local Society in
Liangnghuai Area: 1736-1861

吴海波 著

中华书局
ZHONGHUA BOOK COMPANY

图书在版编目(CIP)数据

两淮私盐与地方社会:1736-1861/吴海波著. —北京:中华书局,2018.8
(国家社科基金后期资助项目)
ISBN 978-7-101-12845-1

Ⅰ.两… Ⅱ.吴… Ⅲ.盐业史-研究-两淮(历史地名)-1736~1861 Ⅳ.F426.82

中国版本图书馆 CIP 数据核字(2017)第 236494 号

书　　名	两淮私盐与地方社会:1736—1861
著　　者	吴海波
丛 书 名	国家社科基金后期资助项目
责任编辑	吴爱兰
出版发行	中华书局
	(北京市丰台区太平桥西里 38 号　100073)
	http://www.zhbc.com.cn
	E-mail:zhbc@zhbc.com.cn
印　　刷	北京市白帆印务有限公司
版　　次	2018 年 8 月北京第 1 版
	2018 年 8 月北京第 1 次印刷
规　　格	开本/710×1000 毫米　1/16
	印张 26½　插页 2　字数 420 千字
印　　数	1-1500 册
国际书号	ISBN 978-7-101-12845-1
定　　价	96.00 元

国家社科基金后期资助项目出版说明

后期资助项目是国家社科基金设立的一类重要项目,旨在鼓励广大社科研究者潜心治学,支持基础研究多出优秀成果。它是经过严格评审,从接近完成的科研成果中遴选立项的。为扩大后期资助项目的影响,更好地推动学术发展,促进成果转化,全国哲学社会科学规划办公室按照"统一设计、统一标识、统一版式、形成系列"的总体要求,组织出版国家社科基金后期资助项目成果。

全国哲学社会科学规划办公室

目 录

表格目录

绪　论

一、选题原因及意义

(一)选题原因

当今社会,在大多数老百姓心目中,"盐"充其量只是日常生活中不可或缺的调味品和营养品而已。而事实上无论是从其自然属性还是社会属性而言,盐的用途都十分广泛[1]。首先就其自然属性而言,其用途主要体现在六个方面:食用、渔业用、农业用、工业用、药用,以及国防化学之应用等[2];就其社会属性而言,盐的重要性更是不言而喻。远的不说,仅在我国传统社会,盐就被人民赋予了太多的意义,其价值远远超出了它作为调味品、营养品或是工农业用品的自然属性所在。在我国古代社会,由于统治阶级长期以来一直把盐业税收当作国家财税收入的重要来源之一[3],因此,不知不觉中盐就与政治、经济、科技、文化,乃至宗教产生了密不可分的联系。盐与政治、经济、科技、文化的关系自不必多言,就盐与宗教的关系

---

① 吴海波、曾凡英:《中国盐业史学术研究一百年》,巴蜀书社,2010年,第4页。
② 田秋野、周维亮:《中华盐业史》,台湾商务印书馆,1979年,第7页。
③ 中国盐税的渊源可上溯至四千多年前的夏代,与此相关的记载,最早见之于《尚书·禹贡》。《尚书·禹贡》中有青州"厥贡盐绨"的记载,就是说青州"贡"给奴隶主国家的贡物有盐和绨(一种细葛布),但此时的"贡盐"还不具备税收的性质。商、周时代基本上沿袭了夏朝的做法,盐业收入仍未被当作税收来征收。春秋战国时期这种情况发生了根本性变化。春秋中期,齐桓公利用管仲之策,率先实行盐专卖制,从此盐开始为政府所垄断,而盐税也因此成为国家的重要财税来源之一(参见[美]马克·科尔兰斯基著,夏业良、丁伶青译:《盐》,机械工业出版社,2005年,第281—284页)。春秋以后,其他各朝皆然。尤其到了唐宋以后,盐税在整个国家财税收入当中所占比重可谓越来越大。最初我们在唐代有关史料中能看到有关盐税占国家全部税收之半的记载,一直到清代,这种局面都没有多大改变。而事实上"盐税占国家全部税收之半"的说法恐怕并不是一个延续不变的现象,它可能只是在某一个朝代的某一段时间存在。有关这一点本书在后文将有详细的阐述。

来讲，在古代社会，盐通常被人民赋予了许多神秘的色彩①。此外，公元 9 至 17 世纪，盐在我国的某些地方还一度被当作货币用于生产和流通②。在中国，食盐曾经被人民赋予了如此之多说不清道不明的价值和意义，在国外又何尝不是如此③。正如心理学家厄内斯特·琼斯所言："古往今来，盐一直被赋予一种特殊意义，这种意义远远超出了它与生俱来的自然属性，荷马把盐称为'神来之物'，柏拉图把盐描述为对诸神来说极为宝贵的东西。我们如今注意到它在宗教仪式、缔结盟约和行使咒语时的重要性。而在所有时代所有地方，情况应该一直如此，这表明它是人类的普遍性，而不是什么地域性的习俗、环境或者概念。"④盐既然有如此重要的作用，那么，当人们在研究中国古代历史时，就不能将其搁置一边，相反，应该给予它更多的关注与研究。如果以盐为主线来研究我国某一历史时期的政治与经济，以及因为盐而表现出来的种种社会现象，想必一定能产生难以想象的效果。正是基于此考虑，笔者才决定选择有关盐的其中一个方面，即"私盐"为主线，来探寻因为食盐走私而表现出来的种种社会万象。

具体而言，本书的选题主要是基于以下几点考虑：

首先，清代盐业史是我国古代经济史的重要组成部分，数十年来，清代盐业史研究越来越为学界所关注，就目前的研究现状来看，该领域所取得

---

① 马克·科尔兰斯基在其著作《盐》的引言中提到，在传统的日本戏院里，每次演出之前，都要在舞台上撒盐，以保护演员不受邪恶精灵或鬼怪的伤害。在海地，人们认为打破符咒、使举止怪异者恢复正常的惟一方式就是利用盐的魔力。在加勒比黑人的文化中，盐打破符咒的能力不只是局限于邪恶精灵或鬼怪，他们同时还认为盐会驱逐所有的精灵。而犹太人和穆斯林都相信盐能够驱赶邪恶的眼睛。陈然、曾凡英在《盐，一种文化现象》一文中也提到，在我国的盐都自流井地区，因盐场用牛众多，每年逢牛王诞辰之日，便举行盛大庆典和祭祀活动，称之为"牛王会"（参见彭泽益、王仁远主编《中国盐业史国际学术讨论会论文集》，四川人民出版社，1991 年，第 517 页）。

② 公元 9 世纪至 17 世纪，在云南的丽江、永昌、建都、普洱等经济相对落后的偏远地区，都曾出现过盐币。地方政府发行盐币，并以官方掌握的印记控制盐币形状与重量，固有其价值，如同货币发行一样由官方严格管理。甚至到 20 世纪中期，云南的裸黑山还有盐币的存在。有关云南盐币的具体情况可参见董咸庆《盐币：云南市场流通过的货币》（载彭泽益、王仁远主编《中国盐业史国际学术讨论会论文集》，四川人民出版社，1991 年，第 539—556 页）和赵小平《清代滇盐生产与商品经济发展研究》（载缪坤和主编《经济史论丛》，中国经济出版社，2005 年，第 243—252 页）二文。上述二文就云南盐币的产生、发展、流通、形态、功能问题进行了详细的阐述。

③ 埃及人制造干乃伊时使用盐来防腐；对于古希伯来人以及现代犹太人来说，盐是上帝与以色列缔结盟约的永恒象征；而在伊斯兰教徒看来，若能用盐来封存契约，其本质将永远不会改变。

④ ［美］马克·科尔兰斯基著，夏业良、丁伶青译：《盐》，机械工业出版社，2005 年，第 2 页。

的成就可谓有目共睹①。前人所作的贡献包括各种专著论文的出版、盐业
资料的整理以及工具书和通俗读物的编辑等,举凡与盐有关的政治、经济、
生产技术、法律法规、思想文化等课题,无不为人们所关注。但纵观现有的
研究成果,笔者却发现,无论是相关论文、论著还是通俗读物,其研究范围
多集中于所有制形态、产运销经营体制机制、盐业生产技术与方法、盐务管
理制度与体系,以及与盐政、盐商、盐税、盐法等相关的宏观问题的探讨上,
而对于诸如私盐等给盐业经济的发展所带来的正面或是负面的影响,以及
私盐背后所体现出来的官商之间、官民之间以及商民之间的复杂社会关系
等微观问题则明显重视不够。虽然目前也有不少研究成果提到了或探讨
了该问题,有的研究成果甚至已经达到了相当的高度②,但由于各自侧重
点不同,有些问题还有待作进一步探讨与分析。

其次,就目前为数有限的清代私盐史研究论著和论文来看,其关注点又
多集中于探讨私盐的概念、私盐的种类、导致私盐泛滥的原因、私盐的影响以
及政府的防私治私措施等问题上,却很少就私盐与地方社会各基层民众之间
的互动关系等问题作深入的分析与考察。笔者试图在前人研究基础上就这
方面的问题发表一些粗浅的看法和评说。在研究清代私盐问题时,如果仅仅
将眼光停留在显而易见的表面问题上,而不去挖掘隐藏至深的"偏门""冷门"
或是"旁门"素材,那么,导致清代私盐泛滥的一些隐蔽性因素恐怕很难察觉,
而对私盐的作用恐怕也很难做出客观、公正、合理的评价。

再次,从现有研究成果的选题角度来看,多以"全国"这一大范围作为
研究背景,然后推而广之。中国领土幅员辽阔,各地区的自然条件和社会

---

①　有关盐业史的研究现状,有学者在上世纪90年代就作过统计,自1910年至1990年的80
年当中,中外学者有关盐业史的各类文章和书籍,大约有一千二三百种之多(参见郭正忠《中国盐
业史八十年》,载彭泽益、王仁远主编《中国盐业史国际学术讨论会论文集》,四川人民出版社,1991
年,第571页)。在这一千二三百种研究成果当中,有关清代盐业史的研究成果就占有相当的比
重。1990年迄今,一转眼时间又过去了二十多年。这二十多年里,有关清代盐业史的研究成果,
仅论文就不下二百篇,相关论著也有好几部。该领域的研究之旺盛,由此可见一斑。为了全面总
结上世纪初期至本世纪初期以来的相关成果,2010年,笔者与曾凡英编著的《中国盐业史学术研
究一百年》顺利出版。

②　比如日本学者佐伯富,台湾学者徐泓,大陆学者陈锋、萧国亮、张小也、黄启臣、黄国信、鲁
子建、方志远、方裕谨、史志刚、吴善中、汪崇篔、王小荷等,都从不同的侧面对私盐问题进行了考
察,其研究成果值得称道。但由于私盐问题涉及面非常广泛,有些问题在现有研究成果中还无法
得到满意的解释与答案。

经济条件千差万别,这就决定了私盐问题必然也会存在地方性差异。因此,如果仅仅把研究停留在"全国"这一大范围上,很可能会导致难以把握地方特色的结果。因此,我们在作全国综合性、宏观性研究的同时,很有必要作局部地区的典型解剖和微观分析,以此来展示历史发展的复杂性和多样性。全国性综合研究和宏观研究,应该以各地区的微观研究为基础,才可能更有深度;同样,区域性微观研究也不能脱离全国性这个大背景,而局限于狭小的天地。总之,区域性微观研究与全国性综合研究与宏观研究应当并不相悖,而是相互配合、互相促进的整体。正是基于上述考虑,所以本书选择了就两淮而言,具有一定代表性又具有典型意义的湖广(今湖南、湖北)、江西两省作为重点考察对象。

(二)选题意义

从历史的角度而言,探讨清中叶两淮私盐与地方社会的互动问题,从点到面不断深化扩展,这无疑有助于人们对全国食盐走私问题有基本的了解,并为探寻清中叶清政府由强盛走向衰败的社会根源提供部分历史依据。区域盐业史研究并不在于追求(而且也不可能做到)以一个地区来"代表"中华帝国各地的行盐或私盐情况,而在于将历史时期的私盐放到它发生的空间和时间环境中去考察、解释和说明,搞清它"是什么",最终说明其"为什么"。这样,对于了解中国传统社会的盐政、财税等事关国计民生的大问题,无疑会有其独特的意义。

从现实的角度来看,鉴古可以知今,懂得历史源流,方可了解其发展趋向。近年来各类走私现象层出不穷,这其中既包括境外物资走私,也包括国家专卖商品的内部贩私。为数众多的私贩,有的暗度陈仓,有的明火执仗,将大量外国货物非法偷运入境,偷逃税收。既冲击了国内市场,损害了国家利益,同时也对边境安全构成了严重威胁[①]。因此,致力于构建和谐社会的今天,防私缉私成了当前各级政府刻不容缓的任务。选择私盐问题做深入研究,不仅有助于探索中国传统社会晚期盐业经济发展的趋势和规律,而且也可以为当前我国打击走私、惩治犯罪等提供历史借鉴,从这个角

---

① 对于该问题的研究,张小也在其著作《清代私盐问题研究》中也有所论述,本书企图在张文的基础上对该问题作更进一步的阐述。有关张文的论述,参见张小也《清代私盐问题研究》,社科文献出版社,2001年,第1页。

度来讲,无疑,私盐问题是一个很有现实意义的研究课题。

此外,由于食盐走私是清代盐业问题当中涉及面非常广泛的一个问题。私盐的产生、发展与泛滥,与当时的政治、经济、文化、法律等问题都密切相关。因此,探讨私盐问题,无疑对于人们从一个侧面窥探我国晚期传统社会的历史发展进程和各种社会矛盾的消长情况也必然会大有裨益。

二、资料来源及研究方法

(一)资料来源

对于从未接触过清代盐业史的学人而言,两淮盐业史料之浩繁、琐细与复杂,是令人难以想象的。相比于其他盐区而言,有关两淮的盐业记载之多,毫无疑问可以算是一个特例。其资料来源之广、之杂,令人惊叹。就本书而言,相关资料主要出自以下三个方面:

一、盐业史料。作为全国人口覆盖面最大、区域范围最广的盐区,两淮盐区在清代盐业经济当中曾经发挥着举足轻重的作用,为国家课税做出过突出贡献,因此,有关两淮盐业的专门性史料也十分丰富,仅《两淮盐法志》就曾经有过五个不同的版本,它们分别是康熙朝、雍正朝、乾隆朝、嘉庆朝、光绪朝《两淮盐法志》,相比于其他盐区而言,可谓"绝无仅有"。政府如此反反复复地组织人手编修《两淮盐法志》,也说明了两淮盐业在国民经济当中的重要性。当然,本书有关盐业史料的来源不仅仅局限于两淮地区,其他相邻盐区的盐业史料也具有很重要的参考价值。概括而言,除《两淮盐法志》外,本书盐业史料来源如下:光绪《两广盐法志》、光绪《四川盐法志》、光绪《两浙盐法志》《盐法通志》《清盐法志》《淮鹾备要》《两淮盐法撮要》《淮盐纪要》《淮北票盐志略》《淮北票盐续略》《淮南盐法纪略》《盐政备览》《中国盐政问题》《中国盐政史》《盐政辞典》《盐法议略》《中国盐政实录》《中国盐政纪要》《盐法纲要》《两淮鹾务考略》《中华盐业史》等。

二、正史、别史、档案及资料汇编。除上述盐务史料外,还可以从名目繁多的正典、档案及资料汇编当中找到与私盐相关的零散且又浩繁的史料。目前笔者所掌握的该类史料主要包括:《明史·食货志》,《明经世文编》,《清实录》,《清史稿》,《清朝文献通考》,《清朝续文献通考》,《清通典》,

《清会典》《清经世文编》《皇朝经世文编》《皇朝经世文续编》《皇朝政典类纂》《东华录》《东华续录》《清国史》《大清律辑》《乾隆朝上谕档》，乾隆、嘉庆、道光朝《朱批奏折》《刑科题本》《军机处录副奏折》《钦定大清会典事例》《清实录经济资料辑要》等。

三、方志史料。何谓方志，拿冯尔康先生的话来讲，就是"以地方行政单位为范围，综合记录地理、历史的书集"。方志不仅写物，更注重人和事。现存全国地方志八千二百多种，其中清代约五千六百种，占百分之七十左右①。由此可见，方志在清史研究中的重要作用是不言而喻的。本书的写作重点主要涉及今湖南、湖北、江西三个省的私盐问题，因此，这三个省的通志、府县志等无疑是本书史料的重要来源之一。这方面的史料主要包括光绪及民国《江西通志》《湖南通志》《湖北通志》及清代江西、湖广各府县志和其他一些相关地方文献资料以及《清代孤本方志选》《日本藏中国罕见地方志丛刊》等。除此以外，从整体而言，由于湖南、湖北、江西仍然属于两淮的一部分，他们并非独立的个体，这三个省的私盐问题所表现出来的种种现象，必定会与两淮其他省份乃至周边省份的情况发生关系，因此，安徽、江苏、河南、福建、浙江、广东、四川以及其他相邻省份的府县志当中所记载的盐业史料也是本书重要史料来源之一。

上述三类史料是本书使用最多的也是最基础的史料。应该指出，尽管上述史料对于研究清代两淮私盐问题非常重要，但仅凭这些尚难成文。因为上述史料均属于官方史料之列，而官方史料对于像私盐之类难登大雅之堂的"不光彩之事"，其记载往往语焉不详，或不客观、不公正，乃至存在一定的偏差。要真正了解清代两淮的私盐问题，还必须依靠文集、诗集、笔记、小说、野史、奏折及现当代学者的研究成果等作为补充，才能最终架构全书。因此，本书的史料来源还包括以下两个方面：

一、文集、诗集、笔记、小说、野史、奏折、族谱等。除奏折外，这一类的史料可能会或多或少地带有一定的文学色彩，其可信度往往要打一定的折扣，但作为正史的佐证，其史料价值不可忽视。这些史料最大的特点就是非常零散，查找起来几乎无规律可循，需要不断地爬梳、筛选和积累。通过几年努力，笔者主要收集到了以下一些相关材料，主要有：《意园文略》《金

---

① 　冯尔康：《清史史料学》，沈阳出版社，2004年，第161页。

壶浪墨》《扬州画舫录》《清稗类钞》《歙事闲谭》《五杂俎》《履园丛话》《镜湖
自选年谱》《水窗春呓》《随园诗话》《刑案成式》《太函集》《汉口丛谈》《天下
郡国利病书》《李觏集》《陌轩诗集》《浪迹丛谈续谈三谈》《竹叶亭杂记》《三
冈识略》《南巡盛典》《煮海歌》《魏源集》《吴文节公遗集》《包世臣全集》《曾
国藩全集》《陶文毅公全集》《林则徐全集》《龚自珍全集》《李文恭公（星沅）
奏议》《休宁西门汪氏宗谱》《棠樾鲍氏宣忠堂支谱》等。

　　二、现当代学者的研究成果。现当代学者的研究成果虽然不是第一手
材料，但它是一手材料的提炼，它为后学研究指明了可供研究的方向，通过
这些现有研究成果，人们可以清醒地看到哪些方面的研究已经比较成熟，
哪些方面还有待进一步完善；更为重要的是它为后学研究奠定了厚实的基
础。很显然，如果一个人的研究不是以前人研究为基础，那他所得到的很
可能是事倍功半的效果；只有站在前人的肩膀上，我们才能看得更高更远，
学术视野才可能更为宽广。就本书而言，主要借鉴的研究成果包括：郭正
忠主编《中国盐业史·古代编》，陈锋《清代盐政与盐税》，王振忠《明清徽商
与淮扬社会变迁》，田秋野、周维亮《中华盐业史》，吴慧、李明明《中国盐法
史》，李建昌《官僚资本与盐业》，韦明铧《两淮盐商》，汪崇筼《明清徽商经营
淮盐考略》，倪玉平《博弈与均衡：清代两淮盐政改革》，宋良曦《盐史论集》，
唐力行《商人与中国近世社会》，葛剑雄《中国人口史》，张学君、冉光荣《明
清四川井盐史稿》，张海鹏、王廷元主编《徽商研究》，张小也《清代私盐问题
研究》，周育民、邵雍《中国帮会史》，萧一山《近代秘密社会史料》，林文勋、
黄纯艳《中国古代专卖制度与商品经济》，蔡少卿《中国近代会党史研究》，
王瑜、朱正海《盐商与扬州》，徐泓《清代两淮盐场的研究》，［日］佐伯富《清
代盐政之研究》，［日］渡边惇等《清末时期长江下游的青帮、私盐集团活
动——以与私盐流通的关系为中心》，［美］何炳棣《扬州盐商：十八世纪中
国商业资本的研究》，［美］罗威廉《汉口：一个中国城市的商业和社会
（1796—1889）》等。

　　两淮盐业史料之多，可谓浩如烟海、汗牛充栋，无论如何凭个人能力都
很难做到穷尽，以上提到的只是与本书选题相关的部分史料，还有很多需
要进一步挖掘和查找。此外需要说明的是，由于受客观条件的限制，笔者
对台湾地区及国外所藏两淮盐业史料了解甚少，因此只能借助海外学者的
研究成果，通过转引的方式来补充国内史料的不足。对于其他参考过的相

关书目,本书已在"参考文献"中一一注明。

(二)研究方法

与其他学科一样,有关经济史的研究方法同样也需要具有多样性[①],根据写作需要,作者可以选择与历史学相关的政治、经济、社会等学科领域的研究方法对历史问题进行全面地分析与探讨。基于上述考虑,本书将主要采取下列研究方法对清代两淮私盐问题作深入考察。

1.交叉研究法。私盐问题是一个涉及面非常广的问题,从某种意义上讲,它既是一个重要的经济问题,也是一个与当时的政治、法律等有着深刻渊源的社会问题,同时又与食盐产区与销区所处的地理环境密切相关。之所以会出现食盐走私现象,从经济学的角度来看,是因为市场对私盐有巨大的需求,这种需求主要源于官盐价格的不合理性。价格决定市场,当官盐价格超出消费者的承受能力时,消费者必然会寻求一种价格相对便宜的替代品来取代对官盐的依赖,价格低廉的无课私盐充当的就是这个替代品的角色。因此,政府要防范私盐,其根本在于杜绝市场对私盐的需求,通过降低官盐价格或者是减少官盐成本的办法,使官盐在与私盐的市场竞争中处于优势地位,从而力求做到贩私成本大于贩私所获利润,当贩私者无利可图时,私盐才可能最终退出市场。从法律的角度来看,私盐的泛滥一定程度上与"法治不严"密切相关。法治不严既体现在法律条文的不完善上,同时也体现在对法律条文的执行上;也就是说,法律的可靠性和严肃性不仅仅要做到"有法可依",更重要的是要"违法必究、执法必严",二者缺一不可,任何一个环节出项疏漏,都难以达到预期效果。从社会学的角度来看,私盐的泛滥,与国家颁布执行的食盐专卖制度息息相关。食盐专卖制度下,正是划界行盐的销售体制导致了老百姓不得不舍近求远和食盐成本陡涨的局面。因此,国家要杜绝私盐,还必须从政策和制度层面入手,给盐业市场创造一个宽松的销售环境,降低官盐成本。无论是经济、法律还是社会因素,其实都与当时的政治环境息息相关。从地理学的角度来看,私盐

---

①　有关经济史的研究方法问题,吴承明和李伯重等均作过系统的探讨。吴承明的相关论述可参见《中国经济史研究的方法论问题》(《中国经济史研究》1992年第2期);《经济史:历史观与方法论》(《中国经济史研究》2001年第3期)。李伯重的相关论述可参见《理论、方法、发展趋势:中国经济史研究新探》(清华大学出版社,2002年)。

的活跃,与各行盐口岸复杂的地理环境也是有一定关联的。因此,本书在运用历史学的研究方法对研究对象进行剖析的同时,还将借助政治学、经济学、法学、社会学和地理学的一些理论思考和研究法,全方位、宽领域、多角度地分析该问题。

2.资料考证法。笔者在查阅有关两淮私盐的相关史料时,常常会碰到一些让人困惑的事情。比如在《两淮盐法志》中看到的某一材料,可能在《清会典》中也能找到,但一对照却发现两者之间有些出入,那么,到底哪一个记载更可信呢?此时要做的就是想办法看看能否在其他材料中找到类似的记载,然后通过对比、分析、推敲来确定哪一则材料可信度更高。有时所谓的"差异"可能仅仅是一个符号,或者是一个错别字,即使是这样,同样也必须通过严格的考证来确定真伪。因此,采用传统的考证方法以及历史与逻辑相结合的分析方法,对清中叶两淮私盐与地方社会之间的互动关系进行分析和研究是很有必要的,只有这样才能比较真实而又准确地厘清清中叶两淮私盐产生的成因、作用及其影响;并就地方社会各基层组织对待私盐的不同态度进行理性分析和探讨。此外,因各种资料的繁杂和重复,在研究过程中必然会出现资料引用的取舍问题,对此,本书遵循的一个基本原则是:尽量使用考证后的一手材料。

3.数理统计法。官盐销量的多寡,与人口数量的变化密切相关。一般来说,人口越多,官盐销量也必然越多。但清中叶两淮盐区某些行盐口岸的情况并非如此,在人口数量迅猛增长的情况下,有些地方的官盐销量不增反降。究其原因,正是与私盐的不断侵灌密切相关。那么,私盐在当时的食盐销售总量中到底占有多大的比重呢?由于史料没有这方面的明确记载,因此不大可能从现有的史料当中找到有关私盐量的确切数据,但如果借助其他一些相关记载①,并依托其相互关系,采用数理统计法进行推敲,则依然可以较为准确地对当时的私盐比重进行适当的量化。尽管这种统计可能会有所偏差,但只要谨慎处理和合理运用,它仍然可以成为人们了解清中叶两淮私盐基本情况的重要依据。

————————————

① 比如说官盐销量变化与人口变化之间的关系,在消费者对食盐的消费量基本上保持恒定不变的情况下,两者关系如果成正比,说明官盐销量比较稳定,私盐的入侵相对较弱;如果两者关系成反比,说明官盐销量要么保持了原有情况没变,要么在不断减少,无论是哪种情况,都能说明私盐销量对官盐销量已经造成了一定的冲击。

三、概念界定及本书创新与缺失

(一)时空界定

时间的界定:进行时间界定不仅有必要,而且也非常重要。只有在特定的时间范围内,本书内容才会更具逻辑性和严密性,同时对于解决某些问题也才更有价值和意义。本书所指"清中叶"其实是一个非常个性化的概念。哪一阶段才算是清中叶呢? 对此,学界并没有统一的标准,事实上也不可能有统一的标准。所谓"清初""清末"或者是"晚清"等这些时间术语,都只不过是作者根据写作需要而自我界定的较为宽泛的时间概念。当然,所谓"宽泛"也并非不着边际,从学术的角度而言,它还是有一个相对比较固定且公认的范围,本书所指的"清中叶"也不例外。它主要指乾隆、嘉庆、道光、咸丰(1736—1861 年)这一百多年的历史时期。但根据实际写作需要,本书又不只局限于这一百多年的历史,其上限可能追溯到康雍年间,下限可能延伸至同光之际。

空间的界定:就空间范围来说,两淮盐区包括长江中下游现今五省(湖南、湖北、江西、安徽、江苏)以及河南省管辖范围内二百余府县的全部或部分地区①,但出于写作的需要,本书只是重点论述湖广(湖南、湖北)及江西的私盐情况。笔者之所以选择湖广、江西为空间考察对象,原因有二:一方面是出于地理因素的考虑。就清中叶两淮的情况来看,湖广、江西由于受特殊地理因素的影响,私盐问题相比两淮其他省份更为突出、更为活跃;另一方面则是担心写作对象若涉及空间太大,难以把握,如果将其局限在一个或有限的几个具有一定代表性,且又比较熟悉的区域进行研究②,相对而言可能会容易得多。此外,与江苏、安徽、河南三省相比,湖广、江西在两淮盐区有着极其

---

① 因为有些府县并不完全销售淮盐,比如湖北宜昌府的东湖、长阳、兴山、巴东、归州行销淮盐,而鹤峰、长乐两县却行销川盐。这种情况在江西、河南、安徽等省也存在。

② 之所以说比较熟悉,是因为笔者对这三个省份的私盐问题已经作过一定的探讨(2001—2012 年期间,笔者先后在国内数家学术刊物上发表过十数篇与之相关的文章),相比于其他几个省份而言,也可以算是有一定的研究基础。

重要的地位。湖广的地位自不必多言,所谓"盐课以两淮为重,淮盐以楚岸为重"①,就是很好的明证。江西在两淮盐区的地位同样也不容忽视。这两大区域相加,它在两淮盐区的重要性就更是不言自明了。选择这样一个具有重要地位的区域作为研究对象,很显然,这对于研究两淮私盐问题必定会更有典型性、重要性和代表意义。但需要强调的是,本书最终要论述的毕竟是整个两淮的私盐问题,因此,在写作过程中并不会将湖广与江西完全孤立于两淮之外,更不会置其他省区的私盐问题于不顾。

(二)相关概念的界定

两淮: 我们通常所说的"两淮"是一个地域名称,对此,《中国古今地名大词典》的解释:一种是宋分淮南路为淮南东、西路,简称淮东、淮西,合称"两淮";另一种是泛指江苏、安徽两省淮河南部的广大地区②。本书所指的"两淮"与上述解释有所差别,它是指盐政区域名,指"两淮盐区"。它并不是指淮河全流域的南部和北部,而是专指淮河入海处的海盐产区。该盐区南与两浙、福建盐区相邻,北与山东盐区相接,西部(包括西南、西北)则被河东、四川、两广等盐区所包围。其产地居黄海之滨,位于江苏之通州、泰州、海州之地,销区范围包括江苏、安徽、江西、湖南、湖北的大部及河南的部分地区,总计二百余府县。无论是从产盐量,还是行销范围而言,在清代十一大盐区中,该区皆居首位③。

私盐: 何谓私盐?对此学界并没有一致的解释,五花八门的定义可谓见仁见智。目前具有代表性的解释主要有以下几种:景学钤认为:"私者何?对官而言,何谓官,何谓私,无人不知,有税为官,无税为私。"④于光远主编的《经济大辞典》的解释是:所谓私盐,主要指"在实行食盐专卖时,未

---

① 《清实录》第27册,《清高宗纯皇帝实录》卷一千四百六十六,乾隆五十九年十二月上,中华书局,1986年,第28681页。

② 戴均良等主编:《中国古今地名大词典》(中册),上海辞书出版社,2005年,第1458页。

③ 以田秋野和曾仰丰的统计数据(分别参见田秋野《中华盐业史》,台湾商务印书馆,1979年,第284—292页;曾仰丰《中国盐政史》,商务印书馆,1936年,第59页)为基础,刘经华认为,有清一代,两淮盐产占全国盐区销盐产量的五分之一以上(参见刘经华《中国早期盐务现代化》,中国科学技术出版社,2004年,第13—14页)。

④ 景学钤:《盐政问题商榷书》之七,《盐政丛刊》盐政杂志社,民国十年(1921年)。

经政府批准私自生产、运输、销售的食盐"①。宋良曦则认为："历代依当时的盐法生产、运销并纳税的食盐为官盐，反之，则视为私盐。"②吕一群的界定是：所谓私盐，就是"由商贩偷运，没有缴纳盐税的盐。简言之，就是指与官盐相对立，偷漏饷课的盐斤。"③王小荷指出，私盐有两种含义：一种是不纳任何饷课，逃避所有掣查的盐斤；另一种即所谓越界私盐④。张小也的看法是："所谓私盐就是没有按国家法律规定进行生产和运销，特别是没有纳税，从而不能为国家提供法定财税收入的盐。"⑤综观上述定义，不难发现，所谓私盐，就是指为逃避课税，而广泛存在于产、运、销领域的私产、私运、私销之盐，反之，则为官盐。"官"与"私"其实是两个相对而并非绝对的概念。也就是说，在某种情况下，官盐可能转变为私盐，私盐亦可能变成官盐。何官、何私？纳税与否是一个主要的衡量指标。纳税不仅存在于销售领域，同时也存在于生产和流通领域。任何一个环节出轨，官盐都可能变成私盐。因此，有些食盐在出场时走的是正规渠道，属于所谓的"官盐"范畴，但在运输或者是销售过程中违背了政府的食盐销售政策，使食盐处于税务机关的掌控之外，这时官盐也就转变成了私盐；另一种情况与此恰恰相反，有些违背政府食盐生产、运销政策的私盐，在被官府没收后，通过交纳课税，可以重新转化为官盐。这是其一。其二，有些食盐各个环节都在赋税监管掌控之内，但由于它在销售环节违背了"划界行盐"的约束，也被认定为与官盐相悖的"私盐"，比如"邻私"或"边私"。

　　盐枭：盐枭是一个复杂的社会群体，要准确地界定盐枭，并非一件轻而易举的事，凡研究盐枭问题之学者，皆有同感，但欲回避而有所不能。日本学者佐伯富认为：盐枭是指"盐匪"或者"盐徒"，在宋代也称盐贼，在清朝被认为是最难对付的社会群体，是近代中国社会中的一个恶性肿瘤⑥。台湾地区学者徐泓也认为："所谓盐枭，即彪悍的私盐贩，故又称'盐匪'、'盐

　　① 于光远：《经济大辞典》，上海辞书出版社，1992年，第1128—1129页。

　　② 宋良曦：《川盐缉私略论》，载陈然编《中国盐业史论丛》，中国社会科学出版社，1987年，第382页。

　　③ 吕一群：《清代湖广私盐浅议》，《华中师范大学报》（哲学社会科学版）1991年第4期。

　　④ 王小荷：《清代两广盐区私盐初探》，《历史档案》1986年第4期。

　　⑤ 张小也：《清代私盐问题研究》，社会科学文献出版社，2001年，第1页。

　　⑥ ［日］佐伯富：《清代盐政之研究》，《盐业史研究》1994年第3期。

徒'、'盐贼'。"①黄国信与上述两位学者有较类似的看法,他在《食盐专卖与盐枭略论》一文中指出:盐枭在不同的时代有不同的称谓,唐宋王朝称之为"盐贼"或"盐寇";元明时期一般称之为"盐徒";清代则称之为"盐枭"。所谓"盐枭",指那些武装贩卖私盐者②。张小也的解释是:"盐枭就是武装贩私者,有组织和武装贩私是盐枭区别于其他贩私形式的两个显著特点。"③综上所述,似乎盐枭就是指那些"武装贩私者"。但笔者在触及大量的私盐案例之后发现,该界定其实并不准确。因为有些盐枭与匪徒并没有多大关系,他们只是"无食之游民,聚则为枭,散则为良,比之盗贼则有间矣。"④

地方社会:本文所谓的"地方社会"主要指地方各基层组织,是相对于中央官僚系统和中央组织机构的一个个性化概念。它主要包括对食盐的生产、经营、管理和缉私负有主要责任的地方行政官员、地方盐务官员、缉私兵役及其组织机构;主持食盐运销并对食盐生产和缉私负有一定责任的盐商;武装贩卖私盐的盐枭与会党;零星或有组织地贩卖私盐的船户、水手和贫民;生产食盐的灶丁以及食盐的消费主体普通平民百姓等。简言之就是指生产、运输、销售、消费和管理领域的各级组织机构和群体,因此,所谓"私盐与地方社会",其实就是探讨私盐在生产、运输、销售、消费和管理各领域的具体表现。包括私盐对地方各基层组织的影响,以及地方各基层组织对待私盐的不同态度。简言之就是两者之间的互动。当然,本书的目的并非只停留在这一表面化的层面上,同时还会进一步探讨私盐背后的社会万象。

场私:又被称之为"灶私",是指盐场灶丁利用产盐机会私煎,或者私自偷卖之食盐。

枭私:是指盐枭凭借武装力量单独或伙同他人抢掠或违法偷卖之食盐。

商私:是指盐商(包括引商、场商、总商及散商等)利用贩运官盐机会私

---

①　徐泓:《清代两淮盐场的研究》,嘉新水泥公司文化基金会,1972年,第130页。
②　黄国信:《食盐专卖与盐枭略论》,《历史教学问题》2001年第5期。
③　张小也:《清代私盐问题研究》,社会科学文献出版社,2001年,第91页。
④　[清]陶澍:《陶云汀先生奏疏》卷二十九《筹议盐务大概情形折子》,载《续修四库全书》第499册,上海古籍出版社,1999年,第246页。

自或伙同他人违规贩卖之食盐。

官私:是指地方行政官员和盐务官兵(包括盐务官员和缉私兵役)凭借手中权力违法贩卖之食盐。

邻私:是指违反划界行盐体制越界销售之食盐。

无论是场私、枭私、商私还是官私,均有一个共同的特点,即逃避课税。

淮北食岸:江苏之淮安、淮阴、泗阳、宿迁、邳县、睢宁等六县行销淮北食盐之总称,旧亦称徐淮食岸。

淮北纲岸:淮北纲岸凡二:一曰皖岸,行销凤阳、卢州、颍州三府,六安、泗州二州及滁州;一曰豫岸,行销汝宁一府、光州一州。

淮南食岸:淮南食岸为江宁、扬州二府,通州一州,及淮安府之阜宁、盐城二县。

淮南纲岸:淮南纲岸凡四:一曰鄂岸,行销武昌、汉阳、黄州、德安、襄阳五府;一曰湘岸,行销长沙、岳州、常德、衡州四府,澧州一州;一曰西岸,行销南昌、饶州、南康、九江、建昌、抚州、临江、吉安、瑞州、袁州十府;一曰皖岸,行销安庆、池州、太平、宁国四府,和州一州。惟安庆属之桐城则销淮北盐。

淮北近场五岸:淮北近场凡五县,即江苏所属之沭阳、涟水、东海、灌云、赣榆等。

(三)本书的创新与缺失

在我国传统社会,可以说自食盐专卖制度实施以来,私盐问题就一直是困扰中央政府与地方各级衙门机构的重要社会问题之一。它涉及社会生活的方方面面,很显然,如果仅就私盐论私盐,文章内容必定苍白无力。研究两淮私盐,不仅要了解私盐盛行的原因、不同历史时期私盐所表现出来的不同特点、政府的防私治私措施等,更要了解私盐背后所隐藏的种种社会问题。因此,本书重点关注的是不同的社会阶层对待私盐的不同态度以及私盐背后所表现出来的复杂社会面相。清中叶两淮私盐问题,从表面上看似乎只是私盐贩卖者迫于生计,或纯粹为了高额盐利而铤而走险的一种冒险活动,事实上事情远不止如此简单。透过现象看本质,不难发现,私盐背后其实隐藏着深刻的社会政治、经济问题。食盐走私可以说既是清中叶政治日益腐败的必然结果,反过来它又是当时政治日益腐败的集中体现和反映。对于上述问题,现有研究成果虽然也有不少阐述,但就某些具体问题而言,或存在一定的欠缺,或语焉不详,笔者希望能将相关研究向前推进一小步。本书的另一个创新体现在对私盐的量化上。私盐量化不仅很重要,而且很必要,只有通过量化,才能更直观准确地了解私盐的实际情况。尽管精确的量化困难重重,但笔者仍希望通过这种尝试,来逐步推动该研究领域的不断发展。此外,本书在史料的运用方面也存在一定的创新,如本书在写作过程中引用了不少私盐案例①,这些挖掘于《朱批奏折》《刑案成式》和《吴文节公遗集》中的重要史料,大多数可认定为第一手材料。

应当指出的是,本书搁笔之余,也留下了诸多遗憾,这也即是本书所谓的“缺失”所在。首先,个案或者是精确的统计数据是支撑本书某些观点的有力证据,但由于史料的不足,使得某些论证只能点到为止;尽管笔者博士毕业已十年有余,期间也查阅了大量的史料,同时对本书也做过多次修改完善,但因资料的缺失而导致本书的不足之处,依然在所难免。其次,由于私盐问题涉及面太广,因此有些问题不可能在短时间内阐明,只能是勾勒一个粗略的轮廓,适当地做点论述,其余问题,只好留待以后修改时,再作补充。再次,地方乡绅与私盐的关系问题,本应该是本书关注的重点,但遗憾的是,到目前为止,笔者还没有找到有效的材料来证明,地方乡绅是否也是私盐贩卖的积极参与者,更无法明晰地方乡绅对待私盐的态度②。此外,对当前相关研究成果的了解还不十分全面,也一直让笔者忐忑不安。应该说近年来有关清代两淮私盐史的专题研究成果,无论从相对还是绝对数量而言都不算太多,但随着盐业史研究的蓬勃发展,其成果相对于二十年前来讲,所取得的成就还是有目共睹的,这一阶段不仅在资料整理方面取得了一定的成就,而且在相关论文论著的写作方面也有所突破,出了不少有一定影响力的学术著作。这是就国内的研究现状而言,那么海外学者,特别是西方学者对该问题的研究现状如何,笔者却很难做出客观公正的评价。应该说亚洲(比如日本、新加坡、台湾地区等)学者对该问题的研

---

① 个案是了解清代两淮私盐最直接、最直观、最具体的有效材料。借助形形色色的私盐个案,可以使我们对清代两淮私盐问题有更为充分、详尽的把握。

② 新加坡学者姜道章在《论清代中国的盐业贸易》一文中曾提到有地方乡绅卷入盐业贸易的情况,但由于姜文并没有提供详细材料或是具体事例来说明这一点,因此,地方乡绅与清代盐业贸易之间到底存在怎样的关系,不得而知。若要探讨地方乡绅与清代私盐之间的关系,更是难上加难。

究是有章可查的,其成果也值得肯定与推崇。除亚洲学者外,欧美学者对该问题的研究现状如何,由于受客观条件的制约,笔者却无法对此作出合理的判断。很显然,在难以充分、全面了解学术动态的情况下贸然动笔,必然会出现许多令人难以预料的这样或那样的问题。这正是目前笔者甚感不安却又无可奈何的难题之一。

四、学术回顾及简评

有清一代,盐政、河工和漕运同被视为事关国计民生,且又最为艰巨、最难治理的三大政[①],三者无论是哪一个处理不好,都会让统治者焦头烂额,老百姓受苦受累。所谓"切身之患,不得不言有三端:曰盐、曰河、曰漕"[②]。三者当中,盐政影响似乎尤为深远:饱受河工之苦的百姓,往往仅限于其流经省份[③],对于其他省份的百姓而言,河工的影响是十分有限的;负担漕粮重任者,也不过是山东、河南、安徽、江苏、浙江、江西、湖北、湖南八省之民众[④]。而盐政则不同,无论是对官对民,其利弊好坏,影响可谓遍及全国。嘉庆年间两江总督孙玉庭就曾指出:"盐者,天财地宝,资民食而裕国课,利之薄也。"[⑤]正是盐政于国于民的这种重要性,使得盐业问题历来为清代朝野人士所重视,同时也为当今史学界所关注。在清代盐业问题当中,涉及面颇为广泛的私盐问题又是其中一个极为重要却又有待进一步开拓的领域。不可否认,近二三十年来,有关该领域的研究在沉寂了一段时间后又重新开始为国内外学者所重视。据笔者初步统计,自上世纪80年代以来,仅国内学者的相关专题论文就有数十篇,并有多部与之关联的学术专著问世,涉及私盐问题的各个方面[⑥];与此同

---

① [清]包世臣:《中衢一勺》序言,载《包世臣全集》,黄山书社,1993年,第3页。

② 孟森:《清史讲义》,广西师范大学出版社,2005年,第297页。

③ 其中以河南、山东、安徽、江苏最受河患之苦。

④ 王庆云:《石渠余纪》,北京古籍出版社,1985年,第157—160页。

⑤ [清]贺长龄辑:《皇朝经世文编》卷五十《孙玉庭:盐法隅说》,载沈云龙主编《近代中国史料丛刊》第731册,文海出版社,1972年,第1821页。

⑥ 据笔者不完全统计,从1980至2015年,国内学者有关清代私盐问题的专题论文至少有67篇,同时还有包括《清代私盐问题研究》等在内的多部相关论著问世。这些论文、论著,有的以全国为对象,研究私盐的方方面面,比如原因、危害、表现形式、缉私等;有的以地区为目标,探讨私盐在不同地区所表现出来的不同特点。

时,国外学者对该问题的研究也取得了一定的成果。不过相比于该领域其他问题的研究而言,还是略显单薄。为了学界同仁对清代私盐问题的研究有较全面的了解,兹将 20 世纪以来的相关学术成果作一个简单的回顾[①]。为了便于分析,不妨将国外与国内的研究状况分别予以评介。具体情况如下:

(一)国外(日本、美国、新加坡等)相关学术史

从目前的研究现状来看,20 世纪以来,国外有关清代盐业史的研究,日本学者的成果最为丰富,其研究深度与广度也颇为出色。日本学者研究中国盐业问题始于上世纪 40 年代,其开山鼻祖当属宫崎市定[②]。继宫崎市定以后,有关中国盐业问题的成果越来越多,其研究主要从法制或社会经济史的角度入手,有关盐业技术方面的成果相对较少。在众多的研究成果当中[③],清代盐业问题似乎更为日本学者所重视,其代表作主要有:加藤繁《关于清代的权盐法》(《史潮》1937 年第 7 卷第 1 期)、山村治郎《清代两淮灶户一斑》(上、下)(《史学杂志》1942 年第 53 卷第 7、11期)、波多野善夫《清代两淮制盐方面的生产组织》(《东洋史研究》1950年第 11 卷第 1 期)、铃木正《关于清初两淮盐商的考察》(《史渊》1946年、1947 年第 35、36、37 期)、藤冈次郎《关于清朝道光年间两淮私盐的流通》〔《北海道学艺大学纪要(第一部)》1956 年第 7 卷第 1 期〕、山胁悌二郎《清代盐商与长崎贸易的垄断》(《史学杂志》1958 年第 67 卷第 8期)、箕轮祥子《清代位于两浙的私盐对策》(《史论》1962 年第 10 期)、酒井忠夫《清末的帮会与民众——特别是关于哥老会》(《历史教育》1965年第 13 卷第 12 期)、冈本隆司《清代票法の成立——道光期两淮盐政改革再論》(《史学雜誌》2001 年第 110 卷第 12 号)等。从上述成果来看,

---

①　本书在写作过程中主要参阅了郭正忠《中国盐业史八十年》(该文载彭泽益、王仁远主编《中国盐业史国际学术讨论会论文集》,四川人民出版社,1991 年,第 571 页),何亚莉《二十世纪中国古代盐业史研究综述》(《盐业史研究》2004 年第 2 期)和刘庆龙、蔡建《近 20 年清代两淮盐业研究述评》(《盐业史研究》2005 年第 2 期)三篇文章,在此一并致谢。

②　1941 年,宫崎市定在《东亚问题》上发表了《事变与盐,历史与盐》一文,为后来日本学者研究中国盐业问题奠定了基础。

③　本书所评介之日本学者的研究成果,主要参阅了吉田寅《中国盐业史在日本的研究状况》(该文载彭泽益、王仁远主编《中国盐业史国际学术讨论会论文集》,四川人民出版社,1991 年,第586—594 页)一文。

除《关于清朝道光年间两淮私盐的流通》与《清代位于两浙的私盐对策》两文是专门以私盐为研究对象外,其他文章似乎都与私盐问题毫不相干,但仔细分析会发现,这些文章虽然不是专门论述私盐问题,却或多或少对私盐问题都有所提及。除上述研究成果外,对研究清代私盐问题做出突出贡献的当属佐伯富和渡边惇两位学者。佐伯富自1942年发表《盐と中国社会》(《东亚人文学报》1942年第3卷第1号)一文以后,又陆续在日本《东洋史研究》等学术刊物上发表了多篇有关盐的文章,其中包括《从盐管见中国古代史》(《大谷大学研究年报》1981年第33期)、《关于清代盐业资本》(上、下)(《东洋史研究》1950年、1951年第11卷第1、2期)、《清代咸丰时期的淮南盐政》(《东洋史研究》1955年第13卷第16期)、《清代淮南盐販路の争奪について》(《史林》1956年第39卷第4号)等;除此之外还出版了两部相关专著,即《中国盐政史研究》①和《清代盐政之研究》②。其中《清代盐政之研究》对于研究清代私盐问题具有非常重要的学术价值。佐伯富在书中对官盐价格昂贵的原因进行了详尽的探讨,他认为官盐价格昂贵主要是成本过高、盐课递增、官僚官吏勒索、场价过高等原因造成的。而官盐价格太高,正好给了私盐以行销的机会。官盐之所以不能敌私,是由于盐本过重,盐本过重,盐价必然过昂,这就使得私盐盛行成为必然。佐伯富同时还以大量的史料为依据,对私盐的种类、私盐的影响及官私之间的关系进行了详尽的分析和探讨。渡边惇是另外一位对清代私盐问题研究取得过一定成就的日本学者。其代表作《清末时期长江下游的私盐集团》(《社会文化史学》1980年第6号)和《清末时期长江下游的青帮、私盐集团活动——以与私盐流通的关系为中心》(《盐业史研究》1990年第2期),探讨了嘉道以后长江下游地区青帮与私盐集团之间的关系。上述二文为后学研究盐枭与会党的关系问题提供了重要的参考价值。

与日本学者相比,欧美学者对中国盐业问题的关注度相对要薄弱得多。尤其是欧洲大陆学者在这方面的成果显得非常有限,从目前笔者所掌握的情况来看,欧洲大陆只有极少数几位学者对中国盐业问题有所论述,

---

① 〔日〕佐伯富:《中国盐政史研究》,法律文化社,1987年。
② 《清代盐政之研究》一书1956年由东洋史研究会出版发行。上世纪90年代,该书被翻译成中文,分别发表在1993年第3、4期,1994年第2、3、4期,以及1996年第1、3期的《盐业史研究》上。

如英国学者李约瑟,他在《中国科技史》①中提到过有关钻深盐井的二十几项技术;而德国学者汉斯·乌尔利希·福格尔则就四川钻井技术传播到西方的问题发表了自己的看法②;英国学者霍西(Alexaoder Hosie)就中国的盐政问题进行了比较深入的探讨③;法国学者霍克奎特对中国早期盐业生产的原始方法进行了研究④;瑞士学者傅汉思则比较了中西盐业史的差异⑤。

　　相比而言,美国学者对中国盐业问题的关注度要广得多,其代表人物主要有何炳棣、罗威廉(William T.Rowe)、关曼本(Kwan Man Bun)、曾小萍(Zelin,Madeleine)和托马斯·A·麦哲格(Thomas Metsger,又被译为:托马斯·梅茨格,中文名:墨子刻)等。

　　其中何炳棣的研究成果尤为值得关注,在《扬州盐商:十八世纪中国商业资本的研究》(《中国社会经济史研究》1999年第2期)一文中,何氏对盐商资本及盐商兴衰的分析,很有新意。罗威廉在《汉口:一个中国城市的商业和社会(1796—1889)》⑥一书中,利用一个章节的内容就"纲、票"制度、汉口销区的盐走私、太平天国前后的汉口盐市、盐业的商人组织,以及盐业贸易与地方社会等问题进行了深刻的探讨。他对私盐问题的论述值得关注。罗威廉在论述汉口销区的盐走私问题时指出:盐走私既是盐业管理体制之所以建立的原因,也是长期以来破坏盐业管理体制的痼疾⑦。罗氏的这一观点对于我们从制度层面上去理解清中叶私盐问题为什么猖獗无比是大有裨益的。托马斯·A·麦哲格有关清代盐业问题的代表作以《清政府在商业领域中的组织能力:两淮盐业垄断,1740—1840年》和《陶澍的淮

----

　　① [英]李约瑟:《中国科技史》,剑桥大学出版社,1954年。
　　② [德]汉斯·乌尔利希·福格尔:《四川钻井技术传播到西方的真相和争议》,载彭泽益、王仁远主编《中国盐业史国际学术讨论会论文集》,四川人民出版社,1991年。
　　③ [英]霍西著,钱智修译:《中国盐政概论》,《东方杂志》1914年第11卷第4、5期。
　　④ [法]霍克奎特:《早期中国盐业生产的原始方法》,载彭泽益、王仁远主编《中国盐业史国际学术讨论会论文集》,四川人民出版社,1991年。
　　⑤ [瑞]傅汉思:《中西盐业史比较研究》,《盐业史研究》1993年第4期。
　　⑥ 1984年,该书最初由美国斯坦福大学出版社出版。2005年,被江溶、鲁西奇翻译成中文后,由中国人民大学出版社出版发行。其英文名为"HanKow:Commerce and Society in a Chinese City,1796－1889"。
　　⑦ [美]罗威廉著,江溶、鲁西奇译,彭雨新、鲁西奇审校:《汉口:一个中国城市的商业和社会(1796—1889)》,中国人民大学出版社,2005年,第122页。

北盐业垄断改革》(又被译为《陶澍对淮北食盐专卖制度的改革》)[①]为主。前一篇文章探讨的是清代两淮盐业当中的政府行为；后一篇文章则以票盐制改革及票盐制本身为研究对象，两篇文章对私盐问题都有所论述。比如麦哲格在《陶澍的淮北盐业垄断改革》一文中指出，1832—1833 年间，陶澍之所以要将淮北纲盐制改革为票盐制，其中一个主要的原因就是因为日益猖獗的私盐。私盐泛滥导致官引滞销，淮北运盐困难重重，面对堆积如山的官盐，身为两江总督兼两淮盐政的陶澍，意识到以垄断为特性的纲盐制到了非改不可的地步。

　　曾小萍(Zelin，Madeleine)以自贡主要盐场——富荣盐场为例，分别探讨了我国近代早期资本积累与投资策略、盐场的合伙经营制度与盐商等问题[②]。

　　关曼本的《天津盐商：中华帝国晚期的政府建构与市民社会》则以清末民初的天津盐商为载体，提供了关于 19 世纪至 20 世纪早期天津盐商经营活动和社会政治地位的详细分析。该书研究的焦点问题体现在两方面：即作为天津经济领域的成员，盐商在日常生活中是如何与政府进行磋商的，以及在政府发展的一般进程中，他们的地位是如何形成的。为了研究这两个问题，作者详细探讨了清代长芦盐区及其在天津的盐政衙门的发展历程。关曼本的论述补充了诸如何炳棣与墨子刻等学者关于两淮地区南部食盐专卖和盐商的早期研究不足问题[③]。

---

　　① 由于受各种条件的限制，非常遗憾的是，笔者迄今未曾拜读上述两篇力作的原文，有关这两篇文章的评介，笔者主要参阅了新加坡学者姜道章的《论清代中国的盐业贸易》(该文由张世福、张莉红翻译成中文，发表于《盐业史研究》1989 年第 2 期)和罗威廉的《汉口：一个中国城市的商业和社会(1796—1889)》。前一篇文章姜道章在其文章中没有列明出处，后一篇文章载《中国研究论文集》(哈佛)1962 年第 56 期，第 1—39 页。

　　② 分别参见：Zelin，Madeleine(曾小萍)，Capital Accumulation and Investment Strategies in Early Modern China：The case of Furong Salt Yard(《中国近代早期资本积累与投资策略：以富荣盐场为例》)，*Late Imperial China*，Vol.9，No.1，June 1988；Zelin，Madeleine(曾小萍)，Managing Multiple Ownership at the Zigong Sale yard(《自贡盐场的合伙经营制度》)，in Madeleine Zelin，Jonathan K. Ocko，and Robert Gardella，eds. *Contract and Property in Early Modern China*. Stanford：Stanford University Press，2004；Zelin，Madeleine(曾小萍)，The Rise and Fall of the Fu—Rong Salt—Yard Elite：Merchant Dominance in Late Qing China(《富荣盐商的沉浮：中华帝国晚期商人的权力》)，in Joseph W. Esherick and Mary Backus Rankin，eds. *Chinese Local Elites and patterns of Dominance*. Berkeley：University of California Press，1990.

　　③ [美]关曼本：《天津盐商：中华帝国晚期的政府建构与市民社会》，哈佛大学出版社，2001年。另参见伊丽莎白·科尔著、唐博译《〈天津盐商：中华帝国晚期的政府建构与市民社会〉评价》，《清史译丛》第五辑，中国人民大学出版社，2006 年。

　　在海外众多学人当中,还有一位学者的研究成果不容忽视,即新加坡学者姜道章。姜道章先生虽非科班历史学出身,但凭借兴趣与天赋,却成果丰硕。据不完全统计,迄今为止他至少发表过九篇中国盐业史方面的文章,这其中除一篇文章属综合性研究以外①,其他八篇文章均以清代盐业问题为考察对象。它们分别是:《中国的盐业生产:1644—1911》、《清代盐税》②、《中国清朝产盐工业的重要性》③、《中国的盐业生产:1644—1911》④、《中国清朝盐的消费》⑤、《论清代中国的盐业贸易》⑥、《清代盐政的历史地理》⑦、《清代的私盐》⑧。由此可见,姜氏的研究范围是非常广泛的,从盐税到盐产,从消费到贸易,再从盐业历史地理到官盐走私,都有涉及。其中尤以私盐问题值得关注。姜氏的上述成果除《清代的私盐》以外,其他成果虽然并不专门以私盐问题为研究对象,但他在论述盐业生产、食盐消费和盐业贸易时,却为我们研究清代私盐问题提供了许多颇有价值的素材。比如姜氏在《中国清朝盐的消费》一文当中就我国不同地区的人民的食盐消费差异作了非常详细的分析。据其估计,在清代,中国平均每人食盐量为13斤;华南、华中因气候湿润,出汗较多,对盐的需求量较高,其平均数为14斤;在西南地区则为13斤;华北地区因气候干燥且北方人食肉较多,需盐量较少,平均每人每年为12斤。姜氏的这一估算结果虽然不一定准确,但我们依然可以认为,它为后学研究不同地区的私盐问题提供了一个非常重要的参考数据。比如在对私盐进行量化时,就可以借助上述数据,再结合当时的人口数量,说明某一年全国的实际官盐需求量应该是多少,再将该需求量与实际销售量进行对比,就能大体上窥见该年的私盐情况。盐业贸易也是姜氏关注的一大重点,他在《论清代中国的盐业贸易》一文中,再现

　　① 这篇文章是《中国沿海盐场晒盐法的起源与传播》,《中国地理学会会刊》1993年第21期。
　　② [新]姜道章(Ching,Tao—chang,以下同):《清代盐税》,《食货月刊复刊》1976年第6卷第7期。
　　③ [新]姜道章:《中国清朝产盐工业的重要性》,《东方研究期刊》1976年第14卷第2期,第235—240页。
　　④ [新]姜道章:《中国的盐业生产:1644—1911》,《美国地理学家协会之年报》1976年第66期,第516—530页。
　　⑤ [新]姜道章:《中国清朝盐的消费》[Salt Consumption in Ch'ing China,*Nangyang University Journal* v.8 & 9(1974—1975)],第67—88页。
　　⑥ [新]姜道章、张世福、张莉红:《论清代中国的盐业贸易》,《盐业史研究》1989年第2期。
　　⑦ [新]姜道章:《清代盐政的历史地理》,《华冈理科学报》1998年第15期。
　　⑧ [新]姜道章:《清代的私盐》,《私立中国文化大学地理研究报告》1998年第11期。

了清朝盐业贸易在其地理脉络上的情况，文章突出考察了五个方面的内容，即生产中心、国家控制、贸易网络、运输手段及其市场区域的空间结构。

需要说明的是，上述有关清代盐业问题的论述，肯定不是国外相关研究成果的全部。由于受各种条件的制约，笔者不可能将所有的国外相关研究成果穷尽，但就现有成果来看，无论是就其选题还是研究方法或是提出的独到见解来看，都足以让人们看到国外学者对该问题的研究已经有了相当的深度，这些研究成果对于今天研究清代私盐问题必定有所裨益。不过同时我们也应该看到，国外学者站在"旁观者"的立场研究传统中国的私盐问题，虽然提出了不少中肯的见解，然而其不足之处也非常明显。他们往往把传统中国的私盐问题局限于静止的或是独立的研究状态之中，使人不容易看到私盐问题背后的各种社会现象，以及私盐与基层社会之间的互动关系及其演变规律等。这些正是本书重点关注所在。

（二）国内（包括港、澳、台地区）研究现状

国外学者的研究成果成绩斐然，国内学者更自不待言。自上世纪初期至今的上百年时间里，国内至少有 400 多位学者对清代盐业问题进行过全方位、多角度、深层次、宽领域的探讨，出版专著、译著、论文集、资料集、工具书、通俗读物等 100 余部，发表论文 1000 余篇，涉及盐业问题的方方面面[①]。前人所做的贡献，包括各种专题论著的出版、盐业资料的整理以及工具书和通俗读物的编辑等，举凡与食盐有关的政治、经济、贸易、科技、文化、教育、法律、民俗、军事等课题，无不为人们所关注。

有关上述成果的基本情况，近三十年来有不少学者对此作过一定的总结与评述。陈然《中国盐史论著目录索引》（中国社会科学出版社，1990年），对 20 世纪 90 年代以前的中国盐业史研究成果做了一个相对比较完

---

① 郭正忠的统计结果表明，自 1910 至 1990 年，80 年间，约有四百多位华人学者参与了该课题的研究，一共出版了一千零几十种作品。这其中包括七十部左右的公开出版物和非公开出版物，另外还有学术性或带有学术性的论文七百篇以上（参见彭泽益、王仁远主编《中国盐业史国际学术讨论会论文集》，四川人民出版社，1991 年，第 571—572 页）。而 1990 年迄今，相关研究成果更是不胜枚举。笔者在《中国盐业史学术研究一百年》（巴蜀书社，2010 年）中指出，近百年来，有关盐业史的各种论文、论著大约为三千余种（其中论文二千四百余篇、论著数百本）。据不完全统计，其中有关清代盐业史的论文大约有一千一百余篇，这些成果大多数公开发表于近三十年。

整的目录索引,并对其进行了合理的归类。蒙德铨《〈中国盐史论著目录索引〉补遗》(《盐业史研究》1994 年第 3 期),针对《中国盐史论著目录索引》的遗漏作了必要的补充。郭正忠《中国盐业史研究八十年》(彭泽益、王仁远主编《中国盐业史国际学术讨论会论文集》,四川人民出版社,1991 年),概括性地总结了 20 世纪前 80 年的中国盐业史研究成果,指出了其特点与不足,并指明了今后该研究领域之发展方向。宋劼《望之弥高　钻之弥深——盐业史研究成就斐然》(《盐业史研究》1999 年第 2 期),对阶段性盐业史研究成果作了必要的回顾与总结。吴海波《近十五年来清代私盐史研究综述》(《盐业史研究》2001 年第 3 期),对 1985—2000 年间的清代私盐史研究成果作了粗略的梳理与评述。何亚莉《二十世纪中国古代盐业史研究综述》(《盐业史研究》2004 年第 2 期),全面总结了 20 世纪有关中国古代盐业史的研究成果。刘庆龙、蔡建《近 20 年清代两淮盐业研究述评》(《盐业史研究》2005 年第 2 期),总结了 1984—2004 年间有关清代两淮盐业史的研究成果,内容涉及盐政、盐法、私盐等各方面的盐业问题。张荣生《80 年来研究张謇盐业改革、盐地垦殖学术成果总述》(《盐业史研究》2006 年第 4 期),介绍了八十年中有关张謇盐业改革的各种研究成果,并对其作了必要的评述。陈锋《近百年来清代盐政研究述评》(《汉学研究通讯》2006 年第 2 期),从研究著作综述、论文综述、对研究特色与存在问题的评论三个方面出发,全面总结了 1905 年以来的清代盐政研究成果。赖金虹《国内近二十年清代两广盐业研究综述》(《盐业史研究》2007 年第 2 期),以粤盐生产、粤商与盐法、私盐问题、盐区边界、盐业与地方社会为主题,全面介绍了1986—2006 年间两广盐业的研究成果。吴海波《二十世纪以来明清盐商研究综述》(《盐业史研究》2007 年第 4 期),从明代盐商研究、清代盐商研究、明清盐商研究、盐商与明清文化、明清盐商研究之特点五个方面出发,对 20 世纪以来明清盐商研究的中外学术成果作了简单的回顾与评述。毕昱文《20 世纪 70 年代以来盐务缉私研究综述》(《盐业史研究》2010 年第 2 期),就 20 世纪 70 年代以来有关盐务缉私的研究成果做了全面的梳理与评析。此外还有一些相关研究也值得关注,如王玲《近十年来张謇研究述评》(《商丘师范学院学报》2003 年第 6 期)、庄安正《国内外张謇研究之回顾与展望》(《史学月刊》2000 年第 3 期)、章开沅《展望二十一世纪的张謇研究》(《南通大学学报》2007 年第 1 期)等。这些成果为本书的写作奠定了良好的基础,使笔者对相关问题有了更充分的把握。不过需要说明的是,上述成果虽然具体全面,但不够系统。为此,笔者希望站在前人的肩膀上,从学术史角度全面总结已有的学术成果,指明其有待完善之处,彰显今后的研究方向,这对促进清代盐业史研究的发展必然大有裨益。纵观20世纪以来国内学者所从事的与私盐相关的清代盐业史研究,其学术历程大致经历了三个历史阶段:

第一阶段:1900—1949 年

自上世纪初期以来,盐业问题就一直为史学界所关注。早在民国年间,就有不少学者对该问题进行过深入的探讨和研究①。这一个阶段的研究无论就专著还是论文而言,均可谓成果卓著。首先,就专著而言,既有通论性的,也有史料性和专志性的。

盐业通论性专著,此阶段的主要成果有:左树珍《盐法纲要》(新学会社,1912 年)、盐务署辑《中国盐政沿革史》(出版者不详,1924 年)、欧宗祐《中国盐政小史》(商务印书馆,1931 年)、田斌《中国盐税与盐政》(省政府印书局,1929 年)、景学钤《盐务革命史》(南京京华印书馆,1929 年)、蒋静一《中国盐政问题》(正中书局,1936 年)、曾仰丰《中国盐政史》(商务印书馆,1936 年)、王云五等《中国盐政史》(商务印书馆,1937 年)、由铭贤《中国盐政问题》(出版社不详,1944 年)、《中国盐政实录》(民国财政部盐务署盐务稽核总所铅印本,时间不详)、陈沧来《中国盐业》(出版者与出版时间不详)、陈荣渠《中国历代盐策》(出版者与出版时间不详)、何维凝《盐政概论》(出版者与出版时间不详)、吴立本《专卖通论》(出版者与出版时间不详)等。

就盐史资料和盐志而言,其成果主要包括:张茂炯等编《清盐法志》(1920 年铅印本)、周庆运等编《盐法通志》(文明书局,1914 年铅印本)、林振翰编《淮盐纪要》(商务印书馆,1928 年)、《中国盐政纪要》(商务印书馆,1930 年)、潘炎华编《淮北盐法成案通录》(出版者与出版时间不详)、高元劼《淮北盐务记要》(1948 年刊本)、刘楷《盐业资料汇编》(出版者与出版时间不详)等。

---

① 本书有关民国盐业史的评介,主要参阅了郭正忠的《中国盐业史八十年》一文,在此深表感谢。本书在郭文的基础上做了一定的补充,由于年代已久,再加上这些研究成果又散布于全国各地,很难在某一个地方将其穷尽。

与专著相比,论文方面的成果同样毫不逊色。与两淮盐业相关的通论性和专门性成果主要有以下一些值得关注:如田北湖《说盐》(该文在 1908年至 1909 年的上海《国粹学报》上迭次连载多篇)、贾士毅《淮南盐垦纪略》(《新中国》1920 年第 2 卷第 5 期)、王叔涵《两淮盐务与钱庄》(《经济学季刊》1931 年第 2 卷第 3 期)、刘隽《道光朝两淮废引改票始末》(《中国近代经济史研究集刊》1933 年第 1 卷第 2 期)、刘隽《咸丰以后两淮之票法》(《中国近代经济史研究集刊》1933 年第 2 卷第 1 期)、李百强《两淮盐垦之过去及今后》(《经济学季刊》1934 年第 5 卷第 1 期)、姚永朴《清代盐法考略》(《安徽大学月刊》1934 年第 1 卷第 6 期和第 2 卷第 1 期)、林纪猷《中国盐政之沿革》(《工商学志》1935 年第 7 卷第 1 期)、许德龄《中国盐政沿革》(《政治月刊》1935 年第 4 卷第 2 期)、刘隽《中国就场征税制法理论的演进》(《天津益世报财经周刊》1935 年第 8—10 期)、朱契《中国盐法中专商问题》〔(中央大学社会科学丛刊》1935 年第 2 卷第 1 期〕、朱子仞《中国盐政之史底概念》(《中法大学月刊》1936 年第 9 卷第 5 期)、吴雨苍《清代两淮盐政》(《国专月刊》1936 年第 3 卷第 5 期)、梁登高《我国历代盐政总检讨》(《中国建设》1937 年第 15 卷第 5 期)、戴裔煊《清代盐课归丁史源试探》(《现代史学》1942 年第 5 卷第 1 期)、齐宣《曾国藩对盐务的贡献》(《东亚经济》1943 年第 1 卷第 5、6 期)等。

此外,这一阶段还出版了不少盐史工具书和盐业报刊。盐史工具书最著名的有两部,即林振翰《盐政辞典》(商务印书馆,1928 年)和何维凝《中国盐书目录》(财政部财务人员训练所盐务人员训练班,1942 年;该书以《盐书目录》的题名曾分别载于《中央日报图书评论周刊》1937 年第 4—6卷)。上世纪头五十年,曾出版过 30 种以上的盐务报刊,诸如《盐务月刊》《盐务汇刊》《谈盐丛报》《醝光半月刊》《盐运专刊》《盐政杂志》等,另外还有为数不少的地方性盐务报刊。这些盐业报刊上发表了大量有关盐业问题的介绍、评述。这些介绍、评述对于今天人们研究清代盐业问题同样也具有十分重要的参考价值。

最后值得一提的是盐业史研究汇编。民国十年(1921 年),景本白采集了十年内有关盐政各问题的文章五十多篇,汇集成编,名曰《盐政丛刊》①。根据所评议问题的性质不同，作者将该书分成了四个组成部分，分别为甲编（通论）、乙编（各论）、丙编（建议）和丁编（评议）。这五十多篇文章除为数仅有的几篇文章以外（如《缉私营存废问题》等），大多数文章并不以专门探讨私盐问题为主。但这些文章在探讨盐政、盐商、盐法等问题时所采用的某些方法、得出的某些结论、引用的某些材料，依然可以为人们了解清代私盐问题提供重要借鉴。因为私盐问题并不是一个孤立的现象，从某种意义上来讲，它正是不合理的盐政、盐税等共同作用的结果。

纵观上述成果，不难发现，其研究多半集中于盐政、盐法、盐税，或是两淮票盐制改革等几个综合性问题的探讨上，而对私盐之类的问题则很少有专门的论述，人们通常只是在探讨有关盐业的综合性问题时，不可避免地谈到私盐问题。尽管如此，这些成果还是可以为我们今天研究清代两淮私盐问题提供重要的研究基础。比如田斌在《中国盐税与盐政》中就用较大的篇幅分析了民国年间私运充斥之原因、私盐之名目等；同时还就缉私之条例、贩私之治罪、私盐之处分、获私之提赏，以及缉私之考成等作了详细的介绍和分析。尽管作者探讨的是民国年间的私盐问题，但民国年间的私盐问题，很大程度上其实就是清代私盐问题的延续，两者有很多共同之处，因此，了解民国年间的私盐问题，无疑，对于人们了解清代私盐问题是大有帮助的。

第二阶段：1950—1979 年

建国初期，清代两淮盐业史研究在经历了较长时间的沉寂后开始复苏，尽管这一阶段的学术环境并不十分宽松，不过对于长期受到压抑的学人而言，总算能够看到胜利的曙光。此阶段不仅大陆的学者跃跃欲试，港台地区的学者更是摩拳擦掌，不甘示弱。1966 年后，由于受政治运动的干扰，大陆学术研究一片萧条，当然，当时受影响的不只是在盐业史研究领域，其他学科领域同样也受冲击不小。不过值得庆幸的是，由于港台地区受大陆政治因素的干扰较小，较为宽松的学术环境使得其学术研究得以继续蓬勃发展，学术成果也因此节节开花，尤其是台湾学者成绩斐然；这一时期台湾还涌现了一批具有深厚学术功底的盐业史专家，如卢嘉兴、张绣文、徐泓等，都是其中的杰出代表。

具体而言，就大陆地区来讲，从 1950 到 1979 年这三十年时间里，前十

---

① 景本白：《盐政丛刊》，盐政杂志社，民国二十一年（1932 年）。

五年总体上还是取得了一定的成就，后十五年则基本处于停顿阶段。从这三十年的研究成果来看，专著笔者迄今未能找到，论文充其量也不超过五十篇，也就是说，平均一年还不到两篇文章，这与盐业史在经济史研究领域的地位很不相称。在这数十篇论文当中，其中有关清代两淮盐业史的文章笔者只找到三篇，分别是：杨德泉《清代前期两淮盐商资料初辑》（《江海学刊》1962年第11期）、《清代前期的两淮盐商》（《扬州师范学院学报》1962年第16期）和周维亮《陶文毅公改革两淮盐务考略》（《湖南文献》1975年第3卷第3期）。杨德泉的两篇文章主要以清代前期的两淮盐商为研究对象，周维亮则主要探讨道光年间陶澍"改纲为票"的问题。无论是盐商问题还是票盐制改革问题，都与私盐密切相关。

　　相比大陆地区，台湾地区的研究成果则要明显多得多。就其与两淮盐业相关的问题来看，这一阶段的研究成果主要包括：何维凝《中国盐政史》（台湾商务印书馆，1966年），田秋野、周维亮《中华盐业史》（台湾商务印书馆，1979年），徐泓《清代两淮盐场的研究》（嘉新水泥公司文化基金会，1972年）等。这是就专著而言，同时还有不少学术论文，比如徐泓《清代两淮的场商》（《史原》1970年第1期）、明坚《漫谈两淮盐务》（《盐业通讯》1966年第179期）、赵芷清《略论我国盐税制度》（《盐业通讯》1968年第204期）等。这些成果虽然也并非以私盐为主题，但它们涉及与私盐相关的问题同样具有重要的参考价值。比如徐泓在其专著《清代两淮盐场的研究》一书当中就使用了大量的篇幅来探讨清代两淮的私盐问题，包括私盐产生的原因、私盐种类以及私盐的影响等。

　　总体而言，这一阶段是两淮盐业史研究的薄弱阶段，其成果相对于第一阶段而言，存在明显的差距，尤其是大陆地区的相关成果颇为不足。相比于第三阶段，则更是不能同日而语。

　　第三阶段：1980年至今

　　本阶段的研究成果相比于前两个阶段而言，无论是港台地区还是大陆，均出现了爆炸式的增长。

　　首先就港台地区的相关研究成果而言。当历史的车轮驶入20世纪80年代以后，尤其是近二十年，港台学术繁荣的景象日趋显现。个中原因当然与大陆的开放密切相关。自上世纪80年代初期大陆执行"改革开放"政策以来，港台与内地史学界的学术交流日趋频繁。除双方学者互访、讲学、出席会

议外，特别应指出的是，港台史学界承办的诸多学术会议，在促进内地和港台
地区史学界的交流及大陆学者与国际学术交流方面，发挥了十分重要的作
用。1997年香港回归后，香港与内地的学术活动和合作更加频繁。香港沟
通大陆史学界与国外交流的桥梁作用进一步加强。总之，随着学术交流的日
益频繁，有关盐业史的研究成果也越来越多，研究范围更是日趋广泛。更为
值得一提的是，此阶段还出现了好几位著名的盐业史专家，这些学人为盐业
史研究的发展可谓鞠躬尽瘁，其成果更是有目共睹。这其中的代表性人物除
上一阶段提到的徐泓、卢嘉兴外，还有台湾地区的周维亮和香港的卜永坚等
人。从时间上看，其研究成果通常可能会局限在一个比较固定的时段内；但
就从选题角度而言，则通常会涉及盐业史的各个方面，当然，通常情况下总会
有一两个选题是其关注的焦点。以徐泓为例，徐泓70年代初期开始关注盐
业问题，直到现在还在不断地推出相关研究成果[①]。从时间上看，徐泓的研
究成果主要集中在明清两代，研究对象则包括私盐、盐业制度的变迁以及
盐法、盐场、盐商、盐价等众多问题，其中尤以盐场、私盐与盐商问题为焦
点。在笔者看来，徐泓在私盐问题上的研究有比较突出的成果。周维亮以
综合性研究为主[②]，卢嘉兴以考察台湾盐业问题为重点[③]，而卜永坚则主要

---

① 徐泓的相关研究成果主要有：《清代两淮的场商》（《史原》1970年7月第1期）、《清代两淮盐场的研究》（嘉新水泥公司文化基金会，1972年）、《明代的盐法》（台湾大学博士论文，1973年）、《明代前期的食盐运销制度》（台大《文史哲学报》1974年第23期）、《明代前期的食盐生产组织》（台大《文史哲学报》1975年第24期）、《明代中期食盐运销制度的变迁》（《台湾大学历史系学报》1975年第2期）、《明代后期盐政改革与商业专卖制度的建立》（《台湾大学历史系学报》1977年第4期）、《明代后期盐生产组织与生产形态的变迁》（《沈刚伯先生八秩荣庆论文集》，台北联经出版事业公司，1976年）、《明代的私盐》（《台湾大学历史系学报》1980年第7期）、《清代盐务史料：以两淮为例》（台北中国近代史学会、"中央研究院"近代史研究所："清代档案与研究"学术座谈会，2000年10月13日，《近代中国》2000年第139期）、《清代两淮盐商没落的原因探讨》（新加坡国立大学中文系：访问学人讲座，2000年）、《盐价、银钱比价：清代两淮盐商的成本、利润及其没落的原因》，（宜兰佛光人文社会学院历史学所：第一届清史国际学术研讨会，2003年10月29日；另见《清史论集》下，人民出版社，2007年）。
② 周维亮的主要研究成果有：《陶文毅公改革两淮盐务考略》（《湖南文献》1975年第3卷第3期）、《壬庐谈盐》（台北新文丰书局，1997年）、《醝海述林》（台北新文丰书局，1997年）等。
③ 20世纪七八十年代，卢氏的主要研究成果有：《纪台湾清代最豪富盐商吴尚新父子》（《盐务月刊》1971年第16期）；《介绍南县乾隆时期旧盐埕图》（《台湾研究汇刊》1972年第21期）；《台湾旧盐场大田场考》（《台湾研究汇集》1981年第21期）；《高雄市盐田沧桑史略》（《台湾研究汇集》1981年第21期）。

以明清两代两淮的盐业问题为主要研究对象①。

除此以外,吴铎、陈建勤、陈慈玉、李少陵、刘素芬、单俊成、唐立宗、王树槐、许世融、叶大沛、吴蕤、颜义芳、杨久谊、Tao Tien－yi 等港台学者也就我国古代的盐业问题进行了广泛而深入的探讨②。其研究对象涉及盐政、盐法、盐商、盐场、盐法之变革以及盐业专卖之政策等各个方面。如吴铎、李龙华、刘隽、吴蕤分别就"川盐官运""明代的开中法和明代的盐粮交换系统""宋元官专卖引法的创立与完成"以及"太平天国时期清政府的盐政"等问题进行了深入考察。

值得一提的是,近三四十年来,台湾地区的十数所高校还发表了不少以我国历代盐业问题为考察对象的学位论文。据不完全统计,以清代盐业为考察对象的学位论文至少有九篇。分别为吴静芳《清代前期巡视两淮盐政官员之研究(1645—1830)》(东海大学 2003 年硕士论文)、林再复《清咸丰年间的盐政》("国立"台湾师范大学 1974 年硕士论文)、施义沧《太平天国时期清政府淮南盐课之研究》("国立"成功大学 2002 年硕士论文)、王伯祺《清代福建盐业运销制度的改革:从商专卖到自由贩卖》(暨南国际大学 2000 年硕士论文)、吴旻华《清代两淮盐法变革之政策形成》("国立中央大学"2004 年硕士论文)、陈凤虹《清代台湾私盐问题研究——以 19 世纪北

---

① 卜永坚的主要研究成果有:《天启黄山大狱中的徽州盐商》(《大陆杂志》2002 年第 104 卷第 4 期)、《商业里甲制——探讨 1617 年两淮盐政之"纲法"》(《中国社会经济史研究》2002 年第 2 期)、《明代两淮盐政之研究》(中山大学、香港科技大学华南研究中心、中山大学历史人类学研究中心"历史人类学研究生研讨班"第 4 期,2002 年 10 月 13 日)等。

② 上述学者的研究成果主要有:吴铎:《川盐官运之始末》(《中国近代社会经济史论集》,香港从文书店,1971 年);陈建勤:《清代扬州的盐商园林》(《中国文化月刊》2000 年第 246 期);陈慈玉:《清代四川井盐业之发展》(《近代中国区域史研讨会论文集》(下册),台湾商务印书馆,1986 年);李少陵:《陶文毅公二三事简述》(《湖南文献》1971 年第 3 期);刘素芬:《乾嘉时期河东盐法之变革及其财经效果之检讨》(《史原》1987 年第 16 期);单俊成:《陶澍及其对两淮盐政的改革》(《史学》1992 年第 18 期);唐立宗:《在盐区与政区之间——明代闽粤湘赣交界的秩序变动与地方行政演变》(台湾大学《文史丛刊》2002 年第 4 期);许世融:《井盐对四川地区国防、财计、社会、经济等方面之影响》(《中国历史学会史学集刊》1994 年第 26 期);叶大沛:《鹿港盐场考》(《台湾文献》1983 年第 34 卷第 2 期);吴蕤:《太平天国之役与满清政府之盐政》(《盐务月刊》1972 年第 29 期)及《太平天国时期两淮盐政之改革措施》(《盐务月刊》1974 年第 57 期);颜义芳:《清代台湾盐业发展之脉络》(《台湾文献》2003 年第 54 卷第 1 期);杨久谊:《清代盐专卖制之特点——一个制度面的剖析》(《"中央研究院"近代史研究所集刊》2005 年第 47 期);Tao Tien－yi,*Yen t'ieh Lun*(*Discourses on Salt and Iron*)*as a Historical Source*(《"中央研究院"历史语言研究所集刊》1996 年第 67 本第 4 分册)。等等。

台湾为中心》（"国立中央大学"2005 年硕士论文）、田圣山《清代徽州盐商子弟教育研究(1644—1840)》（"国立中央大学"2005 年硕士论文）、施沛杉《清代两浙盐业的生产与运销》（暨南国际大学 2005 年硕士论文）、徐安琨《清代大运河盐枭研究》（"国立"政治大学 1997 年博士论文）。这些学位论文分别围绕清代盐官、盐政、盐课、盐业运销制度、盐法变革、私盐、盐业的生产与运销等问题展开了广泛的讨论。以近现代盐业为考察对象的学位论文有三篇，分别是林地焕《四川盐政的改革(一八九五——一九二〇)》（"国立"台湾大学 1985 年硕士论文）、刘自强《台湾日据时期专卖制度之研究》（文化大学 1980 年硕士论文）、李秉璋《日据时期台湾总督府的盐业政策》（"国立"政治大学 1991 年硕士论文）。林地焕探讨了自 19 世纪末至 20 世纪初为止，四川盐场五个阶段的变革情况。刘自强研究了台湾日据时期各种专卖的产生原因、种类，并探讨了各种专卖的成就，以及专卖制度收入在财政中的地位。李秉璋则分别就日据时期台湾地区食盐专卖制度的确立、台盐外销的拓展、日本资本的导入与垄断以及盐业政策的评估等问题展开了讨论，提出了不少颇有新意的见解。

此外，台湾地区还有不少相关学位论文，虽然不以盐业问题为专论，但在探讨其他问题时，也对清代盐业问题发表了一些看法。如江婉华《明中叶至清中叶商人与戏曲之关系》（逢甲大学 1998 年硕士论文）、王春美《姚莹的生平与思想》（"国立"台湾师范大学 1975 年硕士论文）、孙红郎《金农绘画的研究》（文化大学 1980 年硕士论文）、张致苾《金农书法研究》（"国立"中兴大学 2002 年硕士论文）、张维安《政治与经济：中国近世两个经济组织之分析》（东海大学 1986 年博士论文）等，都对盐业问题有所论述。

由此可见，港台地域虽小，清代盐业史研究成果却多有可观。不过，需要说明的是，欲在一篇几万字的绪论里全面介绍港台盐业史概况，难免挂一漏万；由于受种种条件的约束，当前情况下尤其无法介绍所有研究成果的具体内容。

再就内地的相关研究成果而言，20 世纪 80 年代初期，改革开放不仅推动了经济的发展，同时也带动了学术的繁荣，清代盐业史研究因此得以重新步入正轨。不过 80 年代头五年，该领域的研究总体而言仍然比较薄弱，不但论文和专著较少，而且研究的范围也比较狭小，其关注点依然主要集中在盐法、盐政、盐税、盐商、盐业生产、盐业管理和食盐销售等几个宏观问题上。而对一些较为敏感但又值得关注的微观问题,如食盐走私、盐商报效、盐业科技及盐业帑本和帑息等,则只是偶有提及。80年代中后期至今,情况大为改观。这一阶段清代盐业史研究取得了许多新的突破,新的研究成果不断涌现。与此同时,研究对象也得以进一步拓展;总的看来,评议盐政、盐法、盐课、盐商的文章要比研究盐业生产、盐经营管理、盐业科技、盐文化等方面的文章多一些,反映了这些年来研究者的关注点所在。但无论是考察盐政,还是论述盐法;无论是探讨盐课,还是研究盐商,都不同程度地会涉及私盐问题。因为盐法的重要内容之一就是杜绝私盐,盐政的好坏,也以私盐活动的激烈与否为重要标志[①],至于盐课、盐商与私盐之间的关系更是毋庸多言。另外,近三十年来,也有不少学者对私盐问题进行了专门的探讨。总的来看,为数众多的研究成果主要围绕私盐的定义、私盐泛滥的原因、私盐的来源、私盐的运输路线、盐枭的构成、私盐的影响与意义、私盐的种类、贩私方式、私盐与社会政治经济的关系、私盐与社会各阶层的关系以及缉私等问题进行了广泛而又深入的探讨。由于这些研究成果散见于全国各地的学术刊物,要想将其穷尽显然是难上加难,为此,笔者只能就已经搜集到并自认为具有一定代表性的研究成果进行梳理并简介如下:

由于有关清代私盐问题的研究成果极为庞杂,涉及面较广,为了使读者对该问题的研究有更直观、更感性的了解,本书以地域为标准,对此进行适当的归类。从现有研究成果来看,主要集中于以下几个盐区:

1.有关两淮私盐问题的研究成果

两淮盐区是清代行盐范围最广、产盐量最多、销盐量最大、课税最重的一个盐区,同时也是私盐颇为活跃的一个盐区。围绕私盐的各种表现形式,学界从多方面对此进行了全面的挖掘和深入的考察。就地域范围而言,有的研究成果以某一个行盐口岸或某几个彼此相关行盐口岸为研究对象;也有的以整个两淮为研究对象。就以单个或几个彼此相关行盐口岸为研究对象的研究成果而言,其范围主要涉及三个省的私盐问题,即湖南、湖北与江西。由于这三个省远离淮盐产地,加之运输不便,在私盐暴利的驱动下,各色人等为此趋之若鹜。

---

① 　张小也:《清代私盐问题研究》,社会科学文献出版社,2002年。

　　首先,有关湖广(湖南、湖北)私盐问题的研究。吕一群对该地区食盐
走私的原因、种类及其意义作了较为全面的论述。就当时湖广地区私盐的
种类来看,主要有三种情况,即官私、枭私和邻私。就原因而言,吕一群认
为清代湖广私盐活跃的原因是极其复杂的,它是复杂的地理位置和腐败的
官僚机构相交织的结果,同时流民的增加,也对清代湖广地区私盐的活跃
起了推波助澜的作用①。2006 年,吕一群又撰文分析了清末湖广盐业市场
上私盐的种类以及私盐对湖广市场的争夺。清政府为了筹措军饷、裕实国
库,对私盐采取了严厉的禁缉措施。通过官、商、私对盐利争夺的分析,折
射出了全国市场走向统一的趋势②。2006—2014 年,笔者就清代湖广官
盐运销、流通与私盐的关系问题,发表过一些粗浅的看法。笔者认为:作
为两淮盐区最主要的食盐销售口岸,清代湖广地区边私非常活跃。究其
原因,一方面与僵化的划界行盐体制密切相关;另一方面,地理因素以及
官盐的不合理运销路线与流通方式,也是导致湖广私盐活跃的重要原
因。同时笔者还就湖广私盐的量化问题作了深入探讨。笔者指出,有关
清代湖广食盐市场的私盐比重,目前学术界有两种观点比较具有代表
性:一种观点认为私盐占市场份额的三分之一;另一种观点为"官私之
半"说。建立在大量文献资料基础上的量化分析表明,如果不分具体时
间与地点,笼统地估算私盐市场份额,无论是"三分之一"还是"官私之
半"之说,其实都是很不确切的③。萧致治则重点评述了林则徐对两湖盐
务的整顿及其取得的成果。作者指出,1837 年,林则徐任两湖总督前,
由于四川私盐买卖猖獗,造成两湖盐大量积压,严重影响盐课收入。林
则徐出任两湖总督后,采取得力措施,堵缉邻私,搜查夹带,补偏救弊,很
快就取得了突出成效④。

　　如果说上述研究成果是从宏观角度来探讨清代湖广私盐问题的话,王
肇磊、贺新枝的文章则具有微观研究的特点。王肇磊、贺新枝主要以鄂西

---

　　① 吕一群:《清代湖广私盐浅议》,《华中师范大学学报》(哲学社会科学版)1991 年第 4 期。
　　② 吕一群:《清末私盐对湖广市场的争夺与政府的缉剿》,《湖北大学学报》2006 年第 6 期。
　　③ 参见吴海波《清代湖广官盐运销、流通与私盐》(《求索》2006 年第 2 期);吴海波:《从档
案史料看清代湖广私盐问题》(《四川理工学院学报》2010 年第 2 期);吴海波:《清中叶湖广私盐
量化分析》(《盐业史研究》2011 年第 2 期);吴海波:《清代两淮私盐考辨——基于对淮盐重要行
销口岸江西的量化分析》(《扬州大学学报》(人文社会科学版)2014 年第 5 期)。
　　④ 萧致治:《评林则徐对两湖盐务的整顿及其成效》,《武汉大学学报》2009 年第 1 期。

北为研究对象,考察了该地区私盐的演变过程以及私盐盛行的原因等。作者指出:鄂西北是一个相对封闭的经济地理单元,资源虽然丰富,但长期为人们所忽视。直到元代,随着四川盐业的发展,该区出现了食盐私售现象,且愈演愈烈,特别在清代,政府虽然花了很大气力,却无法解决。其原因是他们不了解鄂西北私盐的产生是与其独特的地理环境、政府盐法的僵化、市场价格的差异、邻近盐区的发展、人口的迅速增殖等因素密切相关的[①]。2008 年,王肇磊、贺新枝又进一步撰文就鄂西北私盐难以根绝的原因做了更深入的剖析。作者认为,在清代严格的盐法制度下,鄂西北地区本属淮盐引地,但远离淮盐产区,却毗邻川盐、潞盐、芦盐产地或引地,为私盐的盛行创造了便利条件。私盐贩和鄂西北地区的人民共同开拓了庞杂的运盐通道,部分解决了当地人们的吃盐问题。同时也使本区出现了严重的私盐问题,即便是政府花费了极大的气力,终有清一代也未解决,这当然与鄂西北地区庞杂的私盐运输孔道有着密切的关系[②]。

其次,有关江西私盐问题的研究。2002 至 2012 年间,在前人研究成果的基础上,笔者围绕江西中、南部地区(主要指吉、建、赣、南、宁四府一州)的私盐问题,提出了一些个人看法。清代以前,江西中、南部地区历来以销售淮盐为主,但由于受行盐划界体制及其他制度与非制度因素的影响,这一在全省乃至两淮盐区都具有重要地位的食盐行销区,至清中叶,私盐贸易变得非常活跃。当时,泛滥于江西中、南部地区的私盐有商私、官私、邻私、枭私及漕私等,在众多的私盐当中,尤以盐枭走私最为猖獗。盐枭走私不仅规模大、组织严密,而且具有独特的活动特点和运销方式。该地区私盐之所以活跃,一方面与地理因素相关,另一方面也是官盐分销不合理导致的结果。面对日益严重的私盐问题,清政府想方设法予以防范与打击,但由于缉私制度本身的缺陷,加上缉私组织和官僚机构又腐败无能,因此,收效甚微。同时,笔者还重点就江西地区“盐枭”“私盐立法”以及官

---

① 参见王肇磊《清代鄂西北私盐泛滥原因探析》(《盐业史研究》2006 年第 2 期);贺新枝、王肇磊:《论清代鄂西北私盐运销形式及相关问题》(《盐业史研究》2009 年第 1 期);王肇磊:《清代鄂西北私盐问题略论》(《郧阳师范高等专科学校学报》2010 年第 2 期)。

② 王肇磊、贺新枝:《鄂西北私盐运道概略》,《盐业史研究》2008 年第 1 期。

私食盐的市场比重等问题发表了自己的看法①。

　　作为两个相互关联的行盐口岸，也有的将湖广、江西看作是一个整体加以研究。如方志远的《明清湘鄂赣地区的"淮界"与私盐》，就是以湘、鄂、赣为研究对象，探讨了"淮界"（即湘、鄂、赣三省）私盐之所以盛行以及难以根绝的原因。方志远指出：明清时期，国家盐税总收入的一半来自两淮，两淮盐税的三分之二来自湘、鄂、赣"淮界"。但是，官盐在湘、鄂、赣"淮界"的销量，仅占实际需求量的一半左右，其余均为私盐，包括"邻私"和"淮私"。由于生产成本（工本）、运输成本（运费）、销售成本（主要为国家税收）都明显低于官盐，故私盐具有价廉、质优、获取方便的优势。私盐的盛行，导致了官盐的滞销，并迫使明清政府不断对盐政进行以降低盐价、促销官盐为目的的改革。由于未能建立合理的税收体系特别是个人所得税制度，盐税在某种意义上成了各种杂税的总汇；由于淮盐为各级政府及官员利薮，明清政府一直坚持对"淮界"的保护。湘、鄂、赣"淮界"官盐价格因此居高不下，私盐问题也就无法从根本上予以解决②。

　　以上是就单个或几个彼此相关的行盐口岸为研究对象的研究成果。此外，还有一些以整个两淮为研究对象的综合性研究成果也值得关注。如方裕谨《道光初年两淮私盐研究》。作者不仅归纳了活跃于两淮地区的私盐种类，同时还探讨了私盐对社会各阶层的影响。作者把活跃于两淮地区

---

　　①　参见吴海波、杨勇《清中叶江西官私食盐的运输途径与流通方式》（《盐业史研究》2002 年第 3 期）；吴海波：《清中叶江西中、南部地区官盐分销状况与私盐》（《盐业史研究》2004 年第 2 期）；吴海波、李曦：《清政府对私盐的防范和打击——以江西为例》（《盐业史研究》2005 年第 1 期）；吴海波：《江西中、南部地区盐枭活动特点与运销方式》（《盐业史研究》2005 年第 4 期）；吴海波：《道光年间江西盐案浅探——以〈刑案成式〉为例》（《历史档案》2007 年第 3 期）；吴海波：《清中叶两淮私盐、私枭与会党》〔《盐文化研究论丛》（第二辑），巴蜀书社，2007 年〕；吴海波：《私盐、盐枭与政府——以道光十年仪征黄玉林案为例》（《历史档案》2008 年第 1 期）；吴海波：《清代"两淮岁课，当天下租庸之半"质疑》〔《四川理工学院学报》（社会科学版）2008 年第 3 期〕；吴海波：《晚清江淮盐枭与帮会述略》（《盐业史研究》2008 年第 3 期）；吴海波：《清代私盐活跃的经济视觉思考》〔《盐文化研究论丛》（第四辑），巴蜀书社，2009 年〕；吴海波：《清中叶两淮私盐之贩卖方式与特点——以私盐个案为视角》（《南都学坛》2010 年第 1 期）；吴海波：《道光年间江西盐枭走私个案剖析——以〈吴文节公遗集〉为例》（《盐业史研究》2010 年第 1 期）；吴海波：《清中叶两淮私盐及其个案分析》〔《四川理工学院学报》（社会科学版）2010 年第 5 期〕；吴海波：《清代私盐立法问题探析》〔《盐文化研究论丛》（第五辑），巴蜀书社，2010 年〕；吴海波：《清代两淮"官私"述略》（《盐业史研究》2012 年第 1 期）；吴海波：《清代榷盐体制下的官商关系》（《盐业史研究》2013 年第 1 期）；吴海波：《基层民众与私盐——清中叶两淮盐区流通领域的私盐问题研究》（《盐业史研究》2013 年第 4 期）。

　　②　方志远：《明清湘鄂赣地区的"淮界"与私盐》，《中国经济史研究》2006 年第 3 期。

的私盐归纳为八种,即灶私、脚私(船私)、邻私、漕私、官私、生员带私、艄私、私开盐店贩卖私盐。就私盐的影响而言,作者认为,私盐的盛行,无论是对清政府,还是对民间,其危害都是很大的。对政府而言,私盐的活跃,严重影响了其财政收入,同时也败坏了社会风气;对民间老百姓而言,私盐问题导致械斗时有发生,影响了人们的正常生活①。很显然,作者只看到了事情的一个方面。的确,私盐给社会带来了许多消极影响,但私盐的积极面也是显而易见的,特别是对民间老百姓而言,它对解决其生存问题和淡食问题都起到了积极的作用。曹金发、董杰也就私盐给官、民带来的不同的影响发表了自己的看法。作者指出:清代两淮盐区私盐泛滥,对社会有着广泛而又非同一般的影响,这一时期的百姓、盐商、官府都与之有着紧密的联系。两淮私盐对于这三大阶层有着双重的影响——客观上给每一阶层的人带来了实际上的利益,但也有其不利的一面②。2005 年,方裕瑾又撰文《道光初年清政府遏制两淮私盐之对策》,就淮盐弊坏的原因以及淮北票盐之制的实行等问题做了深入探讨,同时还分析了道光初年,面对两淮私盐的日益猖獗,清政府所采取的种种遏制私盐的对策③。江希峇探讨了唐代至今两淮的盐业缉私问题④。其中一部分谈到清代两淮盐业缉私的情况,但该文只是对此作了一般的论述,而没有具体的分析和评论。盛茂产则就孙玉庭在盐务缉私方面作出的努力进行了详细的阐述⑤。曹爱生、史为征以较新的视角分析了私盐产生的根源:在中国古代,盐已经具备了商品的特性,这是盐业产生私盐的根源;在清代,两淮盐业的国家垄断是私盐产生的温床;由于盐在古代主要用于食用,同时有限度消费的特性,清代在包装落后的情况下,盐有卤耗等,从而产生夹带私盐及灶户售私等,这些都决定了私盐产生的必然性;另外,淮盐生产区域大,运输路程长、销售范围大也为私盐的产生提供了可能性。缉私的措施包括制订法律、设立公垣、制定凭堆派引章程、根据实际制订各种规例。作者还分析了两淮私盐

---

① 方裕瑾:《道光初年两淮私盐研究》,《历史档案》1998 年第 4 期。
② 曹金发、董杰:《一把双刃剑——试析清代两淮私盐社会影响的双重性》,《宿州教育学院学报》2006 年第 3 期。
③ 方裕瑾:《道光初年清政府遏制两淮私盐之对策》,中国第一历史档案馆编《明清档案与历史研究论文选》(下),新华出版社,2005 年。
④ 江希峇:《浅议两淮盐业缉私沿革》,《盐业史研究》1996 年第 2 期。
⑤ 盛茂产:《孙玉庭与盐务缉私》,《盐业史研究》2001 年第 1 期。

难以禁绝的原因,主要是场私难禁、枭私难禁、邻私难禁①。王波分析了明清时期淮盐走私的形式与原因,并考察了政府的治私措施及其成效②。邰婧从《刑案汇览》中记载的一个清朝道光年间的负责缉查私盐的巡役杀死拒捕私贩的案例出发,结合《刑案汇览》的其他相关案例,综合分析了清朝关于缉查私盐人员的组成、缉私的特点和拒捕等问题③。此外,桑甫《道光十年私盐贩黄玉林案》(《历史档案》1999 年第 2 期)、汪葛春《道光十年盐枭黄玉林案述评》(《忻州师范学院学报》2015 年第 1 期)考察了道光十年(1830 年)的私盐贩黄玉林案;彭云鹤《明清两淮盐私和漕运》(《盐业史研究》1991 年第 4 期)分析了明清两淮私盐和漕运之间的关系问题;张丹丹《清朝私盐贩运的影响》(《吉林师范大学学报》2007 年第 2 期)探讨了清朝私盐贩运对人民生活、榷盐体制、政府财政收入等方面的影响。吴善中《客民·游勇·盐枭——近代长江中下游、运河流域会党崛起背景新探》〔《扬州大学学报》(人文社会科学版)1999 年第 5 期〕就近代长江中下游运河流域会党崛起背景进行了探讨;史志刚《中国古代私盐的产生和发展》(《盐业史研究》2003 年第 4 期)就中国古代私盐的演变过程作了深入的研究。笔者则以私盐与清代两淮榷盐体制的演变之间的关系,清中叶两淮私盐、私枭与会党的关系以及私盐、盐枭与政府的关系等问题为考察对象,探讨了两淮私盐泛滥的原因以及私盐贩与社会各阶层的关系,并对私盐的量化问题进行了大胆的尝试④。

2.有关两广私盐问题的研究成果

两广盐区的行盐范围虽然不如两淮广、行销量也不如两淮多,然而其私盐问题却同样不容乐观。围绕私盐的各种表现形式,学界发表了诸多真知灼见。

王小荷首先从私盐的来源及其运输路线、私盐的构成及其种类、缉私

---

① 曹爱生、史为征:《论清代两淮海盐的缉私》,《盐城工学院学报》2009 年第 1 期。

② 王波:《明清时期淮盐走私的形式、原因和治理》,《盐文化研究论丛》(第二辑),巴蜀书社,2007 年。

③ 邰婧:《从〈刑案汇览〉看清朝盐政中的缉私——从道光年间报司有名巡役杀死拒捕盐匪案说起》,《法制与社会》2007 年第 1 期。

④ 参见吴海波、李曦《清代两淮榷盐体制的演变与私盐》(《江西师范大学学报》2005 年第 5 期);吴海波:《清中叶两淮私盐、私枭与会党》〔《盐文化研究论丛》(第二辑),巴蜀书社,2007 年〕;吴海波:《私盐、盐枭与政府——以道光十年仪征黄玉林案为例》(《历史档案》2008 年第 1 期)。

和私盐活动以及私盐与社会政治经济的联系和影响四个方面着手,就清代两广私盐问题作了较为系统的阐述①。私盐来源于盐场的偷漏和不法盐官、盐商和盐枭的兴贩等,这些私盐或借助于两广地区复杂的地形,或官商勾结,或贿赂公行,泛滥于有清一代的两广盐区。私盐的通行,是封建统治者深感头痛之事,它对官府的财政收入产生了不利影响。因此,封建统治者一向严禁私盐的贩卖,但效果不是很理想。王文分析认为,私盐的存在,对清代各阶层及清政府有着不同的影响:一方面它给部分贫苦群众的生活以一定的补偿,从而对经济关系的紧张有一定的调节作用;另一方面,它对清政府的财政收入有所影响,却没有危及封建经济,也没有产生可以破坏它的社会力量②。

黄国信对清代私盐问题也做了全面而系统的研究:一方面,他对清代雍正至道光初年的盐枭走私现象进行了初步的探讨。内容涉及盐枭走私之私盐来源、盐枭成分、盐枭组织、贩私方式以及盐枭走私盛行不衰的原因等问题③;另一方面,以两广为研究对象,对该地区的私盐情况进行了细致的研究。清代两广盐区是一个在全国具有重要地位的盐区。按人口与官盐额定销量进行比较,作者发现两广平均私盐量大于全国的平均量。究其原因:一是因为两广盐商经济实力远逊于淮商、芦商,从而导致该地区出现无人无商之地,使私盐乘隙而起;二是因为两广行盐地区地形复杂适于走私;三是因为两广盐区存在某些政治上或盐政上的权力真空,促使私盐泛滥。文章还论述了两广盐区私盐盛行的社会影响,以及私盐的贩运方式和特色等④。2010年,黄国信又通过一则档案史料,撰文分析了广东珠三角地区私盐的两大特点,即私盐案件易受重视和数额较大;同时还指出出现

① 王小荷:《清代两广盐区私盐初探》,《历史档案》1986年第4期。
② 有关私盐的影响,应该说王小荷的分析是有一定道理的,私盐对于清代紧张的经济关系确实起到了一定的调节作用,但它对清代国民经济的破坏也是非常明显的。就全国而言,私盐确实还没有发展到危及封建经济的地步,但在个别盐区它的破坏作用却是非常明显的。比如在两淮盐区,道光十二年(1832年),私盐迫使清政府不得不放弃实施了将近二百年的纲盐制度,而改行更具有自由贸易性质的票盐制。票盐制虽然依然属于专卖政策范畴,但从本质上来讲,它与专卖政策是背道而驰的。它与专卖政策最大的不同就在于它打破了盐商对食盐的垄断局面,只要有钱,任何人都能够参与食盐买卖。萧国亮也认为:"贩私活动天然地成为破坏清代引岸制度的最有力武器。"(参见萧国亮《清代盐业制度论》,《盐业史研究》1989年第1期)
③ 黄国信:《清代雍正到道光初年的盐枭走私》,《盐业史研究》1996年第1期。
④ 黄国信:《清代两广盐区私盐盛行现象初探》,《盐业史研究》1995年第2期。

这两个特点的原因：一方面是由于当时的地方官员将珠江三角洲地区的私盐问题与海洋安全联结在一起考虑的结果；另一方面则是人口不断增长而官方所定食盐销售额不增加的必然结果①。

周琍则考察了清代闽、粤、赣边区盐商贩私问题。作者指出，闽、粤、赣边区是一约定俗成的地理名称，在行政上隶属于福建、广东、江西三省。由于受各种因素的影响，清代闽、粤、赣边区的私盐贩卖异常盛行，盐商贩私的方式也很多，如打着官府名义，侵入其他盐区，即所谓借邻行私；子盐名目也是盐商借以用来夹带行私的一种途径；盐商与盐务官员还合伙借融销名目贩运私盐；此外，还往往"暗结枭徒，勾通兴贩"等等。造成盐商频频贩私的原因主要是闽、粤、赣边区特殊的自然条件、盐商的求利思想以及市场的需求等②。

3.有关四川私盐问题的研究成果

四川是继两淮、两广之后，私盐较为活跃的又一重要盐区。枭私是清代四川私盐当中最为猖獗的一种，盐枭通常以武力为后盾，暴力对抗于清代缉私组织，其危害之烈，颇为清政府所头痛。因此，有关盐枭的研究，通常是研究私盐史的学者们所关注的重点。1986 年，鲁子健首先就榷盐与盐枭的关系以及盐枭走私的影响等问题展开了讨论。鲁子健认为：盐榷是封建政权对盐业商品经营的暴力干预；盐枭是私盐贩众对封建盐榷制的武装抵抗。"天下私盐皆官盐所化"。随着盐业经营的封建垄断，私盐犹如幽灵一般，影随官盐相终始。盐枭之众，是奋战于榷盐流通禁区的一支劳动大军，有效抵制了封建专制，为促进市场统一，发展商品经济做出了贡献③。这种观点虽然有值得商榷的地方，但应该说是一种新的考察与评价角度。

史玉华就清代四川私盐的种类、私盐盛行的原因、私盐对社会各阶层的影响等问题，进行了深入的讨论。作者指出：清代四川是重要的产盐区，其私盐问题十分突出。私盐种类繁多，有场私、商私、官私、枭私、夹私、平民贩私等。私盐盛行的原因在于利益的驱使、特殊的地理条件以及缉私人

---

① 黄国信：《乾嘉时期珠江三角洲的私盐问题——中国第一历史档案馆一则关于东莞盐务档案的解读》，《盐业史研究》2010 年第 4 期。

② 周琍：《清代广东盐业与地方社会》，2005 年华中师范大学历史系博士论文。

③ 鲁子健：《清代四川的盐榷与盐枭》，《盐业史研究》第一辑，1986 年。

员的玩忽职守等①。

张洪林则从法律的角度考察了四川私盐之所以难以禁绝的原因。作者指出,清代私盐难禁是多种因素的综合结果。在生产领域,场灶生产的余盐是私盐产生的前提,对场灶的规制不力是灶私产生的根本;在运销领域,行盐程序非常复杂且引岸划分不合理,从而邻私现象时有发生;在监管领域,查缉枭私的机构庞大但运转不灵,奖惩查缉枭私的措施严密但执行不力,以致枭私和缉枭官吏的渎职现象严重。清代私盐难禁的最根本原因是官盐的垄断所形成的利差,争利中各种利益主体的博弈,破坏了法律构筑的禁私体系②。

陈倩分析了清代四川地方政府对私盐失控的原因。清代四川私盐问题凸显,为解决这一社会问题,四川地方政府企图利用直接控制与间接控制的方式遏制私盐。从盐的产、运、销三个领域来看,地方政府的措施并未奏效,其失控原因是多方面的,有自然成因,也有制度因素,同时也与政治原因密切相关③。陈倩还进一步分析了清代四川食盐运销制度变革与私盐的关系。作者指出,清代四川食盐运销制度经历了民运民销、官督商销及官运商销三次变革,变革的起因与终结皆与私盐的泛滥密切相关。运销制度的变迁表明,制度中不合理的因素是私盐滋生的土壤,而私盐的泛滥又加速了食盐运销制度的败坏与变革,最终导致食盐运销制随着清王朝的衰微而走向崩溃④。

4.其他盐区私盐问题的研究成果

除上述三大盐区为学界所关注以外,也有的学者对其他盐区的私盐问题进行了广泛而深入的研究。如纪丽真探讨了山东盐区的私盐问题。清代私盐泛滥,名目很多。从贩盐地点和工具来说,可分为场私、邻私、船私;从贩盐者的身份来说,可分为官私、商私、枭私等。山东的私盐情况也大致如此。同时作者还考察了清代山东盐业管理机构的缉私问题。为了杜绝私盐,盐业管理机构采取的措施主要有:为杜场私,设立公垣,专司启闭;官兵贩私指名题参,严加治罪;设立缉私卡巡,加大缉私力度;加强缉私队伍

---

① 史玉华:《从〈巴县档案〉看清代四川私盐问题》,《滨州学院学报》2005 年第 2 期。
② 张洪林:《清代私盐难禁之法律缘由考析——以四川为例》,《学术研究》2012 年第 2 期。
③ 陈倩:《清代四川地方政府对私盐失控的原因述评》,《学术探索》2014 年第 4 期。
④ 陈倩:《清代四川食盐运销制度变革与私盐关系论》,《贵州社会科学》2014 年第 3 期。

建设等①。对于私盐贩卖的具体表现形式，王澈通过列举若干发生于乾隆四十二年（1777 年）山东峄县的私盐案例②，使我们对它有了一个更直观的了解。除山东以外，何珍如、朱霞、赵小平分别论述了清代云南的私盐与缉私问题。何珍如考察了清代云南缉私的措施及其成效③；朱霞以云南诺邓井出现的私盐问题为例，讨论了在国家垄断制度下，国家主流意识与民间观念存在的差距。这些差距反映了处于弱势的民间权力，在民众生存动力以及经济利益的驱使下，通过各种不同的方式显示自己的力量，并形成了与国家垄断制度相对抗的、民间达成共识的习俗惯制④。赵小平重点分析了云南缉私困难的原因。他认为，私盐产生的多渠道、多领域，以及私盐涉及方方面面的人员，使缉私工作千头万绪，难以简单处理。更重要的是，官商勾结、官兵勾结往往使缉私活动名存实亡。缉私队伍人员素质低（有些缉私人员名缉实保，从中分利）、装备落后、缉私力量较为集中，无法全面开展缉私活动无疑大大影响了缉私工作的实效。而缉私体制的不健全、缺乏奖励机制，则使缉私人员缺乏工作积极性⑤。杨彩丹则探讨了陕西的私盐问题。陕西省历史上为河东盐销区。清末，在行销官盐——河东盐之时，遭到了三种私盐——花马大池盐、内蒙古盐、陕西土盐的大规模侵扰，这是多方面因素综合作用的结果。作者认为，了解其历史特点，对探讨中国私盐问题具有重要意义⑥。李三谋、任建煌、计萍则重点考察了解盐的缉私问题⑦。

从上述研究成果我们可以清楚地看到，研究两淮、两广、四川等地区的私盐问题的文章明显要多于其他盐区。这一方面反映了研究者的关注所在，另一方面也说明这些地区私盐问题确实比较严重。如果再结合现有材料的多寡分布状况，更能清楚地看到，清代私盐较为活跃的地区确实非两

① 纪丽真：《清代山东私盐问题研究》，《理论学刊》2006 年第 6 期。

② 王澈：《乾隆四十二年山东峄县私盐贩拒捕伤差案》，《历史档案》1991 年第 3 期。

③ 何珍如：《清代云南的盐务缉私》，《中国历史博物馆馆刊》1984 年总第 6 期。

④ 朱霞：《私盐、国家垄断与民间权力——以云南诺邓井的私盐问题为例》，《广西民族大学学报》2007 年第 2 期。

⑤ 赵小平：《清代云南私盐与缉私制度演变研究》，《盐文化研究论丛》（第四辑），巴蜀书社，2009 年。

⑥ 杨彩丹：《清末陕西私盐问题研究》，《盐业史研究》2006 年第 3 期。

⑦ 李三谋、任建煌、计萍：《清朝有关解盐的缉私活动》，《盐文化研究论丛》（第四辑），巴蜀书社，2009 年。

淮、两广、四川莫属。其他盐区相关研究成果较少,一方面可能是因为现在的挖掘程度不够,另一方面则是因为私盐的泛滥程度应该不如两淮、两广、四川等地区。

除了上述分区域讨论私盐问题的研究成果以外,还有一些专门性研究成果同样也值得关注。如有关盐枭走私问题的研究。枭私是清代私盐当中最为猖獗的一种,盐枭通常以武力为后盾,暴力对抗于清代缉私组织,其危害之烈,颇为清政府所头痛。因此,有关盐枭走私的研究,也通常是研究私盐史的学者们所关注的重点。黄国信就曾对清代雍正至道光初年的盐枭走私现象进行了全面而系统的研究①。郑民德探讨了盐枭与政府争夺盐利的原因及其表现形式。他指出,盐税为清代国家财政收入的大宗,对封建政治、经济、军事、社会具有重要的意义,所以一直为最高统治者所掌控。但随着国家对基层社会控制力的减弱,盐枭作为一股特殊的群体,正逐渐由隐蔽、散乱、自发发展成公开化、规模化、武装化,成为与清政府争夺盐业利益的重要力量②。清代食盐贩私活动十分活跃,给封建国家财政收入和统治秩序造成了严重的威胁。为此,清政府在加强垄断盐制的同时,也对私盐进行了严密防范。统治者虽然采取了许多方法,却始终没有很好地解决这一问题。张小也对此进行了全面而又具体的分析。张氏列举了五个方面的原因:一是缉私人员腐败无能;二是缉私人员构成复杂;三是缉私人员的规模过于庞大;四是缉私人员的装备滞后;五是缉私激励机制效率低。同时张小也认为清代前后期盐业缉私效果是不同的。前期政治修明,法令严密,地方武装官吏及团保捕丁,均有缉私之责,后来由于缉私制度方面存在许多问题,造成缉私力量不仅不能抑制私盐活动的泛滥,而且发展到护送盐枭贩私的地步③。倪玉平则借助经济学当中的博弈论,分析了清代私盐泛滥以及缉私效率低下的原因。清政府对私盐活动的打击不遗余力,但私盐现象仍极为严重,根据博弈论"激励的悖论"模型可知,加大对走私盐犯的惩罚力度,只会短期有效,长期效果必须靠加强对相关执法部门的监督,以及对失职行为的查处来保证。清廷举措失当、重此轻彼,成

① 黄国信:《食盐专卖与盐枭略论》,《历史教学问题》2001 年第 5 期。
② 郑民德:《冲突与制衡:清代盐枭与封建政权之间对盐业利益的争夺》,《石河子大学学报》(哲学社会科学版)2012 年第 3 期。
③ 张小也:《清代盐政中的缉私问题》,《清史研究》2000 年第 1 期。

为清代私盐泛滥的重要原因①。此外,值得一提的是,张小也2001年10月发表的著作《清代私盐问题研究》②在一定程度上弥补了私盐史领域长期没有专著的缺憾。该书从全国范围内的私盐问题着手,采用独特的研究手法,对清代私盐问题进行了全面的分析和探讨。但因为作者选题的时间跨度较长,涉及范围较广,所以宏观理论研究有余,微观实证研究不足;私盐本身论述较多,私盐与其他方面的问题,包括与地方社会的互动关系等考察较少。有关缉私问题的研究也通常为学界所重视。如倪玉平、薛培分别从经济学的角度对盐务缉私提出了应对之策。倪玉平根据经济学博弈论中"激励的悖论"模式认为清政府只注重对私盐的惩罚而忽视了对有关执法部门的监督和对失职行为的查处力度,是清代私盐屡禁不绝的重要原因③。薛培运用经济学的理论分析了清政府利用经济手段和行政手段对盐业进行干预与管理,收到了较好的效果④。张丹丹则重点考察了雍正朝的缉私问题⑤。

此外,还有一些研究成果,既有专著也有论文,并非专门以私盐问题为研究对象,但其中有些相关论述,仍可作为探讨清代私盐问题的参照。陈锋的《清代盐政与盐税》⑥是盐业史研究领域较早的一部力作。该书分为五个部分,其中有一章专门论述清代私盐问题,即"清代私盐的泛滥与巡缉"。作者在该章节中对私盐的种类及缉私制度进行了系统论证,并对私盐泛滥的原因作了初步的探讨。文章以问题为主线展开讨论,梳理其沿革流变,剖析其历史原因。在论述过程中,既有典型的个案分析,又有全面的综合概括。作者特别注重对第一手材料的发掘、稽核和使用,力图通过对众多史料的分析,探寻出清代私盐的发展变化规律。他认为,清代私盐泛滥的原因主要是由于食盐的高价和地区之间的食盐差价造成的。但对差价的形成,陈先生分析得不够详尽。

还必须提到的是由全国部分著名盐业史专家编写的《中国盐业史》(古

---

① 倪玉平:《"激励的悖论"——试论清代的盐业缉私》,《盐业史研究》2006年第4期。

② 张小也:《清代私盐问题研究》,社会科学文献出版社,2001年。

③ 倪玉平:《"激励的悖论"——试论清代的盐业缉私》,《盐业史研究》2006年第4期。

④ 薛培:《试论清代封建国家干预盐业经济的基本模式》,《盐业史研究》2001年第2期。

⑤ 张丹丹:《雍正朝缉私私盐情况初探》,《兰台世界》2009年第1期。

⑥ 陈锋:《清代盐政与盐税》,中州古籍出版社,1988年。

代编)①一书,其中有一章专门论述清代的盐业问题,包括盐的产、运、销,
到盐法的变革、私盐的泛滥等。但该书的大部分内容都能从笔者上面提及
的文章及专著中找到原形,所以在此不打算对该书的具体内容作专门的
论述。

　　相关论文方面,李克毅认为,对于一个政权而言,吏治好坏是至关重要
的。贪官污吏的不法行径往往会导致经济的衰退、社会的动乱,乃至政权
的最终倒台,而主管经济部门的官吏之行为对经济的影响则更为直接。清
朝负起这一责任的机构是内务府,它所派出的盐官就对盐政产生了重要的
影响,而盐官的胡作非为正是清代盐法大坏的主要原因。主管盐务的最高
官员的种种不法行径,造成盐商的负担沉重,给盐业带来了灾难性的后果。
他们巧取豪夺的对象,既有商人,又有食盐的百姓。盐商们在条件许可时,
总是将所有开支都列入成本,提高盐价,贻害百姓。而盐价的抬高,又使官
盐在市场上与私盐竞争时处于不利地位②。这就是说,从某种意义上讲,
盐官的腐败,对清代食盐走私有着直接的影响。

　　不少学者认为,食盐专卖是导致清代私盐泛滥的一个重要原因,因此,
要解决私盐问题,首先必须从盐业专卖制度本身着手,鲁子健就是持上述
观点的代表性人物。鲁子健在《清代食盐专卖新探》一文中,试图通过对清
代食盐专卖的三种基本形式的剖析,来探寻封建食盐专卖制度的性质、危
害以及清政府所采取的对策。作者认为盐利之源,本于专卖对食盐经营的
垄断,而私盐泛滥则踵于官吏的自践盐法③。

　　刘德仁、薛培认为,清政府对盐商的控制和利用政策,集中反映了清政
府与盐商的政治经济关系和相互结合的原则。这种关系实则为一种钱权
交易,清政府对盐商进行严密的控制,并利用其资金与管理经营才智,通过
盐商向广大的食盐生产者与消费者掠取垄断超额利润。盐商则利用政府
给予的政治、经济特权,垄断盐业的产、运、销,直接掠夺广大食盐生产者与
消费者,并与清政府共同瓜分掠夺的超额利润。清政府对盐商封建式的控
制与利用,使盐商在封建的母体中存在先天不足,从而形成了极其强烈的

---

①　郭正忠主编:《中国盐业史》(古代编),人民出版社,1997年。
②　李克毅:《清代的盐官与盐政》,《中国经济史研究》1990年第4期。
③　鲁子健:《清代食盐专卖新探》,《中国经济史研究》1992年第3期。

依附性和软弱性。而这种软弱性又为清代食盐走私提供了必然条件①。

宋良曦认为,清代的盐商具有巨大的社会能量,对社会变迁、经济发展、大众心态、社会文化都曾产生巨大的影响。为此,他在《清代中国盐商的社会定位》②一文中对清代盐商的社会作用、影响进行了具体全面的分析。盐商通过纳课、报效、捐输成为清廷财政的支撑者,他们通过出任总商和组织行帮、会所,编织经济运行网络,也成为地方经济的操纵者,他们通过大量社会活动和捐资,成为社会事业的倡办者。同时,清代盐商的心态、理念和社会行为,亦给社会发展带来了负面影响,而这些负面影响正是造成清代,特别是清代晚期私盐泛滥的原因之一。

萧国亮通过对清代纲盐制度的分析,揭示了纲盐制度的实质和它所体现的各种社会集团间的政治经济关系,以及对社会经济发展的影响。纲盐制度同封建国家所有对经济实行干预的其他制度一样,是产生官僚机构的基础,是滋生贪污、贿赂、腐败现象的温床,是造成经济效率低下、官僚作风的直接原因,而这些腐败因素又正好是缉私艰难的根本原因所在③。

汪崇篔在清代盐业史领域也取得了骄人的成绩,其研究成果涉及面非常广泛,举凡成本、利润、税收、盐商等无不涉及④,而这些问题恰恰与私盐问题密切相关。

还有一些文章对研究清代私盐问题也有比较重要的参考价值。如刘洪石《略论清代的票盐改革》(《盐业史研究》1995年第4期);王思治、金城基《清代前期两淮盐商的盛衰》(《中国史研究》1981年第2期);吕一群《清代湖广榷盐制度的演变》(《江汉论坛》1996年第7期);吴慧《略论清代纲盐之弊和票法的改革意义》(《清史研究集》1986年第5辑);张荣生《古代淮南盐区的盐民生活》(《盐业史研究》1996年第4期);温春来《清代广东

①　刘德仁、薛培:《略论清政府对盐商的控制与利用》,《盐业史研究》1998年第2期。

②　宋良曦:《清代中国盐商的社会定位》,《盐业史研究》1998年第4期。

③　萧国亮:《论清代纲盐制度》,《历史研究》1998年第5期。

④　其代表作主要有:《明清两淮盐利个案两则》(《中国社会经济史研究》2001年第1期);《清嘉道时期淮盐经营成本的估算和讨论》(《盐业史研究》2002年第1期);《关于徽州盐商性质的两个问题》(《徽学》第二卷,安徽大学出版社,2002年);《乾隆朝两淮盐商的输纳探讨》(《盐业史研究》2003年第2期);《明清淮盐经营中的引窝、税费和利润》(《安徽史学》2003年第4期);《乾隆两淮提引案辨析》(《盐业史研究》2004年第4期);《清代淮盐江广口岸价探讨》(《盐业史研究》2008年第2期)。等。

盐场的灶户和灶丁》(《盐业史研究》1997 年第 3 期);朱宗宙《明清时期扬州盐商与封建政府关系》(《盐业史研究》1998 年第 4 期);王方中《清代前期的盐法、盐商与盐业生产》(《清史论丛》第四辑);王振忠《清代汉口盐商研究》(《盐业史研究》1993 年第 3 期);周志初《清代中叶社会经济的变化与两淮盐务的衰落》(《盐业史研究》1992 年第 3 期);方志远《明清湘鄂赣地区食盐的输入与运销》(《中国社会经济史研究》2001 年第 4 期);郑建明《关于清中叶江西食盐销售的几个问题》(《盐业史研究》1998 年第 1 期);杨久谊《清代盐专卖制之特点——一个制度面的剖析》(《"中央研究院"近代史研究所集刊》2005 年第 47 期)等。这些文章从不同侧面,探讨了各地区私盐与盐产、盐销、盐法、盐税、盐官、盐商、盐民以及盐业贸易之间的关系。

此外还有一些现当代学者编写的资料汇编,对研究清代私盐问题也有很高的参考价值。比如南开大学历史系编《清实录经济资料辑要》(中华书局,1959 年),何泉达选辑《清实录江浙沪地区经济资料选》(上海社科院出版社,1989 年),张海鹏、王廷元编《明清徽商资料选编》(黄山书社,1985 年)等。这些资料虽然并非专门的盐业史料汇编,但其中涉及私盐的史料却不少。比如《明清徽商资料选编》就为研究盐商提供了很多便利,因为清代徽商从事的行业主要为盐、木、典、茶四业,其中盐业在四业中又占有举足轻重的地位。清代两淮盐商就以徽商为主,清中叶甚至出现过"两淮八总商,邑人恒占其四"①的局面。这里所说的"邑人恒占其四",是指歙县人占一半,还不是指徽州人占一半。当时徽州盐商发展到了何等地步,由此可见一斑。因此,如果要研究清代两淮的盐商,以及与之有密切关系的私盐问题,有关徽商的资料是必不可少的。很显然,这些资料的编印出版,对研究清代私盐问题的帮助是显而易见的。

与私盐问题相关的研究,包括商业、财税、职官、户口、漕运、法律、会党等多方面的内容,也值得关注。与之相关的成果主要包括唐力行《商人与中国近世社会》(浙江人民出版社,1993 年),周伯棣编著《中国财政史》(上海人民出版社,1981 年),葛剑雄主编《中国人口史》(第五卷)(清时期,曹树基著,复旦大学出版社,2001 年),杨子慧主编《中国历代人口统计资料

---

① 民国《歙县志》卷一《风土》,1937 年铅印本。

研究》(改革出版社,1996年),张德译《清代国家机关考略》(中国人民大学出版社,1981年),吴宗国《中国古代官僚政治制度研究》(北京大学出版社,2004年),李文治、江太新《清代漕运》(中华书局,1995年),蒲坚《中国古代法制丛钞》(光明日报出版社,2001年),庄泽宣、陈宇恂《中国秘密会党之源流及组织》(《历史政治学报》1947年第1期),周育民、邵雍《中国帮会史》(上海人民出版社,1993年)等。上述研究成果为本书提供了很好的素材。

(三)问题与思考

综上所述,前人在盐业史研究领域所取得的成果是有目共睹的,其中私盐史研究成果尤其值得关注。如大陆学者陈锋、萧国亮、王方中、王思治、吴慧、王振忠、朱宗宙、黄启臣、黄国信、鲁子健、方裕谨、方志远、汪崇筼、宋良曦、史志刚、萧致治、周俐、王小荷、吕一群、周志初、陈倩,台湾地区学者徐泓、杨久谊,日本学者佐伯富、渡边惇,美国学者何炳棣、罗威廉、墨子刻,新加坡学者姜道章等对清代盐政的种种弊端、食盐走私的成因、私盐的种类、私盐泛滥的影响及私盐与政治、经济的关系等问题所做的多方面、全方位的探讨、分析和考察,以及其他与私盐相关的问题和他们所掌握的第一手材料与研究方法等,在今天看来仍然是难以超越的,且具有非常重要的学术价值。再比如张小也将经济学的研究方法运用于历史问题的尝试,以及她在缉私问题上的研究成果等,也很有新意。总之,前人的研究成果值得赞赏,它们为本书的写作奠定了厚实的基础,只有站在前人的肩膀上,才能使笔者对清中叶两淮私盐问题有更深刻、更全面、更细致的把握。但由于研究视角、研究方法和研究对象等方面存在差异,我们会发现,现有的研究成果其实也并非十全十美,而是或多或少存在一些缺陷和不足。有些问题依然一知半解,含混不清;有些问题长期被人们所忽视;还有的问题甚至与事实不相符。导致上述情况的原因有二:一是因为清代私盐问题本身复杂难解,它涉及盐业专卖制度、盐务管理机制、盐业立法以及其他与盐业相关的政治、经济政策等;二是因为在现有研究成果中,有些对造成清代私盐成因的一些关键之处认识不清,甚至出现了偏差。概括而言,还有以下一些问题值得人们作更深入的探讨:

首先,从现有研究成果的选题角度来看,多以"全国"这一大范围作为研究平台,然后推而广之。中国领土幅员辽阔,各地区的自然条件和社会经济条件千差万别,这就决定了私盐问题也必然会存在地方性差异。如果仅仅把研究对象停留在"全国"这一大范围上,恐怕很难把握地方特色。因此,笔者认为,学界在从整体上把握私盐问题的同时,还应该从地方特色上对该问题进行更深入细致的探讨和分析。全国性研究与地方性研究并非两个相对立的面,两者是相互独立而又相互补充的关系,只有做到不偏不倚,才能将清代私盐问题看得更透彻。

其次,从现有研究成果的研究视角来看,大多数只是停留在制度层面上。人们通常都是采取自上而下的视角来论述私盐以及与之相关的问题,而真正自下而上看待这些问题的较少。比如说老百姓是通过哪些途径获取私盐的;在无可奈何的情况下他们又是通过哪些方式来贩卖私盐的;私盐贩卖与当时的人口、交通及老百姓的日常生活存在怎样的关系;作为消费者的民众在贩私与禁私过程中起着何种作用;各基层组织对待私盐又持什么样的态度;清中叶两淮为何改革不断私盐却屡禁不止;在打击私盐方面,地方政府与中央政府是否一致。等等。这些问题都值得做进一步的探讨。很显然,诸如此类的问题决定了研究者更应该关注制度层面以外的东西。

再次,基于可靠资料基础上得出许多结论,的确有它的可信度,但同样也存在一些不足,或者说是不全面的地方。比如说,大多数研究认为,造成私盐泛滥的原因是因为官盐质劣价昂或者是官盐的获取不如私盐便利[①]。无论是从基本常识,还是从相关史料的记载来看,这种解释似乎并没有不妥之处,但仔细分析会发现,上述原因其实都只是表面现象,更深层次的原因应该是制度问题。不合理的制度促成了官盐质劣价昂,不合理的制度导致获取官盐的艰难,不合理的制度迫使老百姓舍近求远,不合理的制度引发盐商、盐官的贪财求利,而这一切又是最终促使各类私盐,特别是枭私群起的根本原因。再比如说,大多数研究成果对私盐的活跃是持否定态度的。但笔者认为对私盐问题应做客观而辩证的评价。我们既要看到私盐活跃的消极面,也要承认它的积极面。无疑,清代私盐的活跃对当时的官

---

① 　陈锋、佐伯富、萧国亮、黄国信、王方中、方裕谨等都有相关论述,具体情况可参见以上提到的相关论文和著作。

盐销售、社会经济秩序以及封建政权的稳定等确实会产生不小的冲击和影响,但同时也应看到,便利廉价的私盐对于老百姓而言,不仅可以降低盐价、活跃市场、解决就业,而且还可以解决他们吃盐难的问题,从这一个角度来讲,私盐活跃有它积极的一面。

基于上述情况,本书拟在吸收并消化前人研究成果的基础上,对清中叶两淮私盐与地方社会的互动关系作宏观、静态研究的同时,进行微观、动态的透视:剖析私盐与地方社会的互动在清中叶社会转型中的地位与作用,找出清政府由强盛走向衰败的内在动因,并借此厘清现有研究成果中的误解或忽略之处,以期提供一些有一定实用价值的研究方法,或是得出一些有一定创新价值的结论。

五、行文思路及本书框架

研究清中叶两淮盐区的私盐问题,单纯以私盐本身为考察对象来就事论事是不够的,还必须将其置于清代社会发展的历史长河中,从政治、经济、社会、法制等多维角度出发,分析它是如何产生、发展的,又是如何影响社会的各个层面、如何应对政府的打压、如何调整自身存在的矛盾、如何应对不同利益集团之间的斗争的,等。要解决这些问题,最根本的一点,就是要搞清楚私盐与各种利益集团之间的关系问题。所谓各种利益集团,指的是地方各基层组织,这其中既包括贫民、灶丁、船户、水手等下层民众,也包括盐枭、会党、盐商、盐官、缉私兵役以及其他地方官僚等豪强团体、商业集团和基层官僚。为了使行文更为精炼、简便,表述更具逻辑性与严密性,本书将上述基层组织划分为三个类别,即基层民众(包括灶丁、贫民等)、盐枭与会党、盐业地方管理阶层(包括盐商、盐官、地方官僚、缉私兵役等)。因此,本书主要从三个方面来阐述私盐与地方社会的互动关系,即灶丁、贫民与私盐,盐枭、会党与私盐,盐商、盐官与私盐。为了使上述问题得以明晰化,本书将分为六个章节对此加以叙述,分别如下:

第一章,以发端于道光十二年(1832年)的陶澍票盐制改革作为切入点,探讨清中叶两淮私盐活跃的历史背景及其表现形式。据有关资料记载,清代两淮榷盐体制的演变经历了纲盐制、票盐制和循环转运法三个阶段,而榷盐体制的演变与私盐的泛滥密切相关。通过分析本书认为,榷盐体制的不合理性为私盐的泛滥培植了土壤,而私盐的泛滥则加速了榷盐体制的败坏与演变,并最终促使榷盐体制随着清政府的日渐衰败而走向崩溃。正是在该背景下,以陶澍为代表的地方官僚不得不致力于"废纲改票"的盐政改革。

第二章,以湖广、江西为例,借助大量的私盐个案,分别从官盐的运销状况、流通方式以及地理因素出发,分析清中叶两淮私盐泛滥的原因、走私方式与特点等。私盐的活跃程度,与官盐的运销状况和流通方式的合理与否密切相关。作为两淮盐区最主要的食盐销售口岸,清代湖广、江西地区所行销的官盐主要以淮盐为主,广、川、浙盐次之,但私盐,特别是边私(又叫邻私)的侵灌却非常活跃。究其原因,是由于受僵化的划界行盐制的影响,但同时,地理因素以及官盐的不合理运销路线与流通方式,也对湖广、江西私盐的活跃起了推波助澜的作用。

第三章,在私盐与地方基层组织的三个层面当中,本书首先探讨了私盐与灶丁、贫民之间的互动关系问题。灶丁、贫民贩卖私盐通常是迫于生计,是对现行盐业制度的反抗与斗争。食私与产私反映了消费者与生产者作为交换商品的双方要求等量劳动互补,以维持简单再生产的必然经济要求。食盐生产者蔑法售私,是因为"灶户交盐不得值,非违私无以为生"。而广大民众敢于"抒法食私",实乃"舍贱买贵,人情所难"。

第四章,本章主要论述私盐与盐枭、会党之间的关系问题。从前文分析可知,两淮是清中叶私盐非常活跃的一个区域,特别是盐枭走私异常猖獗。这一阶段的枭私之所以泛滥成灾,一方面与盐枭自身的发展有一定的关系。这一阶段的盐枭不仅成份复杂,而且组织严密、分工明确;另一方面也与盐枭和当时的两大主要帮会组织——青、红帮交通融合密切相关,他们联手合流、串通一气,共同泛滥于两淮地区。

第五章,本章以私盐与盐商、盐官的关系为研究对象。作为盐业的管理者和维护者,盐商、盐官和缉私兵役的贩私行为,既是吏治腐败的充分表现,同时也是吏治腐败的必然结果。以发生于道光十年(1830 年)的仪征黄玉林案为例,该案以清中叶纲盐制的日益败坏为背景,充分暴露了盐枭走私背后深藏的政治、经济和社会问题,从而展现了这一时期私盐、盐枭与政府之间复杂而微妙的互动关系,并显示了 19 世纪中期清政府调控能力的强弱变化。

第六章,对清政府的缉私行为进行阐述,并对缉私不力的原因进行分析。本书认为,要解决私盐问题,仅仅靠加大打击缉私力度,或是加强缉私立法建设是不够的,所有这些措施的作用都是有限而又短暂的,它可能在某一地区或某一时间内发挥作用,而就全局而言,它最终只能治"标"而无法治"本"。要彻底解决私盐问题,最有效的办法就是放弃榷卖制度,实行以市场为导向的食盐自由买卖制度,从而最终化"敌"为友,化"私"为官。

最后,在前文基础上,对官私之间的关系进行简单的总结,并就私盐背后的种种社会面相进行阐述,同时对私盐的影响作出恰当的评价。本书认为,由于私盐对地方社会各个阶层所造成的影响各不相同,因此地方社会各个阶层对待私盐的态度也千差万别。这种差异所反映出的历史事实告诉我们,任何一种社会现象,都不能简单用"好"或是"坏"来衡量它,而必须对它进行详尽解剖、分析和论证,最主要的是要用全局的眼光和高屋建瓴的态度来对它进行辩证、客观而又公正的评价。

总之,通过对清中叶两淮私盐问题的研究,试图使人们对以下几个问题有更清晰的了解:私盐与地方社会的互动反映的是怎样的复杂社会面相;私盐的活跃给地方社会带来了哪些影响;榷卖体制与食盐走私之间是否存在必然的关系;私盐问题难以得到彻底解决的根本原因是什么;清代两淮私盐从缘起到泛滥经历了怎样的发展历程。等等。通过对上述问题的综合分析,无疑可以使我们进一步认清清代专卖体制的种种弊端、官僚政治的各种丑态以及财经制度内部存在的诸多结构性矛盾;同时引导我们进一步思考在清中叶这样一个由强盛走向衰败的历史转型时期,作为食盐专卖游戏规则制订者的政府,应该在盐业贸易市场当中扮演怎样的角色;作为食盐运销执行者的盐商,应该在榷卖体制当中承担怎样的责任;作为食盐消费主体的广大民众,应该在不断激化的官私矛盾当中发挥怎样的作用。

第一章　私盐泛滥与"改纲为票"

道光年间,陶澍在淮北盐区所推行的票盐制改革是两淮盐业史上的一个重要事件,这不仅因为它在一定历史时期完全改变了我国封建社会沿袭了数千年的食盐专卖制度,更因为它为清代中晚期的盐务改革提供了一个颇具影响的范例。改革对于此后两淮乃至全国盐业经济的发展都有着深远的影响。有关陶澍票盐制的改革问题,以往学界所关注的多半是改革的原因、过程及其影响与作用等,却很少就改革的历史背景和改革本身的成败与得失问题作深入的探讨。为此,本章试图在前人研究的基础上就这两方面的问题作一些补充,发表一些粗浅的看法和评说。陶澍票盐制改革的推行,与清代盐法以及当时的时局密切相关。因此,在探讨该问题之前,首先有必要初步了解清代盐法及清中叶时局。

一、票盐制改革的历史背景

(一)清代盐法概况

在我国传统社会,食盐自西汉时期开始就一直是国家的专卖商品[1]。

---

[1]　有关中国古代食盐专卖的肇始,目前学术界并没有一致的看法。郝树声认为,专卖制始于商鞅,认为商鞅变法时秦国就已实行了盐铁专卖(参见郝树声《略论秦汉时期盐铁钱专营与中央集权的巩固》,《甘肃社会科学》1998 年第 3 期);也有人认为春秋齐桓公时代的管仲当为食盐专卖之鼻祖。春秋中期,齐桓公利用管仲之策,率先实行盐专卖制,从此盐开始为政府所垄断(参见傅筑夫《中国封建社会经济史》第二卷,人民出版社,1982 年,第 666—667 页);林文勋也持有类似的看法(参见林文勋、黄纯艳等著《中国古代专卖制度与商品经济》,云南大学出版社,2003 年,第 4 页)。但笔者认为,其实无论是西周还是春秋时期,当时所推行的盐业政策还不是真正意义上的专卖政策。专卖政策的一个主要特点是产品销售的排他性,而事实上在西周和春秋时期,食盐的经营并没有完全被政府所垄断;更为重要的是,当时全国还没有统一,盐专卖还只是在个别"国家"(主要是齐国)执(转下页注)

封建国家对食盐这一专卖商品的管理,在历代史书中被称为盐法。所谓的盐法,就是指封建国家凭借政权的超经济力量,制定盐业制度,颁布有关盐业法令、则例,派遣官吏,对盐业的生产、流通过程加以干预和控制[①]。清代盐法,是前代盐法的继承与发展。因此,在讨论清代盐法之前,首先有必要对清代以前,尤其是唐宋以来的盐法演变过程作简单的梳理[②]。

1.唐宋盐法

我国传统社会的盐法,由简到繁,由疏到密,经历了一个漫长的演变过程。自从汉武帝时期推行以"盐铁官营"为主要内容的盐法以来,历朝历代,争相沿袭,相继出现了唐代的榷盐法,宋代的折中法,明代的开中法、纲盐法和清代的改纲行票等各种盐专卖制度[③]。但就盐的征税和专卖制度的建立、

(接上页注)行,大多数"国家"都未曾有过类似的政策。因此,该历史时期的专卖制度是有局限性的。即便食盐专卖确实在个别地区实行过,相对于后来"大统一"的中国来讲,其意义也是有限的。而西汉则不然,在统一王权的支配下,食盐专卖不仅完全被政府所接受,而且已向全国范围推广。日本学者加藤繁就曾指出盐铁专卖始行于汉武帝元狩年间(参见加藤繁《关于榷的意义》,《中国经济史考证》卷一,华世出版社,1981年,第126页);邵鸿也曾指出:春秋乃至战国,"尚无盐铁国家专营之事,虽然这一时期确实存在着封建国家的盐铁业,出现了封建国家逐渐加强对盐铁业控制的趋势。真正的盐铁官营,应该是在西汉才出现"(参见邵鸿《商品经济与战国社会变迁》,江西人民出版社,1995年,第90—93页)。

①萧国亮:《清代盐业制度论》,《盐业史研究》1980年第1期。

②笔者之所以选择唐宋盐法为考察起点,关键在于唐宋盐法正是后来明清盐法的滥觞。也就是说,唐宋以前的盐法与唐宋以后的盐法有较大差别。为此林文勋指出:唐宋之际入中法的产生,使原来的直接专卖制演变成为间接专卖制,实为其演变过程的一大转折(参见林文勋、黄纯艳等著《中国古代专卖制度与商品经济》,云南大学出版社,2003年,第20页)。

③有关我国传统社会盐法的变迁,目前学术界并没有一致的看法,中外学者具有代表性的观点主要有四种,对此刘经华进行了总结(参见刘经华《中国传统盐务管理体制的制度分析——以清代官督商销制为中心》,《江汉论坛》2003年第4期):曾仰丰认为中国盐法的演变应该分为三个阶段:即"无税制"时代〔可见之于三代以前及隋朝与唐朝前期(907年以前)〕、"征税制"时代(自公元前21世纪至西汉初期,以及公元25年至589年)、"专卖制"时代(从8世纪中至20世纪初)。可见这三个阶段并不具有延续性和递进性。吴慧等也持基本相同的看法(参见吴慧《中国盐法史》第一章《绪论》,台湾文津出版社,1997年,第5页)。郭正忠则认为,从所有制形态和生产、运销体制的变迁情况来综合分析,可概括为三个发展阶段:(1)秦汉以前,是以民营或商营为主的时期;(2)从秦汉到明后期,是以官营与民营或商营并存,而又以官营为主的时期;(3)在清代,是以商营或民营为主的时期。郭氏还认为,如仅就食盐运销体制的变迁来看,又可分为三个阶段四个时期:第一阶段,自6000余年以前至公元前120年,即从新石器时代中期,至汉武帝元狩四年(公元前119年)以前,是为自由贸易与局部专卖的时期;第二阶段,自公元前119年至公元761年,即汉武帝元狩四年盐铁专卖,至唐肃宗上元二年(761年)第五琦盐法期间,是为官府基本垄断时期,或曰直接专卖期;第三阶(转下页注)

形成和完备而言,传统社会盐法的演变大致可以分成两个阶段:唐开元以前为食盐征税和专卖制度的建立阶段,唐开元以后为食盐专卖制度的完全确立和日益完备阶段[①]。前一个阶段的盐法,一直处于变化当中,或专卖,或无税,因时而异,因地而殊,并没统一到制度。唐开元以后则不然,随着各朝政府对盐业制度重视程度的不断加强,盐业专卖制度也因此完全确立并日趋完善。

唐开元初年,开始讨论榷盐收税,但当时各地盐法并不统一。安史之乱后,肃宗乾元元年(758年)三月,唐政府令命第五琦为盐铁使,开始"初变盐法"[②]。"就山海井灶,收榷其盐,立盐院",逐步确立了一套独立于地方和其他经济部门的禁榷管理机构,同时还创民制、官收、官运、官卖的食盐专卖制度;规定由盐铁使总管全国盐政。第五琦推行的官收、官运、官卖的食盐专卖制度虽然对保障盐课的征收起到了良好的效果,但其缺点同样也不可忽视。为了推行该盐法,政府必须投入大量的人力、物力和财力,繁重的业务让盐政部门疲惫不堪。更为重要的是,此盐法只规定在山、海、井、灶近利之地置监院粜盐,却未涉及非盐产区和边远地区盐的运销管

(接上页注)段,自762年至1910年,即唐代宗宝应元年(762年)刘晏主持盐铁,至清代末年,是为官府控驭监督下的商人分销或包销时期或曰间接专卖期。该阶段又可细分为前后两个时期:前期自762年至1616年,是为官府控驭时期;后期自1617年至1910年,是为官府监督下的商人包销时期(参见郭正忠主编《中国盐业史》古代篇《绪论》,人民出版社,1997年,第6—7页)。日本学者藤井宏认为中国盐业管理的历史应分为两个时期:(1)公元前1世纪至公元1617年,国家有专卖或中间专卖权,即官专卖时期;(2)1617年至近代,这时期国家将食盐的生产、收购、运输和销售权,部分或完全转让给了商人,即商专卖(参见藤井宏《明代盐场研究》,载《北海道大学文学部纪要》第1卷,1951年,第66页)。瑞士学者傅汉思,则认为应分为三个时期:(1)自公元前3世纪或至迟自公元前2世纪始,到公元758年为止,由国家建立早期的不完全、不稳定的食盐垄断和专卖制度;(2)自758年至1617年,则是盐业处于国家有力的统制之下的时期;(3)自1617年至1911年,这时期国家不仅把食盐的收购、运输和销售权出让给了商人,而且也显然退出了食盐的生产部门,国家的影响仅限制在监督和征税的范围内(参见傅汉思《中西盐业史比较研究》,《盐业史研究》1993年第4期)。除上述四种观点以外,还有一种观点认为,"吾国盐政,不外无税、征税、专卖、委托专卖四种制度"。具体为:三代(夏、商、周)以前、隋、唐(睿宗以前)为无税时代;三代、东汉、东晋、宋、齐、梁、陈、北朝、唐(玄宗)为征税时代;春秋(齐国)、西汉、东汉(明帝、章帝时)、三国、西晋、北朝(东魏、齐高)、唐(肃宗以后)、五代、宋、元、明为专卖时代;明万历至清代为委托专卖时代(参见林纪焘《中国盐政之沿革》,《工商学志》1935年第七卷第1期,第35—37页)。

[①] 贾大泉:《历代盐法概述》,《盐业史研究》1989年第3期。

[②]《新唐书》卷五十四《食货志》,中华书局,1975年,第1378页。

理办法,因此导致私盐充斥。于是,继第五琦以后,也就是宝应元年(762年),身为盐铁使的刘晏,在原盐法基础上再变盐法,推行就场专卖制①,使"法益精密"②。刘晏保留了民制、官收的旧规,而将官运、官卖改革为商运、商销。这一看似不起眼的改革却大大减轻了盐政部门的负担,同时又改变了"官多则扰民"③的局面,更为重要的是它还保障了政府的利益。刘晏在产盐区设置四个盐场和十个盐监,收盐户所煎之盐,以此来切断盐商与盐户的联系,保证官府作为产、销中间人的专卖权。然后现场将盐转卖给盐商,盐商再不受任何限制的进行自由贩卖。建中初年,刘晏去职,自此盐法混乱,由于官府高抬盐价,致使私盐公行。为了严禁私盐,宪宗年间(806—820年),唐政府开始实施对后世产生深远影响的"划界行盐"的办法。

五代盐法基本上继承了唐末的陈规,制度方面并没有多大变革,只是在某些具体做法上更为严苛,比如对私盐的惩处等。

宋代以后,食盐专卖制度在继承唐法的基础上得以进一步发展。无论是就盐官的设置,还是食盐的生产和销售而言,都要比唐代更为严密。就盐官的设置而言,中央置盐铁使总管盐政;地方上则由朝廷委派高级官员或地方官员兼管盐政;产盐地设监置场,均派官管理盐的生产。徽宗以后又在路一级设置提举茶盐司,专门主管盐茶的生产和销售。盐业生产方面则采取官制与民制并举的办法。至于食盐的销售,则先后经历了官卖法、交引法(又称"开中法")、钞盐法、盐引法。为了保证食盐专卖制度的贯彻执行,宋政府还继承了唐末开始实施的"划界行盐"制度,并规定凡越界、私制、私卖等都要受到严惩④。

2.明代盐法

明代盐法,在很大程度上继承了唐、宋盐法的陈规,无论是就盐政管理、运销,还是就盐务官员的设计而言,都能看到唐、宋盐法的影子。

首先,就盐政管理而言,明代沿袭自唐、宋以来就确立的划界行盐制。所谓划界行盐,就是指食盐必须在指定的行盐区域内销售,销界一经划定,不得透漏,凡违反该制度者即以私盐论处。在划界行盐体制下,除蒙、疆以

---

① 郭正忠主编:《中国盐业史》(古代编),人民出版社,1997年,第131、134页。
② 《旧唐书》卷一百二十三《列传·刘晏传》,中华书局,1975年,第3514页。
③ 《新唐书》卷五十四《食货志》,中华书局,1975年,第1378页。
④ 贾大泉:《历代盐法概述》,《盐业史研究》1989年第3期。

外,全国划分为两淮、两浙、长芦、山东、福建、广东、河东、陕甘、云南、四川、奉天十一大盐区。盐区的划定,一方面是为了保障民食,但更为重要的是为了维护政府的课税收入不受外界种种不确定因素的影响。

其次,就食盐运销而言,明初沿袭宋制,实行开中法。开中法规定,先由中央户部出榜招募商人,商人向指定的沿边府、州、县卫所输纳米粮上仓。商人交纳米粮后,盐运司或盐课提举司可根据实际情况发给商人盐引(贩卖食盐的许可证)。商人凭"引"自选盐运司支取盐货,然后到规定的行盐府县贩卖,并在规定的期限内,将已用过的盐引缴还官府。商人贩卖食盐,必须持有盐引。盐与引离,或伪造盐引,即以贩私论处,严重者处以死刑[①]。开中法的实质在于盐的生产均由国家资助和控制,而且只有国家可以直接向灶户收购盐斤,然后批发给盐商。至于运销零售的利权,则放开给所有愿意按照国家规定条件运作的商人[②]。明中叶后,统治阶级日趋腐败,开中法也因此而遇到各种困难和问题。出现了"场务败坏,引法崩堕,盐壅商困,灶废丁逃"的不利局面。在此情况下,明统治者不得不对开中法加以改革。万历四十五年(1617年),采纳盐法道袁世振之建议,立盐政纲法,开始招商承办食盐运销,以旧引附现引行销,将商人所领盐引,编设纲册,分为十纲,每年以一纲行积引,九纲行现引,依照州上窝数,按引派行。凡纳引有名者方可行盐。即封建政府不再直接垄断食盐的专卖,而是通过征收课税来获取财政收入,由商人和生产食盐的灶户之间直接发生关系,国家通过对盐商和灶户的管理与控制,来间接地达到其财政目的。由此可见,封建国家虽然退出了食盐的直接生产、流通过程,但仍然保持着对盐的生产、流通过程的垄断权;其实质在于盐专卖制由过去的国家专卖转变成了商专卖。引岸制度的实行,说明在盐业经济中,国家的垄断占有权与经营权已经分离。封建国家放弃对盐业经济的直接控制权,把它交给其豢养的封建特权商人,目的是为了在商业资本进一步发展的新形势下,继续维护其对食盐生产和流通的垄断权力,以便维护封建的政治、经济统治,确

---

① 朱宗宙:《明清时期盐业政策的演变与扬州盐商的兴衰》,《扬州大学学报》(人文社会科学版)1997年第5期。

② 杨久谊:《清代盐专卖制之特点——一个制度面的剖析》,《"中央研究院"近代史研究所集刊》2005年第47期。

保封建国家的财政收入①。

再次,就盐务官员的设置而言。为保证盐课收入,封建政府设置了各种机构和官员来加强盐课的征收。明代,中央由户部主管全国盐务,下设十三司中的山东司具体分管盐务。另设巡检御史或由巡河御史、按察使兼中央特派员监督地方盐务。地方盐务官员主要是巡视盐课的巡盐御史。在巡盐御史以下,在产盐区又设有都转运盐使司或盐课提举司,下设分司,掌握各盐区具体盐务,设有都转运使一人(从三品)、同知一人(从四品)、副使一人(从五品),判官无定员(从六品)。下属有经历司,设经历一人,知事一人,库大使、副使各一人。盐场则设有盐课司大使、副使,各盐仓大使、副使,各批验所大使、副使各一人,以上盐官具未入流②,其职责主要是主持食盐的监制、收买支卖事宜。万历年间,在巡盐御史和运盐使司之外,又增设了中官监督。

3.继承与发展:清代盐法概况

清代盐法,虽然继承了明代盐法的专卖制度和一些早已开始的变化趋势,但同时也创立了许多与前代盐法不同的特点。拿台湾学者杨久谊的话来讲,就是清代盐法"不论在形式上还是本质上,均与先前各朝的制度大相径庭"③。为此,汪崇筼也曾指出,就清代的纲盐法而言,尽管在一般情况下仍表现为"先纳课,后行盐",但其本质已演变为"不行盐,也纳课"。其含义是:商人即使在某一纲没有行盐(即无该纲的销售收入),但盐课并不会被免除。若商人缴纳不了盐课,则将其引窝没收,并抄家追赔。而那些被没收的引窝,又会被卖给新的商人。即"新商必交旧商窝价,方准接充。其价之多寡,以地之畅滞为衡。各省引商皆然"④。总之,"清之盐法,大率因明制而损益之"⑤。为了更好地理解这句话的含义,可以从以下几个方面考察之。

---

　　① 鲁子健:《清代食盐专卖新探》,《中国经济史研究》1992 第 3 期。

　　② 《明史》卷七十五《职官四》,转引自郭正忠主编《中国盐业史》(古代编),人民出版社,1997年,第 496 页。

　　③ 杨久谊:《清代盐专卖制之特点——一个制度面的剖析》,《"中央研究院"近代史研究所集刊》2005 年第 47 期。

　　④ 汪崇筼:《关于徽州盐商性质的两个问题》,《徽学》第二卷,安徽大学出版社,2002 年,第114—138 页。

　　⑤ 《清史稿》卷一百二十三《食货四·盐法》,中华书局,1977 年,第 3603 页。

首先,从盐政管理体系上看,清制基本上继承了明制,实行行盐地界制[①]。除新疆、蒙古外[②],全国同样也划分为两淮、两浙、两广、长芦、山东、福建、河东、四川、云南、陕甘和奉天十一大盐区。每一盐区所辖范围大小不一,大的可能要承担六七个不同省份的食盐消费任务(如两淮、四川、两广),而小的盐区甚至销不足一个省份(如云南)。详情见表1—1。

表 1—1　清代行盐疆界表

序号	盐区名称	所辖范围
1	两淮	江苏、安徽、湖南、湖北、江西、河南的部分府县
2	两浙	浙江、江苏、安徽、江西的部分府县
3	两广	广东、广西的全部和福建、江西、湖南、云南、贵州的部分府县
4	长芦	直隶全部及河南的部分府县
5	山东	山东全部及河南、江苏、安徽部分府县
6	福建	除汀州外的福建省及浙江省部分府县
7	河东	山西全部及河南、陕西部分府县
8	四川	四川、西藏全部及湖南、湖北、贵州、云南、甘肃部分府县
9	云南	云南的大部分府县
10	陕甘	陕西、甘肃的部分府县
11	奉天	奉天、吉林、黑龙江三省的全部府县

资料来源:《清史稿》卷一百二十三《食货四·盐法》,中华书局,1977 年,第 3606—3604 页。

清代划界行盐的最大特点在于它不以行政区划为依据,而是根据历史传统或者是地理状况(如行盐地与产盐地之间的距离)乃至清政府自身的

[①]　前文提到,行盐地界制开始于唐代中晚期(参见齐涛《行盐地界制度探源》,《盐业史研究》1991 年第 1 期,第 3—7 页),虽然此后各代盐区的疆界时有变更,但自宋朝以来,基本上已固定下来(参见戴裔煊《宋代钞盐制度研究》,中华书局,1981 年,第 73 页)。可以说,明清时代的盐区大致在宋代已经定型了。

[②]　有关新疆、蒙古两地食盐的生产情况,可参见田秋野、周维亮《中华盐业史》(台湾商务印书馆,1979 年,第 463—467 页)以及牧寒《内蒙古盐业史》(内蒙古人民出版社,1987 年)。

某些特殊需求①,将全国划分为十一大盐区;这种划分方法最终导致只有部分省份(即山西、直隶、山东、广东、广西、四川、西藏、奉天、吉林、黑龙江)可以食用来自一个盐区的食盐,而大多数省份则必须食用来自多个盐区的食盐。就两淮而言,它所辖的江苏、安徽、湖南、湖北、江西、河南六省,竟然没有一个省份全部行销淮盐,每个省都被来自二个以上盐区所产官盐瓜分得支离破碎。详情见表1—2。

表1—2　苏、皖、湘、鄂、赣、豫六省行盐表

序号	省份	所食官盐来源
1	江苏	两淮、山东、两浙
2	安徽	两淮、山东、两浙
3	湖南	两淮、四川、两广
4	湖北	两淮、四川
5	江西	两淮、两浙、两广
6	河南	两淮、长芦、山东、河东

资料来源:张景月、刘新风主编:《商史通鉴》,九州图书出版社,1996年,第802页。

　　这种人为的划分方法给盐业管理带来了许多意想不到的麻烦。从权力的分配上来讲,由于分管盐业的各级盐务机构都直属户部,他们可以越过地方政府直接处理盐业事务;但在处理某些盐业事务或防范并打击私盐时,却又离不开地方政府的配合,而地方政府并不享有独立管理盐务的权限。地方政府在盐务管理上的这种尴尬局面,为私盐的入侵提供了可乘之机。从价格方面而言,如果同一个省的居民能买食来自同一个盐区的食盐,由于价格的统一,这样就不大可能在同一个省内出现大量邻私的情况。而在清代划界行盐体制下,原本为自成一体的同一个省,或者是同一个府,乃至同一个州、同一个县,有时甚至同一个村,都可能分割成好几个不同的盐区。由于各盐区食盐价格存在较大的差异,这就必然为邻私的渗透提供可乘之机。盐区与盐区之间的价格相差越大,邻私侵犯的可能性也就越大。仔细分析两淮各省的私盐情况就不难发

①　如政治、经济方面的特殊需求。经济方面的特殊需求自不必多言,政治上的需求也是显而易见的。盐区其实可以说是晚唐、五代十国以及宋朝政治历史的产物,这种情况在清代也是如此。

现,越是分割得支离破碎的省份,邻私越为活跃。两淮的湖广、江西、安徽可谓是这种情况的典范。

由于各盐区所辖人口多寡不一,各盐区所承担的赋税也多少不等,其中两淮赋税最多;每一盐区下辖的商帮多寡不同,但都有固定数目,其命名或用地名、或用吉利字眼等。商帮作为盐业运销业务的基本承办单位,各有自己的法定引地,每一引地由固定数目商人认领,引地无异于商人的采邑。如淮北"引盐每年额引行 148491 引,向系 20 余商人认领"①。行盐地界制是一种禁止自由贩运,只允许强制行销的制度。其实际是假商人之手,垄断食盐的产、运、销各环节,实行严格的专卖政策。在这一制度下,食盐的购销有着严格的规定:商贩只能在指定的盐产区买盐,在指定的行盐地销盐,界线被严格地划定,凡越界销售者,即以私盐论处,轻者"杖一百,徒三年"②,重者发配边疆,甚至立斩不赦③。行盐时必须持有户部发给的食盐销售凭证——"引",同时还必须照章纳课,不得偷漏。盐有引地,地方有引额,商人行盐有引票,不得混淆。而且卖盐还必须按官方指定的价格进行交易④。行盐地界的划定,是从政府税收而非便民的角度来考量的一种僵化、落后的财政政策。这一政策最直接的后果就是割断了普通日常生活用品——食盐与市场的直接联系,为私盐的活跃培植了土壤。从政府的角度来看,为保证国家机器的正常运转,行盐地界的划定为其提供了充足的保障。因此从这一方面来讲,有其合理性;但从普通消费者的行盐角度来看,这一政策却严重地损害了他们的利益。该政策的两面性导致矛盾冲突在所难免,在此情况下,私盐正好成了解决矛盾的缓冲器。特别是道光后期,政府放松对私盐的打击,更加体现了它的这一作用。

其次,就食盐运销而言,清代实施的纲盐制,乃是由明末的"纲盐法"演

---

① [清]盐务署辑:《清盐法志》卷一百十《运销门一·引目一》,载于浩辑《稀见明清经济史料丛刊》(第二辑)第 5 册,国家图书馆出版社,2012 年,第 466 页。

② 《清史稿》卷一百二十三《食货四·盐法》,中华书局,1977 年,第 3617 页。

③ 曾仰丰:《中国盐政史》,商务印书馆,1998 年,第 174 页。

④ 所谓指定价格有时也并非一成不变,通常情况下它会随着政府的需求不断发生改变。

变而来的①。纲盐制下食盐的运销主要由商人来完成，其行销方法有七种，即官督商销、官运商销、官运官销、商运商销、商运民销、民运民销、官督民销②，其中主要以官督商销、官运官销、官运商销为基本形式，并据以变通之。其中官运官销在清代前期曾推行于云南、两广、两浙、福建等盐区的全部或部分销区，尤以云南为典型。而官运商销是清政府用以挽救晚清盐政衰败而采取的重要流通措施③。在清代的行盐法中，"惟官督商销行之为广而久"，成为食盐专卖的最主要形式和在全国普遍推行的食盐运销方式④。清中叶两淮盐区推行的也正是这一运销方式。官督商销，又称专商运销，专商经营特权结合引岸流通体制来实现，一般又称专商引岸制度。这是国家掌握食盐专卖权，利用商业资本代行运销业务而承包课税的专卖形式⑤。承担食盐运销的盐商称为运商或引商，要想取得食盐专卖之权，必须出资占据"引地"或"引窝"，即所谓的"商运请引行盐，必先向有窝之家出价买单，然后赴司纳课"⑥。如果没有盐引或持有超过盐引额以外的盐，这些盐会被当作私盐，持有者将受到处分。在专商引岸制度下，行盐有政府指定的专门路线。以江西为例，普通场商从盐场将盐运到两淮食盐集散地——扬州，卖给运商；运商再将盐运往二级中转站——江西南昌；到南昌后，再改包成小包（因江西销盐地多山谷小县，水路狭窄，所以要改包，以便运输），卖给水贩；水贩又按政府的指定路线从南昌运往各州县的盐店。在

---

① 但台湾学者杨久谊认为，清代的纲盐法与明末的纲盐法其实有很大的区别。首先，明朝采取纲法不到三十年就灭亡了，不仅纲法还在草创阶段，且试行的地区也只是在两淮和长芦。因此，明末纲法虽然开启了后来二三百年商专卖的先河，在制度上，除了盐的运销可以成为少数商人世袭的利权外，其他一些纲法重要的制度，如"总商"制、"认课"与"认地行引"制，都在清朝才成立并得到长足发展。换句话说，以商专卖为本质的"纲法"，在明末只是初具雏形，至清朝才逐渐成熟（参见杨久谊《清代盐专卖制之特点——一个制度面的剖析》，《"中央研究院"近代史研究所集刊》2005 年第 47 期）。不过在此笔者必须说明一点，清代纲法与明代纲法确实有较大的区别，但杨氏认为"认地行引"制首创于清代，却让笔者大惑不解。所谓的"认地行引"其实与中唐以来就已经实行的"划界行盐"并没有本质的区别。杨氏的解释"认地行引"似乎是由盐商来确定他所行盐的区域，然后再呈报政府批准。这种解释与当时的事实显然是有所偏差的，事实上清政府不可能由盐商来决定他所行盐的区域。这样做不仅会导致盐商内部纷争，而且更为重要的是不利于盐课的稳定。退一步讲，即使在某些盐区确实存在杨氏所言的情况，这与"划界行盐"在本质上并没有太大的区别。

② 张景月、刘新风主编：《商史通鉴》，九州图书出版社，1996 年，第 802 页。

③ 鲁子健：《清代食盐专卖新探》，《中国经济史研究》1992 年第 3 期。

④ 《清史稿》卷一百二十三《食货四·盐法》，中华书局，1977 年，第 3604 页。

⑤ 鲁子健：《清代食盐专卖新探》，《中国经济史研究》1992 年第 3 期。

⑥ ［清］陶澍：《会同钦差拟定盐务章程折子》，载《陶澍集》（上），岳麓书社，1998 年，第 169 页。

这一制度下,政府假商人之手和经营才干,获取稳定的盐利收入,同时专商凭借专卖的经营特权也赚取了丰厚的垄断盐利。从专商引岸的性质来看,首先,它是国家对商品经营实施垄断和统一管理的财政经济措施。封建国家利用政治权力,把经营盐货贸易的封建特权给予依附于它的盐商,利用盐商的垄断性商业活动来攫取社会的财富,再通过向盐商征收盐税的方法来增加封建国家的财政收入。这就决定了专卖实施过程中的阶级压迫性质。其次,专卖特权沟通了官商贿结、权钱交易之渠道。在清代商品货币关系空前活跃的历史条件下,官督商销的专卖制度推行,必然诱发并推进清政府官僚机构的腐败,其在盐务上的集中表现,就是助长了私盐的泛滥。由此可见,私盐之根本,即"贩私之源"来于专卖对盐业经营的封建垄断,而私盐之泛滥则踵于官吏之自践盐法①。食私与产私反映了消费者与和生产者作为交换商品双方要求等量劳动互补,以维持简单再生产的必然经济要求。广大人民敢于"扞法食私,实乃舍贱买贵,人情所难"②;食盐生产者蔑法售私,是因为"灶户交盐不得值,非违私无以为生"③;至于"纠使并色而闯关,人数实繁,刑不能止"的枭盐之私,往往与官商暗为结托,而且究其直接原因,恰又是广大盐贩"积愤于官商恃引为符,明火执仗地肆意走私的不平之鸣"。但随着官商矛盾的不断深化,盐商资本的封建化与封建盐政腐败交融趋同发展。乾嘉以后,私盐泛滥,运商疲竭,专商运销趋于衰落④。

再次,就盐官设置上来看,清代也基本上沿袭了前明的做法而略有变通。清王朝对盐政有一套较为完整的管理机构。就两淮而言,作为全国最重要的一个盐区,设有盐政1人(初称巡盐御史,雍正年间改称盐政,俗称盐院,道光年间裁归两江总督兼管),总管两淮盐务;都转盐运使司设盐运使(俗称运司)1人,驻扎扬州,直接管理淮盐的产运和盐税的征收,兼辖行盐地方该管州县盐务;通、泰、淮盐运分司各设运判(俗称分司)1人,30所盐场各设盐课司大使1人⑤,协助上级官员处理两淮盐务。此外,在淮南、淮北还设有监掣同知1员,查验行盐之事务;在行盐省份专门设立盐法道,

---

① 鲁子健:《清代食盐专卖新探》,《中国经济史研究》1992年第3期。

② [清]贺长龄辑:《皇朝经世文编》卷五十《朱轼:请定盐法疏》,载沈云龙主编《近代中国史料丛刊》第731册,文海出版社,1972年,第1799页。

③ [清]包世臣:《庚辰杂著五》,载《包世臣全集》,黄山书社,1993年,第70页。

④ 鲁子健:《清代食盐专卖新探》,《中国经济史研究》1992年第3期。

⑤ 张荣生:《古代淮南盐区的盐官制度》,《盐业史研究》2001年第3期。

具体负责监督淮盐在各地的销售和缉私事宜;在盐场,盐井设有基层盐务机构盐课司、批验所、巡检司。盐课司设大使1员,掌管盐务、盐井产盐事务;批验所设大使1员,掌管批验盐引之出入;巡检司设巡检司1员,掌盐场巡察之事①。具体情况参见附录二:"两淮盐官设计图"。

如此众多的盐务衙门,层层叠加,不为百姓办事,反而成为婪索灶户、盐商的机关。行盐地方的官员"上自督抚盐道,下至州县委员,皆藉督察名义,莫不鱼肉盐商,分润盐利,各衙门陋规,大者数万,小者数千,楚岸共约一百万两,西岸共约四十万两,不问此费由来,第以岁定额规,争相贪取"②。这些额外的索取必然导致官盐价格上升,而官盐价格上升,又为私盐的盛行提供了可能。再加上盐官滥设,造成行政效率低下,盐务管理政出多头,一方面造成盐商处处为官役所勒索,严重削弱了盐商通过正常渠道行盐的积极性,给私盐泛滥创造了滋生土壤;另一方面还增加了盐商被盘剥的程序,再次迫使私盐的产生成为可能。

由此可见,庞大的盐务官僚机构对清代食盐走私起了推波助澜的作用。其影响是深远的。这种办事效率低下的庞大的官僚机构是滋生贪污、贿赂、腐败现象的温床,是导致对经济瞎指挥、办事推诿、私盐泛滥的根本原因。效率低下的官僚主义作风对社会经济生活的干预,是清代封建社会由强盛走向衰败的一个重要原因③。

正是纲盐制的上述落后性迫使陶澍不得不对其进行必要的改革。

(二)乾隆中衰与嘉道危局

任何重大事件的发生都会有一定的原因,或者说有其深刻的社会背景。陶澍之所以要改革纲盐法,推行票盐法,一方面是因为受私盐所困扰,另一方面也与乾、嘉、道时期腐败不堪的政局密切相关。而清中叶私盐之所以泛滥成灾,除了与不合理的食盐专卖政策相关外,也与当时日益腐败的时局有一定的关联。为此,在探讨陶澍改纲为票之前,有必要对乾、嘉、道年间的时局作一个大概的了解。

①　《钦定历代职官表》,载《文渊阁四库全书》第601、602册,中华书局,第602—675页。
②　转引自朱宗宙《明清时期扬州盐商与封建政府关系》,《盐业史研究》1998年第4期。
③　萧国亮:《论清代纲盐制度》,《历史研究》1988年第5期。

1.乾隆中后期的社会衰败局面

历史学家通常认为,康、雍、乾三朝应该是清代最繁荣发达的历史时期。进入嘉庆、道光后,清王朝辞别"康乾盛世",步入"日之将夕"的垂暮境地①。确切地讲,清政府的衰败并非起于嘉庆年间,事实上从乾隆中后期开始,衰败迹象就已开始显现。18 世纪的中国,既笼罩于盛世光环之下,却又是盛极转衰的重要转折时期。人口的压力,城市手工业者的集体罢工,抗粮抗税抗官案的此伏彼起,以及下层社会的秘密结社,民间宗教的渗透,统治阵容中普遍蔓延的官商合流、金钱万能、商品拜物教,以及由此而加剧的吏治腐败,让统治者深感头痛的商欠案,等等,都在乾隆时代日益凸显。

乾隆皇帝执政六十年,确实为清王朝的发展做出了不小的贡献。所谓的"康乾盛世",也正是在乾隆中期达到了顶峰。康乾时期的清帝国,统治者普免钱粮、漕粮、地丁银之举②,对边疆地区的开拓以及户部存银、各省粮储的充足等③,都充分表明这一时期社会财富的积累、国家的繁荣昌盛都达到了历史的最高点,有学者甚至认为远远超过以往任何一个盛世④。当时可谓经济繁荣、社会稳定、边疆安宁,处处呈现一片繁荣景象。但月盈则亏、泰极否来,盛世背后却潜伏着深刻的社会危机。进入乾隆晚期以后,各种不安定因素凸显,社会矛盾层出不穷,吏治更是腐败不堪。出现这种情况,与乾隆皇帝晚年的所作所为密切相关。乾隆晚年志骄意满、倦怠朝政。他自诩为"十全老人""十全武功"。由于不思进取,而且又思想僵化,喜谀恶谏,结果做了许多错误的事情,积累了严重的社会矛盾。而人口膨胀、财经亏空、吏治腐败、两极分化则进一步激化了社会矛盾⑤。具体而言,乾隆中叶以来的社

---

① 段超:《陶澍与嘉道经世思想研究》,中国社会科学出版社,2001 年,第 10 页。

② 康熙元年至四十四年(1662—1705 年),清廷所免钱粮共九千多万;五十一年(1712 年),又免地丁银三千三百余万两。乾隆执政时期又分别于乾隆二十一年(1756 年)、三十五年、四十二年、五十五年,四次普免全国一年钱粮;乾隆三十一年、乾隆四十三年、乾隆六十年,三次免除江南漕粮。此外还多次蠲免不同省份的额赋、税赋、河工征银、田租、年租、粮草束、粟米、兵饷、义田、官租学租、租谷租银等,累计蠲免赋银 2 万万两,相当于 5 年全国财赋的总收入(参见萧一山《清代通史》卷二,华东师范大学出版社,2006 年,第 6—7、171 页)。

③ 自乾隆三十七年(1772 年)以后,户部存银保持在七八千万两,各省储粮在三千万石以上。

④ 李景屏:《康乾盛世与奢靡之风》,《北京社会科学》1995 年第 2 期。

⑤ 萧一山把乾隆中衰的原因归纳为四点:和珅之专政、官吏之贪黩、军事之废弛、财经之虚耗和弘历之逸侈(参见萧一山《清代通史》卷二,华东师范大学出版社,2006 年,第 153—178 页)。

会问题主要体现在以下几个方面：

第一，随着人口的激增，社会动荡不安，危机四伏。康熙五十一年（1712年），清政府开始推行"滋生人丁，永不加赋"和"摊丁入亩"的政策，为清中叶人口的激增打开了缺口①。据统计，顺治十八年（1661年），全国人口大约为6000万；雍正初年，接近8000万②；乾隆五十九年（1794年），猛增至3亿多；嘉庆二十五年（1820年），突破3.7亿；而道光三十年（1850年），更是破纪录地超过了4个亿③（详情见表1－3）。由于雍正以前缺乏确切的人口统计资料，为此，我们只能将乾、嘉、道年间的有历史记载的人口变化情况作一个简单的列表。详情见表1－3。

表1－3　清中叶全国人口变化表

时间	人口数量（单位：口）	增长率：‰
乾隆六年（1741年）	143 411 559	—
乾隆十六年（1751年）	181 811 359	24
乾隆二十六年（1761年）	198 214 555	8.6

---

① 近些年，有关清代人口问题的研究成果主要有：周源和：《清代人口研究》（《中国社会科学》1982年第2期）；程贤敏：《论清代人口增长率及"过剩问题"》（《中国史研究》1982年第3期）；高王凌：《清代初期中国人口的估算问题》（《人口理论与实践》1984年第2期）；高王凌：《明清时期的中国人口》（《清史研究》1994年第3期）；李伯重：《清代前期江南人口的低速增长及原因》（《清史研究》1996年第2期）；周祚绍：《清代前期人口问题研究论略》（《山东大学学报》1996年第4期）；张岩：《对清代前中期人口发展的再认识》（《江汉论坛》1999年第1期）；陈锋：《清初人丁统计之我见》（《陈锋自选集》，华中理工大学出版社，1999年）；黄长义：《人口压力与清中叶经济社会的病变》（《江汉论坛》2000年第12期）；何炳棣著，葛剑雄译：《明初以降人口及其相关问题（1368—1953）》（三联书店，2000年）；曹树基、刘仁团：《清代前期"丁"的实质》（《中国史研究》2000年第4期）；葛剑雄主编，曹树基著：《中国人口史》（第五卷·清时期）（复旦大学出版社，2001年）等。上述成果就清中期人口激增的原因等问题进行了多角度的阐述。

② 由于从清初到乾隆中期，官方所统计的全国人口数字只有人丁数字（16—60岁），而没有具体的人口数字，因此，只能根据人丁数字来推算当时的人口数字。顺治十八年（1661年），全国人丁数为21068609；雍正二年（1724年），全国人丁数为25284818（上述资料见《清朝文献通考》卷一九，户口一），根据人丁数大概占全国人口三分之一的比例，推算出上述数据。不过需要说明的是，据何炳棣估算，中国人口在明万历二十八年（1600年）就已经达到了1.5亿。清初在战争、灾荒及其他因素的影响下人口虽有所减少，但基本上维持在1亿以上。曹树基也赞同该看法〔参见葛剑雄主编，曹树基著《中国人口史》（第五卷·清时期），复旦大学出版社，2001年，第3页〕。

③ 这与何炳棣的推算也是基本相吻合的。据何炳棣推算，康熙三十九年（1700年）或稍后，中国人口达到了1.5亿，乾隆五十九年（1794年）达到了3.1亿，道光三十年（1850年）达到了4.3亿〔参见葛剑雄主编，曹树基著《中国人口史》（第五卷·清时期），复旦大学出版社，2001年，绪论部分〕。

续表

时间	人口数量(单位:口)	增长率:‰
乾隆三十六年(1771 年)	214 600 356	7.9
乾隆四十六年(1781 年)	279 816 070	26.8
乾隆五十六年(1791 年)	304 354 110	8.4
嘉庆六年(1801 年)	335 211 520	9.7
嘉庆十六年(1811 年)	358 610 039	6.7
道光元年(1821 年)	379 409 421	5.6
道光十一年(1831)	395 821 092	4.2
道光二十一年(1841)	413 457 311	4.3
咸丰元年(1851 年)	432 164 047	4.4

资料来源:《清朝文献通考》卷十九《户口一》,光绪八年(1882 年)浙江书局刊本;并参考杨子慧主编《中国历代人口统计资料研究》(改革出版社,1996 年,第 1142—1148 页)及黄长义《人口压力与清中叶经济社会的病变》(《江汉论坛》2000 年第 12 期)。

从顺治十八年(1661 年)到咸丰元年(1851 年),在不足二百年的时间里,人口由 6000 多万到 4 亿以上,居然增加了六倍多,年均增长率达到 10‰。虽然中国历史上个别时期的人口增长率远较清中叶高,但没有一个朝代能在一百年间维持 10‰的年均增长率[1]。人口的急速增长远远超越了当时社会经济的发展速度,超出了社会生产力所能承受的能力,必然带来一系列社会问题。

首先,社会动荡不安。由于人口过多,加上清中叶土地兼并又十分严重,农民无地可耕、无业可就的现象非常突出。失业的农民,因生活所迫而纷纷背井离乡,沦为流民。他们或迁居异乡开荒种地,或进入城镇靠打短工为生,更有甚者沦为乞丐。恶劣的生存状况迫使其铤而走险,揭竿而起,发动起义。乾隆末年,零零星星的暴动就已经遍及全国各地,乾隆退位后的嘉庆初年,终于爆发了以移民为主体的白莲教起义。与此同时,游民问题也日益严重。据龚自珍揭露,"自乾隆末年以来,官吏士民,狼艰狈蹶,不士、不农、不工、不商之人,十将五六"[2]。游民居无定所,漂泊不定,往往把

---

[1]　黄长义:《人口压力与清中叶经济社会的病变》,《江汉论坛》2000 年第 12 期。

[2]　[清]龚自珍:《龚自珍全集》,人民出版社,1975 年,第 106 页。

参加会党当作谋食的手段，使得大大小小、形形色色的会党遍布全国，无处不在①。据统计，自乾隆年间至清末，各种各样的会党名目竟有三四百种之多，武装暴动次数至少在千次以上②。

其次，粮食问题日趋严重。乾隆中叶的粮食问题主要体现在两个方面：一方面，粮食短缺十分严重。随着人口的飞速增长，人均占有粮食产量也日益减少。据吴慧研究，清代中叶人均占有原粮为 638 市斤，人均占有成品粮为 350 市斤，数量都只及明代的 1/2③。各省常平仓贮谷量也日渐减少，乾隆中期各省常平仓缺额已达 326 万石④，就连产米之区的江苏、安徽、浙江、江西、湖北、湖南六省也出现了粮食不敷现象；另一方面，由于粮食短缺，又导致粮价随之上涨。据乾嘉时期钱泳记载，苏、松、常、镇四府，"雍正、乾隆初，米价每升十余文。二十年虫荒，四府相同，长至三十五文，饿死者无算。后连岁丰稔，价渐复旧，然每升亦只十四五文为常价也。至五十年大旱，则每升至五十六七文。自此以后，不论荒熟，总在二十七八至三十四五文之间为常价矣"⑤。可见米之常价，乾嘉间已升至四五倍矣。于是，哄抢粮食事件时有发生，灾荒之年尤为严重。如乾隆五十二年（1787年），山西大同干旱，饥民合伙抢大户，每天都有几十家被抢者呈禀官府⑥。

再次，人民生活困难重重。"自京师始，概乎四方，大抵富户变贫户，贫户变饿者"⑦，全国各阶层的人民都处于贫困状态。而农民的生存境况尤其悲惨，"其得以暖不号寒、丰不啼饥而可以卒岁者，十室之中，无二三焉"⑧。为此，乾嘉学者洪亮吉一针见血地指出，是由于人口激增、物价上涨、劳动力贬值的缘故。"为农者十倍于前而田不加增，为商贾者十倍于前而货不加增，为士者十倍于前而佣书授徒之馆不加增，且昔之以升计者，钱又需三四十矣，昔之以丈计者，钱又须一二百矣。所入者愈微，所出者愈

① 李志茗：《晚清四大幕府》，上海人民出版社，2002 年，第 28 页。

② 行龙：《人口问题与近代社会》，人民出版社，1992 年，第 69 页。

③ 吴慧：《中国历代粮食亩产研究》，农业出版社，1985 年，第 195 页。

④ ［清］刘锦藻撰：《清朝续文献通考》卷六十三，商务印书馆，民国二十五年（1936 年）影印本。

⑤ ［清］钱泳：《履园丛话》卷一《旧闻·米价》，中华书局，1979 年，第 12 页。

⑥ ［清］贺长龄辑：《皇朝经世文编》卷四十六《汪志伊：荒政辑要附论六条》，载沈云龙主编《近代中国史料丛刊》第 731 册，文海出版社，1966 年，第 1486 页。

⑦ ［清］龚自珍：《龚自珍全集》，人民出版社，1975 年，第 106 页。

⑧ ［清］贺长龄辑：《皇朝经世文编》卷四十四《章谦：备荒通论》（上），载沈云龙主编《近代中国史料丛刊》第 731 册，文海出版社，1966 年，第 1391 页。

广,于是士农工贾各减其值以求售,布帛粟米又各昂其价以出市"①,这就注定了他们"终岁勤勤,毕生皇皇"的人生命运。清中期以后民变纷起,与此不无关系②。

第二,财政亏空,钱粮积欠十分严重。清入主中原以后,经过几十年的苦心经营,财政状况明显好转,岁月节余,库存日益充裕。据统计,康熙十八年(1679年)库存银为五千余万两,雍正年间增至六千多万两,而乾隆朝自乾隆三十七年(1772年)以降,经常保持在七千万两以上③,其中,乾隆四十二年(1777年)更高达八千一百八十二万余两,成为清代历朝库存最多的一年④。然而,正是由于库存充足,娇惯了乾隆皇帝的奢靡恶习,导致财经支出入不敷出,库存因此逐年减少。至嘉庆年间,户部库存甚至开始出现亏空的局面⑤。

造成乾隆末年的财经亏空的原因是多方面的。首先,乾隆皇帝穷兵黩武是导致财经亏空的重要原因之一。乾隆六十年间,先后发动过十次影响较大的战争,并自诩为"十全武功"⑥,仅此一项就耗费白银1.2亿余两⑦,而当时清王朝一年的财经收入才4000多万两⑧。这所谓的"十全武功"当中,性质各不相同,有的是维护正义或反击侵略,如三次出兵平定准噶尔和回部叛乱,以及二次出兵廓尔喀等,这五次用兵对巩固新疆、西藏的统一具有重大意义,所耗军费也是应该的。但有些用兵纯粹就是小题大做、穷兵黩

---

① 〔清〕洪亮吉:《洪北江诗文集》(上),商务印书馆,1935年,第50页。

② 李志茗:《晚清四大幕府》,上海人民出版社,2002年,第27—28页。

③ 据萧一山研究表明,乾隆五十六年(1791年),实征银4359万两,此所谓7000万两,殆合各种杂项而略言之耳,岁人未必真有此数〔参见萧一山《清代通史》卷二,华东师范大学出版社,2006年(注:其他未标注者为中华书局版),第269页〕。

④ 罗玉东:《中国厘金史》,香港大东图书公司,1977年,第3页。

⑤ 李志茗:《晚清四大幕府》,上海人民出版社,2002年,第29页。

⑥ 十功者,包括荡平准噶尔为二,戡定回部为一,征伐金川为二,靖台湾为一,降缅甸、安南各一,二次受廓尔喀降,合为十。详细情况参见萧一山《清代通史》卷二,华东师范大学出版社,2006年,第67—113页。

⑦ 这其中包括乾隆十二年(1747年),金川事起,耗费775万两;乾隆十九年至二十五年,新疆征定,耗费2310万两;乾隆三十一年至乾隆三十四年,缅甸之役,耗费910万两;乾隆三十六年至乾隆四十二年,金川事再起,耗费6370万两,台湾兵事耗费1000余万两,安南兵事耗费100余万两,再加上廓尔喀、西藏用兵之费,合计1.2亿以上(参见萧一山《清代通史》卷二,华东师范大学出版社,2006年,第172—173页)。

⑧ 参见李洵等《清代全史》第六卷,辽宁人民出版社,1995年,第102页。萧一山认为当时国库收入一年为3000万两(参见萧一山《清代通史》卷二,华东师范大学出版社,2006年,第173页)。

武，如二次出兵大小金川就是如此。这二次战争，不仅意义不大，而且还耗费了大量的钱财，仅第一次就耗费银两 2000 余万，第二次更是耗费"七千余万之帑"①。如此穷兵黩武，怎能不导致财经入不敷出？

其次，乾隆皇帝的骄奢淫逸也是导致财经开支捉襟见肘的重要原因。乾隆皇帝的骄奢淫逸主要体现在两个方面：一是大兴土木，建造大量的形象工程、政绩工程。这些工程往往耗费巨大，"大率兴一次大功，多者千余万，少亦数百万"②；二是生活上奢侈浪费。乾隆皇帝不仅日常开支大得惊人③，六次南巡更是耗费了大量的钱财④。为此，曾仰丰指出："泊乾隆时，用度奢广，报效例开，每遇大军需、大庆典、大工程，淮、芦、东、浙各商捐输，动辄数十万至数百万。加以南巡数次，供应浩繁……"⑤

此外，灾荒、治河等方面的临时性开支也不少，这对乾隆末年财经收支的不平衡也有较大的影响。以河工费为例，由于江河湖泊的修缮本身耗费就多，加之官吏又往往以河工为利薮，致使河工费用日增。"河工岁修经费，乾隆以前旧规，至多不得过五十万"，到嘉庆中期后，"驯增百六十万"⑥。

第三，官僚机制腐败不堪，贪污问题十分突出。乾隆中期以后，当官发财已经成为一种普遍为人们所接受的社会风气，金钱至上的观念弥漫在社会的各个角落，在这种观念的作祟下，整个官场充斥着一股铜臭气，洁身自好者寥寥无几。"即有稍知自爱及实能为民计者，十不能一二也，此一二人者又常被九八人者笑以为迂，以为拙，以为不善自为谋，而大吏之视一二人者，亦觉其不合时宜，不中程度，不幸而有公过，则去之亦惟虑不速"⑦。爱

① 阎崇年：《正说清朝十二帝》，中华书局，2004 年，第 144 页。

② 《清史稿》卷一百二十三《食货四·盐法》，中华书局，1977 年，第 3709—3712 页。

③ 乾隆十六年（1751 年），为皇太后庆祝 60 寿辰，大摆庆典，铺张浪费；康熙六十一年（1722 年），曾主办过所谓的"千叟宴"；乾隆踵其事，五十年（1785 年），征年 60 岁以上者 3000 人，赐筵乾清宫，耗费了大量的钱财。

④ 王振忠认为，康熙皇帝先后六次南巡，尤其是乙酉（1705 年）和丁亥（1707 年）两度南巡，踵事增华，朘削盐商，实已首开乾隆朝铺张排场之风气（参见王振忠《明清徽商与淮扬社会变迁》，三联书店，1996 年，导言第 5 页）。因此，乾隆六次南巡，其花费更不在雍正之下，仅乾隆十四年（1749 年），盐商程可正等，为迎接乾隆的到来，一次捐款就达 100 万两（参见《清盐法志》卷一百五十四《杂志门二·捐输二》，1920 年铅印本）。

⑤ 曾仰丰：《中国盐政史》，商务印书馆，1998 年，第 6 页。

⑥ 《清史稿》卷一百二十三《食货四·盐法》，中华书局，1977 年，第 593 页。

⑦ ［清］洪亮吉：《洪北江诗文集》（上），商务印书馆，1935 年，第 59 页。

惜名声、不同流合污者反而被视为异类,受到上级和同僚的刁难、排斥、取笑。如此荒唐、腐朽的官僚机制必然助长官吏的贪污腐化行为。

其实清代官吏贪污问题自康熙以来就一直比较突出。后经过雍正帝的严厉整肃,情况有所好转,但乾隆中期以后又日趋严重,尤其地方官贪污公款十分猖獗。乾隆四十六年(1781 年),查出甘肃官吏侵粮冒赈案,涉案官员,自巡抚、布政使以至道府、州县,凡 70 余名,被处死的不下30 人①。在一些暴利行业,贪污腐败现象更是猖獗无比,比如盐业领域就是如此。乾隆年间,"原任两淮盐政高恒、普福侵蚀盐引余息,高恒收受银三万二千两"②,而普福则"私行开销者已八万余两"③。比起两淮巡盐御史李陈常而言,上述两位可谓小巫见大巫。李陈常原本家境贫寒,但自从作了巡盐御史后,家有"好田四五千亩,市房数十处,又有三处当铺,皆其本钱"④。

2.嘉道年间腐败不堪的官场政局

进入嘉道以后,乾隆中后期遗留下来的社会衰败局面丝毫没有改观,相反,反而更加颓废,特别是官场政局腐败不堪。与乾隆时期相比,嘉道政局之腐败有过之而无不及。嘉道时期,以买官卖官、贪赃枉法、假公济私为主要内容的官场病态愈演愈烈,吏治出现全面危机。

清初,为了维护国家的稳定,政府制定了严厉的措施来加强对官场的管理。在政府的严格监督下,当时的为官者大多数都能勤于职守、清正廉洁,忠实地履行自己的职责。但乾隆中后期以后,这种局面开始发生根本性的转变,特别是嘉道以来,吏治腐败的现象更是日渐明显。嘉道年间的吏治腐败现象,主要体现在三方面:一是各级官吏贪污腐化现象非常普遍;二是官场买官卖官,肆无忌惮;三是假公济私、唯利是图,司空见惯。

贪污腐化可谓是当时吏治的最大弊端。嘉道年间官场的贪污腐化问题,较之乾隆年间更为恶劣。贪赃枉法本是封建社会的痼疾,加之清政府

---

① 李志茗:《晚清四大幕府》,上海人民出版社,2002 年,第 31 页。

② 《清实录》第 18 册,《清高宗纯皇帝实录》卷八百一十八,乾隆三十三年九月上,中华书局,1985 年,第 18950 页。

③ 《清实录》第 18 册,《清高宗纯皇帝实录》卷八百一十三,乾隆三十三年六月下,中华书局,1986 年,第 18836 页。

④ 故宫博物院明清档案部编:《李煦奏折》,中华书局,1976 年,第 83 页。

俸禄甚低,结果导致官吏另求财路,贪污成风。通过各种"正当收入之外的非法或半合法化的"①陋规来攫取财富,是官吏贪污的重要手段之一。当时的陋规,名目繁多②。根据其来源,大致可以分为两种:一是来自有关官吏公开的需索、勒派,如漕项之外的"漕规"、盐课之外的"盐匣"等③;一是上级官吏所接受的馈送和贿赂,如有地方官送给京官的"别敬"、官员遇节日送给上司的"节礼规"等④。这些陋规往往数目惊人,以盐课陋规⑤为例,清制规定,盐官们除正俸由清政府支给外,另有一笔大大超过正俸的养廉银,如巡盐御史为五千两、盐运使为二千两,另有心红银四十两,这些都由盐商们直接支付(有关这一点,本书在第五章有详细阐述)。官吏贪污腐化,最终受害的还是小民:"督抚司道等则取之州县,州县则取之百姓,层层朘削,无非苦累民良,罄竭膏脂,破家荡产。"⑥

　　买官卖官、肆无忌惮,是此时吏治腐败的又一表现。在我国传统社会,在政府资金不充足的情况下,为了筹集资金用于军备、河工、赈灾等方面的开销,朝廷通过捐纳方式卖官的历史,由来已久,最早可以追溯到汉代,以后该制度越来越完备,清政府继承了以往的做法。"有清一代,当康雍乾三朝,因用兵边防,军需浩繁,为顾及国计,不得不另开财源。于是仿历代纳粟办法,推而广之,以为捐纳事例。行之二百余年,创于康熙,备于雍乾,嘉道因袭之。咸同之后遂加滥焉。捐纳事例者,定例使民出资,给以官职,或虚衔,或实授,用以充朝廷急需也。施行以后,议者多目为一代秕政"⑦。清初,捐纳确实在筹资方面发挥了一定的作用,但其负面影响也很明显,弊

---

　　① 李志茗:《晚清四大幕府》,上海人民出版社,2002年,第36页。

　　② 据任恒俊统计,清末有陋规共有十五种之多,它们分别是别敬、冰敬、炭敬、年敬、喜敬、门敬、妆敬、文敬、印结、耗羡、棚规、漕规、到任规、花样和部费等(参见任恒俊《晚清官场规则研究》,海南出版社,2003年,第311—312页)。

　　③ 盐务陋规除"盐匣"外,陈锋根据《李煦奏折》记载,列举了三大浮费,这三大浮费,其实就是三大陋规,即程仪、规礼和别敬(参见陈锋《清代盐政与盐税》,中州古籍出版社,1988年,第126—127页)。

　　④ 杜家骥:《清朝简史》,福建人民出版社,1997年,第100—102页。

　　⑤ 所谓盐课陋规,晏爱红的解释是,指借办理盐务之名向盐商索取正课之外名目繁多的规费(参见晏爱红《乾隆朝盐务陋规案简析》,《历史档案》2006年第4期)。

　　⑥ 《清实录》第28册,《清仁宗睿皇帝实录》卷七十五,嘉庆五年十月,中华书局,1986年,第30099页。

　　⑦ 许大龄:《清代捐纳制度》,燕京大学哈佛燕京学社,1950年,第16页。

病颇多。因此,乾隆帝晚年停令捐纳,并要求子孙后代奉以为法,不再开办①。然而,嘉庆帝为了镇压白莲教起义,违背父训,重开捐纳。此后,捐纳泛滥成灾,开捐名目也是越来越多。捐员得官后,只想捞回本钱,自然不顾百姓死活,横征暴敛,败坏吏治,激化社会矛盾,给清王朝造成无穷的后患。此时,地方官吏卖缺买缺现象也十分突出。如果说朝廷卖官是迫于无奈的话,那么愈演愈烈的地方官卖缺买缺现象简直是不知廉耻,无法无天。它说明清王朝吏治之腐败令人发指,无可救药②。由此可见,清政府实施捐纳制度的直接原因,是为了解决自身的财经需要,但它的影响却远远超出了财经问题本身③。

假公济私、唯利是图在当时的官场也是司空见惯的。就假公济私而言,我们以钱粮交代为例。各省州县经管仓库钱粮,例应年清年款,上司应随时实查,一有亏空,即当严参。而实际上,各州县交代不清,监交各官相为容隐,督抚也庇护属员,互相勾结,结成攻守同盟;一些官员私动公款放债渔利,上司奏报时改为借用;贪赃盈千累万,督抚则有意让贪官隐匿财产,甚至以家产仅有数两银子上报朝廷。至于唯利是图,更是官场的普遍现象。官员做官必问肥缺,"出任之始,先论一利字"。洪亮吉说官员上任前:"各揣乎肥瘠,及相率抵任矣,守令之心思不在民也,必先问一岁之陋规若何,属员之遗如何,钱粮之赢余若何,不幸而守令屡易,而部内之属员,辖下之富商大贾,以迄小民,亦大困矣。"④

总之,嘉庆、道光时期的吏治已经越来越腐败,呈积重难返之势。因此旧的问题还没解决,又出现了很多新的社会问题。

流民问题更为严重。继乾隆末年以来,大批丧失土地的农民纷纷向外迁徙。一部分流入城市以乞讨为生或进入工厂做工,一部分流往海外侨居谋生,而大部分则涌向深山老林或海岛边疆垦荒。流民居无定所,漂泊不定,往往把参加会党当作谋食的手段,使得大大小小、形形色色的会党迅猛发展,以致当时的中国社会"伏莽遍地"。从嘉庆元年(1796 年)至道光二

---

① 谢俊美:《政治制度与近代中国》,上海人民出版社,2000 年,第 61—68 页。

② 李志茗:《晚清四大幕府》,上海人民出版社,2002 年,第 38—39 页。

③ 伍跃:《清代报捐研究》,载《明清论丛》第六辑,紫禁城出版社,2005 年,第 4 页。

④ 〔清〕洪亮吉:《卷施阁文甲集·守令篇》,转引自《清嘉道时期的吏治危机》,《湖南师范大学学报》2004 年第 2 期。

十年(1840 年)四十五年间,规模较大的农民起义就有十五六起,平均每三年就爆发一次较大规模的农民起义。如嘉庆元年至十四年(1796—1809年),各种起义几乎连年不断,嘉庆元年至九年(1796—1804 年)有川陕楚白莲教起义;嘉庆六年至八年(1801—1803 年)有云南傈僳族起义;嘉庆七年至十四年(1802—1809 年)有东南沿海蔡牵起义。而道光十一年至十八年(1831—1838 年),更是此起彼伏,先后有广西黎民起义、湘西瑶民起义、四川粤隽厅彝民起义、山西赵城曹顺起义、湖南武冈瑶民起义和四川凉山彝民起义等[①]。

社会风气日益败坏。嘉庆、道光时期,"承乾隆六十载太平之盛,人心惯于泰侈,风俗习于游荡"[②],社会风气全面恶化,以至于有人认为"今日风气,备有元、成时之阿谀,大中时之轻薄,明昌、贞祐时之苟且。海宇清晏,而风俗如此,实有书契以来所未见"[③]。

此外,财经危机以及漕运、河工、盐政等事关国计民生的重大社会问题也随着吏治的腐败日益恶化。总之,由于嘉道时期的吏治的腐败,官僚统治阶级的腐化堕落,引发了社会的不安定因素的增加,导致了政权基础的动摇、国力的空虚和阶级矛盾的激化。可以说,正是吏治的腐败掘就了清王朝的坟墓。

3.余论

要正确判断某件事情的发生和发展过程,很显然将其孤立于其所处的社会环境之外是不明智的,正确的做法应该从全局出发,通盘考虑各方面的情况,只有这样才可能对该事情有全面充分的了解,从而才能做出客观、公正、合理的评价。这就是我们在了解票盐制改革之前,必须对乾、嘉、道年间的时局有所把握的原因所在。在我国各高等院校,非历史专业的学生学习革命史是从鸦片战争开始的,这种课程设计方式导致很多人对清代历史会产生一种误解,一提到清朝政府大家就以为这是一个腐败不堪的皇朝。晚清确实腐败不堪,但乾隆以前的辉煌也不容否定。清王朝统治中国二百多年,至少从顺治初年到乾隆中叶这一百年左右的时间里,整个封建

---

①　《清仁宗实录》及《清宣宗实录》,转引自黄长义《人口压力与清中叶经济社会的病变》,《江汉论坛》2000 年第 12 期。

②　[清]龚自珍:《龚自珍全集》,人民出版社,1975 年,第 106 页。

③　[清]沈垚:《落帆楼文集》卷八,民国七年(1918),嘉业堂刊本,第 12 页。

王朝基本上处在一个循序渐进的发展过程中,当时的国民经济不仅国内一片繁荣昌盛,就是在国际上也是首屈一指。只是乾隆中期以后,它才开始逐渐走向衰败,而乾、嘉、道年间正好处于清皇朝由强盛走向衰败的重要历史转折期。如何看待这样一个历史时期所发生的诸多社会问题,无疑对于我们全面了解清政府的历史发展进程是大有裨益的。乾隆中叶以后,清王朝表面上虽然还保持着繁荣昌盛、富庶强大的局面,但其内部,由于统治阶级的腐化堕落,阶级矛盾、民族矛盾日趋尖锐,社会动荡不安,各种矛盾的郁积,到嘉庆元年(1796年)终于爆发了标志着清王朝由盛而衰的白莲教起义。白莲教起义虽然最终被清政府所镇压,但清王朝从此却一蹶不振。道光以后,在内忧外患的夹击下,更是一步步走向日暮途穷的终结之道。道光年间的陶澍票盐制改革就是在此社会背景下展开的。

二、私盐泛滥与"改纲为票"[①]

发生于道光年间的票盐制改革是多种因素共同作用的结果。陶澍之所以要废除清政府推行了一百多年的纲盐制,推行票盐法,最直接的原因是为了改变两淮盐业的颓废状况。此时的两淮盐务,已经到了"江河日下之势","盖库贮垫占全空,欠解京外各饷为数甚巨,历年虚报奏销,总商假公济私,遮饰弥逢,商人纳课不前,日甚一日",已经到了"山穷水尽,不可收拾"的地步。改革同时也是为了扭转盐商疲乏、淮纲滞销、盐课亏绌的不利局面。而出现上述颓废状况的原因是多方面的,除了与嘉道年间吏治的败

---

① 有关陶澍票盐制改革的研究成果颇多,论著方面主要有:陈锋:《清代盐政与盐税》(中州古籍出版社,1988年);魏秀梅:《陶澍在江南》("中央研究院"近代史研究所专刊51,1985年12月);陶用舒:《陶澍评传》(湖南师范大学出版社,1995年);李志茗:《晚清四大幕府》(上海人民出版社,2002年)等。论文方面主要有:陈为民:《陶澍》[《平准学刊》第三辑(下),中国商业出版社,1986年];罗庆康:《浅论陶澍整顿两淮盐政》(《盐业史研究》1988年第2期);刘洪石:《略论清代票盐改革》(《盐业史研究》1995年第4期);段超:《陶澍盐务改革及其时代特点》(《江汉论坛》2000年第12期);倪玉平:《政府、商人与民众——试论陶澍淮北票盐改革》(《盐业史研究》2005年第1期);盛茂产:《包世臣与两淮盐政改革》(《盐业史研究》1994年第4期);陶用舒:《论魏源的盐政改革思想》(《盐业史研究》1994年第4期)等。这些研究对于票盐制改革的原因、作用、影响等进行了多方面的考察。但是票盐制改革的实质是什么,票盐制改革与私盐之间存在怎样的关系,与纲盐制相比票盐制有何特点,如何对票盐制改革做出合理的评价,等等,这些问题在已有的研究成果中还未得到满意的解释,而这正是本书论述的重点。

坏有关外，同时也与清政府所推行的不合理的食盐专卖政策密切相关。正是在腐败的吏治与不合理的食盐销售政策的共同作用下，私盐因此泛滥成灾，而私盐泛滥又导致官盐滞销，官盐滞销则造成官商疲乏、课额积欠。整个事件就像一条生物链，在这条生物链的相互作用当中，私盐无疑起到了关键作用。为了厘清上述关系，不妨从以下几个方面对此进行详细的阐述。

(一)吏治败坏与盐务危机带来的严重后果

上文提到，清中叶，尤其是嘉道年间，统治机构因为吏治的松弛而腐败不堪，整个社会浸透在病态的官场体系当中，社会各行各业因为受腐败吏治的影响而陷入了全面危机。就盐业领域而言，腐败的吏治导致盐务积弊愈演愈烈[①]，表现为：政府对盐业的需索摊派、盐官对盐商的敲诈勒索、盐商内部的尔虞我诈和各种私盐的泛滥成灾等。日益恶化的盐务积弊带来了严重后果。

首先，商本加重，盐价高昂。商本加重的主要原因有二：既有盐业销售体制的内部原因，也有外部因素。就其内因而言，引商任意抬高窝价以及运商恶意涨价，是其主要原因所在。即所谓"有窝之家，辗转私售，如操市券，以一纸虚根，先正课而坐享厚利，以致运商成本加重，昂价病民"[②]；而就其外因而言，则主要与政府对盐业的无限需索摊派和各级盐务官员对盐商的敲诈勒索密切相关。总之，由于"觊其利者多"，因而导致"浮费日增"[③]。浮费越多，归结在盐本上，并最终被盐商转嫁给消费者，这样盐价也就必然越高。表1—4清楚地表明，从乾隆初年到道光中期，淮盐两大重要行盐口岸——楚岸和西岸的官盐价格基本上处于不断上涨的过程中；道光末年，经历了改革后的淮盐价格才有所回落。

---

① 道光九年(1829年)九月，河南道监察御史王赠芳将两淮盐政积弊归结为八点：1.库款之浮糜；2.总商之剥削；3.众商之转贷；4.商灶之私煎；5.灶盐之偷漏；6.奸商之夹带；7.船户之勾串；8.远乡之缺盐。应该说这八点都点到了要害(参见方裕谨编《道光九年两淮盐务史料》，《历史档案》1997年第4期)。

② [清]陶澍：《会同钦差拟定盐务章程折子》，载《陶澍集》(上)，岳麓书社，1998年，第169页。

③ [清]庞际云等：《淮南盐法纪略》序，同治十二年(1862年)淮南书局刊本，第3页。

表 1—4　清中叶楚岸、西岸①盐价变化表

时间 ＼ 盐价与引重	每引盐价		引重②（单位:斤）
	楚岸每引盐价	西岸每引盐价	
乾隆六年(1741 年)	——	6 两 4 钱 3 分 5 厘	344
乾隆七年(1742 年)	6 两 8 分 2 厘	——	344
乾隆五十三年(1788 年)	12 两 4 分 9 厘	12 两 5 钱 7 分 5 厘	344
道光二十四年(1844 年)	12 两 2 钱	12 两 2 钱	400
道光三十年(1850 年)	约七八两	约七八两	400

资料来源:［清］王定安等:光绪《重修两淮盐法志》卷九十九《征榷门·成本》,光绪三十一年(1905 年)刻本。

从乾隆初年到乾隆末年,无论是楚岸还是西岸,淮盐价格从原来的每引 6 两多提高到 12 两多,均上涨了 1 倍左右;此后,一直到道光中叶,淮盐基本上维持在每引 12 两以上的高位状态。有关盐务积弊导致盐价高昂的情况,陶澍在《敬陈两淮盐务积弊附片》中也作了深刻的揭露:场价每斤不足十文,一转销竟飞涨数十倍,如"江西、湖广各州、县,官盐价昂,每斤制钱六十文至七十余文"③。

其次,盐引滞销,盐课亏绌。由于官盐价格太高,远远超出了消费者的承受能力,再加上私盐充斥,结果造成官引滞销、引额积压现象日趋严重。两淮官引滞销现象,早在乾隆年间就曾出现过④。乾隆五十六年(1791 年)三月,江西巡抚姚棻、两江总督孙士毅就曾指出:"江西通省十四府州县内,

---

① "岸"是对食盐销售区域的称谓。所谓"楚岸",是指淮盐在湖南、湖北的销售区域;而"西岸"是指淮盐在江西的销售区域。

② 顺治初年,改明制大引为小引,引重 200 斤;康熙十六年(1677 年),每引加盐 25 斤(200＋25);康熙四十三年(1704 年),每引加盐 42 斤(200＋25＋42);雍正三年(1725 年),每引加盐 50 斤(200＋42＋50);雍正十年(1732 年),两淮单引俱改 344 斤;乾隆六年(1741 年),淮南引盐,五、六月每引加耗 15 斤,七月加耗 10 斤,八月加耗 5 斤;乾隆十三年(1748 年),淮北引盐,六月每引加耗 15 斤,七月加耗 10 斤,八月加耗 5 斤;嘉庆五年(1800 年),每引行盐 364 斤;道光十一年(1831 年),淮北改行票盐,每票行盐 400 斤,其盐包以尽盐 200 斤为一包,每引 4 包;同治三年(1864 年),楚西各岸设督销局,派委大员经理,商盐挨次轮销,每引定位 600 斤,分捆 8 包,另给卤耗 7 斤,半引索 3 斤半(参见周庆云纂《盐法通志》卷五十一《引目门·引斤》)。有关盐引的变化情况,还可参见表 2—11:"清代前、中期淮盐引斤变化表"。

③ ［清］陶澍:《查复楚西现卖盐价折子》,载《陶澍集》(上),岳麓书社,1998 年,第 244 页。

④ 王振忠认为,乾嘉以后两淮盐务制度上的不少弊端,事实上肇端于康熙朝(参见王振忠《明清徽商与淮扬社会变迁》,三联书店,1996 年,第 5 页)。

南安、赣州二府，宁都一州所属各县例食粤盐，广信一府所属各县例食浙盐，惟南昌等十府属系淮南行销引地。以十府之内，凡界连粤、闽、浙之区，每多私盐侵越，以致淮引壅滞，常虑销不足额。"[1]

　　不过当时这种现象还只是发生在少数地区，且问题也不是很严重。进入嘉庆以后，情况就开始变得扑朔迷离起来。嘉庆初年，官盐滞销的现象虽然并不十分普遍，但零零星星的相关记载还是能让人感到问题的严重性已经开始凸显。如嘉庆七年（1802年），江西缺销达42941引[2]，而此时两淮盐政佶山向朝廷提出了"近来官引滞销严重"的警告，遗憾的是，当时的情况并没有引起朝廷重视。结果从嘉庆十八年（1813年）开始，官引滞销现象变得越来越严重。嘉庆二十五年（1820年），湖广、江西两省缺销甚至达到了二十五万引[3]，占全年销售引额的近四分之一。道光年间，官引滞销现象进一步恶化。据湖广总督讷尔经额称，道光十年（1810年）以前，即道光元年至道光十年这段时间，湖广地区每年官盐缺销大约为11.2万至20余万引不等[4]。两江总督琦善的奏折印证了这一点。据琦善奏折：道光七年（1827年），两淮之盐"从丙子（嘉庆二十一年）纲至乙酉（道光五年）纲，近十余载，无一纲畅销足额者"[5]。道光八年（1828年），包世臣也指出"己丑新纲开已百五十日，实运纲食额引一百六十万道，滚总才及三十分之一。实征新纲钱粮，并戊子纲之一百九十余万两。开桥为新纲大典，而其日竟无一重船下桥，江广各岸积滞盐斤，尚可销至新卯之冬。戊子旧纲之盐已纳钱粮而未捆出场者，尚十之五六"[6]。道光九年（1829年），情况丝毫没有好转，淮南滞销盐达501812引，淮北滞销达97465引，各自滞销达三分之一以上。道光十年（1830年），情况还在进一步恶化，两淮本应销盐

---

　　①　中国第一历史档案馆藏：《朱批奏折》（财经类·盐务项），乾隆五十六年三月七日，江西巡抚姚棻，两江总督孙士毅。

　　②　中国第一历史档案馆藏：《朱批奏折》（财经类·盐务项），嘉庆八年闰二月十七日，两淮盐政佶山。

　　③　中国第一历史档案馆藏：《朱批奏折》（财经类·盐务项），道光元年八月二十一日，户部尚书英和。

　　④　中国第一历史档案馆藏：《朱批奏折》（财经类·盐务项），道光十六年一月二十四日，湖广总督讷尔经额。

　　⑤　中国第一历史档案馆藏：《朱批奏折》（财经类·盐务项），道光七年二月十八日，两江总督琦善。

　　⑥　[清]包世臣：《小卷游阁杂说二》，载《包世臣全集》卷五，黄山书社，1993年，第127—128页。

160 余万引,而淮南仅行 50 万引,淮北更仅行 2 万引。销售总额还不足应销额的三分之一①。陶澍指出,"自道光元年辛巳纲起,至十年庚寅纲止,十纲之中,淮南商办课运止有五纲七分,而欠帑之数积至一千九百八十余万";"淮北自道光元年辛巳纲起,至十年庚寅纲止,十纲之中仅运及三纲四分有零。其铳销、停运、融南各项,多至六纲五分以外。而十纲应完课银二百七十一万两,仅完七十万四千余两,实未完银二百万六千余两"②。总之,无论是淮南还是淮北,其积压之严重,销售之困难,确实到了非常严重的地步。

以湖广、江西为例,详情见表 1—5。

表 1—5　嘉道年间湖广食盐缺销情况表

时间	额销 (单位:引)	实销 (单位:引)	缺销 (单位:引)	缺销率	资料来源
嘉庆十八年 (1813 年)	779 932	702 501	77 431	9.93%	中国第一历史档案馆藏《朱批奏折》(财经类·盐务项),嘉庆十九年闰二月二十六日,两淮盐政阿克当阿
嘉庆二十年 (1815 年)	779 932	731 983	47 949	6.15%	中国第一历史档案馆藏《朱批奏折》(财经类·盐务项),嘉庆二十一年二月六日,湖广总督马慧裕
嘉庆二十一年 (1816 年)	779 932	721 049	58 883	7.55%	中国第一历史档案馆藏《朱批奏折》(财经类·盐务项),嘉庆二十二年二月十八日,湖广总督阮元
道光九年 (1829 年)	779 926	711 429	68 503	8.78%	方裕谨编《道光九年两淮盐务史料》,《历史档案》1997 年第 4 期

① 《清史稿》卷一百二十三《食货四·盐法》,中华书局,1977 年,第 3620 页。

② [清]陶澍:《缕陈八年来办理两淮盐务并报完银数比较在前情形附片》,载《陶澍集》(下),岳麓书社,1998 年,第 322 页。

时间	额销 (单位:引)	实销 (单位:引)	缺销 (单位:引)	缺销率	资料来源
道光十一年 (1831年)	779 926	713 286	66 640	8.54%	中国第一历史档案馆藏《朱批奏折》(财经类·盐务项),道光十二年二月十二日,两江总督陶澍
道光十二年 (1832年)	779 926	720 128	59 798	7.48%	中国第一历史档案馆藏《朱批奏折》(财经类·盐务项),道光十三年二月四日,湖广总督讷尔经额
道光十三年 (1833年)	779 926	670 128	109 798	14.1%	中国第一历史档案馆藏《朱批奏折》(财经类·盐务项),道光十四年三月十日,湖广总督讷尔经额
道光十四年 (1834年)	779 926	723 976	55 950	7.17%	中国第一历史档案馆藏《朱批奏折》(财经类·盐务项),道光十六年一月二十四日,湖广总督讷尔经额
道光十五年 (1835年)	779 926	662 720	117 206	15.0%	中国第一历史档案馆藏《朱批奏折》(财经类·盐务项),道光十六年一月二十日,湖广总督讷尔经额
道光十六年 (1836年)	779 926	730 114	49 812	6.39%	中国第一历史档案馆藏《军机处录副奏折》,道光十八年二月初四日,湖广总督林则徐
道光十七年 (1837年)	779 926	733 201	46 725	5.99%	中国第一历史档案馆藏《军机处录副奏折》,道光十八年二月初四日,湖广总督林则徐

　　有关嘉庆年间官盐缺销的原因,根据地方官员和地方盐政大臣的解释,这其中除了与自然灾害相关以外,主要与邻私的侵灌密切相关。譬如,

有关嘉庆二十年(1815 年)湖广缺销的原因,湖广总督马慧裕的解释是:"汉阳、安陆、荆州等属多被水淹之区,以致水贩稀少,兼之两省与川、陕、两粤界连,地方犬牙相错,邻私处处可通。"①嘉庆二十一年(1816 年)湖广缺额之由,湖广总督阮元认为,是因为"上年沔阳、汉川、潜江等处多有被水之灾,水贩稀少"②。而两淮盐政阿克当阿则认为,除上述原因以外,"兼之川陕两粤连界地方,犬牙相错,邻私处处相可通"。私盐对官盐的销售危害之严重,由此可见一斑。其实不仅官盐缺销与私盐的侵灌有很大的关系,就是官盐溢销,也与私盐密切相关。譬如,经历了连续几年的缺销局面后,嘉庆二十三年(1888 年),湖广地区突然出现了一次难得的溢销局面,全年多销官盐 56400 引。据湖广总督庆保奏称,这一年湖广官盐之所以会溢销,是因为"私盐侵灌要隘得以杜截"③。嘉庆二十三年(1818 年),一年之内,湖广地区共获窝顿船户水手 36 名,私盐人犯 176 名,获私盐十八万九千余斤④。也就是说,这一年出现官盐溢销的良好局面,关键在于政府加大了对私盐的打击力度。说到底,官盐的销售状况如何,主要取决于是否有私盐的侵害。如果有私盐的侵害,官盐就难以完成额定销额;如果没有私盐侵害或者私盐侵害受到遏制,官盐销售就可能平稳发展甚至出现溢销的良好局面。

而有关道光年间的官盐缺销问题,从当时地方官员的解释来看,除了与自然灾害或是官盐本身供应不足相关外,似乎与私盐并不相干。譬如,道光十三年(1833 年),湖南销足,唯有湖北缺额严重。湖广总督讷尔经额认为其原因在于:"系引地初灾,水贩稀少。"⑤道光十四年(1834 年),湖北缺额严重。讷尔经额的解释还是因为"楚北连年被淹,水贩稀少,销路不

---

① 中国第一历史档案馆藏:《朱批奏折》(财经类·盐务项),嘉庆二十一年二月六日,湖广总督马慧裕。

② 中国第一历史档案馆藏:《朱批奏折》(财经类·盐务项),嘉庆二十二年二月十八日,湖广总督阮元。

③ 中国第一历史档案馆藏:《朱批奏折》(财经类·盐务项),嘉庆二十四年一月十九日,湖广总督庆保。

④ 中国第一历史档案馆藏:《朱批奏折》(财经类·盐务项),嘉庆二十四年一月十九日,湖广总督庆保。

⑤ 中国第一历史档案馆藏:《朱批奏折》(财经类·盐务项),道光十六年一月二十四日,湖广总督讷尔经额。

"畅"，结果导致销售不能足额①。道光十五年（1835 年），湖广食盐缺销，讷尔经额将之归因于"岸盐短缺"②。事实果真如此吗？自然灾害对官盐销售的影响确实存在，但除了自然灾害以外，与嘉庆年间一样，事实上道光年间各种私盐对湖广的不断侵灌，才是导致官盐缺销严重的主要原因。地方官员将官盐缺销归因于自然灾害之类的客观原因，故意回避私盐危害之类的主观原因，归根结底在于推脱缉私责任，以便向皇帝表明，官盐缺销是因为天灾所为，不可避免，而并非人为所致。

　　江西的情况与湖广的情况十分相似，详情见表 1－6。

表 1－6　嘉道年间江西食盐缺销情况表

时间	额销 （单位：引）	实销 （单位：引）	缺销 （单位：引）	缺销率	资料来源
嘉庆七年 （1802 年）	270 291	227 349 （引半）	42 941 （引半）	15.9％	中国第一历史档案馆藏《朱批奏折》（财经类·盐务项），嘉庆八年闰二月十七日，两淮盐政佶山
嘉庆十八年 （1813 年）	277 291	220 399	56 892	20.5％	中国第一历史档案馆藏《朱批奏折》（财经类·盐务项），嘉庆十九年闰二月二十六日，两淮盐政阿克当阿
嘉庆二十年 （1815 年）	277 291	233 757	43 534	15.7％	中国第一历史档案馆《朱批奏折》（财经类·盐务项），嘉庆二十一年三月十日，两淮盐政阿克当阿
嘉庆二十一年 （1816 年）	277 291	249 629	27 662	9.97％	中国第一历史档案馆藏《朱批奏折》（财经类·盐务项），嘉庆二十二年三月十六日，两淮盐政阿克当阿

①　中国第一历史档案馆藏：《朱批奏折》（财经类·盐务项），道光十五年三月十日，湖广总督讷尔经额。
②　中国第一历史档案馆藏：《朱批奏折》（财经类·盐务项），道光十六年一月二十四日，湖广总督讷尔经额。

时间	额销 (单位:引)	实销 (单位:引)	缺销 (单位:引)	缺销率	资料来源
嘉庆二十二年 (1817 年)	277 291	232 716	44 575	16.1%	中国第一历史档案馆藏《朱批奏折》(财经类·盐务项),嘉庆二十三年三月二十七日,两淮盐政阿克当阿
道光九年 (1829 年)	277 299	188 594	88 705	31.9%	方裕谨编《道光九年两淮盐务史料》《历史档案》1997 年第 4 期
道光十一年 (1831 年)	277 299	134 478	142 821	51.5%	中国第一历史档案馆藏《朱批奏折》(财经类·盐务项),道光十二年二月十二日,两江总督陶澍
道光十二年 (1832 年)	277 299	18 万余	9 万余	32.5%	中国第一历史档案馆藏《朱批奏折》(财经类·盐务项),道光十三年八月二十九日,两江总督陶澍

上述两张表格表明,嘉道年间湖南、湖北的销售缺额率徘徊在 6% 至 15% 之间;而江西的销售缺额率则一直处于 15% 以上这样一个高位状态,最严重时甚至达到 50% 以上。仔细分析还会发现,有好几年是连续缺销的,这种情况很容易造成官引的积压①。作为两淮行盐区域的三个主要省份,湖南、湖北、江西的食盐销售额占两淮全部食盐销售总量的 62.5% 左右②,这三个省份的销售缺额如此严重,由此可以推断当时淮盐销售的确陷入了严重的困境。这是就淮南而言,淮北的情况同样也不容乐观。嘉庆二十四年(1819 年),淮北缺销 89769 引,占额引的近三分之一③。道光三

————————

①　乾隆以前,汉岸和西岸都是淮盐的畅销口岸,如果某一年因为特殊原因(比如灾荒等)而导致某口岸缺销,通常情况下第二年就很容易地将上一年的销售缺额消化掉,但这种情况到嘉庆以后则基本不复存在了。因此,某口岸一旦出现缺销的情况,就必然会给下一年造成更大的销售压力。

②　嘉道年间,两淮食盐销售总量为 168 万余引,其中湖广额销 77.9 万余引,江西额销 27.7 万余引,湖广、江西相加,其额销量大概为 105 万引,两者相比,最终得出了 62.5% 这个数据。

③　中国第一历史档案馆藏:《朱批奏折》(财经类·盐务项),道光二年十一月二十二日,两淮盐政曾燠。

年(1823 年),缺销 91541 引①。道光中期,更一步发展到"自开纲以来……淮北则止捆二万余引,较定额不及十分之一"②的不利局面。

由于积压严重,销售困难,盐课亏绌的现象自然也就在所难免。乾隆初年,两淮完课尚好,每年可以向国家上缴四百多万两盐课③。乾隆中叶以后,由于积引和报效数额的增大,盐课积欠日益严重。如乾隆三十年(1765 年)的钱粮奏效册中,就有"带征"戊寅纲、甲寅纲引课的记载;随后,在奏效盐课时,"压征""节征""带征"等名目也相继出现。盐课积欠和逐年"带征",给盐商套上了沉重的枷锁。随着盐课积欠的加剧,盐商拖欠课帑的现象也就越来越严重。至道光二年(1822 年),两淮盐务共积欠银两累计达 4300 余万两;而从道光元年(1821 年)至十年(1830 年),仅淮南盐商欠帑就多达 1980 余万两④。道光十年(1830 年),两淮积欠有增无减,淮南亏欠历年课银竟然高达 5700 余万两,淮北亏银也多达 600 余万两,两者相加,积欠高达 6300 余万两⑤。总之,商困课绌,已经到了"岌岌不可终日"⑥的地步。

再次,引积息重、盐商疲乏。盐引积压滞销,必然造成商人资本的周转不灵和借贷负息。道光九年(1829 年),"两淮运本须二千万,方敷转输,而各商实本,不及四分之一,余皆借赀,赀息重至每月分半,盐去课回,非六百日不可,盐滞本压,赀息日行,完课则无资相捆盐。庚寅之春,即届奏效,实征断不能及半"⑦。一方面盐引积压导致流动资金周转困难;另一方面还必须负担借资利息,其处境之艰难,可想而知。

乾隆年间,作为当时最主要的商业资本集团之一,盐商曾经辉煌一时。但进入嘉道以后,由于政府的各种需索摊派日益增多,盐商逐渐感到力不

　　① 中国第一历史档案馆藏:《朱批奏折》(财经类·盐务项),道光四年九月七日,户部尚书英和。

　　② [清]陶澍:《淮北滞岸请试行票盐附片》,载《陶澍集》(上),岳麓书社,1998 年,第 191 页。

　　③ 萧一山在《清代通史》中提到,盐税于顺治初年不过五六十万两,顺治末年增至二百万两;康熙中期增加到了三百余万两,至乾隆时又增加了约一百七十余万,两者相加,应该就是四百七十万两左右(参见萧一山《清代通史》,华东师范大学出版社,2006 年,第 172 页)。

　　④ [清]陶澍:《缕陈八年来办理两淮盐务并报完银数比较在前情形附片》,载《陶澍集》(上),岳麓书社,1998 年,第 322 页。

　　⑤ 《清史稿》卷一百二十三《食货四·盐法》,中华书局,1977 年,第 3617 页。

　　⑥ 《清史稿》卷三百七十九《列传一六六·陶澍》,中华书局,1977 年,第 3618 页。

　　⑦ [清]包世臣:《小卷游阁杂说二》,载《包世臣全集》卷五,黄山书社,1993 年,第 128 页。

从心,此时的盐引积压更使盐商疲惫不堪,而逐年带征对盐商而言更是雪上加霜。"带征远年旧欠,则成本愈重,商力不支"①。在此情况下,盐商纷纷倒闭也就不足为奇。其实在嘉庆年间,淮北盐区就已经出现了仅有 12 商办运官引且"半属资本缺乏"②的困局。进入道光以后,问题更为严重:"查淮商向有数百家,近因消乏,仅存数十家,且多借资运营,不皆自己资本。"③由原来的数百家发展到现在的数十家,可见盐商困乏之严重。即便是仅存的数十家,其资本量也已是昨日黄花,今非昔比。"能运四五十万者无多,十数万引者更少"④,至于"淮北盐务,久已运商绝迹,正课虚悬"⑤。盐商的衰败为私盐泛滥提供了更多机会。"皖豫各省向多缺盐之患,官文上下络绎督催,商运仍然不前,甚至闭门逃避,百姓淡食,不得已而买食私盐,地方官亦不得已而佯为不知。……前私枭充斥,因地方乏盐得以乘虚而入。晒扫各场亦因商不收买,盐无出路,不得已而透漏"⑥。

最后,私盐充斥。食盐走私现象古来有之,但真正盛行则起于推行划界行盐制的唐中叶时期,尽管其发展时好时坏,但总体来看表现出愈演愈烈之趋势。时至清代,私盐丝毫没有减弱的迹象。清初,由于吏治较为清明,食盐走私现象并不明显。但到了清中叶时,随着吏治腐败的加剧,再加上利之所在,走私者趋之若鹜,私盐问题因此表现非常突出。而两淮盐区又是清中叶私盐最为活跃的一个盐区。两淮盐业贩私之盛,远非前代所能及。正如乾隆年间两淮盐政尹会一所言:"两淮地方,水陆丛生,陆路车辆头匹驮载,贩运盐觔,盈千累万。"⑦嘉道年间的私盐随着吏治的腐败进一步加剧,"两淮行盐地方,江西、河南有浙私、芦私之侵越;而湖广之川私、粤

①　道光二十八年(1848 年)三月二十六日李星沅题《为遵旨等事》,转引自段超《陶澍盐务改革及其时代特点》,载《江汉论坛》2000 年第 12 期。

②　嘉庆《两淮盐法志》卷十五《转运十》,同治九年(1870 年)扬州书局刊本。

③　[清]陶澍:《再陈淮鹾积弊折子》,载《陶澍集》(上),岳麓书社,1998 年,第 159 页。

④　[清]陶澍:《刘运使急公出缺请派大臣查办淮鹾折子》,载《陶澍集》(上),岳麓书社,1998年,第 300 页。

⑤　[清]包世臣:《上陶宫保书(甲午)》,载《包世臣全集》卷七上,黄山书社,1993 年,第 175 页。

⑥　中国第一历史档案馆藏:《朱批奏折》(财经类·盐务项),道光十三年二月初十日,两江总督管理盐务臣陶澍。

⑦　《清实录》第 9 册,《清高宗纯皇帝实录》卷二十一,乾隆元年六月下,中华书局,1986 年,第8468 页。

私,为害尤甚"①。湖南、湖北、江西向来是淮盐的主要销售口岸,但到嘉庆末道光初,通计三省真正食淮盐者,"不过十数郡"②而已。"两淮纲食引地,无论城市村庄,食私者什七八"③。原先被淮商垄断的六省二百五十余州县的销盐市场,几乎丧失殆尽。

这一个阶段的两淮私盐主要有两个特点:一是私盐种类众多④。概括起来,江希峁认为主要有以下几种:"场私""邻私""商私""船私""功私""枭私""官私"等⑤;二是私盐贩成分复杂,人数众多,遍及各地。参与走私者有盐商、盐官、盐枭,而更多的则是普通平民百姓。

总之,清中叶两淮盐区的私盐问题,可以说是前代私盐泛滥的继续,却又远甚于前代,成为我国传统社会食盐贩私活动的一个新高峰。

(二)私盐泛滥与陶澍改革两淮盐务的实践

面对盐务危机带来的严重后果,尤其是因为私盐泛滥而导致淮盐销售

---

① 《清实录》第8册,《清世宗宪皇帝实录》卷一百四十七,雍正十二年九月,中华书局,1986年,第7826页。

② [清]陶澍:《查覆楚西现卖盐价折子》,载《陶澍集》(上),岳麓书社,1998年,第244页。

③ [清]包世臣:《小卷游阁杂说二》,载《包世臣全集》卷五,黄山书社,1993年,第128页。

④ 包世臣统计为十一种,分别为:枭私、船私、潞私、川私、粤东私、粤西私、闽私、芦私、浙私、漕私和功私(官私的一种)(参见包世臣《小庚辰杂著五》,《包世臣全集》卷三下,黄山书社,1993年,第69页)。所谓潞私、川私、粤东私、粤西私、闽私、芦私、浙私等其实都是邻私;但包氏却没有将商私、场私统计在内。李澄则认为私盐主要有四种:枭私、邻私、粮私和船私〔参见李澄《淮鹾备要》卷五《盐之害·缉私堵私》,道光三年(1823年)刻本〕。李澄的分法显然过于简单,或者说他所看到的只是"民私",而没有看到诸如商私、功私、官私之类的"官私"。

⑤ 参见江希峁《浅议两淮盐业缉私沿革》(《盐业史研究》1996年第2期)。佐伯富的分法与此分法也极为相似(参见佐伯富《清代盐政之研究》,《盐业史研究》1994年第2期)。陈锋则认为,在上述七种私盐当中,没有"功私",却增加了所谓的"军私"(参见郭正忠编《中国盐业史·古代编》,人民出版社,1997年,第770页)。"功私"与"军私"是否为同一种私盐?仔细分析两者还是有区别的。"功私"主要指缉私兵丁贩私,而"军私"既包括缉私兵丁贩私,也包括清初旗丁贩私。罗威廉则认为,清代私盐分为两种形态:一种是所谓的"内私",包括灶私、商私、官私等;一种是所谓的"外私",包括枭私、船私、邻私等(参见罗威廉著,江溶、鲁西奇译:《汉口:一个中国城市的商业和社会(1796—1889)》,中国人民大学出版社,2005年,第122—126页)。从私盐的来源来看,张小也将私盐分为六大类:灶户之私、盐商之私、官员与官弁之私、受雇参与运销盐斤的各类人员之私、盐枭之私及漕船之私(参见张小也《清代私盐问题研究》,社会科学文献出版社,2001年,第164—103页)。方裕谨的看法是,私盐可分为灶私、脚私、邻私、漕私、官私、生员带私、膛私和开盐店贩卖私盐八种形态(参见方裕谨《道光初年两淮私盐研究》,《历史档案》1998年第4期)。所谓"生员带私和膛私"可能只是个别地方的私盐情况。丁长清则将私盐分为三大类,即生产、运输、食用三个领域〔丁长清:《中国盐业史》(近代编),人民出版社,1997年,第150页〕。由此可见,有关私盐之类的具体分法,可谓五花八门。

日益颓废的局面,陶澍痛下决心,对淮北食盐销售体制加以改革,推行票盐制,即用商人凭票运销食盐的制度,取代盐商垄断运购的纲盐制度。

道光初年,清政府决定将驻扬州和真州的两淮巡盐御史的专职盐差撤掉,由当时的两江总督陶澍统权行事,进行彻底的盐务改革。道光皇帝之所以选择陶澍作为两淮盐务改革的先锋,看似偶然的事件背后其实深含诸多必然因素。纲盐的日益败坏固然是改革票盐的直接原因,但如果没有陶澍之类有识之臣的推动,改革的实施必然会困难重重。因此,在了解该问题的前因后果之前,首先有必要对陶澍其人有一个初步的了解。

1.陶澍其人①

陶澍(1779—1839年),字子霖,号云汀,晚年自号桃花渔者。湖南省安化县人。

嘉庆五年(1800年),陶澍乡试中举。嘉庆八年(1803年),年方二十四岁的陶澍考取进士。嘉庆十年(1805年),陶澍由翰林院庶吉士授职编修,从此正式步入仕途。嘉庆十一年(1806年),陶澍因父亲病故回乡丁忧。三年后,即嘉庆十三年(1808年),服阕赴京,任国史馆纂修。此后历任江南道监察御史、陕西道监察御史、陕西道户科给事中、吏科掌印给事中、四川川东兵备道、山西按察使、福建按察使、安徽布政使、安徽巡抚等职。道光五年(1825年),陶澍调补江苏巡抚;道光十年(1830年)八月二十五日,由江苏巡抚擢任两江总督;道光十二年(1832年)又兼署两淮盐政,直到道光十九年(1839年)卒于任内,为官生涯三十多年。在任两江总督之前,陶澍早就是政绩斐然,除盐政以外,他在漕运、河工方面的成绩也十分突出。

改纲为票的重任之所以会落到陶澍的肩上,其实并非偶然,原因有二:一是因为他在担任两淮盐政之前,在整顿盐务积弊方面就曾取得过不俗的成绩。他在担任四川川东兵备道时,面对当时私盐猖獗、税课锐减的情况,力排众议,采用官盐减价的办法来对付私盐,取得了良好的效果;后来在安徽、江苏担任巡抚期间,为了保障官盐畅销,同样采取打击私盐和减价敌私的办法,也取得了一定的成就。这为他后来的盐务改革提供了丰富的

---

① 有关陶澍的生平简介,本书主要参考了《清史稿》卷三百七十九《列传一六六·陶澍》,中华书局,1977年,第11605—11608页。

经验。

二是因为他在改革之前就十分关注两淮盐务之兴衰。有关这一点,从其上任后的言词当中可以窥见一斑:"两淮盐政关系国帑,臣频年在苏,已闻其疲敝情形日甚一日,但不料山穷水尽竟至如是之极。"①这说明在升任两江总督之前,陶澍对淮盐的积弊其实已早有了解。正因为如此,他才会深知淮盐积弊的原因所在,这也为他日后的改革奠定了良好的基础。再加上其清廉的工作作风和坚强的毅力,使其深受道光皇帝赏识。道光皇帝曾多次夸奖他"勇于任事,不避嫌怨"②。面对淮盐积弊的日益败坏,在道光心目中,只有陶澍才是担当改革重任的不二人选。道光希望"实心任事,不避嫌怨"③的陶澍能从根本上扭转淮盐颓废的不利局面。因此,道光十二年(1832年),道光皇帝任命陶澍兼署两淮盐政,淮盐改革的重任也就历史性地落到了他的肩上。如此看来,看似偶然的结果其实深含着诸多必然因素。如果陶澍没有先前对淮盐积弊的关注,也就不可能有被道光皇帝授权改革两淮盐务的可能;如果没有先前在整顿盐政方面取得的卓越成就,也就很难有后来在票盐制改革方面取得的成效。

2.陶澍改革两淮盐务的实践

陶澍改革两淮盐务,不仅仅是他个人的功劳,其幕僚魏源(1794—1857年)、包世臣(1775—1855年)、王凤生(1776—1834年,曾担任两淮盐运史)、俞大渊(1778—1836年,曾担任两淮盐运史)、姚莹(1785—1853年,曾担任两淮监掣同知)等所发挥的作用同样也功不可没。面对淮盐积弊的日益严重,魏源曾建言:"君子欲挢其弊而还其利,势必不得不出于更革。小更则小效,大更则大效。"④正是受该思想的影响,陶澍才下定决心对两淮盐务进行大刀阔斧的改革。在改革过程中,王凤生提出革除盐务弊政的十八条措施,其中有不少被陶澍所采纳;为帮助陶澍进一步完善票盐制,包世臣更是多次上书陶澍,为改革出谋划策;俞大渊、姚莹同样也是不厌其烦地建言献策,深得陶澍赏识。

① 〔清〕陶澍:《再陈淮鹾积弊折子》,载《陶澍集》(上),岳麓书社,1998年,第159页。
② 中国第一历史档案馆编:《嘉庆道光两朝上谕档》,道光十九年三月初九日。
③ 中国第一历史档案馆编:《嘉庆道光两朝上谕档》,道光十九年六月二十三日。
④ 〔清〕魏源:《御书印心石屋诗文录叙》。转引自李志茗《晚清四大幕府》,上海人民出版社,2002年,第72—78页。

（1）淮南盐务改革

两淮盐区包括淮南、淮北两部分，由于清中叶两地的实际情况不尽相同，陶澍在改革两淮盐务时，并没有采取一刀切的策略，而是针对各自不同的特点，采取了有针对性的改革措施。

陶澍在治理淮南盐政方面赞同魏源"天下无兴利之法，除其弊则利自行"[①]的看法，奉行"除弊兴利"的原则，认为天下无兴利之上策，除其弊则利自兴[②]。他称淮南纲盐为"利中之弊"，"即本重价昂，以致滞销绌课"[③]。同时他还采纳了魏源"自古有缉场私之法，无缉邻私之法。邻私惟有减价敌之而已，减价之要，先减轻商本而已[④]"的建言，认为要解决官盐滞销、私盐盛行的问题，必须采取轻本、减价、除害之法，维持淮南纲法，即所谓"欲敌私必须减价，欲减价必先轻本，欲轻本必先除害。弊与利相倚伏，而官与私如转环，则欲长保美利之利，必先除利中之弊"[⑤]。可见，在陶澍看来，淮南盐务积弊的关键在于私盐猖獗，而要解决该问题，首先必须降低官盐成本。官盐成本降了，自然价格也就能降下来；价格降了，官盐才能与价格低廉的私盐相竞争，这样一来，弊能除利也就能兴。轻本、减价、除害，环环相扣，任何一环都不可疏忽，否则就难以达到除弊、敌私之目的。为了能更好地采取有针对性的治理措施，他首先分析了淮南盐务的弊端所在。

陶澍认为淮南盐政的弊端主要体现在三方面[⑥]：

一是浮费重。岁征正杂各款，以产盐分数核算行销，这一笔款项本来就已经足够多了，可还要征收外解外支各项浮费，又有数百万两之多。这其中包括盐政之"办贡""办公"、汉口之"岸费"、扬州之"活支"、乏商之"月折"等项，甚至一切官私应酬，均列入成本开销。

二是夹带多。参与夹带者，既有商伙、商厮，也有舵工、水手，"无不各有重斤私捆搀杂多装"。至于夹带方式，更是五花八门，有所谓的"买砠"

<hr>

① ［清］盛康辑：《皇朝经世文编续编》卷五十一《魏源：淮北票盐志叙》，载沈云龙主编《近代中国史料丛刊》第 838 册，文海出版社，1972 年，第 5531 页。

② 陈为民：《陶澍》，载《平准学刊》第三辑（下），中国商业出版社，1986 年，第 376 页。

③ ［清］陶澍：《会同钦差拟定盐务章程折子》，载《陶澍集》（上），岳麓书社，1998 年，第 165 页。

④ ［清］魏源：《筹鹾篇》，载《中国盐政纪要》下册《盐务专著》（上），商务印书馆，民国十九年（1930 年），第 37—43 页。

⑤ ［清］魏源：《淮北盐法纪略》，见《淮北票盐纪略后序》，同治七年（1868 年）刊本。

⑥ ［清］陶澍：《会同钦差拟定盐务章程折子》，载《陶澍集》（上），岳麓书社，1998 年，第 167 页。

"跑风""过笼蒸糕""粮船影带""商巡报功"等。总之,各种人员,多种渠道,大量夹带私盐。其目的无非在于假公行私,先将无课之盐售尽,致使官盐滞销。

三是私盐繁。一方面,枭私猖獗,枭徒盘踞码头,占碍淮纲;或武装贩私,或勾结官府,有恃无恐。除枭私外,其他各类名目的邻私更是充斥淮南各岸,如湖北荆襄一带有潞私、江西南赣一带有粤私、河南有芦私、安徽婺源一带有浙私等。针对上述弊端,陶澍拟定了改革盐务的十五条章程,分别如下:

针对浮费重采取的主要措施有:裁减浮费、删减窝价、删减繁文、慎重出纳等;针对夹带多采取的主要措施有:裁选总商、酌核带销、积欠宜缓、宜恤灶户、实给船价等;针对私盐问题采取的主要措施有:严究淹消、疏通运道、添置岸店、亟散轮规、整饬纪纲、淮北另筹等①。此外,陶澍还主张严厉缉私。陶澍认为,"盐法道首重缉私"。要使淮盐畅销,除降低成本、疏通运道外,还必须大力缉私。当时的私盐名目众多,有场私、枭私、船私、商私、官私、邻私等。针对不同类别的私盐,陶澍主张采取不同的对策。

如此看来,陶澍对淮南盐务改革,采取的是完善制度、兴利除弊的改革思路,即在维护现行运销体制下,除弊兴利。通过上述改革,淮南盐务有所好转。

(2)淮北票盐制改革

相比于淮南而言,淮北盐务积弊更为严重,"淮南商力虽疲,然自开纲以来,尚捆运至五十余万引。淮北则止捆二万余引,较定额不及十分之一,实属疲惫已久"②。如此看来,淮北纲盐确实已经衰败到了无法勉强支撑的地步,让其继续维持原来的局面已不大可能,因此只能重新做出选择,寻求新的出路。就是在此背景下,淮北票盐制改革应运而生。

需要说明的是,票盐制改革其实并非陶澍首创,此举早在明代就曾有之。陶澍在淮北试行改纲为票之前,就承认此举是"仿照(明代)山东、浙江票引兼行之法"③。明代票盐,始于嘉靖十六年(1537年)的两浙运司。据

---

① [清]陶澍:《会同钦差拟定盐务章程折子》,载《陶澍集》(上),岳麓书社,1998年,第168—172页。

② [清]陶澍:《淮北帑岸请试行票盐附片》,载《陶澍集》(上),岳麓书社,1998年,第191页。

③ [清]陶澍:《淮北滞岸请试行票盐附片》,载《陶澍集》(上),岳麓书社,1998年,第191页。

《雍正两浙盐法志》载:"嘉靖十六年题准:两浙官商不到之处,立为山商。"①山商持"票"不持引,故称"票盐"。浙江出现票盐的原因,是为了解决"官商不通,而盐课如故,灶丁穷绝,私贩盛行"的问题。此后河东、山东、四川、云南、福建、长芦等地也均有票盐行销②。

清代最早建议改革纲盐体制、实行票法的是陶澍的幕僚包世臣。早在嘉庆二十五年(1820年),他就提出以票盐代纲盐的方案。并提出精简盐务机构、先缴课后行盐以及"不立商垣,不分畛域"③的自由运销主张。道光十年(1830年),包世臣在《代议改淮鹾条略》中更进一步地提出了一系列建议。针对灶户"拖欠钱粮尚多,私窝难尽"的情况,包世臣提出"自以征商以长"的建议,并提出改革买客赴场纳课的做法,实行"买客赴运司纳课,领票赴盐场买盐";针对两淮纲盐负担过重的情况,建议"解散盐禁同米麦,无需再配引目,自宜以斤起算,使人易晓";针对运盐河道淤积的情况,提出"随时官为疏浚"的建议;针对灶户卖盐,提出"听旧业场商及灶户殷实人等,开设盐店,据积引揽,悉听其便"的建议;针对私盐猖獗的情况,提出允许私贩充当盐商的建议,"至私贩头目,多拥厚资,自可立变良贾";此外还建议"盐不分纲食,无需改解子捆"等④。

很显然,包世臣的主张就是在继续向盐商征税的基础上,对榷盐体制进行某些改革⑤。道光十二年(1832年),陶澍采纳了这一建议,首先在淮北"废引改票",实行票法。他决定首先在淮北滞岸、食岸31州县试行,如果改革确有成效,再往畅销各岸推广。为获取第一手改革材料,陶澍除了"委亲信人员赴场灶查看情形外"⑥,还亲赴海州调查研究,广泛听取纲商、灶户、盐官、盐民等各方面的意见。通过深入调查研究后,陶澍决定实施"改道不改捆,归局不归商"的改革原则,并制定"只论盐课之有无,不问商贾之南北"为核心内容的章程十条⑦。票盐制改革就此拉开序幕。

① 雍正《两浙盐法志》卷三《沿革》,雍正元年(1723年)刻本。
② 郭正忠主编:《中国盐业史》(古代编),人民出版社,1997年,第604页。
③ [清]包世臣:《小庚辰杂著五》,载《包世臣全集》卷三下,黄山书社,1993年,第71页。
④ [清]包世臣:《代议改淮鹾条略》,载《包世臣全集》卷七上,黄山书社,1993年,第163—169页。
⑤ 吕一群:《清代湖广榷盐制度的演变》,《江汉论坛》1996年第7期。
⑥ [清]包世臣:《代议改淮鹾条略》,载《包世臣全集》卷七上,黄山书社,1993年,第163页。
⑦ 刘洪石:《略论清代的票盐改革》,《盐业史研究》1995年第4期。

　　章程首先对引票的印刷、使用作了详细的规定:于淮北板浦、中正、临兴三场,分设行店,听小民投行购买,运往售卖,择各场要隘之地,设立税局,给以照票,注明斤数及运往何处售卖字样。凡无票及越境者,仍以私论"。"空白盐票一式三联,由盐运司刷印,一为运署票根,一留分司存查,一给民贩行运。以板浦、中正、临兴三场,各取上一字,编列号数,盖用运司印信,颁发三场大使收贮。民贩纳税请票时,该大使于票内填注民贩姓名、籍贯、运盐引数,往销州县,按道远近,立限到岸,听其销卖。运盐出场由卡验放,不准越卡,亦不准票、盐分离,及侵越别岸,违者并以私论"。"其照票给贩赴所销州、县衙门呈缴,由该州、县按月申缴运司查核。其裁存票根,即由本场大使按句造册,汇缴纳运司,以备核对。存查之票,亦按句分送分司"①。

　　为改变过去任意需索摊派的局面,章程接着对引斤和盐价作了明确的规定。"每盐四百斤为一引,盐价六钱四分,再加上课程和其他费用,每引抽税库平银一两八钱八分,不得分毫需索,其捆工、包索,听民贩自行经办"。票盐制的科则较纲盐制减去 1/3。同时还规定,运销盐时必须随身携带写有运销数量、由官府发给的运销食盐的票证。

　　章程还规定:"每票买盐,应自十引至百引以上为一票,不得过于零碎。惟食岸八州、县及向无额引之海州、安东二州县,距场均在五百里以内,应酌量变通。海、赣以百斤起票,余准一引起票,以便民食。"章程同时还对建局建厂、肃清运道、加强缉私、虚占票地、私设陋规等作了明确的规定②。

　　总之,从生产、流通到销售的每一个环节,都对官吏、商贩的权利和义务作了详细的规定。

　　由于票盐制改革规定只认盐课有无,不问商贾南北,任何人只要缴纳一定的课税,都可以得到贩盐的护照,然后凭票贩卖食盐。这等于从根本上打破了纲盐制下盐商对食盐贩卖的垄断权,大大调动了商贩们的积极性,因此,民贩踊跃,出现了"远近辐辏,盐船首尾抵岸,为数十年中所未

---

　　① [清]陶澍:《淮北滞岸请试行票盐附片》,载《陶澍集》(上),岳麓书社,1998 年,第 200 页。
　　② [清]陶澍:《酌议淮北滞岸试行票盐章程折子》,载《陶澍集》(上),岳麓书社,1998 年,第 200—205 页。

有"①的良好局面,销售情况也因此明显好转。接着陶澍在完善上述办法后,将其向淮北畅岸进一步推广。

(三)改纲为票的成效及票盐制的推广

1.改纲为票的成效

淮北票盐制在滞岸试行后,取得了显著的成果,"兹查票盐自上年七月开局以起,至冬底结束,已请运过二十万三千一百余引,较原额溢运过半"。陶澍同时还进一步指出:"查票盐自试行以来,海属积滞之盐,贩运一空。穷苦场民,借资苏活。即游手闲民,亦得以转移执事。是以上年海州灾务极重,而地方尚称安帖,实得票盐之济。其皖、豫各省,尚多缺盐之患,官文上下,络绎督催,商运仍然不前,甚至闭门逃避。百姓淡食,不得已而买食私盐,地方官亦不得已而佯为不知,督销有同具文。且盐价腾贵,每斤需钱六七十文。自票盐到境,盐价顿减,取携甚便,民情安之……。现在票盐之课,溢于原额。淮北通纲之引,俱已请运全竣。是票盐之利,实足以下便民生,上裕国课,业已试行有效。"②

正是由于票盐法的试行成效显著,陶澍才决定在对滞岸行销办法做适当修改的基础上,将其推广至十一个畅岸州县。

"除例由江运之安徽省桐城、舒城、无为、合肥、庐江、巢县、滁州、来安八州、县,及例由高邮湖运之天长一县,俱与淮南引地错杂,未便招贩行票,至启侵灌,其原额八万一千六百二十引,照旧由商认办,并随时察看情形,济以官运,保固淮南藩篱外,所有湖运畅岸,安徽省之寿光、安远、六安、霍山、霍邱,河南之信阳、罗山、光州、光山、固始、商城十一州县,额运九万六千三百九十三引,并食盐融纲一万三千三百五十五引,请一律推广,照淮北滞岸章程,招商贩运,改行票盐"③。

这样一来,淮北五十一州县中,四十二湖运州县就全部实行了票盐制。

---

① 《清史稿》卷一百二十三《食货四·盐法》,中华书局,1977 年,第 3620 页。
② 〔清〕陶澍:《淮北票盐试行有效请将湖运各畅岸推广办理酌定章程折子》,载《陶澍集》(上),岳麓书社,1998 年,第 217—218 页。
③ 〔清〕陶澍:《淮北票盐试行有效请将湖运各畅岸推广办理酌定章程折子》,载《陶澍集》(上),岳麓书社,1998 年,第 218 页。

只有江运八岸和天长县继续实行纲盐制①。

票盐制的进一步推广,也使淮北食盐销售状况进一步好转②。实施票盐制之前,淮北"十纲之中仅运及三纲四分有零。其铳销、停运、融南各项,多至六纲五分以外。而十纲应完课银二百七十一万余两,仅完银七十万四千余两,实未完银二百万六千余两"。票盐制实施后,情况则大为改观,不仅销售明显好转,而且课税的完纳,也出现了出人意料的好现象:"今自道光十一年(1831 年)辛卯纲起,至十七年(1837 年)丁酉纲止,除征足奏销银一百八十九万七千二百七十六两四钱九厘"外,另外还多征各项课银一百六十万六千六百二十一两八钱九厘。而且"戊戌本纲开局验资已经收税未解运库银两,尚不在此数内"③。也就是说,票盐的实施,不仅解决了积引问题,同时盐课的征收也得以超额完成;至于化私为良的局面则更无需多言。简言之,从政府角度而言,票盐改革可谓是大获全胜④。道光末年,淮南、两浙、福建一带也改行票盐,从当时的实际情况来看,足见票盐替代纲盐,是一种进步的趋势。

淮北票盐制实施后,成效显著,每年行销食盐 46 万多引,此前仅 20 万引,即一纲行两纲之盐,一纲收两纲之课。总之,通过票盐制,使得淮北盐务无论是食盐销售还是课税征缴,均取得了明显好转,使淮北盐务出现了难得的好景象。拿刘洪石的话来讲,就是"票盐制的实行,使淮北盐业的产、运、销情况大为改观,出现了淮北盐业史上的黄金时代"⑤。

票盐制实施后之所以会取得上述效果,关键在于它比较有效地遏制了

---

① 这九个州县,由于与淮南引地错杂,陶澍担心改革会导致票盐侵灌淮南销岸,因此没有施行票盐,仍然保持了纲盐制。事实表明,陶澍的担心是有道理的。后来的情况表明,即便在这九个州县没有实行票盐的情况下,淮北票盐对淮南纲盐还是造成了很大的冲击。道光中晚期,湖北、江西都曾受到来自淮北票盐的侵害,尤其是湖北受害为烈。这也正是为何湖北在经历了道光中期的盐务整顿后依然缺销严重的原因所在。

② 有关销售状况,魏源有更为具体的说明,淮北各岸,其额销原本为 296982 引,但自道光十二年(1832 年)试行票法以后,销售明显好转,出现了连续三年溢销的好局面。五月开局收税,当年即运行 242600 余引;十三年行 32 万引;十四年行 589300 余引;十五年行 348600 余引。统计四年共运 150 余万引,这还不包括江运八岸和天长县的销量在内〔参见魏源《淮北票盐志略》卷二《请严禁陆运并议票盐事宜禀》,同治七年(1868 年)刊本〕。

③ [清]陶澍:《缕陈八年来办理两淮盐务并报完银数比较在前情形附片》,载《陶澍集》(上),岳麓书社,1998 年,第 322—323 页。

④ 倪玉平:《政府、商人与民众——试论陶澍淮北票盐改革》,《盐业史研究》2005 年第 1 期。

⑤ 刘洪石:《略论清代票盐改革》,《盐业史研究》1995 年第 4 期。

私盐的进一步泛滥。私盐之所以屡禁不止,与官盐价格太高有很大的关系,可以说正是过高的官盐价格为私盐泛滥提供了契机;而官盐价格太高的原因是因为官盐成本太重。相比于官盐而言,私盐成本轻,因此价格比官盐也要便宜得多。这种情况必然使官盐在市场竞争中处于劣势地位。票盐制设施后,废除了浮费勒索,减少了运销中的诸多中间环节,使得官盐成本大幅下降,其价格也因此明显回落。官盐价格下降,使得官盐在市场竞争中重新获得了取胜的优势。原因很简单,当官盐价格与私盐价格相当时,官盐在市场竞争中处于明显的优势地位自不必多言;只要官盐价格不超出消费者的购买力,即便其价格略高于私盐,它在食盐市场当中的优势地位也不会受私盐冲击。因为对于消费者而言,买食私盐毕竟要承担一定的风险。从经济学的角度而言,当买食私盐的成本(用风险度来衡量)大于买食私盐可能获得的收益时,消费者就不大可能选择私盐。这就意味着私盐在市场竞争中可能失去价格上的优势。同时票盐章程还规定,任何人只要照章纳税,均可请票行盐,并且无论资本大小,均可请票,不少盐枭因此改行票盐(其实盐枭虽亡命之徒,内中亦有身家,铤而走险,原非所愿)。史载:"始而化洪湖以东之场私,继而化正关以西之芦私。"①

2.陆建瀛对票盐制的推广

陶澍票盐制改革的成功,得到了其继任者的充分肯定与认可。道光三十年(1850年),面对两淮盐务重陷困境、商引滞销、库款支绌的局面,两江总督陆建瀛决定将淮北票盐制改革的成功经验向淮南推广。

陆建瀛(1792—1853年),字立夫,湖北沔阳人,蒙古族。陆建瀛自幼聪颖过人,识见超群。嘉庆二十年(1815年)中举人,道光二年(1822年)举进士,"选(翰林院)庶吉士,授编修,直上书房"②。道光九年(1829年)充任山东大举考,第二年任文渊阁校理,后又历任南书房行走、上书房行走、翰林院侍讲等职。自道光二十年(1840年)起,先后在天津、云南、江苏等地任职。道光二十年初为直隶天津道,后擢布政使。道光二十六年(1846年),擢云南巡抚,不久后调任江苏,首先任巡抚。道光二十七年(1847年)又兼任两江总督和两淮盐政。从道光二年进入仕途,至道光二十七年升任

---

① [清]魏源:《淮北票盐志叙》,载《魏源集》(下),中华书局,1976年,第439页。
② 《清史稿》卷三百九十七《陆建瀛列传》,中华书局,1977年,第2795页。

两江总督，短短二十五年里，数易其职，由一个普通的庶吉士直至掌管地方大小事务的封疆大臣，足见陆建瀛确实是一个能力非凡的人。正如《清史稿》所言："建瀛才敏任事，喜宾礼名流，又善事要津，多为延誉，由是闻望焱起，朝寄日隆。"①正因为如此，陆建瀛才会深得皇帝的赏识和重用。

　　他提任大清重臣三十一年，在这三十一年当中，陆氏大多数时间都是在地方上任职。身为地方父母官，陆建瀛不仅体察民情，关心民众疾苦，而且勤政务实、清正廉明、政绩卓著。陆氏在任期间致力于兴利除弊，办理过民政、漕运、河工和盐政等政务，成就非凡，尤其在盐政方面有较深的造诣和独到的见解，成绩斐然。

　　道光中后期，淮北盐务通过陶澍的票盐制改革，其矛盾有所缓和，而淮南盐务积弊却日趋严重，私盐泛滥，官盐滞销，国家财政收入因此大受影响。面对该局面，陆建瀛深深体会到，淮南盐务到了非改不可的地步。他在继陶澍淮北票盐制改革的基础上，着手在淮南推行更为完善的票盐制改革②。尽管后来由于受咸同兵燹的影响，淮南票盐制改革最终以失败而告终，但他对两淮盐业所做的贡献是值得肯定的。

　　淮南当时的盐务积弊日趋严重，已盛于当时的淮北。由于受私盐的影响，官盐滞销严重。如道光二十八年（1848年），按计划，淮南该年本应额销食盐一百零六万一千余引，而实际仅销三十三万引，"比较正额之数不及四之一，比较折运之数亦只及其半"③。面对淮南盐业日益颓废的趋势，两江总督陆建瀛决定效仿淮北票盐制改革的做法，将票盐制向淮南推广。道光三十年（1850年）二月，陆建瀛疏请改革两淮盐务制度，并陈述造成淮南盐务积弊的原因。陆建瀛奏：

　　　　上年（道光二十九年）湖北塘角火灾，汉岸盐船被毁几尽。经臣据实奏报，并将岸销之疲、岸费之重与运库之支绌，略陈情形，兼乘穷则宜变之时，图转而为功之策。领奉御批，妥筹办理。查淮南盐务疲弊，

　　① 《清史稿》卷三百九十七《陆建瀛列传》，中华书局，1977年，第2797页。
　　② 陈锋认为，导致淮南推行票法的直接原因是因为道光二十九年（1850年），塘角火灾，"烧盐船四百余号，损钱粮银本五百余万，群商请退"。在此情况下，陆建瀛才请求仿淮北之例，改行票法（参见陈锋《清代盐政与盐税》，中州古籍出版社，1988年，第264页）。很显然，这并非主要原因，主要原因应该与当时的淮南盐务积弊密切相关，这其中就包括私盐对淮南官盐贸易的破坏。
　　③ ［清］陆建瀛：《陆文节公（建瀛）奏议》，载沈云龙主编《近代中国史料丛刊》第343册，文海出版社，1972年，第214页。

实由口岸之不销,不销之故则在官价昂于私价,官本重于私本;而成本过重之故,又在银价日贵、浮费日增。为今日计,欲畅销必先敌私,欲敌私必先减价,欲减价必先轻本,欲轻本必先为裁浮费,摊轻科则。窃为今日之弊,莫大于利不归国,亦不归下,而尽归中饱之人。①

上述情况表明,当时淮南岸地的盐务情况与淮北票盐制改革前的情况十分相似,即官不敌私,官盐在口岸销售不畅,浮费太重,利不在国而在中饱之人。这样,清政府通过控制盐业贸易而取得盐税、充裕国库的设想落空了②。面对该现状,陆建瀛认为应当变通淮南盐务制度,宜仿效淮北改行票盐法;务在轻本敌私、力裁繁文浮费。于是陆氏以淮北票法为样本,在淮南整顿盐务。陆建瀛认为,改革淮南盐务首先必须做到三点:第一,要通过敌私来使官引畅销;第二,通过减少成本来降低官盐价格;第三,要裁减浮费,减少各种摊派。为此,陆建瀛仿照淮北票法之意,亲自"议章程十条":"第一,按旧科则酌减外费以轻成本;第二,酌复额引,加带乙盐,以轻成本;第三,永禁整输,疏通销路,以免堕误;第四,核实岸费,由司酌解,以杜浮冒;第五,分岸运销,利商便民;第六,纲食各岸,划一办理;第七,官定场价,以免居奇;第八,盐包改捆百斤,以杜夹带;第九,矜恤灾商,分年批补;第十,删除繁文,以归简易。"③

陆建瀛接着又上疏,对章程十条的内容做了进一步的解释和补充。他认为淮南盐业之所以疲敝,与盐斤运输途中科则繁杂、运输衙门需索过甚,以及楚西糜费太滥有很大的关系。因此,要解决淮南盐务问题,首先必须除衙门需索,裁楚西糜费。鉴于上述情况,陆氏建议在扬州设局,裁除引目,改用盐照,收纳课税。不但如此,道光三十年(1850年)四月,又奏定新章未尽事宜,对淮盐的运销与稽查做了更为详细的规定,如"具禀纳课,盐照截角,仪征解捆,雇船运岸"等各种稽查措施;特别是在"行盐省份"一条中,规定"行销不分纲食,只分四路:湖广为一路、江西为一路、江苏为一路、安徽为一路。凡请运湖广盐者,准在湖北湖南所属各府州县,凡系淮南行销

---

① 〔清〕盐务署辑:《清盐法志》卷一百一十六《运销门七·商运三》,载于浩辑《稀见明清经济史料丛刊》(第二辑)第6册,国家图书馆出版社,2012年,第91页。

② 吕一群:《清代湖广权盐制度的演变》,《江汉论坛》1996年第7期。

③ 〔清〕陆建瀛:《陆文节公(建瀛)奏议》卷五《改办淮南盐务折》,载沈云龙主编《近代中国史料丛刊》第343册,文海出版社,1972年,第189—200页。

引地境内城乡市镇水陆随商发卖,惟不准越出湖广淮引界处,如旁侵他省及西、粤、闽、浙、川、潞引地,逾境盐以私论"。在"盐价随时"条中规定:"商贩纳课请运自一百引起至一千引止,并不作为常额,俾小本经营,皆可领办,其运销各省引地或前盐运至黄州,后盐运至襄阳以及湖南各府厅州县,凡属淮南引地者,悉转贩流通,来去自便,并不作为专岸,协价涨落随时,不准齐行定价,以妨民食。商盐运到指销之省,或赴栈店卖,或在船零售,听商自行办理,各省地方文武衙门,既无督销考核,不准藉稽查而滋需索。"①此外还有"禁除黑费""盐照编号"等条款。无疑,这些规定给了盐商更多的自由。

(四)改纲为票的动因与票盐制实态

陶澍之所以推行票法,其目的在于改革当时淮盐的积弊,他在《敬陈两淮盐务积弊附片》《再陈淮醝积弊折子》等奏折中,对当时淮盐积弊情形进行了深刻的揭露。他指出:"总商开销取之散商,名为办公,而实不知其名目,盈千累万,任意摊派。此类甚多,成本安得不重? 成本既重,则售价必昂,而私枭由此起矣。"②如场价每斤盐不足十文钱,一转销竟暴涨数倍,盐质又十分差,常混入污泥杂物。由于受质劣价昂的官盐的坑害,"江广之民,膏血尽竭于盐。贫家小户往往有兼旬弥月,坚忍淡食,不知盐味者"③。如此局面,结果造成私盐四起,民间有武装结伙贩私盐者,文武官兵夹带私盐成风,漕船回空更是大量夹带芦盐,供官行私。上述情况表明,淮盐积弊之因,关键在于私盐之泛滥,而私盐之泛滥,又恰是纲盐败坏所致。由此可见,陶澍推行票法,其最终目的在于改革盐法,打击私盐。正如墨子刻所言:1832 年,陶澍在淮北的改革,"可以说是通过票盐的设计,将当地的走私者吸引到合法贸易中来,以消灭走私"④。

---

① 〔清〕盐务署辑:《清盐法志》卷一百一十六《运销门七·商运三》,载于浩辑《稀见明清经济史料丛刊》(第二辑)第 6 册,国家图书馆出版社,2012 年,第 92 页。

② 〔清〕陶澍:《敬陈两淮盐务积弊附片》,载《陶澍集》(上),岳麓书社,1998 年,第 153 页。

③ 〔清〕陶澍:《敬陈两淮盐务积弊附片》,载《陶澍集》(上),岳麓书社,1998 年,第 153 页。

④ 〔美〕托马斯·梅茨格(Thomas Metsger,中文名:墨子刻):《陶澍对淮北食盐专卖制度的改革》,《中国论丛》,第 16 卷(1962 年),第 39 页。佐伯富也持有相类似的看法〔参见〔日〕佐伯富《中国史研究》,第二卷(京都,1971 年),第 636 页〕。姜道章也指出,票据制是"为了打击不纳税的私枭,为了打破世袭盐商的垄断"(参见姜道章、张世福、张莉红《论清代中国的盐业贸易》,《盐业史研究》1989 年第 2 期)。

至于陆建瀛于淮南实行票法,也不与私盐无关①。陆氏的做法,其目的在于取消引窝,取消盐引及盐商对盐引的垄断,从而使官绅商民,无论资本大小皆可经营盐业,且在淮盐销界之内,无论何时何地,商贩都可自由买卖。禁除黑费,减少了地方官吏对盐商的干预和勒索,使盐的运销较简易灵活,从而使官引销量日增,保证国家财政收入的来源,使盐利在于国而不在于中饱之人。由此看来,陆氏的做法其实与陶氏一样,其动因也是为了解决当时日益猖獗的私盐问题。正如冯桂芬所言:"票法宗旨在于轻本敌私。"②如此看来,打击日益猖獗的私盐,重振"专商引岸、划界行盐"的雄风才是票盐改革的关键。

纲盐制虽然与票盐制一样,都属于专卖体制的范畴,但纲盐制造成私盐泛滥,而票盐制则一定程度上正是为了解决私盐问题而创设,可见两者之间还是有着本质的区别。两者的不同表现为:纲商有定,票商无定;纲商有专卖之地,谓之引地,票商无定域;纲商本重势重,票商千金、数百金即可办运;纲商捆盐有定额,票商纲一引之课,运一引之盐额;纲商世世相承以为业,票商来去亦任其自便。正如王守基所言:"引商捆盐有定额,行盐有定地,永远承为世业;票商则纳一引之课,运一引之盐,额地全无一定,来去听其自便。"③由此看来,票盐制与纲盐制的根本不同在于:票盐制避免了大盐商的垄断专利,无论官绅商民,只要纳税之后皆可承运。总之,票盐制下商人有更多的自主权,盐商可以相对自由、灵活地进行交易。勿庸置疑,这对于盐业的自由贸易必然有相应的促进作用。同纲法相比,可以说票法是化整为散、减负减压,为盐业贸易提供了更为宽松便利的市场环境,应该说这就是票法的实质所在。

值得注意的是,票盐制虽然在一定程度上和一定时间内对私盐的泛滥起到了一定的遏制作用,但它并没有从根本上解决该问题。其原因有二:一是票法本身存在缺陷,二是票盐制推行过程中遭遇了难以预料的战争破

---

① 罗威廉也认为,陆建瀛在淮南推行票盐改革的原因,是为了整顿食盐集散地(主要是汉口)的腐败与浪费——正是这种腐败与浪费使官盐在价格方面无法与私盐竞争(参见罗威廉著,江溶、鲁西奇译《汉口:一个中国城市的商业和社会(1796—1889)》,中国人民大学出版社,2005年,第120页)。

② 〔清〕贺长龄辑:《清经世文编》卷四十三《冯桂芬:利艖淮议》,中华书局,1992年,第563页。

③ 〔清〕盛康辑:《皇朝经世文编续编》卷五十一《王守基:两淮盐法议略》,载沈云龙主编《近代中国史料丛刊》第838册,文海出版社,1972年,第5493页。

坏。结果道光以后,私盐盛行的现象依然如故。

(五)余论

在我国传统社会,强制性食盐专卖是非常重要的经济活动,是国家财税制度的重要组成部分,带有浓厚的政治色彩。因此,从政府的角度而言,食盐专卖是坚决不允许破坏的铁定政策,而且越是上层政府越视专卖政策为至宝。清初,因早期管理政策比较有效,食盐专卖实施效果显而易见,不仅政府获取了巨额的盐税,得到了实惠,老百姓也解决了食盐问题,基本生存权得到了保障。乾隆初期起,制度的弱点开始凸显,但并没有完全失控,食盐专卖还基本能够维持。嘉道以后,由于私盐的冲击越来越严重,食盐专卖终于发展到难以维持的地步,陶澍票盐制改革就是其反应。票盐制改革虽然并非完全否定专卖政策,但从本质上来讲,它与专卖政策是背道而驰的。票盐制与专卖政策最大的不同就在于它打破了盐商对食盐的垄断权力,只要有钱,任何人都能够参与食盐买卖。虽然票盐制并没有根本性的解决清中叶淮盐的颓废问题,也没有能够驱赶私盐于市场之外,但其影响却不可低估。

三、对陶澍改革两淮盐务的合理评价

笔者之所以耗费大量笔墨来介绍陶澍改革两淮盐务的全过程,目的在于透过这样一起曾经在清代盐业史上有过重要影响的盐务改革个案,来展现清中叶吏治、私盐与地方政权之间复杂而微秒的互动关系。笔者这样做的目的,在于通过这一微观研究,使人们加深对下列问题的了解:

第一,对于这场盐务改革,我们应该做出怎样的评价? 这是一个以往人们很少重视的问题,但同时又是一个事关如何理解这场改革的成败与得失的关键问题。纵观改革的全过程,可以分两步来回答该问题。首先,陶澍为两淮盐务做出的贡献是值得肯定的,正是由于他的努力才会取得淮北票盐制改革的成效。淮北实施票盐法以后,食盐滞销的局面大为改观,不仅做到了年产年销,而且还将历年积压的官盐也带销完毕,盐课收入更是明显好转。当时有诗赞曰:"桓桓陶宫保,经济本仁恕;改法行票盐,贩者趋若鹜;畅销商力舒,民饱课亦裕;所荫悉慈云,所润该甘露。"①可见,改革不仅解决了民食和官盐滞销的问题,同时也解决了困扰清朝政府多年的课税问题。其成效可谓一箭"三"雕、一举多得。

但对淮南盐务的整顿则很难用"成功"来定义。事实上对淮南盐务的整顿,可以说基本上是失败的。淮南盐务在经过整顿后虽然略有好转,但缺销严重的局面并没有多大的改观,甚至还有愈演愈烈之势(具体情况参见表1—5)。江西的情况由于缺乏具体的史料记载,无法做出明确的判断;湖广的情况清楚地表明,在没有整顿之前,其官盐销售缺额率基本上维持在 6%—9% 之间,整顿以后这一数字不降反升,道光十五年(1835 年)甚至破纪录地达到了 15%。这种反常现象虽然不能完全归罪于陶澍,但身为改革前沿的盐政大臣,他显然是低估了淮北票盐制改革可能对淮南盐务带来的冲击②。淮南、淮北毕竟是一个整体,既然是一个整体,就不能在制度的推行过程中人为地将其割裂开来。的确,淮北票盐制改革是一个循序渐进的过程,但这一过程中,陶澍始终没有将票盐法向淮南推广③,当然,这其中的主因应归咎于他的过早去世。等其继任者陆建瀛将这一政策向淮南推广时,谁料时局不如人意,由于受"咸同兵燹"的影响,淮南票盐制改革最终不得不草草收场。很显然,淮南票盐制改革失败的主因并不在于制度本身,事实上淮北票盐制改革的成功早已证明了制度的合理性,它完全符合当时盐业市场发展需求。但同时也必须看到,即使是淮北票盐制改革,所谓的"成功",其实也只是短暂、局部且不完善的。说它短暂,是因为改革只维持了十几年的时间④;说它局部,是因为它只是在淮北取得了一定的成功;说它不完善,则是因为它仅仅解决了淮盐的滞销和课税的征收

---

① 陈文述:《淮北三场池盐以天阴歇产祀日至于崇庆道院》,转引自陶用舒《陶澍评传》,湖南师范大学出版社,2007 年,第 43 页。

② 改革以后,淮北由于实行自由运销政策,票盐因此借机大量侵入淮南盐区,对于原本就销售艰难的淮南官引而言,更是雪上加霜。

③ 陶澍之所以不在淮南推行票盐法,吴雨苍认为是因为"淮南引地远在楚西之省,且有长江三千里之险,若行票法,票贩断不肯赴场领盐,且冒险千里至楚西,楚西水贩亦不肯冒险售盐于淮南"(参见吴雨苍《清代两淮盐政》,《国专月刊》1936 年第 3 卷第 5 期)。而方裕谨则认为,这是清政府对此次改革没有多大把握所致。方氏指出:"如果两淮同时实行废引改票之制,万一失败,淮南巨额积欠无力归还,清政府财经收入荡然无着。"(参见方裕谨《论道光十二年淮北票盐之制的实行》,《盐业史研究》1996 年第 3 期)

④ 李鸿章当政后,推行纲盐性质的"循环给运",标志着票盐法就此终结。

问题,而就私盐问题而言,其作用显得非常乏力。不论是在改革过程中还是在改革后,私盐依然像先前一样肆无忌惮、猖獗无比。以江西省为例,从咸丰至光绪中叶数十年间,许多府只能销很少部分淮盐,江西中部地区的"吉安一府,则全为湘粤私盐所灌"①。正是在此情况下,清政府不得不对食盐运销体制重新做出新的选择。

第二,如何看待这场改革与吏治和私盐之间的关系? 乾嘉道年间日益败坏的吏治至少导致了两种对盐业发展极为不利的因素:一是导致官府视盐业为渊薮,千方百计对盐商进行敲诈勒索,从而造成盐商疲惫、官盐滞销、盐课亏绌;二是导致私盐泛滥成灾,且日益猖獗的私盐对官盐的销售和盐课的征收均造成了很大的影响;更为值得一提的是,日益败坏的吏治在淮盐积弊日益腐败的历史进程中,对私盐泛滥还起到了推波助澜的作用。如果说第一个不利因素政府可以通过整顿吏治加以纠正的话,那么第二个不利因素则束手无策。因为私盐并不在政府行政权力控制范围之内,它无法通过自我调节来改变该现状。特别是对于一个腐败不堪的政府而言,私盐就像是一只脱缰的野马,桀骜不驯。但面对这匹野马可能引发的严重后果,又不得不对其加以约束。票盐制改革就是在这种状态下粉墨登场的。因此,从某种程度上而言,私盐泛滥才是开展票盐制改革的主因所在。当然,完全将改纲为票的原因归咎于私盐是有悖历史事实的,但如果没有私盐的肆虐,官盐的滞销和课税的亏绌恐怕也不至于发展到非得通过制度上的变革才可以得到挽救的地步。

票盐制实施之后,一定程度上和一定时间内确实为解决"官盐滞销、盐课亏绌"等问题起到过一定的积极作用,私盐因此也有所收敛,但事实证明,票盐制最终并没有成为解决上述问题的良药。面对淮盐的颓废局面,陶澍虽然意识到了改革两淮盐法制度的必要,但他没有看到,改革两淮盐法制度,并不能从根本上解决全国的盐务困境问题。更为遗憾的是,他没有注意到,导致盐务积弊日益严重的原因并不仅仅在于盐务制度本身,它与整个官僚体系的清廉程度以及行政效能密切相关,同时也与清代财税体系的优劣好坏紧密相连。因此可以说,陶澍的改革理念,依然是在步明代票盐制改革之后尘,并没有超出明代票盐制改革的范畴。由于他把两淮盐

① ［清］周馥:《周悫慎公全集》奏稿三,民国年间影印本。

务当个案来处理,因此,纵使他有三头六臂,也只能解决一时的困难,而无法从根本上解决清代的盐务积弊。可见,改革的失败关键原因就在于票盐制本身并没有触及制度上的根本问题,它没有,也不可能改变专卖体制的本性。正是这种制度上的缺陷,注定了它必然失败的命运。

第三,解决淮盐积弊,应该做出怎样的选择才会更有效?淮盐积弊并非是简单的管理失效、供求失衡、制度失范导致的结果,其实与清中叶各种社会矛盾共同作用密切相关。因此,解决淮盐积弊问题,仅仅从两淮盐务制度本身去寻找解决办法是不够的。也就是说,如果仅仅把两淮盐务积弊看作是个案,把两淮私盐泛滥看成是特例,那么,任何改革措施都只能治标,而无法治本。这就是为什么票盐制改革取得一定的成就后,很快又重新回到原有局面的原因所在。事实证明,解决两淮盐务积弊、打击私盐问题,是一个长期的、复杂的、多层次的系统工程,它需要各级政府部门通力配合,密切合作;同时还需要各项配套改革齐头并进。仅仅从改革两淮盐务制度本身入手是不够的,两淮盐务改革只有置身于整个社会改革的大背景下才能奏效。

第二章　私盐的运销方式与活动特点

陶澍改纲为票的事例清楚地表明,清中叶时,两淮私盐问题确实已经到了非常严重的地步。从时间上来讲,以嘉道年间更为活跃;从空间上而言,则以远离盐产区的湖广、江西地区更为猖獗。那么,这些私盐是如何产生、形成和泛滥的呢?与官盐相比,它们在流通、运销和贩卖过程中又表现出怎样的特点呢?弄清这些问题对于后文探讨私盐与地方社会的互动关系不仅有必要,而且也很重要。为此,本章节将以湖广、江西为例,就上述问题进行详细地探讨和分析。

一、湖广、江西官盐的流通、运销与私盐

据清代盐法记载,有清一代,两淮与其他各盐区一样,实行的是"划界行盐"的专卖体制。在该体制下,由官府特许的盐商领取特许的运销凭证"引",到指定的盐产区买盐,然后按指定价格在固定的区域内进行交易。若有违规,无论情节轻重,都将以私盐论处。这种按指定价格在固定区域内进行销售的食盐,叫"官盐",与之相对立的则被称之为"私盐"。清代湖广、江西分销的"官盐"主要以淮盐为主,广、川、浙盐次之。但由于受各种因素的影响,私盐异常活跃。本章节笔者拟从地理因素、人口状况、运销路线、流通方式及不合理分销制度出发,探讨该地区私盐的产生、形成和发展过程,以及在此过程中官、私食盐所表现出来的不同特点。

(一)官盐运销路线与流通方式

作为食盐纯销区的清代湖广、江西地区,就其食盐流通方式而言,大致可以分为两大类:一种是官盐流通方式。在食盐专卖制度下,官盐的流通有强制执行的僵化模式以及相对比较固定的流通网络和运输路线。这也是清代贯穿于湖广、江西的主要的食盐流通方式。它以正统合法的流通方式自居,排斥并打击其他流通方式的滋生蔓延;另一种是与官盐流通方式

相对立的私盐秘密通道,它以私盐贩与消费者之间的自由贸易为出发点,逃避官府的干预和打击,借助艰险的、秘密的且不为官府所重视的运输途径,与所谓"正统合法的"官盐流通方式相抗衡。私盐的流通,尽管受到官府的严厉打击,但它确确实实存在于清代商品经济日渐发达的湖广、江西地区,并有愈演愈烈之势,且对官盐的流通构成了严重的威胁和冲击。

1.划界行盐制的确立与运输网络的形成

清代,湖广、江西食盐运输网络的形成与清代划界行销的食盐管理体制密切相关。食盐销区的划定,始于唐中叶划界行盐制实施之后。该体制对于唐及唐以后历朝食盐的流通、分销乃至盐法变迁,无疑都有着深远的影响。清代湖广以销售淮盐为主,广、川盐次之;江西以销售淮盐为主,广、浙盐次之。各盐分销状况见表2-1。

表2-1 清中叶湖广、江西官盐分销情况简表

时间	官盐名称	省份	行盐地界
康熙二十四年至道光三十年(1685—1850年)	淮盐	湖广	武昌府、汉阳府、安陆府、襄阳府、郧阳府、德安府、黄州府、荆州府、宜昌府、荆门州、长沙府、岳州府、宝庆府、衡州府、常德府、辰州府、沅州府、永顺府、靖州、永州府、澧州
		江西	南昌府、瑞州府、袁州府、临江府、吉安府、抚州府、南康府、九江府、饶州府、建昌府
	广盐	湖广	郴州、桂阳州以及衡阳府的酃县
		江西	赣州府、南安府、宁都直隶州
	川盐	湖广	施南府以及宜昌府的鹤峰、长乐二县
	浙盐	江西	广信府

资料来源:周庆云纂:《盐法通志》卷六《疆域门·销岸三》,载于浩辑《稀见明清经济史料丛刊》(第二辑)第16册,国家图书馆出版社,2012年,第356—359页;光绪《江西通志》卷八十六《经政略三·盐法》,清光绪七年(1881年)刻本,第337页;光绪《湖南通志》卷五十六《食货二·盐法》,上海古籍出版社,1990年,第1433页。

由此可见,在食盐划界行销制的严格管理下,淮盐、川盐、广盐和浙盐具有明确的行销范围,而销界的划定,又与运输网络的形成息息相关。由于这些运输网络涉及湖广、江西的地理环境、道路交通、水利以及各种基础设施等问题,故首先有必要对此作简单的介绍。

　　古代交通,仰仗水上航运,航运是社会文明、社会经济发展的产物;
而航运的发展,又直接影响、促进社会经济的发展,特别是在古代交通落
后的条件下,航运对经济发展的作用更大。航运的发达与否,与水道的
分布情况密切相关。湖广、江西河道纵横,是中国古代水道条件较好的
几个省份之一。自古以来湖广、江西的航运事业不仅对湖广、江西文明
史的形成和发展产生过巨大的作用,而且对于沟通中原与岭南地区的经
济和文化,对加强我国各民族的团结和统一,都曾起过不可替代的积极
作用。

　　清代,随着商品经济的日趋发达,湖广、江西航运事业,在前朝的基础
上得以进一步发展。其主要标志是湖广、江西航运由原来的省内区间性航
路,转而纳入了全国水运交通网络之中,而成为南北交通大动脉中的一个
重要组成部分,因而省内漕粮和土特产运输都空前繁荣起来。

　　与此同时,在河流众多、网及全省的特定条件下,食盐正是借助该运输
网络而渗透到湖广、江西的各个角落中去的。就其具体情况而言,可作如
下分析和探讨:

　　首先就湖北而言,从地势上来看,湖北省处于中国地势第二级阶梯向
第三级阶梯过渡地带,其地势呈三面高起、中间低平、向南敞开、北有缺口
的特点。独特的地势决定了湖北河流的基本走向。湖北号称"千湖之
省"[1],其境内不仅湖泊众多,而且河流纵贯。据统计,省内中小河流总数
达 1000 多条,总长度达 3.5 万多公里[2]。河湖相连,宜于航运,众多的河
流、湖泊将全省各地连成一体。我国古代的两条水路交通大动脉,长江、汉
水纵横穿越全省(详情见附录三:湖北省河流水系图)。长江由西向东横贯
全省,在川、鄂边境切过巫山,形成雄伟壮丽的长江三峡,过宜昌后,穿行于
江汉平原,过小池口流入江西、安徽两省,自古以来就是湖北最主要的水运
交通线。汉江全长的 3/4 流经省境,与源出边境山地的众多河流,共同汇
注长江。作为长江的第一大支流,汉江同样在古代湖北交通史上发挥着不
可替代的作用。长江、汉水不仅使湖北与外省相连,同时也使湖北各地之
间得以沟通。不过湖北水运有一个非常明显的特点,那就是长江干流偏于

---

　　①　章开沅等主编,张建民著:《湖北通史》(明清卷),华中师范大学出版社,1999 年,第 415 页。
　　②　任放:《明清长江中游市镇经济研究》,武汉大学出版社,2003 年,第 55 页。

省境南部,主要支流多集中在北岸,水系发育呈不对称性。为了进一步明确两大河流的流向及其作用,我们不妨以表格的形式对此进行详细分析。详情见表2—2。

表2—2　清代湖北两大河流基本情况表

河流	流经区域	支流	作用
长江	自西向东:巴东、归州、东湖、宜都、枝江、松滋、江陵、公安、石首、监利、沔阳、嘉鱼、汉阳、江夏、武昌、黄冈、蕲州、兴国、广济、黄梅等,最后流入江西境内	清江、金水、富水、汨漳河、澴水、倒水、举水、浠水等	横贯湖北东西,将湖北与四川、江西、安徽、江苏等地区密切相连,同时也使湖北各地之间得以沟通。
汉江	自西北向东南:郧西、郧县、均州、光化、谷城、襄阳、宜城、钟祥、潜江、沔阳、汉川、汉阳,自汉阳注入长江	徒河、丹江、清河、唐白河、清凉水、象河、陂河、天门河等	古代湖北北部的主要水路交通要道。

资料来源:谭其骧:《中国历史地理地图集·清时期》,中国地图出版社,1996年,第35—36页;章开沅等主编,张建民著:《湖北通史》(明清卷),华中师范大学出版社,1999年,第415—417页。

　　湖南地势,境内东、南、西三面环山,东为幕阜、罗霄山脉,西为武陵、雪峰山脉,南有五岭山脉。中部地区丘陵与河谷盆地相间。整个地势南高北低,顺势向中、北部倾斜,呈敞口马蹄形。

　　与湖北一样,湖南也是一个河流、湖泊众多的省份。湖南水系完整,除湘南、湘东及少数小河分属珠江流域的北江水系和赣江流域水系外,全省其他江河湖泊均属长江流域的洞庭湖水系。以湘、资、沅、澧四大河流(具体情况参见表2—3及附录四:湖南省河流水系图)及汨罗江、新墙河、长江三口等中小河流和洞庭湖为主干,5公里以上的河流多达5000多条,自西、南、东三面汇入洞庭湖,形成扇形水系[1]。洞庭湖在清代仍号称"周围八百里"[2]。详情见表2—3。

---

① 任放:《明清长江中游市镇经济研究》,武汉大学出版社,2003年,第56页。
② 光绪《湖南通志》卷八《地理志八·形势》,清光绪十一年(1885年)刻本。

表2-3　清代湖南四大河流基本情况表

河流名称	河流长度	流经区域	支流情况	水流特点
湘江	856公里	自南向北流经零陵、祁阳、衡阳、衡山、株洲、湘潭、长沙、湘阴	潇水、舂陵水、耒水、渌水、浏阳河、祁水、蒸水、涓水、涟水、沩水等	上游,水流湍急;下游,地势平坦,河水平稳
资江	653公里	自西南向东北流经新宁、邵阳、新化、安化、益阳	辰水、夫夷水、邵水、石马江、大洋江、渠江、敷溪、沂溪等	资江大部分流经丘陵与山谷,河流水位陡涨陡落,具有山溪性河流的特征
沅水	1033公里①	流经芷江、怀化、黔阳、溆浦、辰溪、泸溪、沅陵、桃源、常德	辰水、武水、酉水、渠水、巫水、溆水等	沅水流域多崇山峻岭、坡度大、峡谷多、滩险多、水流湍急
澧水	388公里	流经桑植、永顺、永定、慈利、石门、澧县、安化等县	茅溪、娄水、溇水、道水、涔水等	澧水多高山深谷,河流湍急

资料来源:谭其骧:《中国历史地理地图集·清时期》,中国地图出版社,1996年,第37—38页。

　　江西的地势,与湖南极为相似,也是东、西、南三面环山,中部以丘陵为主,北部平原呈盆地形状。全省总的地势是南部及东西两侧较高,而中部、北部则比较平坦旷豁。江西河流,均发源于省境东、南、西三面山地,并依地势向中部和北部聚汇,形成鄱阳湖,然后经湖口注入长江。全省河流总数达527条,总长1.8万公里②。按自然流向,江西河流大致可分为赣江、抚河、信江、饶河、修水五大河流(详情见附录五:江西河流水系图)。为进一步明确五大河流的流经区域、流向和作用,我们同样可以借助表格来分析之。详情见表2—4。

----

　　① 黄锡荃等编著《中国的河流》(商务印书馆,1995年,第53页)一书当中,标注沅水为1060公里。

　　② 沈兴敬主编:《江西内河航运史·古近代部分》,人民交通出版社,1991年,第1、2页。

表 2—4 清代江西五大河流基本情况表

河流	流经区域	流域面积	支流	作用
赣江	自南向北:寻乌、会昌、于都、赣县、万安、泰和、吉安、吉水、峡江、新干、清江、丰城、南昌,注入鄱阳湖	8万多平方千米	贡江、章江、龙泉河、禾水、恩江、袁河、锦江等	纵横江西全境,水上交通网络的主要组成部分
抚河	自南向西北:广昌、南丰、南城、金溪、抚州、临川、进贤、南昌,注入赣江和鄱阳湖	1.7万平方千米	黎滩河、临水、云山河	古代赣、闽间的交往通道
信江	自东向西:玉山、上饶、铅山、弋阳、贵溪、鹰潭、安仁、余干、波阳,注入鄱阳湖	1.76万平方千米	广丰河、铅山河、白塔河	古代江西通行福建、浙江的水上通道
饶河	自东北向西南:婺源、德兴、乐平、万年、波阳,注入鄱阳湖	1.4万平方千米	昌江	昌江水运历史悠久,对景德镇瓷器生产起了重要作用
修水	自西向东:修水、铜鼓、武宁、建昌、德安,至吴城注入鄱阳湖	1.47万平方千米	——	自东汉起便是江西至湖南平江和湖北通城的水上通道

资料来源:沈兴敬主编:《江西内河航运史·古近代部分》,人民交通出版社,1991年,第1—6页。

　　纵横交错的各大河流及其支流组成了纵贯湖南、湖北、江西全境的水上交通网,它不仅是湖南、湖北、江西省内物资交流的主要通道,同时也是连接湖广、江西与周边省份的重要纽带。在清代,官盐也正是借助这一交通网络,分销于湖广、江西各府、州、县。

　　2.官盐的运销路线与流通方式

　　在划界行销的同时,为了便于盘查私贩,清政府于各交通要道设关置卡，并明确规定官盐的运输路线和流通方式。

行销湖广、江西大部分地区的淮盐产于东部江苏省沿海一带①。淮盐要进入遥远的湖广、江西销区，首先得溯江而上。

以湖广为例，淮盐要进入湖广地区，运商首先必须"自泰坝买盐至仪征批验所，自仪征出发，溯江而上，经湖口县入境，经黄梅、武昌，1660 里至汉口，又过江 7 里抵府"②。可见汉口是淮盐运抵湖广的一个枢纽站，因此，汉口在淮盐运销过程中有着非常重要的地位。淮盐到达汉口后，再以汉口为据点，通过水贩用小船，按下列航线分运湖南、湖北各府、州、县③。

武黄线：自汉口顺流浒黄，直向杨逻，由鹅公颈入口，进支亭至宋埠，抵麻城县止；又汉口大江东下，由李坪达黄州，入武昌，进樊口；又自巴、兰二镇，进蕲水，接连罗田县止；复过蕲州，下田家镇，分销广济县龙坪、武穴，直达黄梅清江嘴止；往东南入富池，过兴国州大冶，入阳辛河达通山县。

荆宜线：自汉江南上，绕武昌，过金口，历簰州，上嘉鱼，东进六溪口，由东埠新店抵蒲圻至崇阳、通城县止；往西南过茅埠，泊新堤，进荆口，挽舟逆上，直达荆南石首、公安、松滋；至荆州，过虎渡河，抵枝江、宜都、长阳县西北至宜昌府城，分运归州、巴东。

德安线：北由汉河分入五同，进滠口，至黄陂县；自汉水从汉川进云口，上刘家隔，至赤岸，分达应城、孝感县；往东北入永兴店，直达安乐县，分运应山县、随州止。

荆安线：盐运潜、沔二属，自江入湖，水陆不一。经北闸仙桃镇，南渡小河口，入沙湖，环绕沔阳州，运销监利县朱家河止；又西南进策口，过张牙嘴，历长湖至草市，经抵荆州府止。

襄郧线：由省次西路过沙洋旧口，直抵安陆府丰乐河，进遥湾，至宜城县止；往西入襄江，至樊城，过光化，历郧阳府止。

湖南东、北部线：由汉江上簰州，绕洞庭湖抵岳州，进湘阴，经长河，过洞庭，进沅江，抵常德、辰州、靖州；由长沙河进衡阳、永州；由益阳河抵宝庆府。

---

① 销往江西、湖广的官盐主要产于泰州分司和通州分司，这两个分司共有二十个盐场。
② 周庆云纂：《盐法通志》卷九《疆域八·运道二》，载于浩辑《稀见明清经济史料丛刊》（第二辑）第 16 册，国家图书馆出版社，2012 年，第 487 页。
③ 嘉庆《两淮盐法志》卷八《转运三·六省行盐表》，同治九年（1870 年）刊本。

湖南苗疆线：由洞庭湖过辰州，历王村，抵保靖；由王村陆路至永顺、桑植、龙山、永绥①。

江西的情况与湖广相似，"商贩自泰坝买盐至仪征批验所，自仪征出发，溯江而上至九江，进湖口，行至大姑塘"②，"停泊青山处纳税"③，"除饶州一府另行起驳，吉安一府自行盘运不由省发外，余商之盐，皆运至省城蓼洲（今南昌）"④。水商再以蓼州为据点，用小船将官盐按下列航线分运各县⑤。

南万线：自蓼州上水至大港口，经丰城县樟树镇，向西进袁河口，再经清江、新喻、分宜，至宜春港口止。

南吉线：南吉线分二路运输。一路为南乐线，即自蓼州上经樟树、新淦、仁和、峡江、三曲滩、吉水，向东进入恩江河口，经水南至乐安港止；另一路为南万线，即自蓼州上水经吉水、庐陵，向西进小河，分河至安福、永新、永宁县止，南上泰和、万安二县至百家村十八滩止。

南广线：自蓼州北由章江渡石头口，向东北过七里街涂汉、赵家围、康山，绕东南上枯林、乌沙港、谢家埠、武昌渡、池港、梁家渡、三江口入抚河，经温家圳、临江至建昌，分河至南丰、广昌、泸溪县止。

南浮线：自蓼州上水，北由章江渡石头，向北进瑞洪、邬子司、龙津、安仁县止，东往官塘进鄱阳湖，经饶州石头街，抵浮梁县景德、桃树二镇止。

南奉线：自蓼州下水经樵舍、涂家埠，入燕湾、炭妇港、三石共滩、万家港、安义、靖安、奉新港，并延伸至会埠、罗坊止。

南九线：自蓼州下水，沿赣江顺流北下吴城，再经鄱阳湖至都昌、湖口二县，再溯流北上至九江，接常德湖广界止。南下彭泽马当，接安庆界止。

在完成上述干支流运输后，最后再经过陆运或小河运输分销各地。至此，淮盐借助湖广、江西稠密的大小河流交通网，完成了食盐分销的全过程。

湖南南部的二州一县（桂阳州、郴州、酃县）及江西南部的二府一州（赣州府、南安府、宁都直隶州）为广东引盐行销口岸。广盐产于南部沿海一带，它

---

① 周庆云纂：《盐法通志》卷八《疆域八·运道二》，载于浩辑《稀见明清经济史料丛刊》（第二辑）第16册，国家图书馆出版社，2012年，第463页。

② 光绪《江西通志》卷八十六《经政略三·盐法》，清光绪七年（1881年）刻本，第340页。

③ 民国《江西通志》卷二十二，京华书局，1967年，第13页。

④ 张琳：《南昌史话》，江西人民出版社，1980年，第83页。

⑤ 嘉庆《两淮盐法志》卷八《转运三·六省行盐表》，同治九年（1870年）扬州书局重刊本。

进入湖南、江西的运输途径与淮盐有所区别。广盐自广东的东关配盐,然后通过水路或陆路进入湖南境内,再分销各府州县。东关掣配的食盐,一路先通过水运运至白沙水口,再转若干次水运或陆运,最后运抵郴州埠;一路通过水运运至平石,再由平石运往永兴、宜章、桂阳、临武、蓝山、嘉禾各埠;还有一路先通过水运运至田头,再转运至兴宁埠①。进入江西的运输途径为:分别自广东的南雄(潮引)和龙川(惠引)两地通过陆运进入江西境内,再转经水运分销各县。由南雄进入的广盐先运至大庾,由大庾水运至南康、上犹、崇义、定南、龙南、信丰、安远等港口;由龙川进入的广盐先至长宁,再由长宁水运至会昌、雩都、兴国、宁都、瑞金、石城等港口②。详情见表2-5。

表2-5 广盐行销湖南、江西运销途径表

引目	运输路线及运输方式	运程
省引	东关掣配(水运)白沙水口(水运)白石渡(陆运)度摺岭(陆运)乌石矶(水运)郴州埠	1450里
	东关(水运)平石(水运)宜章(水运)郴州(陆运)澄江(陆运)永兴埠	1690里
	东关(水运)平石(水运)水口(水运)水头庙(水运)宜章埠	1390里
	东关(水运)田头(陆运)田渡头(陆运)人和墟(陆运)兴宁埠	1440里
	东关(水运)平石(水运)水东(陆运)桂阳埠	1530里
	东关(水运)平石(水运)临武埠	1530里
	东关(水运)平石(水运)蓝山埠	1530里
	东关(水运)平石(水运)嘉禾埠	1530里
	东关掣配(水运)南雄州(陆运)梅岭(陆运)大庾县(水运)赣埠	1650里
	梅岭(陆运)南安(水运)大庾埠	1300里
	大庾(水运)南康埠	1535里
	大庾(水运)南康(水运)上犹埠	1775里
	大庾(陆运)崇义埠	1775里

---

① 周庆云纂:《盐法通志》卷十《疆域十·运道四》,载于浩辑《稀见明清经济史料丛刊》(第二辑)第16册,国家图书馆出版社,2012年,第569—570页。

② 光绪《江西通志》卷八十六《经政略三·盐法》,清光绪七年(1881年)刻本,第341页。

续表

引目	运输路线及运输方式	运程
惠引	自淡水、大州、碧甲等场掣配(水运)墩头(陆运)小淡水厂(水运)龙川牛家潭(水运)黄贝岭(陆运)信丰雅雀隘总埠	1300 里
	小淡水厂(陆运)安远埠	1200 里
	黄贝岭(水运)龙南埠	930 里
	黄贝岭(陆运)定南埠	1200 里
潮引	自广济桥掣配(水运)三河坝(水运)筠门岭(水运)雩都埠	1250 里
	会昌(水运)兴国埠	1915 里
	三河坝(水运)柚树馆(陆运)坝头(陆运)筠门岭(水运)会昌埠	720 里
	三河坝(水运)石上(陆运)福建上杭峰市(水运)黄泥垅(陆运)石城(水运)宁都埠	1125 里
	三河坝(水运)会昌(水运)瑞金埠	1100 里
	长汀(陆运)石城秋口(水运)石城埠	860 里

资料来源：周庆云纂：《盐法通志》卷十《疆域十·运道四》，载于浩辑《稀见明清经济史料丛刊》(第二辑)第 16 册，国家图书馆出版社，2012 年，第 539—571 页；光绪《江西通志》卷八十六《经政略三·盐法》，清光绪七年(1881 年)刊本，第 341 页。

　　湖北施南府以及宜昌府的鹤峰州、长乐县为四川引盐口岸。川盐产于四川中、南部一带。川盐进入湖北境内的运输方式与广盐有些相似。先是由产盐地通过水、陆路运至四川万县，再由万县的云阳、巫山两提拔卡及彭水厂出发，通过水陆运输方式运往恩施、宣恩、来凤、咸丰、利川、建始、鹤峰、长乐各地。

　　江西东部地区广信一府以行销浙盐为主。浙盐产于浙东沿海一带。浙盐进入江西境内的运输方式与广盐相似。先是由浙江常山陆运至江西玉山，再分成两路分销于各地。一路自玉山港水运至上饶、弋阳、贵溪、铅山港，另一路自玉山水运至广丰港止。与淮盐和广盐相比，川盐、浙盐运程相对较近(详情见表 2—6)。正因为如此，才会出现清代侵灌川盐、浙盐引地的私盐要比侵灌淮盐和广盐引地的私盐少得多的情况。

表 2-6　淮、广、川、浙四盐运程比较表

官盐类别	运销地	运　程
淮盐(自仪征出发)	南昌、瑞州、九江、临江	1500 里左右
	武昌、汉阳、安陆、德安、黄州、荆州、荆门州、岳州、长沙、澧州、常德、吉安、建昌、袁州、抚州、饶州	1840—3160 里
	襄阳、郧阳、宜昌、宝庆、衡州、辰州、沅州、永顺、靖州、永州	多在 3000—3740 里之间
广盐(自广东东关、南雄或龙川出发)	郴州、桂阳、嘉禾、蓝山、宜章、临武、安远、定南、龙南、零都、会昌、长宁、大余	500—1300 里之间
	永兴、兴宁、酃县、赣县、南康、上犹、崇义、兴国、宁都	1300—1690 里之间
川盐(自万县的云阳、巫山两提拔卡及彭水厂出发)	恩施、宣恩、来凤、咸丰、利川、建始、鹤峰、长乐	270—700 里(其中到长乐 1300 里)
浙盐(自常山出发)	上饶、玉山、弋阳、贵溪、铅山、广丰、兴安	80—300 里

资料来源:周庆云纂:《盐法通志》卷九《疆域九·运道三》,载于浩辑《稀见明清经济史料丛刊》(第二辑)第 16 册,国家图书馆出版社,2012 年,第 487—506 页;光绪《江西通志》卷八十六《经政略三·盐法》,清光绪七年(1881 年)刊本,第 340—341 页;嘉庆《两淮盐法志》卷八《转运三·六省行盐表》,同治九年(1870 年)扬州书局重刊本。

　　承担运盐的商人称为运商。运商以水商为主,水商主要承担"江运",除此之外还有所谓的"水贩",水贩主要承担河运和溪运任务。他们将水商运来的食盐,改装于溪船或河船,通过各大河流及其支流运往各指定的县分发。简言之,就是由场商在盐场收盐后,转手卖给运商,再由运商运往口岸并卖给水贩,最终由水贩将盐销往各地①。

　　至此,官盐从生产、流通再到销售,大致完成了一个循环过程,从这一流通过程中,至少可以得出以下几点结论:

　　第一,在清代,湖广、江西官盐的流通,是在官府的直接控制下进行的。

――――――――

① 中国第一历史档案馆:《道光初年楚岸盐船封轮散卖史料》(上),《历史档案》1991 年第 1 期。

官府不仅控制着运输路线,同时还限定了流通方式。总之,官府对食盐的垄断贯穿了从生产到运销的全过程。有关这一过程的来龙去脉,可用一个简单的流程来表达产销之间的关系:灶户(生产者)——官府(食盐生产和流通的垄断者)——盐商(连接产、销的桥梁,同时也是官府的直接服务者)——消费者。流程清楚地表明,食盐从生产到消费,经历了官府和商人两个中间环节,最后才到达消费者手中。从表面上看,这一销售机制并无不妥之处,但纵深分析不难发现,清政府及盐商凭借政治经济权利,垄断了食盐的产销,使作为生产者的灶户和作为消费者的普通老百姓,无法越过官府和盐商这一中间环节,建立直接的购销关系,这即是湖广食盐官营化在流通领域里的特征和表现。这种流通方式不仅激化了社会矛盾,而且严重地违背了商品经营最根本的直接、自愿、平等的交易原则。这必然为私盐的泛滥埋下祸根。因为产销环节的脱节,不仅破坏了生产者和消费者之间的直接自由贸易关系,而且还增加了许多不必要的流通成本,再加上官吏的腐败和盐商的盘剥,其结果必然造成官盐质劣价昂。而官盐质劣价昂,又为私盐的活跃提供了可乘之机;反过来私盐的活跃又必定会影响官盐的销售,从而进一步导致官引壅滞、盐商困乏及盐务问题的积重难返。

第二,商人凭"引"领盐,在一定的地界行销,应该说中间已存在交换关系,行销的食盐具有一般商品的性质。然而,一方面,封建政府控制了食盐流通的全过程,通过贩卖食盐的法律凭据"引"变私商为官商;另一方面,政府通过商人贩卖食盐的目的并不是为了便民,更不是为了获取利润来扩大盐业生产,而是为了满足军饷、军粮和政府日常的巨大开销所需,为封建政治经济服务。因此,从本质上说,官盐不具备商品的性质,这种交换从根本上亦带有自然经济的色彩[①]。食盐在这种官私之间的矛盾冲突中失去了其独立的个性,而成了官、商、民掠夺的对象。特别是政府行政权力的楔入,使本应该简单的食盐流通方式变得复杂化。再加上盐官的滥设,造成盐务管理政出多头,盐商处处为官役所勒索,严重削弱了盐商通过正常渠道行盐的积极性,使本应具备商品性质的食盐被摒弃于商品市场的自由供销关系之外。在这种情况下,价值规律必然要借助私盐来突破官府的防

---

① 曾玲:《明代前期的福建盐业经济》,《中国社会经济史研究》1986 年第 4 期。

线,通过进犯引岸来发挥其作用①。

第三,官府无论是在划定行盐地界还是确立官盐运销或是流通方式方面,都完全忽略了消费者的需求和最基本的市场规律,其后果有二:一方面官府及盐商借助这种不合理的盐业政策大掠其财;另一方面则是老百姓因买不起官盐而"坚忍淡食之苦"。历史事实表明,恰恰是这两种情况培育了私盐市场。

总之,不合理的官盐分销状况和流通方式为私盐的泛滥培植了土壤。

(二)官盐分销状况

清中叶,湖广、江西的官盐分销状况与当时两地的地理环境及人口状况密切相关。为此,在讨论该地区官盐分销状况之前,有必要对当时上述两省的地理环境及人口状况作简单的介绍。

1.湖广、江西的地理环境及人口状况

湖广包括现在的湖北、湖南两省②。从地理、地貌上看,湖北山地、丘陵、岗地、平原兼备。其地势呈三面高起、中间低平、向南敞开、北有缺口的不完整盆地。其境内山地约占全省面积的 55.5%,丘陵和岗地约占24.5%,平原湖区约占 20%。全境西、北、东三面环山,山地丘陵岗地广布,中南部为江汉平原,与湖南洞庭湖平原连成一片。湖南山地约占总面积的51.2%,丘陵约占 15.4%,岗地约占 13.9%,平原约占 13.1%,河湖水面约占 6.4%③。全境西、南、东三面为山地环绕,北部地势低平,中部为丘陵盆地。详言之,湘西主要为海拔 1000 - 1500 米之间,山势雄伟的武陵山脉和雪峰山脉。雪峰山是资水和沅水的分水岭,也是湘东、湘西两大自然地理区域的分界线。湘南有南岭山脉,呈东西方向延伸,是长江水系与珠江水系的分水岭,多山间盆地,历史上很早就形成南北交通孔道。湘东山地是

---

① 鲁子健:《清代食盐专卖新探》,《中国经济史研究》1992 年第 3 期。

② 清初,袭明制,湖南、湖北称湖广省,领武昌、汉阳、黄州、承天、德安、荆州、襄阳、郧阳、长沙、衡州、永州、宝庆、辰州、常德、岳州 15 府,郴、靖二直隶州,保靖、永顺二宣慰司,施州一卫,省会武昌府(参见康熙《湖广通志》卷一)。康熙三年四月癸巳(1664 年 4 月 26 日),分湖广布政使司为左右二布政使司,仍称湖广省。左布政使司治武昌府,辖武昌、汉阳、黄州、安陆、德安、荆州、襄阳、郧阳 8 府,施州一卫。右布政使司治长沙府,分领长沙、衡州、永州、宝庆、辰州、常德、岳州 7 府,郴、靖二直隶州,保靖、永顺二宣慰司,仍属湖广省。康熙六年七月甲寅(1667 年 8 月 30 日),改左布政使司为湖北省布政使司,始称湖北省,省会武昌府;改右布政使司为湖南布政使司,始称湖南省,省会长沙府(参见牛平汉编《清代政区沿革综表》,中国地图出版社,1990 年,第 228、247 页)。

③ 任放:《明清长江中游市镇经济研究》,武汉大学出版社,2003 年,第 44—45 页。

湘赣两大水系的分水岭,其隘口为湘赣通道。湘中为丘陵和盆地相间的湘江河谷与冲积平原。湘北主要为湘、资、沅、澧四水汇入的洞庭湖湖积平原,地势平坦,河港交织,湖塘众多。湖南全省东、西、南三面环山,逐渐向中部及东北部倾斜[1]。总之,无论是湖南还是湖北,境内地貌类型都复杂多变。

　　江西的地理地貌、河流山川与湖广有一定的相似性。从地理环境上看,江西东、西、南三面环山,中部丘陵广亘,南部崇山峻岭,大庾岭和九连山盘亘于赣粤之间,构成了赣粤的天然屏障。东西两侧,山势连绵,此起彼伏。武夷山斜迤东陲,沿赣闽省界延伸,山势雄伟,构成了赣闽的屏障,但山间有许多山坳、隘口可资交通。如铅山的分水关、黎川的杉关和瑞金的大岭隘等,自古以来就是沟通赣闽两省的孔道。西部罗霄山脉,耸峙于赣湘边境。就地势而言,由外及里,由南而北,渐次向中部、北部吉泰盆地、鄱阳湖盆地倾斜。总之,境内地貌类型复杂多变[2]。这种复杂多变的地形,为该地区私盐的侵灌提供了条件。

　　清中叶,湖广、江西人口不仅数量多,而且增长速度很快。具体人口数量,以乾隆五十四年(1789 年)、嘉庆二十四年(1819 年)、道光二十九年(1849 年)的人口数分析之。详情见表 2—7。

表 2—7　清中叶湖广、江西人口变化表

(单位:口)[3]

年代 省份	乾隆五十四年 (1789 年)	嘉庆二十四年 (1819 年)	道光二十九年 (1849 年)
湖南	16 347 798	18 891 743	20 575 952
湖北	19 926 094	28 806 900	33 673 666
江西	19 682 806	23 574 789	24 513 453

---

　　① 李孝聪:《中国区域历史地理》,北京大学出版社,2004 年,第 234 页。

　　② 江西省情汇要编辑委员会编:《江西省情汇要》,江西人民出版社,1985 年,第 6 页。

　　③ 何炳棣认为,乾隆四十一年(1776 年)至道光三十年(1850 年)的历史记载与实际人口数是基本相符的,曹树基也同意该看法(参见葛剑雄主编,曹树基著《中国人口史》(第五卷·清时期),复旦大学出版社,2001 年,第 114—171 页)。由于曹文只有分府数据,而没有具体某一年江西、湖广的具体数据,为了简便起见,笔者在此借鉴杨子慧主编的《中国历代人口统计资料研究》来说明该问题。

续表

年代 省份	乾隆五十四年 (1789 年)	嘉庆二十四年 (1819 年)	道光二十九年 (1849 年)
总计	55 956 653	71 273 432	78 763 071
两淮六省人口总数	138 472 718	169 033 469	176 885 978

资料来源:杨子慧主编:《中国历代人口统计资料研究》,改革出版社,1996 年,第 1144、1145、1148 页。

以上统计数字表明,湖南、湖北、江西在两淮六省当中所占比重是比较大的,乾隆五十四年(1789 年)大概占 40.4％;嘉庆二十四年(1819 年)增至 42.2％;道光二十九年(1849 年)又进一步增至 44.5％。由于江苏、安徽、河南三省人口当中食销淮盐的人口相对较少,江苏大约只有 40％左右的人口食销淮盐,安徽的比例为 60％左右,河南的比例更不足 10％;而湖南、湖北、江西三省的情况恰恰相反,三省人口大概有 90％以上食销淮盐[①]。因此,湖南、湖北、江西三省在两淮二百余州县当中所占人口比重相对于江苏、安徽、河南而言要多得多,大概占两淮盐区总人口数的 60％以上。如此众多的人口,决定了该地区在两淮官盐引额销售中所占比例也必然较大,详情见表 2-8。

表 2-8　清代两淮纲、食引分销情况一览表

两淮行盐情况	纲食盐分销情况	各岸分销情况	备注
淮南行盐 1 388 510 引	淮南纲盐 1 283 969 引	西岸:409 146 引 鄂岸:559 610 引 湘岸:220 316 引 皖岸:94 897 引	合计两淮实际行盐为 1 685 492 引,但外加包括上元等 8 县归纲 138 847 引,系带课不行盐,此时两淮行盐总数为 1 824 339 引
	淮南食盐 243 388 引	苏岸:121 895 引 皖岸:121 493 引	
淮北行盐 296 982 引	淮北纲盐 270 272 引	皖岸:192 534 引 豫岸:77 738 引	
	淮北食盐 26 710 引		
总计 :1 824 339 引			

资料来源:周庆云纂:《盐法通志》卷四十三《引目四·引额四》,载于浩辑《稀见明清经济史料丛刊》(第二辑)第 18 册,国家图书馆出版社,2012 年,第 59—92 页。

上述表格表明,两淮通计行盐 1824339 引,但其中淮南上元等 8 县归

---

① 有关该问题,本文将在后文予以详细论述。

纲 138847 引系带课而不行盐。因此,两淮实际行盐量为 1685492 引,其中江西、湖广为 118 万余引,占两淮食盐销售总量的 70% 左右①。

2.湖广、江西官盐分销状况及官私之争

自唐中叶实行划界行盐制以来,湖广、江西就一直以行销淮盐为主,其他盐次之。具体到各朝而言,上述地区的部分府县在行销淮盐还是其他官盐方面,有一个不断演变的过程。以江西为例②,江西地区向为淮盐销售区,但自唐代设江南西道以来,广盐行销江西就已见于文献记载。据光绪《江西通志》载:"唐僖宗(874 年—888 年在位)时,(宰相)郑畋因交广南之兵,岭北饷米船多败没,请以岭南盐铁委广州韦荷,岁煮取盐值四十万缗,市虔,吉米以赡军食,是为广盐行江西之始。"③这说明,自有"江西"这一地理概念以来,这一地区就在行销淮盐的同时,也行销了部分广盐。

两宋时期,江西依然主要行销淮盐,但朝廷在有关赣州、吉安等地区是行销淮盐还是广盐问题上,开始出现了争议和反复。据光绪《江西通志》载:北宋初年,江西的洪、袁、吉、筠、江、饶、信、抚八州及临江军,皆行销淮盐,"虔州亦食淮南盐"④。但由于官方运销的淮盐在质量和价格上都存在严重问题,遂使私贩"广盐自岭南之虔"不可阻挡。在这种情况下,宋政府在赣粤边的大庾县设置南安军来遏制粤私的活动。但"利之所在,虽有重法不能禁止"⑤,其原因就在于这一地区官府统治力量薄弱。事实表明,南安军的设置并未有效地遏制私盐的进犯,反而使武装走私和官民矛盾更加突出。面对严峻的局面,北宋中央与地方政府之间展开过多次讨论,企图

---

① 需要说明的是,该数字是乾隆以前的情况,因为乾隆以后江西的食销量有较大的变化。郑建明在《关于清中叶江西食盐销售的几个问题》一文中的统计结果表明,康熙五十八年(1719 年)江西行销淮盐的十府每年行销淮盐量为 374138 引,雍正八年(1730 年)为 411371 引(参见郑建明《关于清中叶江西食盐销售的几个问题》,《盐业史研究》1998 年第 1 期)。但这一数据在乾隆年间递减到了 27 万余引。表面上看好像江西的淮盐销量减少了,而事实上并没有减少。由于引重的增加,乾隆以后江西的淮盐销量不减反增,不过增长的比例很小。有关这一点后文将详细阐述。湖南、湖北的情况,乾隆以前与乾隆以后变化不大,基本上维持在 70 余万引这样一个水平。因此后文中将会看到嘉道年间,江西、湖南、湖北三省行销淮盐量大概为 105 万引左右,占淮盐销售总量的 63% 左右。

② 本书有关江西食盐销售史的演变过程,参阅了郑建明《江西食盐销售史述略》(《盐业史研究》1998 年第 4 期)和方志远《明清湘鄂赣地区食盐的输入与运销》(《中国社会经济史研究》2001 年第 4 期)二文,在此一并致谢!

③ 光绪《江西通志》卷八十六《经政略三·盐法》,清光绪七年(1881 年)刻本,第 338 页。

④ 光绪《江西通志》卷八十六《经政略三·盐法》,清光绪七年(1881 年)刻本,第 338 页。

⑤ 黄淮、杨士奇编:《历代名臣奏议》卷二百七十一《理财》,上海古籍出版社,1989 年,第 3537 页。

通过将行销南、赣一带的广盐合法化的办法,来达到遏制贩私的目的。宋神宗初年,塞周辅在调查江西食盐销售状况后认为:"虔路险远,淮盐至者不能多,人苦淡食。"于是在权衡各种利弊后建议:"请罢运淮盐,通般广盐一千万斤于虔州、南安军;复均淮盐六百一十六万斤于洪、吉、筠、袁、抚、临江、建昌、兴国,以补旧额。"①这一建议被勇于改革的宋神宗所采纳。南宋初年,两淮地区成为抗金前线,淮盐的生产和销售受到严重破坏,广盐曾一度在赣州、南安、吉州等地销售,但时间不长,形势稳定后,宋政府又恢复了传统的江西销食淮盐的政策②。

元代江西食盐销售完全沿袭了两宋时期的成规,正如《江西通志》所言:"盖(北宋)崇宁(1102 年—1106 年)以后,赣州仍行淮盐,至于明,未改也。"③可见,当时不仅吉安以北各府行销淮盐,连紧邻广东的南、赣两府也不例外。

进入明代以后,江西食盐分销状况开始出现一个全新的局面。明朝在弘治(1487 年—1505 年)以前,江西除广信已行浙盐,南安、赣州开始兼行淮盐和广盐外,其余各府均行销淮盐。但明中后期,这一局面又发生了一些变化。"正德十二年(1517 年),南赣巡抚王守仁节制四省,请以南安、赣州、吉安改行广盐,增太平厂税以济军食"④。这一建议被采纳实施。于是原先淮粤兼销的南、赣两府十六县正式由淮入广,完全行销广盐;而且连一直食用淮盐、人口众多的吉安府九县也被纳入了广盐销界范围。但事实上赣州、南安二府行广东盐并非始于正德十二年。正德十二年(1517 年),吉安、临江、袁州等府及万安、泰和、清江、宜春等县商民彭拱、刘常、郭闻、彭秀等连名状告:"……广盐许于南、赣二府发卖,原亦不系洪武旧制,乃是正统年间为建言民情事,奉总督两广衙门奏行新例。"⑤明朝以例代律,南安、赣州二府行广东盐,当从正统时始。嘉靖(1522 年—1566 年)后,政治日坏、世风日下,江西盐政日益紊乱,"盗贩大至,私盐塞,民趋便易,群聚骨九法","瑞州、袁州、临江则私食广盐,抚州、建昌则私食闽盐"⑥。尽管如此,

①　《宋史》卷一百八十二《食货下四·盐中》,中华书局,1977 年,第 4443 页。
②　郑建明:《江西食盐销售史述略》,《盐业史研究》1998 年第 4 期。
③　光绪《江西通志》卷八十六《经政略三·盐法》,清光绪七年(1881 年)刻本,第 337 页。
④　光绪《江西通志》卷八十六《经政略三·盐法》,清光绪七年(1881 年)刻本,第 338 页。
⑤　[明]王守仁:《王阳明全集》卷九《疏通盐法疏》,华中科技大学出版社,2015 年,第 38 页。
⑥　[清]张廷玉:《明史》卷八十《食货四·盐法·茶法》,中华书局,1974 年,第 1942 页。

南、吉、赣销售广盐,广信府销售浙盐,其他各府俱食淮盐的盐法并没有因此而改变。

清前期,江西食盐分销状况,基本上沿袭了明中后期的成规。据《江西通志》载:"国朝顺治(1644年—1661年)初,盐法仍明旧。淮盐行南昌、瑞州、临江、抚州、建昌、饶州、南康、九江;浙盐行广信;广盐行吉安、南安、赣州。"①

清中叶,上述情况发生了一点变化。康熙三年(1664年)十一月,江西总督张朝璘疏言:吉安一府一向吃广东盐,但因距离广东有千余里,途中又有险要十八滩,盐商实有畏难之意,迟迟裹足不前,致使那里的百姓淡食。于是建言将吉安一府改食淮盐。朝廷采纳了张朝璘的建议②。康熙二十年(1682年)十一月,广东巡抚李士正复题南、吉、赣三府仍食广盐。其理由是"今开展海禁,场灶已复,而行盐之地未复,产盐既多,销售无地,商民交困,饷无从出"③。请求把三府仍改食广盐。但此议遭到江西督抚的反对,其理由是"广盐至吉安一府,商贩至省兑运,计程二千六七百里,而淮盐至吉安计程一千八九百里",因此,"自应改归两淮"④。康熙十七年(1678年),"因逆藩倡乱,庾关路梗",在这种情况下,户部才考虑吉食淮盐一题案,并获批准。但南、赣在康熙十七年(1678年)后,因"粤东平定已久",产盐甚多,且离广盐较淮盐近,"而仍循旧制",二府又改食广盐⑤。至此,江西食盐分销状况才得以具体确立。即建昌、吉安二府俱食淮盐,南安、赣州二府俱食广盐(后从赣州府划出三县成立宁都直隶州,使广盐引地表面上仍旧维持了过去三处的旧貌),广信府依然行销浙盐⑥。

上述情况表明清中叶以前,江西在食销淮盐还是广盐这一问题上曾出现过多次反复。尽管后来最终确立了吉、建两府俱食淮盐,赣、南、宁二府一州俱食广盐的制度,但私盐始终没有停止过对该地区的争夺,如闽盐侵

① 光绪《江西通志》卷八十六《经政略三·盐法》,清光绪七年(1881年)刻本,第338页。
② 张景月、刘新风主编:《商史通鉴》,九州图书出版社,1996年,第802页。
③ 光绪《吉安府志》卷十六《盐政》,载刘锋、赵之谦等纂《中国地方志集成》第60册,江苏古籍出版社,1996年,第539页。
④ 光绪《江西通志》卷八十六《经政略三·盐法》,清光绪七年(1881年)刻本,第343页。
⑤ 同治《大庾县志》卷五《赋役·驿站》,载刘锋、赵之谦等纂《中国地方志集成》第86册,江苏古籍出版社,1996年,第79页。
⑥ 郑建明:《江西食盐销售史述略》,《盐业史研究》1998年第4期。

建、广盐透吉等都是其具体表现。

湖广的情况与江西相似，在食销淮盐还是广盐这一问题上，也曾出现过多次反复和争议。这种反复和争议，早在明初就已出现。据《明史》记载，明朝建立以后，根据宋、元旧制，湖广大部分地区以行销淮盐为主，但郴州和桂阳州则行广盐①。洪武二十八年（1395 年），兵部尚书唐铎上言："长沙、宝庆、衡州、永州四府，郴、桂二州，食盐缺少，广东积盐实多，而广西新立卫分军粮未敷。若将广东之盐运至广西，招商中纳，可给军食。"户部采纳了唐铎的建议，令广东、海北二提举司运盐八十五万至广西桂林，以便商人纳米中盐，运销湖南②。尽管上述四府二州运销广盐只是权宜之计，并没有形成制度，时间不长，形势稳定后，明政府又恢复了传统的长沙、宝庆、衡州、永州销食淮盐的政策，但它却反映出上述地区存在争议的潜在性和可能性，事实证明也确实如此。据《明史·食货志》载，时至成化十八年（1482 年），明政府内部部分官员再次提出"湖广衡州、永州改行海北盐"③的建议。后经过多次讨论和争议，直到嘉靖年间，才终于确立了衡州、永州二州与郴州、桂阳州一道行销广盐的制度。据《明世宗实录》载：

> 嘉靖四十四年（1565 年）二月乙丑，诏湖广衡州府、江西吉安府仍行广盐。国初，湖广、江西俱行淮盐。后因两广用兵，都御史叶盛等建议设立盐厂。广西则于梧州，许行湖广衡、永二府；广东则于潮州、南雄，许行江西南、赣二府。嗣复增袁、吉、临三府。后袁、临旋罢，惟南、赣、吉、衡、永食广盐久之。④

此后需仍有反复，但江西南、吉、赣三府和湖广永、衡二府及郴州、桂阳州销售广盐的情况，却并没有发生变化。这样，湖广地区便形成了以行销淮盐为主、广盐为辅的局面⑤。

清初，清承明制，湖广食盐分销状况基本上沿袭了明中后期的成规。

① 《明史》卷八十《食货四》，中华书局，1974 年，第 1932 页。

② 《明太祖实录》卷二百四十一，洪武二十八年九月壬寅，"中央研究院"历史语言研究所，1983 年，第 3499 页。

③ 《明史》卷八十《食货四》，中华书局，1974 年，第 1940 页。

④ 《明世宗实录》卷五百四十三，嘉靖四十四年二月乙丑，"中央研究院"历史语言研究所，1983 年，第 8769 页。

⑤ 方志远：《明清湘鄂赣地区食盐的输入与运销》，《中国社会经济史研究》2001 年第 4 期。

但清中叶,清政府又确立了湖北施南、宜昌二府所属恩施、宣恩、来凤、咸丰、利川、建始、鹤峰、长乐八州县,因"距汉岸较远,行销川盐"[①]的决定。其实建议湖北某些临近四川的地区行销川盐的情况,早在明代天启年间就曾出现过。天启三年(1623年),四川巡按御史温皋谟离京时就曾提出"荆襄等府改食蜀盐"[②]的建议。不过该建议并未被政府所采纳。时至清中叶,类似的建议再次被提出。乾隆三年(1738年),湖北巡抚张楷疏称:"湖北改土归流之鹤峰、长乐、恩施、宣恩、来凤、咸丰、利川七州县,前未派销官引。今若行销淮盐,合算成本,每斤七八分至一钱不等,若行销川盐,每斤价止二分。应令募商于就近盐场领引运销,赴川省完纳额课。其应行水陆盐引,一千二百三十张,户部照行刷行。令四川巡抚赴部请领转发,其与淮盐分界之水陆路,严查不使私盐侵越。"[③]由于路程的远近不同,鄂西地区如果强行淮盐,川私自然不可避免。原因很简单,因为与七县毗邻的地区,川盐的价格还不到淮盐的三分之一。但从上疏来看,川盐也仅销于恩施等七县,七县之外,则属淮盐。如此局面,私盐当然肆无忌惮。除鄂西外,鄂北私盐同样也非常活跃。正如陶澍所言:"淮盐行销六省,地方辽阔,如湖北之荆、襄一带,则有潞盐之私。……皆由各省越境透漏,占碍淮纲。"[④]清政府在鄂北大量布防关卡、查验私盐也充分说明了潞盐疯狂进攻淮界的历史事实,如嘉道及咸同年间,清政府就先后在枣阳、襄阳和均州三地设立过15道关卡[⑤],以堵潞私、芦私侵灌。

　　鄂西、鄂北私盐猖獗,湖广南部地区更不容乐观。湖广南部,即湖南省的衡阳、永州、宝庆等府,与两广盐区相邻,粤私侵灌时有发生。乾隆五十四年(1789年),两淮盐运使全德奏称:"湖南省官盐,从前原系旺销,今日少一日,若非私盐占卖,民间于何处买食。该省私盐充斥,不问可知。……汉口存积多盐,而湖南水贩寥寥无几。"乾隆皇帝认可了全德的判断,认为

---

　　① 《清实录》第26册,《清高宗纯皇帝实录》卷一千三百五十七,乾隆五十五年六月下,中华书局,1986年,第27099页。

　　② 《明熹宗实录》卷三十,天启三年正月丙午,"中央研究院"历史语言研究所,1983年,第642页。

　　③ 《清实录》第10册,《清高宗纯皇帝实录》卷六十二,乾隆三年二月,中华书局,1986年,第8951页。

　　④ [清]陶澍:《会同钦差拟定盐务章程折子》,载《陶澍集》(上),岳麓书社,1998年,第167页。

　　⑤ 周庆云纂:《盐法通志》卷八十六《缉私门·关隘二》,载于浩辑《稀见明清经济史料丛刊》(第二辑)第24册,国家图书馆出版社,2012年,第11页。

"湖南界连川、粤，水陆皆通，为私盐出没之地"①。可见，湖南与湖北一样，私盐的行销同样非常活跃②。

(三)私盐入侵途径及私盐成因

1.私盐的偷运途径

上述地区自唐宋以来会出现如此反复和争议，从上面的分析可知，正是与私盐有着密不可分的关联。如川盐、潞盐、芦盐对湖北的入侵，广盐对湖南、江西的进犯，闽盐、浙盐对江西的偷袭等，即是其具体表现。

> 查淮南行盐引地，为邻私占踞者，如芦私及淮北之私，所侵尚不过边境三五州、县。若潞私之侵襄阳、荆门、安陆、德安，下逮汉川；与川私之侵宜昌、郧阳、荆州、沔阳，旁逮辰、澧；粤私之侵衡阳、永州、宝庆、吉安、临江，旁逮萍乡、醴陵，统计十四府八十余州、县；闽私之侵建昌、抚州；浙私之侵宁国、池州、太平、饶州，上逮都昌、湖口，统计六府三十余州、县。皆纵横蔓衍，无处非私。③

那么，清中叶时，川私、潞私、芦私、广私（又称粤私）、闽私、浙私到底是以怎样的途径入侵湖广、江西的呢？由于史料没有这方面的明确记载，我们只能借助相关档案史料以及陶澍、李澄等对邻私的粗略描述来略知一二。

侵灌湖广的邻私主要以川私、潞私、芦私、广私为主，其偷运途径分别如下：

四川为井盐产地，以自贡为中心的巴蜀西南部地区产盐极为丰富；两广为海盐产地，其产量与两淮、四川不相上下。四川、两广所产之盐，往往成为相邻省份私盐的主要来源。此两省之私盐，通常称之为川私与粤私。

---

① 《清实录》第25册，《清高宗纯皇帝实录》卷一千三百三十二，乾隆五十四年六月上，中华书局，1986年，第26691—26692页。

② 上述私盐主要以邻私为主。佐伯富认为，在两淮销盐地的私盐当中，对官盐的销售影响最大者为邻私(参见[日]佐伯富《清代盐政之研究》，《盐业史研究》1993年第4期)。郑建明、方志远等学者也有类似的观点。上述学者的看法不无道理。这是就私盐对官盐的销量所产生的影响而言，如果从私盐的社会影响而言，枭私的危害最大；如果就私盐对专卖体制的影响而言，则商私危害性最大。

③ [清]陶澍：《刘运使急公出缺请派大臣查办淮鹾折子》，载《陶澍集》(上)，岳麓书社，1998年，第300—301页。

湖北与四川相接,湖南与两广相邻,此两省与四川、两广相邻之颐彝陵州及衡州两地,分别为粤私、川私侵灌之要隘。面对粤私、川私的入侵,盐政高斌建言,在上述两地"各设总巡商一人,督率巡役,守御各处隘口,缉拿私贩"。湖南常宁县属之秧田,与桂阳州交界,并与来阳、清泉等县相邻,为粤东私盐出没要隘。乾隆五十八年(1793 年),湖南盐法道建言,上述地方"应派拔千把一员,带兵 6 名查缉,3 月一换"①。

> 查湖广北、南二省,除湖北省之施南一府所属恩施等六县,并宜昌府属之鹤峰、长乐二县例食川盐;湖南省直隶郴州及所属之永兴等五县,桂阳州及所属之临武等三县,并衡州府属之酃县一县例食粤盐外,其余两省各府州县俱食淮盐。内惟湖北之宜昌,湖南之永顺、永州等府属与川、粤各产盐之地壤境毗连,犬牙相错,邻私每易侵灌。川私分为二路,一路由宜昌,从川江(长江)顺流而下;一路由施南府属之来凤、宣恩二县由陆路越入。湖南之永顺一带,粤私更有两种,一系粤东红盐,由来阳河口载之常宁之潜溪寺等处,煎成白色,假充淮盐贩运;一系粤西私贩,由全州而至宝庆,亦由陆路越入永州各属。水陆分歧路径不一。其偷越之弊,百出难穷……②

> 楚省系水陆通衢,界连川、粤、豫、皖等省,四通八达,邻私最易侵灌。防范设或稍疏,即致贻害腹地。内如湖北宜昌府属之官渡卡,紧接川江,从前铜铅船自四川装运北上,一路收买川盐,入楚售卖,经由卡隘,并不听由查验,以致宜昌一郡,尽食川私,并灌食下游荆州各属,与荆门之远安、当阳,湖南之澧州、石门等处,大为淮纲之害。③

> 凡各岸侵界之私为邻私。……大抵广东私盐由西路从角水透之衡州,转之武昌。……河东私盐,越河南至襄阳径往下江。淮北私盐,

① 〔清〕李澄:《淮鹾备要》卷五《盐之害·缉私堵私》,道光三年(1823 年)刻本。

② 中国第一历史档案馆藏:《朱批奏折》(财经类·盐务项),乾隆五十六年五月十五日,湖广总督毕沅。

③ 〔清〕陶澍:《会同两湖督抚筹议楚省鹾务折子》,载《陶澍集》(上),岳麓书社,1998 年,第 291 页。

犯界直至岳州。①

由此可见,入侵湖广的私盐大致有三条路线:一、川私的东侵。川私的入侵分水陆两路。水路顺长江而下,从宜昌、荆州转道,往北入侵荆门,往东侵灌沔阳,往南则渗透至湖南的澧州、石门、辰州等地;陆路则从湖北省北部入侵竹溪、房县、郧阳等地。二、芦私、潞私的南犯。芦私从汝宁府经光州进犯麻城等地。但大多数情况下是利用返回的空漕运船沿运河南下,再逆长江而行,侵入其沿岸流域,其中当然也包括湖广的沿江各地;潞私则主要通过陆路进犯湖北的襄阳、荆门、安陆、德安等府。三、粤私的北进。粤私经角水入侵湖南南部的衡州、永州、宝庆各府,甚至渗透至湖北的武昌等地。

侵灌江西的邻盐主要以粤私、闽私、浙私为主,受邻私危害最为严重的地方主要有以下几个府县:

首先是建昌府。对建昌府属各地的侵灌,闽私最为严重。据《朱批奏折》记载:

> 江西销淮盐之地,虽附近浙、粤引地,亦有透私之处,巡缉尚易,惟建昌一府所属之新城、广昌、南丰、泸溪四县与闽省之光泽、建宁等县地面毗连,而闽境盐店随在开设,建属人民越境贩卖甚便,是以该府一属,淮盐每致滞销。……如新城县之庐永岭、山冈口二处,与福建之光泽县接壤;南城县之水溅架地方为闽私水陆总路。又南丰县之百丈岭、夫人岭二处,与福建光泽、建宁二县接壤;泸溪县之椒溪、朱崖、藻坪、陈坊、猫儿岭五处,与福建光泽县连界,均为私贩出没要隘。②

而据另一则资料记载:闽省私盐,当由新城之杉关、南丰之盘湖隘为陆路要隘;新城之石峡、广昌之白水镇为水陆要隘。而宁都之骆口、抚州金溪县之许湾尤为水陆总路③。

其次是吉安府。侵灌吉安府的主要以粤私为主。"粤私由赣河直通吉

---

① ［清］李澄:《淮鹾备要》卷五《盐之害・缉私堵私》,道光三年(1823 年)刻本。
② 中国第一历史档案馆藏:《朱批奏折》(财经类・盐务项),乾隆五十六年四月九日,两江总督孙士毅、江西巡抚姚棻。
③ 中国第一历史档案馆藏:《朱批奏折》(财经类・盐务项),嘉庆二十年十二月二十九日,江西巡抚阮元、两江总督百龄、两淮盐政阿克当阿。

安、临江,顺流而下,侵灌尤易"[1]。另据《朱批奏折》记载:粤东私盐,水陆则由赣县船运,陆路则由兴国肩挑;而万安之五里隘、泰和之白羊坳,为水陆总隘[2]。甚至还有粤私"由南路运过梅岭,直底九江"[3]。

再次是饶州府。浙盐对饶州府的进犯,也不容忽视。浙私从广信水陆侵入饶州,该处滨临鄱阳支流,汊港随处可通[4]。江西巡抚阮元指出:"浙省私盐,经由贵溪之鹰潭为陆路之要隘,安仁之石港为水陆要隘;而安陆西门之蓝桥尤为水陆总路"。也有闽私由八水关贩至饶州[5]。

可见,入侵江西的私盐也主要有三条通道:一是闽私的西侵。闽私从光泽县进入新城县,经建昌、乐安等县到达南昌;二是粤私的北进。粤私经南安、赣州直接渗透到万安、泰和、吉安、临江等地;三是浙私的西犯。浙私从广信水陆侵入饶州,波及都昌、湖口各地。

此外,有关私盐的入侵路线,还可以借助日本学者佐伯富的两淮行盐地邻私入侵图(详情参见附录六)对此作进一步的了解[6]。

2.清中叶湖广、江西私盐进犯成因

私盐对该地区的渗透并非偶然,而是有它的必然原因。首先,不合理的行盐地界的划定,是造成该地区私盐活跃的重要原因之一。行盐地界的划定,造成官盐运程遥远。除川盐、浙盐外,淮、粤两地之盐,运途多遥远艰险,如淮盐自仪征进入长江上溯九江,抵达南昌,里程达 1460 里,再转运建昌府、吉安府、袁州府等地,路程均在 1800 里以上;到湖广的路程更为遥远,抵达武昌府,里程 1660 里,再转运襄阳府、郧阳府、宜昌府、宝庆府、衡州府、辰州府、沅州府、永顺府、靖州府、永州府等地,运程都在 3000 里以

---

① 中国第一历史档案馆藏:《朱批奏折》(财经类·盐务项),嘉庆二十三年五月二十二日,两江总督孙玉庭。

② 中国第一历史档案馆藏:《朱批奏折》(财经类·盐务项),嘉庆二十年十二月二十九日,江西巡抚阮元、两江总督百龄、两淮盐政阿克当阿。

③ 〔清〕李澄:《淮鹾备要》卷五《盐之害·缉私堵私》,道光三年(1823 年)刻本。

④ 中国第一历史档案馆藏:《朱批奏折》(财经类·盐务项),嘉庆二十三年五月二十二日,两江总督孙玉庭。

⑤ 中国第一历史档案馆藏:《朱批奏折》(财经类·盐务项),嘉庆二十年十二月二十九日,江西巡抚阮元、两江总督百龄、两淮盐政阿克当阿。

⑥ 对邻私对淮盐侵灌问题的研究,日本学者佐伯富有较精辟的论述(参见〔日〕佐伯富《清代盐政之研究》,《盐业史研究》1993 年第 4 期)。

上①。食盐的运销,"系按道里分别加盐运费"的,运程越远,运费也必然越高,运费越高,归结在盐价上,必然是愈远愈贵②。而昂贵的官盐必然为廉价私盐提供可乘之机。正如李澄所言:"定额之初,计口受食,迄今百余年。户口之数,日曾于前,而额引反缺,岂商之运行不力欤? 实私害之也。私盐由场出者常十之三四,由邻入者十之五六。此所远者彼所近(如楚西边界,有去场远至二三千里),此以贵者彼以贱,虽不受其害而不能。"③事实表明,因不合理的行盐地界的划定造成的运程遥远与私盐的活跃密切相关。

其次,官盐本身的价格和质量也决定了湖广、江西必然为私盐所侵灌。前文提到,官盐由于种种原因而出现质劣价昂的局面;而私盐相对于官盐来说,价廉质优,因此很受消费者欢迎。私盐之所以价廉质优,一方面是因为私盐是无课之盐,成本低;另一方面是因为私盐的入境,运道近,无江涛之虑,且多山路险阻,不易缉查,因此,盐价相对官盐来说必然廉价。在湖广、江西各州县"私盐每斤不过三十余文,仅及官盐之半"④。所以老百姓才敢违法买食私盐。

此外,食盐销售体制的不合理性,也是导致私盐泛滥的一个重要原因。湖广私盐之所以盛行,与汉岸所隐藏的层出不穷的销售弊端有很大关系。有关汉岸的弊端,乾隆年间湖广总督那苏图进行了深刻的揭露。据湖广总督那苏图奏:

> 北南二省食盐,俱由汉口发行。汉口盐多价贱,则盐价俱平;汉口盐少价昂,则盐价益贵。淮尚旧习,将盐场沿途停压,故示盐少,以期价昂。又虚开价值,宁使暗为贱卖,不肯明示减少。水贩铺户,因得贱买贵卖,民间仍不能受盐多价减之益。又盐船湾泊汉口,无栈房堆积,俱于船上发卖,凡买盐,先至船上看盐色,始往商店兑银交易。买定后,商给领水程,赴船起盐。船户水手,每包暗偷数两,又每百包扣留数包,名为折扣。又每包取钱二文,名为个子钱,又有开舱发脚等银。查船户水手,原系各商雇请,包载包卖,岂容如此勒索。再楚民每于盐

① 嘉庆《两淮盐法志》卷八《转运三·六省行盐表》,同治九年(1870年)刊本。
② 陈锋:《清代盐政与盐税》,中州古籍出版社,1988年,第65页。
③ [清]李澄:《淮鹾备要》卷四《行盐地·口岸疆界》,道光三年(1823年)刻本。
④ [清]陶澍:《查覆楚西现卖盐价折子》,载《陶澍集》(上),岳麓书社,1998年,第244页。

贵时,不待官司查减,辄行争买,无赖之徒即借端生衅,种种弊端,现行禁戢。①

由此可见,湖广、江西这一个在两淮盐区乃至全国都具有重要地位的食盐行销区域,私盐贸易在清中期一直都很活跃。

遍查《湖北通志》《湖南通志》《江西通志》《施南府志》《宜昌府志》《荆州府志》《德安府志》《安陆府志》《衡阳府志》《桂阳州志》《赣州府志》《上饶府志》《建昌府志》《吉安府志》及府属各县志,"私盐充斥,官盐壅滞"的记载随处可见,而荆州、宜昌、安陆、德安、吉安、抚州的情况尤为严重,食盐销售状况素有"官私各半"之说。该情形与嘉道年间吏治的腐败不无关系。可见,随着清王朝政治日益腐败,湖广、江西盐政也日趋混乱,广私、川私、闽私、浙私利用地理优势大量渗透以及潞私的猖獗,应是上述地区私盐泛滥的重要根源。

3.余论:基于制度因素的思考

政策的合理与否,直接关系到政策的实施效果。当某一政策违背社会、经济发展规律时,它不仅不可能达到预期的效果,而且还可能适得其反,给政策制定者和社会带来许多难以预料的后果。清代划界行盐制的不合理性就很好地说明了这一点。官盐运销路线的长短直接受行盐地界划定的影响,而行盐地界的划定,是从政府税收而非便民的利益角度来考虑的一种封建财政政策。该政策最直接的后果是:它使原本可以更为便捷的食盐运输路线变得超乎常理的遥远,而路途的遥远必然增加官盐成本,加重消费者的负担。当消费者的负担达到极限时,它不得不借助一种新的消费方式来替代对官盐的依赖。正是在此背景下,私盐应运而生。而不合理的官盐流通方式则进一步加速了官私食盐的分化,为私盐的泛滥培植了土壤。反过来,私盐的泛滥不仅影响了官盐的销售,危害了封建政府的盐课收入,而且极大地冲击了中国封建社会千百年来推行的食盐专卖制度,更重要的是它还起着腐蚀封建官僚、瓦解整个封建政权的作用。

---

① 《清实录》第10册,《清高宗纯皇帝实录》卷一百三十七,乾隆六年二月下,中华书局,1986年,第9905—9906页。

二、清中叶两淮私盐及其量化分析

上述章节表明,清中叶,两淮盐区,至少在湖广、江西地区,私盐确实已经发展到了非常严重的地步,用"盛"来形容当时私盐的发展程度一点也不夸张,但到底"盛"到什么程度却不得而知。很显然,仅凭"活跃""猖獗""泛滥"等文字上的只言片语来解释私盐的"盛况"是不足的,有隔靴搔痒之感,总让人难以释怀。如果能将上述地区的私盐进行量化,那么"盛"的问题自然就迎刃而解了。

(一)清中叶两淮私盐及其个案分析

私盐销量在清中叶两淮行盐区域的食盐销售总量当中到底占有多大比重?无论是正史还是野史,都缺乏这方面的确切记载,没有可供分析的具体数据,因此,迄今为止学界也没有定论。人们在谈到该问题时总是借助一些零散的相关记载来论证自己的观点。但往往只有蜻蜓点水般的论述,令读者深感不快。在史料记载不充分的前提下要精确地计算当时的私盐销量,的确困难重重,但如果能从有别于常规的视角去考虑该问题,事情恐怕相对会容易一些,即使不能迎刃而解,至少也可了解个大概。

具体可从两方面着手:一是通过一些零散的记载了解私盐的大概情况,对私盐作定性分析;二是借助官盐销量与人口变化之间的关系[1],对私盐作定量研究。

就第一个方面而言,所谓"零散的记载"主要指当时某些盐务大臣和地方官员在谈到私盐时所表露出来的一些言辞,透过其言辞,对于当时的私盐比重问题,应该可以窥其一斑。尽管该言辞有时可能会有夸大之嫌,但如果结合当时的私盐个案作进一步考察,则问题的实情应该能知道个大

---

[1]　食盐与人口之间存不存在关系,答案是肯定的,而且在正常情况下,两者之间存在的是正比关系。也就是说,人口越多,食盐的销量也必然越多;反之,食盐销量越多,也可以推断出人口也必然越多。迄今为止,不止一位学者曾试图通过食盐与人口之间的这种关系,来推断某一历史阶段的人口数量。比如美籍学者李中清在研究清代云南人口时,就曾试图以食盐销量来推断人口数量(参见李中清《明清时期中国西南的经济发展和人口增长》,《清史论丛》第五辑,中华书局,1984年,第70—71页),大陆学者姜涛也曾作过类似的尝试(参见姜涛《食盐与人口》,《中国经济史研究》1994年第3期)。

概,虽然无法准确地估算出具体的数额,八九不离十的结果还是有把握的。不过在分析该问题前,首先必须明确两点,即时间和空间问题。从时间上来讲,本书最终得出的结果,并非整个清中叶的普遍现象,应该说它只是清中叶某一阶段的情况,甚至可能只是某几年的情况。这个阶段性的结论,其主要作用在于为后面的研究作铺垫,说明私盐的确存在而且可能非常严重。从空间上来讲,不同的地方所遭受到私盐侵害的程度是各不相同的,有的地方强,有的地方弱。因此,作空间上的区别也很有必要。

从时间上来看,考虑到乾、嘉、道三朝在盐业政策的实施过程中可能会有各自的特点,因此,我们不妨将清中叶分为三个历史阶段①来考察,即乾隆朝 60 年为第一个阶段,嘉庆朝 25 年为第二个阶段,道光朝 30 年为第三个阶段。从当前的史料记载来看,就两淮盐区而言,这三个阶段的食盐走私情况各不相同。确切地讲,它们之间甚至存在某种事实上的递进关系。如果把这三个历史阶段作为一个整体来看待,那么大概的情况是:若乾隆年间的私盐属于起步阶段的话,那么嘉庆年间基本可以界定为私盐的发展阶段,而道光年间则属于私盐的泛滥阶段②。这种递进式的发展历程可以在随后的分析中通过私盐的量化来加以说明。

1.乾隆年间两淮私盐及个案分析

首先以乾隆年间为例。有清一代,私盐问题当然不是从乾隆年间才开始出现的,事实上早在顺、康、雍年间就有相关记载,比如雍正初年,"时江南北私贩者众"③。雍正六年(1728 年),"河南光州等地淮盐侵销湖广"④。雍正十年(1732 年),"四州、天长两关"俱为"私枭出没口隘",两淮积弊尤甚……两淮行盐地方,江西、河南有浙私、芦私侵越,湖广川私、粤私更甚……兵役等夺利营私,以致邻私肆虐⑤。但这方面的记载相对于乾、嘉、道年间的情况而言,完全可以用"零星"来形容。也就是说,当时两淮盐区

---

① 作更细致地划分并非不可能,但考虑到资料零散和文章篇幅有限,不得不将之分为三个阶段来考察。

② 具体史料可参阅第一历史档案馆馆藏乾隆、嘉庆、道光朝《朱批奏折》(财经类·盐务项)有关两淮盐务状况的详细记载。笔者把清中叶的私盐发展过程界定为"起步——发展——泛滥"这样的三部曲,并不是把它放在整个清代私盐历史发展进程中得出的结论,而是把乾、嘉、道这 115 年的历史作为一个独立的个体来看待而得出的结论。

③ 《清国史》,嘉业堂钞本,中华书局,1993 年,第 971 页。

④ 《清国史》,嘉业堂钞本,中华书局,1993 年,第 975 页。

⑤ 《清国史》,嘉业堂钞本,中华书局,1993 年,第 980—981 页。

的私盐问题还不是十分严重，官盐销量在整个两淮食盐市场依然占有绝对的优势，私盐还构不成对官盐的太大威胁。虽然偶尔也能看到地方盐务官员类似"今日盐法之卖私盐，盐商之夹带私盐，盐枭之贩私盐，皆数倍于引盐数目"①的奏折，但从当时的实际情况来看，这种夸张性的言辞并不能说明当时的私盐销量已经发展到了能够打破官盐垄断地位的局面。类似的夸张性言辞，很有可能是地方盐务官员推卸缉私责任的一种托词。他们不认真缉私，而是企图以此向中央表明，私盐之所以难以根绝，是因为它实在是"太猖獗"。

乾隆中后期以来，随着吏治的日益腐败，上述情况则大相径庭。不仅私盐贩和私盐种类越来越多，贩私规模也越来越大，纠伙贩私情况时有发生，而私盐贩卖量也因此变得越来越离谱。首先就私盐种类而言，这一阶段的私盐主要为灶私、邻私（又叫边私）、枭私和船私，嘉道年间日益活跃的官私和商私在这一阶段相对还比较少。也就是说，在私盐销量日益增多的情况下，盐官、盐商还基本上能保全自身的利益，而不至于由"执法者"沦落为"违法者"，从而最终演变为破坏食盐销售行规的"作俑者"。其次就贩私规模来看，呈现出参与人数越来越多、涉案私盐数量越来越大的特点。乾隆五十四年（1789 年）至五十六年（1791 年），淮北盐区就曾发生多起私盐贩卖案，参与贩私者多达十数人，涉足私盐数千余斤。（具体案情参见附录一，案例一：田国荣、陈玉九等平民贩私案）。

这几起案件有一个明显的特点，即贩私者都并不是惯犯，而是一些小商贩或是雇工。田国荣、黄廷甫、周魁耀是在青河县羔沟地方贩卖毡货的小商贩，陈玉九则"向贩烟叶为生"，王大成是贩卖粮食的米商，而张二更是盱眙县马家冈的雇工而已②。总之，这些人属于典型的平民，他们往往是见邻盐价贱，才起意贩私，而并非有组织、有计划的私贩集团。因此，其贩私量相对较少，贩私情节并不十分严重，危害性有限。

若将上述案件与发生在安徽滁州、定远、凤阳、寿州、合肥一带的私盐相比，则可谓小巫见大巫。据安徽巡抚朱珪奏，乾隆五十六年（1791 年）正

---

① 《清经世文编》卷四十九《户政二十四·卢询：商盐加引减价疏》，中华书局，1992 年，第626 页。

② 中国第一历史档案馆藏：《朱批奏折》（财经类·盐务项），乾隆五十六年五月二十二日，安徽巡抚朱珪。

月间,孙士毅等在上述地方查获私盐数起,抓获私贩水手 30 余名,缴获大小盐船 13 只、私盐 10 万余斤[①]。

乾隆五十六年(1791 年),发生于淮北海州一带的系列私盐案,其规模更是大得惊人(具体情况见附录一,案例二:谢鸿仪等有组织、有计划地贩卖私盐案)。这起私盐案一个最大的特点是参与人数非常多,最后的统计结果表明,该案件涉案人员多达 90 名。仔细分析还会发现一个有趣的现象,即有相当一部分私贩来自于非两淮行盐地区,比如谢鸿仪、胡遐镒、陈四海、裴化纯、穆大志、李忝林等籍隶山东,陈兆廷籍隶浙江会稽,王有富、牛金声、王凤成籍隶河南,这种跨地区作案的情况,更能彰显此时私盐的猖獗。而就私贩性质而言,有的是惯犯,有的是平民百姓,还有的是监生。总之,各色人等,无不以私盐为渊薮。此外,该案件涉足的私盐量同样也多得惊人,合计 10 万余斤,其中仅谢鸿仪一人一次性贩卖私盐就多达 2 万余斤[②]。

其实案例二并非单一的个案,而是多个案件的集合体。各个案件的私贩相互之间可能并不存在任何关系,但这些个案有一个共同的特点,即每个个案的私贩分工都很明确,有人专门负责收购,有人专门负责运销,还有人专门负责窝藏。很显然,这是有预谋的私盐案例,其危害程度远比那些临时性的案件大得多。

淮北私盐猖獗,淮南更不太平。乾隆年间,发生在湖北宜昌、兴山一带的私盐案就说明了这一点。"宜昌一带,界连川省,私盐处处可通"[③]。乾隆五十六年(1791 年),唐光烈、刘正经、张景云、汪名远、冯之典等几名长年在四川以赶脚营生的湖北天门人,岁末年终在赶回老家的路上见巫山县横石溪地方盐价非常便宜,于是打算结伙兴贩私盐。唐光烈、刘正经、张景云各用银 3 两,在易友店内各买盐 120 斤;张子见、汪名远、冯之典、杨永敬、黄应富各用银 2 两买盐 80 斤,用骡马载归。路上遭遇兵役余贵、邬杰、徐华等人,双方发生冲突,盐贩们由于人多力众,将兵役殴伤,后兵役回县

---

① 中国第一历史档案馆藏:《朱批奏折》(财经类·盐务项),乾隆五十六年二月十七日,安徽巡抚朱珪。

② 中国第一历史档案馆藏:《朱批奏折》(财经类·盐务项),乾隆五十六年四月十九日,江苏巡抚觉罗长麟。

③ 中国第一历史档案馆藏:《朱批奏折》(财经类·盐务项),乾隆五十六年二月八日,湖广总督毕沅、湖北巡抚福宁。

禀报增援，才将"首伙 8 犯全行拿获"，并缴获私盐若干①。该案件涉及的私盐数量虽然只有几百斤，但情节十分恶劣。这些人不仅贩卖私盐，而且还拒捕并致伤缉私兵役，这在清代盐业缉私条例当中，属于典型的重点打击对象。（具体案情参见附录一，案例三：唐光烈等兴贩私盐拒捕并致伤兵役案）。

江西是淮南私盐盛行的另一个主要区域。乾隆末年，建昌府私盐最为严重。"江西销淮盐之地，虽附近浙、粤引地，亦有透私之处，巡缉尚易，惟建昌一府所属之新城、广昌、南丰、泸溪四县与闽省之光泽、建宁等县地面毗连，而闽境盐店随在开设，建属人民越境贩卖甚便，是以该府一属，淮盐每致滞销"。乾隆三十三年（1768年），盐政尤世拨奏明在赣闽边境设立七个缉私关卡；乾隆五十四年（1789年），书鳞又进一步加强了对该地区私盐的防范；乾隆五十五年（1790年），姚棻上任后，依然没有放松对该地区私盐的打击。可在乾隆五十五年（1790年），淮盐在该地区仍有7800多引的销售缺额②。

上述发生在江苏、湖北、江西等地的私盐个案并非特例，在湖南、安徽和河南等省也都有类似的案件发生，由于篇幅有限，兹不一一列举。目前有据可查的私盐案例也并非乾隆年间两淮私盐案例的全部，事实上真正被查获的私盐案例可能只是当时全部私盐案例的冰山一角。

2.嘉庆年间两淮私盐及其个案分析

嘉庆年间，两淮食盐走私更是有增无减，各种相关案件时有发生。私盐贩为了确保走私万无一失，往往采取贿赂缉私兵役的办法来保证贩私的成功。而面对利益的诱惑，缉私兵役通常也乐意与私贩同流合污，尽量为其贩私提供便利。嘉庆年间苏北地区就破获多起私贩贿赂盐快并共同走私的案件。如嘉庆四、五年间（1799年、1800年），江苏铜山人刁轮纠约乔老汉、艾锡华、高魁、李凤标、王二、宋五、姚二、卢国鉴、彭学濂、李老、李二、郭大、张环、高文山、刁凤等二十多人贩卖私盐，在被仪征盐快余文秀发觉的情况下，通过贿赂钱财得以顺利通关。正是通过这种

---

① 中国第一历史档案馆藏：《朱批奏折》（财经类·盐务项），乾隆五十六年二月八日，湖广总督毕沅、湖北巡抚福宁。

② 中国第一历史档案馆藏：《朱批奏折》（财经类·盐务项），乾隆五十六年四月九日，两江总督孙士毅、江西巡抚姚棻。

里应外合、狼狈为奸的方式,这些盐贩在不到一年的时间里先后贩卖私盐 5 万多斤①。(具体案情参见附录一,案例四:刁轮等兴贩私盐及盐快得贿纵私案)。

　　嘉庆年间与乾隆年间的私盐贩卖有一个共同的特点,即盐贩不仅仅是两淮六省区的人,在巨大的利益诱惑下,其他周边省份的平民百姓也纷纷加入到该地区的私盐贩队伍当中。嘉庆十一年(1806 年),发生在海州的一起私盐案,其主犯陈铎、苏景荣就是山东人。嘉庆十年山东人陈铎来到海州,与海州州民张五熟识。嘉庆十一年四月,张五向陈铎提到船户装载引盐,通常以开销卤耗为名,沿途零星盗卖官盐,价值比较便宜。于是陈铎起意贩私,并委托张五帮忙买盐,正好此时有船户强万良等 8 船揽载船人巴恒盛存场引盐 232 引,于四月十四日报掣出关,准备运往卢家沟售销。张五觉得这是一个贩卖私盐的好机会,就打算向船户强万良买盐,但双方因贩卖量和价格问题发生争执,于是陈铎、苏景荣就纠伙上船抢盐,直隶人韩东奎路过此地,见此情景,也加入到了抢盐的行列。三伙盐贩共抢夺官盐 8 万多斤②。(具体案情参见附录一,案例五:陈铎等纠伙贩私案)

　　私盐泛滥不仅破坏食盐专卖体制,而且还严重影响国家的课税征收,因此,无论是在专卖体制初步确立的唐宋年间,还是在该体制日趋完备的明清时代,贩卖私盐都是政府的重点打击对象。面对政府的穷追猛打,很显然,靠个人的单薄力量是难以与政府相抗衡的,于是合伙贩卖私盐就成了私贩们对付官府缉私的最好选择。合伙贩私,人多势众,通常具有贩私量大且危害烈的特点。更有意思的是,私贩们还具有较强的现代经营意识,他们共同出资,分工经营,并根据出资比例按股分红。附录一,"案例六:戈大等转辗纠伙兴贩私盐被获案"就充分说明了这一点,该案发生于嘉庆初年的淮北盐区江苏境内。嘉庆二年(1797 年)十月至嘉庆四年(1799年)九月,山东济宁州人戈大(即郭大)纠集乔七、乔老汉、石癞子、郑大汉、袁志、田裕姜、李同、张八、赵德兴、李真、刘秃子、陈运等二十多人,合伙凑本兴贩私盐。他们内部分工明确,并约定根据出资比例之多少,按

---

　　①　中国第一历史档案馆藏:《朱批奏折》(财经类·盐务项),嘉庆六年一月二十五日,江苏巡抚岳起。

　　②　中国第一历史档案馆藏:《朱批奏折》(财经类·盐务项),嘉庆十二年五月十七日,两江总督铁保。

股分利。二年间贩卖私盐六七万斤①。

淮北私盐贩卖盛行，淮南的湖广、江西更是不言而喻。仅嘉庆十六年（1811年）一年，在两淮盐政阿克当阿的督促下，江广回空漕船就"查出422000余斤私盐，并搜查私盐文武员弁共20多名"②。嘉庆二十三年（1818年），江西一年就拿获私盐282起、盐犯130名，起获私盐159300余斤③。其中自四月至九月六个月中，"江西巡抚钱臻两次出巡，督同员役及各县营缉获囤户2起，查获私盐案134起，人盐并获56起，盐犯105名，共获私盐11万斤"④。同年，湖广"一年之内共获窝顿船户水手36名，私盐人犯176名，获私盐18万9千余斤"⑤。其中三月之内，"各委员及襄阳同知李大年等节次拿获私盐16起，共盐25000余斤"⑥。私盐贩卖量之多，由此可见一斑。

3.道光年间两淮私盐及其个案分析

与嘉庆年间相比，道光年间私盐之盛，更是有过之而无不及。道光十二年（1832年），面对私盐的步步逼近和官盐销量的节节锐减，陶澍不得不在淮北推行票盐制改革，此后，淮北私盐贩卖情况明显好转，但远离淮盐产地的湖南、湖北、江西三省，私盐却依然猖獗无比，名目繁多的私盐可谓无孔不入。

入侵湖南的私盐，主要以粤私、川私为主，尤以粤私为盛。据湖南巡抚裕泰称："湖南省永州一府，接壤广西，私贩由全州入楚，舟运顺流而下，侵灌衡州甚为便捷；而衡州所属之来阳、安仁、常宁三县，又与例食粤

① 中国第一历史档案馆藏：《朱批奏折》（财经类·盐务项），嘉庆六年一月二十五日，江苏巡抚岳起。

② 中国第一历史档案馆藏：《朱批奏折》（财经类·盐务项），嘉庆十六年十二月十七日，两江总督百龄、两淮盐政阿克当阿。

③ 中国第一历史档案馆藏：《朱批奏折》（财经类·盐务项），嘉庆二十四年四月一日，两江总督孙玉庭、两淮盐政阿克当阿。

④ 中国第一历史档案馆藏：《朱批奏折》（财经类·盐务项），嘉庆二十三年十月十四日，江西巡抚钱臻。

⑤ 中国第一历史档案馆藏：《朱批奏折》（财经类·盐务项），嘉庆二十四年一月十九日，湖广总督庆保。

⑥ 中国第一历史档案馆藏：《朱批奏折》（财经类·盐务项），嘉庆二十三年四月十八日，湖广总督庆保、湖北巡抚张映汉。

盐之郴、桂二州毗连,粤东私盐亦易侵灌,甚至灌及长沙,省城大为盐法之害。"①

　　进犯湖北的私盐,则以川私、潞私、芦私为主,如"随州、应山切连豫省信阳州等处,多被潞私侵灌。黄安、麻城切近光山、固始及皖省英山等处,多被芦私侵占"②。而宜昌府属之巴东等县,紧接川江,则经常受过往的铜铅船只所困扰,铜铅船水手借助官运铜铅的特权,大量向湖北贩运川私③,危害极为严重。

　　江西与浙盐、闽盐、粤盐相邻的广信、建昌和吉安三府,则是浙私、闽私和粤私的主要入侵之地。"闽省私盐,当由新城之杉关、南丰之盘湖隘为陆路要隘;新城之石峡、广昌之白水镇为水陆要隘。而宁都之骆口、抚州金溪县之许湾尤为水陆总路。浙省私盐,经由贵溪之鹰潭为陆路之要隘,安仁之石港为水陆要隘;而安陆西门之蓝桥尤为水陆总路。粤东私盐,水陆则由赣县船运,陆路则由兴国肩挑;而万安之五里隘,泰和之白羊坳,以为水陆总隘"④。三者当中,尤以闽私更为活跃:"兹查江西建昌府属之南丰、新城、广昌、泸溪四县,与闽省之建宁、光泽、泰宁、邵武、宁化等县毗连,闽私向由建昌府属蔓入抚州府属,建郡设有官店减价敌私,抚郡历无官店,水贩稀少,乡民每多籍口食私。"⑤至于闽私比粤私、浙私更为活跃,究其原因,是因为"粤浙两省毗连江竟之处,堵缉私盐尚易为力。惟建昌府属,界连闽省之区,路径较多,堵缉稍难"⑥。"案例七:傅长发等合伙贩私拘捕并殴伤兵弁案"就是一起贩运闽私拘捕并致伤盐务兵丁的私盐案件。道光十五年(1835年),傅长发、黄细冬、白细受、傅载川等原本都是"在福建贸易"的小

---

　　①　中国第一历史档案馆藏:《朱批奏折》(财经类·盐务项),道光十六年六月二十六日,湖南巡抚裕泰。

　　②　中国第一历史档案馆藏:《朱批奏折》(财经类·盐务项),道光十六年十一月十二日,湖北巡抚周之琦、两江总督陶澍。

　　③　中国第一历史档案馆藏:《朱批奏折》(财经类·盐务项),道光十六年一月二十四日,湖广总督讷尔经额。

　　④　中国第一历史档案馆藏:《朱批奏折》(财经类·盐务项),嘉庆二十年十二月二十九日,江西巡抚阮元、两淮盐政阿克当阿。

　　⑤　中国第一历史档案馆藏:《朱批奏折》(财经类·盐务项),道光十三年二月初十日,两江总督陶澍、江西巡抚周之琦。

　　⑥　《清实录》第26册,《清高宗纯皇帝实录》卷一千三百七十二,乾隆五十六年二月上,中华书局,1986年,第27325页。

商人,因见福建地方盐价便宜,于是起意合伙贩私获利均分。向福建建宁、泰宁等县不知姓名盐店陆续收买闽盐2000多斤,准备挑回江西境内贩卖,却不料在南丰县八都地方正巧碰上建昌营游击萨斌善等缉拿私盐。私贩们一时害怕就弃盐逃走。后私贩们因不甘心私盐被缴,打算在地形偏僻、人烟稀少的南丰县朱良堡地方将私盐抢回,结果与缉私兵弁发生冲突,并将缉私兵弁殴伤①。

　　就私盐贩卖量而言,道光年间也可谓有增无减。陶澍改革两淮盐务以前,据不完全统计,仅道光七年(1827年)至十一年(1831年),湖广、江西两地就先后破获私盐案件多起,抓获私盐贩二百多人,缴获私盐一百多万斤。详情见表2—9。

表2—9　道光七年至十一年(1827—1831年)湖广、江西私盐贩卖情况表

时间	地点	抓获盐贩数量(人)	缴获私盐量(斤)	资料来源
道光七年(1828年)	江西万安	9	73 200	中国第一历史档案馆藏:《朱批奏折》(财经类·盐务项),道光八年六月,两江总督蒋攸铦
道光七年(1828年)	江西新干	10	49 000	中国第一历史档案馆藏:《朱批奏折》(财经类·盐务项),道光八年六月,两江总督蒋攸铦
道光七年(1828年)	江西万安	6	600	中国第一历史档案馆藏:《朱批奏折》(财经类·盐务项),道光八年八月二十一日,江西巡抚韩文绮
道光七年(1827年)	江西丰城	4	1 300	中国第一历史档案馆藏:《朱批奏折》(财经类·盐务项),道光八年八月二十一日,江西巡抚韩文绮

---

　　①　中国第一历史档案馆藏:《朱批奏折》(财经类·盐务项),道光十六年二月二十一日,江西巡抚调任湖北巡抚周之琦。

续表

时间	地点	抓获盐贩数量(人)	缴获私盐量(斤)	资料来源
道光八年(1828年)	四川云阳	3	60.5 包×364①=22 022	中国第一历史档案馆藏:《朱批奏折》(财经类·盐务项),道光九年十一月二十九日,两江总督琦善
道光八年(1828年)	四川奉节	3	31 000	中国第一历史档案馆藏:《朱批奏折》(财经类·盐务项),道光九年十一月二十九日,两江总督琦善
道光八年(1828年)	四川巫山②	—	672 包×364=244 608	中国第一历史档案馆藏:《朱批奏折》(财经类·盐务项),道光九年十一月二十九日,两江总督琦善
道光九年(1829年)	湖北武穴	—	32 000	中国第一历史档案馆藏:《朱批奏折》(财经类·盐务项),道光十年三月十七日,湖广总督嵩孚
道光九年(1829年)	江西万安	45	517 550	中国第一历史档案馆藏:《朱批奏折》(财经类·盐务项),道光十年三月初一日,江西巡抚吴光悦
道光九年(1829年)	湖北	29	18 000	中国第一历史档案馆藏:《朱批奏折》(财经类·盐务项),道光十年八月二十六日,湖广总督嵩孚
道光九年(1829年)	湖南	165	23 000	中国第一历史档案馆藏:《朱批奏折》(财经类·盐务项),道光十年八月二十六日,湖广总督嵩孚
道光十一年(1831年)	江西	49	405 000	中国第一历史档案馆藏:《朱批奏折》(财经类·盐务项),道光十二年四月十四日,江西巡抚吴邦庆

---

① 道光八年,淮盐每引为364斤,具体情况参见表2—11《清代前、中期淮盐引斤变化表》。以下同。

② 云阳、巫山、奉节都处于四川与湖北交界之处,其私盐贩卖的目的地正是湖北地区。

　　票盐制改革以后，湖广、江西的私盐贩卖情况丝毫没有减弱。自道光十二年（1832 年）秋至十五年（1835 年）冬季止，湖广北、南两省共缉获私盐贩 498 起，人犯 1160 余名，私盐 372900 余斤。此外，"又有船户之脚私，几于无船不有，向于到岸后逐日私起，先卖私盐，继卖官盐，迫恐白露，将船击漏掩饰，病商务课，最为盐法之害"①。道光十三年（1833 年），据湖广各属文武委员报，破获大小私盐案共计 100 余起②。仅道光十四年（1834 年）夏至道光十五年（1835 年）六月止，湖北就"先后禀获大小枭贩及盗犯 20 余起，私盐 42000 余斤"③。道光十七年（1837 年），据署衡阳县杨尚鼎、清泉县汪仁堂、衡山县汪霖原、湘潭县董友筠、衡州协副蒋文兴，暨委员唐凤德、贾亨晋等，先后禀获私贩王万余、宋诚义、祝绍莲、宋谋顺、祝启贵、邓愿位、黄洸富，及船户廖信成、敖细苟、吴麻苟、黄满苟、张永才等犯，起出私盐共 37000 余斤④。

　　江西境内的私盐贩卖同样也猖獗无比，私盐案件频年发生。道光十一年（1831 年）二月，浙江菜贩谢胜才、谢元亨、谢长利、沈添辉、程华廷、诸文田、谢守斌、张兆祥、钱茂生、谢瑶阶、周之江、诸发忠、黄永芳等人，利用贩卖腌菜的便利，向江西偷运私盐 16 万余斤⑤。道光二十四年（1844 年）六月至道光二十六年（1846 年）间，江西吉安府、饶州两府又先后破获 4 起重大私盐案件，抓获私贩 50 多人，缴获私盐 4 万多斤⑥。其他零星的私盐案件更是不胜枚举。据吴文镕所著《吴文节公遗集》所载，仅道光二十一年（1841 年）至道光二十四年（1844 年）四年间，江西各县有案可查的私盐贩卖案件就多达 30 多起。这些案件主要包括：万安张振升受雇挑私案，芙蓉卡缉获盐犯陈以宜案，良口卡巡获盐犯张远才案，安仁县石港卡员弁叶绍昌谎报拿获私盐案，峡江县黄添盛贩私案，德兴县关役不认真缉私疏引案，乐平县盐枭王凤彩与兵丁勾结贩卖私盐案，德兴县香屯卡巡丁被盐枭殴打案，浮梁县东港卡员弁兵役巡获私盐被段得明持械拒抢案，万安县王立义

　　① 中国第一历史档案馆藏：《朱批奏折》（财经类·盐务项），道光十六年一月二十四日，湖广总督讷尔经额。

　　② 中国第一历史档案馆藏：《朱批奏折》（财经类·盐务项），道光十四年三月初十日，湖广总督讷尔经额、湖北巡抚尹济源。

　　③ 中国第一历史档案馆藏：《朱批奏折》（财经类·盐务项），道光十五年六月二十四日，湖广总督讷尔经额、湖北巡抚尹济源。

　　④ 中国第一历史档案馆藏：《军机处录副奏折》，道光十七年八月十九日，湖广总督林则徐。

　　⑤ 中国第一历史档案馆藏：《朱批奏折》（财经类·盐务项），道光十七年十一月，江西巡抚裕泰。

　　⑥ ［清］孟壶史：《刑案成式》卷一《课程》，光绪丁丑仲春墨池书屋。

受雇载私案,金溪县浒湾卡员弁报获私盐隐匿案,新建县船户盗卖引盐案,金溪县浒湾卡亭私贩夺盐殴兵案,安仁县周先发贩卖私盐案,驳船淹消引盐案,峡江县彭登珍囤卖私盐案,万安县民严兰芳买食私盐案等①。如此众多的私盐案件,其私盐贩卖量可想而知。

上述情况表明,从乾隆至道光十一年(1831 年)间,淮南、淮北私盐贩卖都十分活跃,孰强孰弱,难分仲伯;道光十二年(1832 年)后,随着陶澍票盐制改革的推行,情况开始有所变化,淮北私盐明显减弱,而淮南私盐则依旧盛行,而且这种情况直到陆建瀛在淮南推广票盐制改革后,也不见有多大改观。

(二)私盐的地域性差异及其量化分析

清中叶时,两淮私盐不仅在时间上表现出不同的特点,从空间上来讲,也存在明显的差异。众多的史料记载表明,在不同的省份,私盐的活跃程度是各不相同的。远离盐产区的湖南、湖北、江西等省,总体而言要比靠近盐产区的江苏、安徽、河南的私盐活跃得多。该情况同样也可以通过适当的量化加以说明。尽管官方资料和野史都缺乏这方面的具体记载,使我们无法掌握确切的数据,但官盐销量与人口变化之间的关系,却为本书进行适当的量化分析提供了可能。考虑到资料记载的详略差异和研究的实际需要,本书只选择资料记载相对比较全面的湖广、江西的情况进行详细分析。

1.清中叶湖广私盐量化分析

有关清代湖广私盐的量化问题,据笔者了解,目前并无专文探讨。现有的相关研究成果多半只有定性分析②,缺乏必要的定量统计。仅有几篇文章虽然也涉及了有关私盐的份额问题,但往往因为缺乏足够的史料依据

---

① [清]吴养原编:《吴文节公遗集》卷三十七—五十四《公牍》,载《清末民初史料丛书》第十一辑,成文出版社,1968 年,第 998—1458 页。

② 据笔者不完全统计,有关湖广私盐问题的研究,现有的专门性研究成果主要有七篇文章,它们分别为:吕一群:《清代湖广私盐浅议》[《华中师范大学报》(哲学社会科学版)1991 年第 4 期];吕一群:《清末私盐对湖广市场的争夺与政府的缉剿》(《湖北大学学报》2006 年第 6 期);方志远:《明清湘鄂赣地区的"淮界"与私盐》(《中国经济史研究》2006 年第 3 期);王肇磊:《清代鄂西北私盐泛滥原因探析》(《盐业史研究》2006 年第 2 期);吴海波:《清代湖广官盐运销、流通与私盐》(《求索》2006 年第 2 期);王肇磊、贺新枝:《鄂西北私盐运道概略》(《盐业史研究》2008 年第 1 期);贺新枝、王肇磊:《论清代鄂西北私盐运销形式及相关问题》(《盐业史研究》2009 年第 1 期)。这几篇文章主要就私盐产生的原因、影响,私盐流通与运销以及私盐与官盐之间的关系等问题,作了全面的分析与探讨。此外,陈锋、方裕谨、彭云鹤、朱宗宙、张小也、张笃勤、黄道华以及日本的佐伯富等学者的相关研究成果对该问题也都有所涉及。

而只给出了大概的估算①,而且目前学界对此看法也不一致,有学者认为私盐销量约占额销盐数的三分之一②,而比较普遍的观点是"官私之半"说③。但笔者在查阅大量档案史料的基础上,通过合理地量化分析后发现,如果不分具体时间和地点,笼统地估算私盐市场份额,无论是"三分之一"还是"官私之半"的看法,其实都是很不确切的。上述结论不过是根据相关历史记载的一种推测而已。这种过于笼统的推测虽然有一定的道理,但也有许多与历史事实不符的地方。

作为食盐纯销区的湖广地区,是淮盐的最大也是最重要的一个承销区域④;从行销范围来看,湖南、湖北两省二十四个府、州当中,除湖北的施南府和鹤峰、长乐二县行销川盐⑤,湖南省的桂阳州、郴州和酃县行销粤盐以外⑥,其他各府、州均为淮盐销售区域。详情见表2—10。

表2—10   道光年间淮南纲盐行销湖广详情表

府州名	所属范围	行盐量(引)
武昌府	江夏、武昌、嘉鱼、蒲圻、咸宁、崇阳、通城、大冶、通山、兴国州	177 130
汉阳府	汉阳、汉川、孝感、黄陂、沔阳	137 640
安陆府	钟祥、京山、潜江、天门	22 680

---

① 人们通常只是借助某些大臣的言论来判断当时的私盐份额。譬如,包括陶澍在内的好几位大臣都曾提到"官私之半"的看法。于是不少学者就以此为依据,断定当时的私盐市场份额为"官私之半"。笔者认为,这种推断是很不严谨的。因为当时这些大臣的言论可能带有很强的主观判断,而且很可能是为了推脱缉私责任的夸张性言词。

② 郭正忠主编:《中国盐业史》(古代编),人民出版社,1997年,第728—730页。

③ 所谓"官私之半"说。是指私盐占到整个淮盐市场份额的一半左右。持这种观点的有日本学者佐伯富,大陆学者王方中、陈锋、张小也、方裕谨、方志远以及台湾学者徐泓等人。值得一提的是,"官私之半"说很难找到具体的历史材料予以应证,该提法可能只是清代某些大臣为推卸缉私责任的一种托词。

④ 清中叶,每年大概有78万余引淮盐销往湖南、湖北两省,占淮盐销售总量168万引的46.4%。

⑤ 民国《湖北通志》卷五十一《经政志九·盐法》,上海古籍出版社,1990年,第1396页。

⑥ 光绪《湖南通志》卷五十六《食货二·盐法》,上海古籍出版社,1990年,第1428页。

续表

府州名	所属范围	行盐量(引)
襄阳府	襄阳、宜城、南漳、枣阳、谷城、光化、均州	29 800
郧阳府	郧县、房县、竹山、竹溪、保康、郧西	6 480
德安府	安陆、云梦、应城、应山、随州	17 498
黄州府	黄冈、黄安、蕲水、罗田、麻城、广济、黄梅、蕲州	101 412
荆州府	江陵、公安、石首、监利、松滋、枝江、宜都	55 430
宜昌府	东湖、长阳、兴山、巴东、归州(鹤峰、长乐行川盐)	3 700
荆门州	荆门州、当阳、远安	5 310
长沙府	长沙、善化、湘潭、湘阴、宁乡、浏阳、醴陵、益阳、安化、湘乡、茶陵、攸县	32 270
岳州府	巴陵、临湘、华容、平江	25 110
宝庆府	邵阳、新化、城步、新宁、武冈	29 560
衡州府	衡阳、清泉、衡山、来阳、常宁、安仁	24 026
常德府	武陵、桃源、龙阳、沅江	38 680
辰州府	沅陵、泸溪、辰溪、溆浦、永绥厅	14 410
沅州府	芷江、麻阳	640
永顺府	永顺、龙山、保靖、桑植	2 721
靖州	靖州、会同、通道、绥宁	1 600
永州府	零陵、祁阳、东安、宁远、永明、江华、新田、道州	28 120

续表

府州名	所属范围	行盐量(引)
澧州	澧州、石门、安乡、慈利、安福、永定	23 179
合计	120 个州、县	777 396

资料来源:嘉庆《两淮盐法志》卷八《转运三·六省行盐表》,同治九年(1870 年)扬州书局重刊本。另外见李澄《淮鹾备要》卷四《行盐地·口岸疆界》,道光三年(1823 年)刻本。《淮鹾备要》所记载安陆府和襄阳府的数据与《两淮盐法志》有出入。安陆府为 21 684 引,襄阳府为 29 600 引。

就人口[①]而言,湖广大概有 93%[②]的人以官食淮盐为主,也就是说,对

---

① 有关明清时期的人口统计问题,学术界素有歧义。关键是对史料当中所记载的"丁"到底是不是人口统计单位没有统一的看法。任放在《明清长江中游市镇经济研究》(武汉大学出版社,2003 年,第 60 页)中指出:西方汉学界一直存在"丁"并非人口统计单位的争论。美国学者何炳棣就曾指出,"丁"在明清时期的绝大多数年代只是一个赋税单位(Fiscal unit),不是人口数量(Population Number),与"口"或实际人口数量没有任何的比例关系(参见何炳棣著,葛剑雄译《明初以降人口及其相关问题(1368—1953)》,三联书店,2000 年,第 28—30 页)。曹树基、刘仁团、陈锋也有与何炳棣相类似的观点。曹树基、刘仁团的研究表明,清代前期的"丁"确实是纳税单位,与人口无关(参见曹树基、刘仁团《清代前期"丁"的实质》,《中国史研究》2000 年第 4 期)。陈锋也认为,编审在册的丁额其实是承纳丁印的人丁定额,并不代表实际男丁数(参见陈锋《清初人丁统计之我见》,载《陈锋自选集》,华中理工大学出版社,1999 年)。不过我们必须注意到,何炳棣只是说在明清时期的"绝大多数年代","丁"是一个赋税单位,而不是人口数量;曹树基、刘仁团也没有否认这一点。所谓"绝大多数年代",就是指明初到乾隆以前这段时间。乾隆以后的数据应该属于真正的人口数量,尽管不同的资料记载之间可能会有所出入,但只要综合分析,乾隆以后的数据完全可以拿来利用。

② 以嘉庆二十一年(1816 年)为例,该年湖南人口为 18754923 口;其中行销粤盐的桂阳州为 788168 口,郴州为 595335 口,酃县 109538 口,合计 1493041 口(参见杨子慧主编《中国历代人口统计资料研究》,改革出版社,1996 年,第 1160—1161 页),占湖南人口总数的 8%左右。也就是说,湖南行销淮盐的人口占全省的 92%左右。相比而言,湖北行销淮盐的人口占全省人口比例更要高一些,大约为 94%。以嘉庆二十五年(1820 年)为例,根据曹树基统计,这一年湖北行销川盐的施南府人口占全省人口的 3.2%[参见葛剑雄主编,曹树基著《中国人口史》(第五卷·清时期),复旦大学出版社,2001 年,第 155 页]。再以道光十二年(1832 年)为例,据同治《施南府志》载,该府当年人口为 1078838 口,其中恩施县 337000 口、宣恩县 167184 口、来凤县 98391 口、咸丰县 101761 口、利川县 193443 口、建始县 181059 口(参见同治《施南府志》卷十一《食货志·户口》,同治十年刊本),而当年湖北人口为 31748717 口(参见杨子慧主编《中国历代人口统计资料研究》,改革出版社,1996 年,第 1146 页),两者相比,可以得出施南府人口大概占湖北全省人口的 3.3%左右。如果再加上鹤峰、长乐两县的人口比重,我们可以粗略地估算出行销川盐的人口数量大概占湖北全省人口的 6%左右,也就是说其余行销淮盐的人口数量占全省人口数的 94%左右,很显然,这是一个非常保守的估算数字。而且在湖广人口当中,湖北人口所占比例要大于湖南人口,据此,可以大概地估算出湖广总共大约有 93%的人口以食销淮盐为主。

于大多数湖广地区的老百姓而言,淮盐才是所谓合法的"官盐"。由于人口是一个变数,因此,消费者对淮盐的消费应该也是一个变数。如果想了解清中叶时湖广的淮盐销售状况,正好可以借助这两个变数之间的变化情况,来略知一二。假设人口增长率变数为 A,食盐销量增长率变数为 B,那么,当 A＝B 时,说明官盐供应量与消费者的消费需求持平;如果 A＜B,说明官盐供应量大于消费者的消费需求;如果 A＞B 时,说明官盐供应量满足不了消费者的消费需求①。这是就正常情况而言的。

根据目前的资料记载来看,出现第二种情况的可能性很小。虽然 A＜B 的可能性的确有,但它并不能说明此时官盐销量就一定大于消费者的消费需求。比如乾隆末年湖广地区曾经出现过连续四年溢销的好局面,但并没有出现老百姓消化不了的情况。恰恰相反,正是因为人们对食盐的需求量大了,而外部因素对官盐的销售影响又很小,所以才会出现溢销的情况。

出现第三种情况的可能性存在两方面的原因:一方面是因为官盐供应确实不足;另一方面可能是因为私盐销售侵占了官盐销售的市场份额,造成官盐滞销,从而导致官盐行销增长比例出现负增长的情况。从清中叶两淮的实际情况来看,出现前一种情况的可能性微乎其微。有清一代,至少在乾、嘉、道年间,作为全国产盐量最多的一个盐区,淮盐基本上不存在供应不足的情况,即使在遭遇各种自然灾害的情况下,南、北产盐地也基本上能做到相互弥补;相对而言,出现后一种情况的可能性最大。消费者买不到可供食用的官盐时,他们有两种选择,一是坚忍淡食;一是买食私盐。而事实上坚忍淡食只能是临时性的选择。因为作为人们日常消费的生活必需品,淡食不可能成为无限期的选择,而是有时间限度的选择;到一定的时候,人们因为健康需求而不得不求助于私盐。因此,本书认为,官盐的市场缺额有多大,私盐的销售份额就可能有多大。为了能更好地厘清上述关系,不妨选定清中叶有确切历史记载的若干年份对此进行详细的梳理与剖析。

在讨论上述问题之前,首先有必要明确两个问题:一是有关每人每年食盐消费量的问题。每人每年到底应该消费多少斤食盐比较合适？为了

---

① 在此必须说明的是,从清代的实际情况来看,基本上没有出现前一个变数小于后一个变数的情况。因此,笔者在此不打算对该问题作深入的探究。

计算上的便利,暂且保守地假设每人每年食盐消费量为 10 斤①;二是有关引斤的问题,清代中前期,淮盐引斤一直处于不断变化的过程中。由清初的每引 200 斤一直增加到了道光年间的每引 400 斤,此后淮盐引斤还在变化当中。详情见表 2—11。

表 2—11　清代前、中期淮盐引斤变化表

时间	引重(斤)	变更原因
顺治初年	200	改明制大引为小引
康熙十六年(1677 年)	225	每引加盐 25 斤
康熙四十三年(1704 年)	267	由于两淮增织造、铜斤、河公等项银 30 余万两,每引加盐 42 斤
雍正元年(1723 年)	317	江西湖广及江宁府属上元县等地方广大,盐不敷用,每引准其加盐 50 斤
雍正十年(1732 年)	344	两淮单引俱改 344 斤
乾隆六年(1741 年)	344	淮南引盐,五、六月每引加耗 15 斤,七月加耗 10 斤,八月加耗 5 斤

---

①　每人每年到底应该消费多少斤食盐比较合适,对此,学界迄今没有定论,但总体而言,主要存在两种不同的观点:一种观点认为,中国人平均每人每年约消耗 10 斤(参见姜涛《食盐与人口》,《中国经济史研究》1994 年第 3 期),持这种观点的学者还包括日本学者根岸佶、大陆学者陈启修等。在《中国盐政实录》一书中,也曾有"夫食盐多寡,虽人无定额,然大抵每人每年以食盐十斤,作为平均数"(参见盐务署、盐务稽核总所编《中国盐政实录》第 1 册,第一章《总叙》,1933 年,第 1 页)的记载。法国学者霍克奎特则认为,在 14 世纪的中国,按人口的定量是每个成年人每月一斤盐,每个儿童半斤盐(参见霍克奎特《早期中国盐业生产的原始方法》,《中国盐业史国际学术讨论会论文集》,四川人民出版社,1991 年,第 30 页)。按此计算,平均每人也应该在 10 斤左右,而且霍氏提到的是 14 世纪的情况,到 18、19 世纪的清代,随着盐业生产技术进一步提高,维持这个数量应该是没有问题的。另外一种观点认为,中国人年平均食盐销量应该为 13 斤。美籍学者李中清甚至曾试图以此数据来推算清代云南的人口(参见李中清《明清时期中国西南的经济发展和人口增长》,《清史论丛》第五辑,中华书局,1984 年,第 70—71 页)。赞同该观点的还有新加坡学者姜道章等。据姜道章的估计,清时,中国平均每人食盐量为 13 斤。华南、华中因气候湿润,出汗较多,对盐的需求量较高,其平均数则为 14 斤;在西南地区则为 13 斤;华北地区因气候干燥且北方人食肉较多,需盐量较少,平均每人每年为 12 斤〔参见 Ching,Tao-chang(姜道章),Salt Consumption in Ch'ing China,*Nangyang university Journal* v.8 & 9(1974—75),第 67—88 页〕。刘经华在其著作中也提到张謇的看法:江浙沿海居民平均食盐量为 16 斤,北方内陆居民平均食盐量为 12 斤,全国平均应该在 12 斤以上(参见刘经华《中国早期盐务现代化》,中国科学技术出版社,2002 年,第 17 页)。笔者选择 10 斤为统计数据,目的在于说明即使是在人均食盐销量最小的情况下,官盐也可能存在销售不足的情况。如果选择 14 斤为统计数据,情况就更加一目了然了。而官盐的销售不足,一定程度上正好可以说明当时的私盐泛滥程度。

续表

时间	引重(斤)	变更原因
乾隆十三年(1748 年)	344	淮北引盐,六月每引加耗 15 斤,七月加耗 10 斤,八月加耗 5 斤
嘉庆五年(1800 年)	364	每引行盐 364 斤
道光十一年(1831 年)	400	淮北改行票盐,每票行盐 400 斤,其盐包以尽盐 200 斤为一包,每引 4 包
同治三年(1864 年)	600	楚西各岸设督销局,派委大员经理,商盐挨次轮销,每引定位 600 斤,分捆 8 包,另给卤耗 7 斤,半包索 3 斤半

资料来源:周庆云纂:《盐法通志》卷五十一《引目门·引斤》,载于浩辑《稀见明清经济史料丛刊》(第二辑)第 20 册,国家图书馆出版社,2012 年,第 359—365 页。

在明确了上述两个问题以后,才能就不同年份湖广人口与淮盐行销量的变化情况通过表格的形式予以深入探讨。为了便于理解,可将淮盐在湖广的销售状况分三种情况来考虑:一是正常年份,也就是淮盐在湖广的销售既不缺销,也不溢销的年份;二是溢销年份,即淮盐实际销售额超过定额的年份;三是缺销年份,也就是淮盐实际销售额不足定额的年份。详情见表 2—12。

表 2—12　清中叶正常年份湖广人口与淮盐行销量变化表

时间 ＼ 要目	人口数(口)①	官盐实际需求量②(斤)	额定官盐量③(引)	官盐实际行销量④(斤)	需求缺额率⑤
乾隆十四年(1749 年)	16 199 919	150 100 000	779 000	779 000×344＝267 976 000	

①　本章节人口数主要来源于《清朝文献通考》(浙江古籍出版社,2000 年),并参阅杨子慧主编《中国历代人口统计资料研究》(改革出版社,1996 年,第 1142—1146 页)的相关数据。由于该数据基本上来源于何炳棣认为比较可靠的乾隆四十一年(1776 年)至道光三十年(1850 年)间的史料记载,因此,本书不打算引用其他研究结果来说明笔者要解决的问题。为了统一起见,下文也全部使用杨文统计资料。

②　官盐实际需求量计算方法为:湖广人口总数×93％×10。乾隆十四年(1749 年),湖广总人口为 16199919(湖北 7527486 + 湖南 8672433)口,其中食销淮盐的人口为 1500 万(16199919×93％)左右,按每人每年的食盐消费量为 10 斤算,那么乾隆十四年,湖广淮盐实际需求量大概为 150100000 斤。下面的数据都是根据这种方法计算出来的。

③　除乾隆十四年和四十一年的数据来源于《两淮盐法志》外,其他年份数据均来源于嘉道年间的《朱批奏折》(财经类·盐务项)。

④　官盐实际行销量计算方法为:引额(引)×引重(斤)＝官盐实际行销量(斤)。

⑤　需求缺额率计算方法为:(官盐实际需求量－官盐实际行销量)/官盐实际需求量×100％,四舍五入到小数点后一位。

续表

时间＼要目	人口数(口)	官盐实际需求量(斤)	额定官盐量(引)	官盐实际行销量(斤)	需求缺额率
乾隆四十一年(1776年)	29 804 905	277 185 616	779 000	779 000×344＝267 976 000	3.3%
乾隆五十九年(1794年)	39 290 709	365 403 594	779 934	779 934×344＝268 297 296	26.6%
嘉庆一十七年(1812年)	46 022 605	428 010 226	779 932	779 932×364＝283 895 248	33.7%
嘉庆二十五年(1820年)	47 992 044	446 326 009	779 932	779 932×364＝283 895 248	36.4%
道光五年(1825年)	49 435 267	459 747 983	779 932	779 932×364＝283 895 248	38.2%
道光九年(1829年)	50 763 611	472 101 582	779 934	779 934×364＝283 895 976	39.9%

　　上述表格表明,乾隆十四年(1749年)到道光九年(1829年),八十年间湖广人口由原来的1600多万增加到了5000多万,增长率超过300%;而淮盐销量只是由原来的2.68亿斤增加到了2.84亿斤,增长率还不足10%。因此,尽管道光十四年(1749年)淮盐实际行销量远远超过官盐实际需求量,但从乾隆中后期开始,这种情况就再也没出现过(从上表可以看出,乾隆四十一年基本上可以看作是一个临界点)。此后,淮盐实际行销量越来越满足不了市场的实际需求,其缺额也随着人口的增加日益扩大,到道光九年(1829年)时,缺额率竟然达到了将近四成。也就是说,即使在正常年份,官盐也只能占有食盐市场份额的六七成,而另外三四成则很可能变成了私盐的天下。正常年份私盐竟能如此猖獗,那么溢销年份情况如何呢?表2—13给出了具体答案。

表 2—13　清中叶溢销年份湖广人口与淮盐行销量变化表

要目 时间	人口数 (口)①	官盐实际需求量②(斤)	额定官盐量③(引)	官盐溢销量(引)	官盐实际行销量(斤)	需求缺额率
乾隆五十四年 (1789年)	36 283 892	337 440 196	776 655	33 180④	809 835×344＝ 278 583 240	17.4%
乾隆五十六年 (1791年)	36 893 461	343 109 180	779 934	102 767⑤	882 701×344＝ 303 649 144	11.5%
乾隆五十七年 (1792年)	37252227	346 445 711	779 932	148 420⑥	928 352×344＝ 319 353 088	7.8%
乾隆五十八年 (1793年)	37 609 194	349 765 504	779 932	35 355⑦	815 287×344＝ 280 458 728	19.8%
嘉庆五年 (1800年)	40 114 250	373 062 525	779 934	33 445⑧	813 379×364＝ 296 069 956	20.6%

①　除乾隆五十四年的人口数据源于杨子慧主编《中国历代人口统计资料研究》(改革出版社,1996年,第1144页)外,从乾隆五十六年到嘉庆二十三年的人口数据都缺乏记载,因此全部为推算出来的结果。具体推算方法为,首先根据表1—3所提供的数据,选定某一有确切数据记载的年份为基数,然后通过增长率变化来计算出需要了解的某一年的人口数据。比如推算乾隆五十六年的数据,就可以以乾隆五十四年的数据为基数,将乾隆五十四年的人口数据 36283892＋[36283892×0.84%×2(年)](乾隆四十六年到乾隆五十六年的人口增长率为0.84%,见表1—3),最后得出的结果 36893461 就是乾隆五十六年的人口数量。以下表格中凡是无确切记载之人口数据均为采用该方法推算所得,下表类似情况不再作相关说明。由于表1—3提供的是全国的数据,因此,其反映出来的增长率对于研究一个省份而言,可能会有一些偏差,但最终结果并不会对本书所要解决的问题造成很大的影响。

②　官盐实际需求量计算方法为:人口数×93%×10。

③　额定官盐量的资料来源与官盐溢销量的资料来源相同,并相互对应,因此可参照官盐溢销量资料来源。

④　中国第一历史档案馆藏:《朱批奏折》(财经类·盐务项),乾隆五十五年二月九日,两淮盐政全德。

⑤　中国第一历史档案馆藏:《朱批奏折》(财经类·盐务项),乾隆五十七年二月四日,两淮盐政全德。

⑥　中国第一历史档案馆藏:《朱批奏折》(财经类·盐务项),乾隆五十八年二月十七日,湖广总督毕沅、湖北巡抚福宁。

⑦　中国第一历史档案馆藏:《朱批奏折》(财经类·盐务项),乾隆五十九年一月十二日,湖广总督毕沅。

⑧　中国第一历史档案馆藏:《朱批奏折》(财经类·盐务项),嘉庆六年二月二十一日,两淮盐政书鲁。

续表

要目\时间	人口数(口)	官盐实际需求量(斤)	额定官盐量(引)	官盐溢销量(引)	官盐实际行销量(斤)	需求缺额率
嘉庆七年(1802年)	40 758 576	379 654 756	779 932	70 016①	849 948×364=309 381 072	18.5%
嘉庆九年(1804年)	41 304 741	384 134 091	779 932	13 634②	793 566×364=288 858 024	24.8%
嘉庆二十三年(1818年)	47 568 964	442 391 365	779 934	56 400③	836 334×364=304 425 576	31.2%

由此可见,即使在溢销年份,私盐也依然可以占到湖广食盐销售市场的一二成,甚至更多。这种情况充分反映了清中叶私盐已不折不扣的成了侵占官盐市场的一大痼疾。私盐之所以如此顽固,主要原因在于市场对它有强烈的需求。溢销年份私盐都能如此顽固,缺销年份就更不言而喻了。详情见表2—14。

表2—14 清中叶缺销年份湖广人口与淮盐行销量变化表

要目\时间	人口数④(口)	官盐实际需求量⑤(斤)	额定官盐行销量⑥(引)	官盐缺销量(引)	官盐实际行销量(斤)	需求缺额率
嘉庆十八年(1813年)	46 310 499	430 687 640	779 932	77 431⑦	702 501×364=255 710 364	40.6%

---

① 中国第一历史档案馆藏:《朱批奏折》(财经类·盐务项),嘉庆八年闰二月十七日,两淮盐政佶山。

② 中国第一历史档案馆藏:《朱批奏折》(财经类·盐务项),嘉庆十年二月二十五日,两淮盐政佶山。

③ 中国第一历史档案馆藏:《朱批奏折》(财经类·盐务项),嘉庆二十四年一月十九日,湖广总督庆保。

④ 本表道光九年至十五年间的人口数据来源于《户部清册》,并参照杨子慧主编《中国历代人口统计资料研究》(改革出版社,1996年,第1146页)的有关数据。嘉庆年间数据全部采用与上表相同的方法推算出来。

⑤ 官盐实际需求量计算方法为:人口数×93%×10。

⑥ 额定官盐量的资料来源与官盐缺销量的资料来源相同,并相互对应,因此可参照官盐缺销量资料来源。

⑦ 中国第一历史档案馆藏:《朱批奏折》(财经类·盐务项),嘉庆十九年闰二月二十六日,两淮盐政阿克当阿。

续表

要目 ＼ 时间	人口数（口）	官盐实际需求量（斤）	额定官盐行销量（引）	官盐缺销量（引）	官盐实际行销量（斤）	需求缺额率
嘉庆二十二年（1815 年）	46 829 176	435 511 336	779 932	47 949①	731 983×364＝266 441 812	38.8%
嘉庆二十一年（1816 年）	47 091 419	437 950 196	779 932	58 883②	721 049×364＝262 461 836	40.1%
道光九年（1829 年）	50 763 611	472 101 582	779 926	68 503③	711 429×364＝258 960 156	45.1%
道光十一年（1831 年）	51 149 067	475 686 323	779 926	66 640④	713 286×400＝285 314 400	40.0%
道光十二年（1832 年）	51 296 043	477 053 199	779 926	59 798⑤	720 128×400＝288 051 200	39.6%
道光十三年（1833 年）	51 500 414	478 953 850	779 926	109 798⑥	670 128×400＝268 051 200	44.0%
道光十四年（1834 年）	51 740 420	481 185 906	779 926	55 950⑦	723 976×400＝289 590 400	39.8%

---

① 中国第一历史档案馆藏：《朱批奏折》（财经类·盐务项），嘉庆二十一年二月六日，湖广总督马慧裕。

② 中国第一历史档案馆藏：《朱批奏折》（财经类·盐务项），嘉庆二十二年二月十八日，湖广总督阮元。

③ 方裕谨：《道光九年两淮盐务史料》，《历史档案》1997 年第 4 期。

④ 中国第一历史档案馆藏：《朱批奏折》（财经类·盐务项），道光十二年二月十二日，两江总督陶澍。

⑤ 中国第一历史档案馆藏：《朱批奏折》（财经类·盐务项），道光十三年二月初四日，湖广总督讷尔经额。

⑥ 中国第一历史档案馆藏：《朱批奏折》（财经类·盐务项），道光十四年三月十日，湖广总督讷尔经额。

⑦ 中国第一历史档案馆藏：《朱批奏折》（财经类·盐务项），道光十六年一月二十四日，湖广总督讷尔经额。

要目 时间	人口数(口)	官盐实际需求量(斤)	额定官盐行销量(引)	官盐缺销量(引)	官盐实际行销量(斤)	需求缺额率
道光十五年 (1835年)	51 971 055	483 330 811	779 926	117 206①	662 720×400= 265 088 000	45.2%
道光十六年 (1836年)	52 194 520	485 409 036	779 926	49 812②	730 114×400= 292 045 600	39.8%
道光十七年 (1837年)	52 418 956	487 496 291	779 926	46 725③	733 201×400= 293 280 400	39.9%

　　缺销年份私盐所占比重更是一目了然,基本上在四成或是四成多这样一个高位水平徘徊。笔者在前文提到,以上统计资料,都是基于平均每人每年消费食盐10斤这样一个假设得出的。如果这个数字在作为南方地区的湖广可能是13或者14斤的话,那么私盐的市场份额必然会更高,至少在缺销年份私盐比重必定都会过半。而且这还只是在每人每年食盐消费和人口数量估计偏低的情况下统计的结果④。清中叶湖广私盐之严重,由此可见一斑。

　　上述三张表格透露的另外一个信息是,从目前有据可查的资料来看,在湖广地区,清代初期私盐所占食盐市场份额是十分有限的,只是从中期开始才逐渐变得越来越活跃,而且越到后期越严重,总体上呈逐步恶化的趋势。也就是说,嘉庆年间的私盐总体上要比乾隆年间更为活跃,而道光年间的私盐又比嘉庆年间更严重。这种情况即使在经历了陶澍整顿淮南盐务以后也并没有多大改观。

　　2.清中叶江西私盐量化分析

　　如果说湖广的情况还不足以说明问题的话,江西的情况可以作更进一

---

　　①　中国第一历史档案馆藏:《朱批奏折》(财经类·盐务项),道光十六年一月二十四日,湖广总督讷尔经额。

　　②　中国第一历史档案馆藏:《军机处录副奏折》,道光十八年二月初四日,湖广总督林则徐。

　　③　中国第一历史档案馆藏:《军机处录副奏折》,道光十八年二月初四日,湖广总督林则徐。

　　④　由于本书所采纳的主要人口数据源于杨子慧的统计结果,根据曹树基的估算,杨子慧的数据可能是偏低的,不过这并不影响本书所要说明的问题。

步的印证。江西的情况在很多方面都与湖广非常相似。它们都是远离产盐区的食盐纯销区[①]，而且都是淮盐的主要销售区域[②]。在江西十四个府、州当中，除南安府、赣州府和宁都直隶州行粤盐和广信府行浙盐以后，其他南昌等十府全部行销淮盐。详情见表2—15。

表2—15　嘉庆年间淮南纲盐行销江西十府基本情况表

府名	所属范围	行盐量(引)
南昌府	南昌、新建、丰城、进贤、奉新、靖安、武宁、义宁州	122 680
饶州府	鄱阳、余干、乐平、浮梁、德兴、安仁、万年	22 000
南康府	星子、都昌、建昌、安义	11 091
九江府	德化、德安、瑞昌、湖口、彭泽	28 161[③]
建昌府	南城、新城、南丰、广丰、广昌、泸溪	7 590
抚州府	临川、金溪、崇仁、宜黄、乐安、东乡	18 295
临江府	清江、新淦、新余、峡江	20 823
吉安府	庐陵、泰和、吉水、永丰、安福、龙泉、万安、永新、莲花	33 676
瑞州府	高安、新昌、上高	14 003
袁州府	宜春、分宜、萍乡、万载	17 275
总计	五十六州、县	277 299

资料来源：光绪《江西通志》卷八十六《经政略三·盐法》，清光绪七年(1881年)刻本，第349—351页。

前文提及，江西与湖广一样，同样也是私盐(尤其是邻私)的主要进犯区域[④]。对江西的分析，主要目的在于进一步探明私盐在淮南地区的侵犯程度，因此，只要选择缺销年份的情况进行分析，就能达到预期目的。在完成上述任务之前，首先有必要弄清楚江西大概有多少消费者以食销淮盐为主，对此，可以选择有确切历史记载的乾隆四十七年(1782年)、嘉庆七年(1802年)和道光元年(1821年)的人口数据为依据，通过表2—16作大概

[①] 新中国成立前，江西本不产盐，其所需食盐主要来自两淮、两广和两浙地区；直到新中国成立后的20世纪70年代，江西才在中部的樟树市和南部的会昌县发现了两个盐矿。

[②] 清中叶，每年大概有27万余引淮盐销往江西，占淮盐销售总量168万引的16%左右。

[③] 光绪《江西通志》所载九江府的数据与实际数据有出入，具体额数为多少，有待进一步考证。

[④] 进犯江西的邻私主要有来自东部地区的浙私、来自东南部地区的闽私，以及来自南部地区的粤私。邻私可谓处处可通。

的估算。

表 2-16　清中叶南昌等十府在江西总人口中所占比重分析表

项目 时间	全省人口总数	南昌等十府人口数	南昌等十府人口 在全省人口总数 中所占比例
乾隆四十七年 (1782 年)	17 632 743	13 152 517	74.6%
嘉庆七年 (1802 年)	21 112 210	16 122 544	76.4%
道光元年 (1821 年)	23 090 291	17 782 734	77.0%

资料来源:光绪《江西通志》卷四十七《户口》,清光绪七年(1881 年)刻本,第 158 页。

上述表格表明,南昌等十府人口在全省人口总数中所占比例大概为75%左右。由此可见,江西老百姓还是以消食淮盐为主。那么,这 75% 的人口一年需要消费多少淮盐才能满足其基本需求? 缺销年份私盐又可能会占有多大比重? 对此,表 2-17 都将予以——解答。

表 2-17　清中叶缺销年份江西人口与淮盐行销量变化表

要目 时间	人口数① (口)	官盐实际 需求量② (斤)	额定官盐 行销量③ (引)	官盐缺销 量(引)	官盐实际 行销量(斤)	需求缺 额率
嘉庆十八年 (1813 年)	23 176 062	173 820 465	277 291	56 892④	220 399×364＝ 80 225 236	53.8%
嘉庆二十年 (1815 年)	23 435 634	175 767 255	277 291	43 534⑤	233 757×364＝ 85 087 548	51.6%

①　道光年间数据来源于《户部清册》;嘉庆年间数据采用上述同样的方法推算出。

②　官盐实际需求量计算方法为:人口数×75%×10。

③　额定官盐量的资料来源与官盐溢销量的资料来源相同,并相互对应,因此可参照下文官盐溢销量的资料来源。

④　中国第一历史档案馆藏:《朱批奏折》(财经类·盐务项),嘉庆十九年闰二月二十六日,两淮盐政阿克当阿。

⑤　中国第一历史档案馆藏:《朱批奏折》(财经类·盐务项),嘉庆二十一年三月十日,两淮盐政阿克当阿。

续表

时间 \ 要目	人口数① (口)	官盐实际 需求量② (斤)	额定官盐行 销量③(引)	官盐缺销量 (引)	官盐实际 行销量(斤)	需求缺 额率
嘉庆二十一年 (1816年)	23 566 873	176 751 547	277 291	27 662④	249 629×364= 90 864 956	48.6%
嘉庆二十二年 (1817年)	23 698 847	177 741 352	277 291	44 575⑤	232 716×364= 84 708 624	52.3%
道光九年 (1829年)	24 423 630	183 177 225	277 299	88 705⑥	188 594×364= 68 648 216	62.5%
道光十一年 (1831年)	24 466 858	183 501 435	277 299	142 821⑦	134 478×400= 53 791 200	70.6%
道光十二年 (1832年)	24 467 911	183 509 333	277 299	9万余⑧	18万余×400= 72 000 000	60.8%

　　上述表格表明,在官盐缺销年份,江西淮盐销售区域的私盐总体上要比湖广更为严重。缺销年份江西私盐量基本上要超过官盐所占市场份额,有时甚至超出官盐的2倍多,比如道光十一年(1831年)。由此可以推断,至少在嘉道时期的某些年份,私盐在江西的行销量已经远远超过了官盐。该情形从当时部分大臣的言辞中也能窥见一斑。比如,陶澍就曾指出"江西之吉、临、抚、康,湖北之荆、宜、安、德,已官私之半。其余建、饶各属,以

　　① 道光年间数据来源于《户部清册》;嘉庆年间数据采用上述同样的方法推算出。
　　② 官盐实际需求量计算方法为:人口数×75%×10。
　　③ 额定官盐量的资料来源与官盐溢销量的资料来源相同,并相互对应,因此可参照下文官盐溢销量的资料来源。
　　④ 中国第一历史档案馆藏:《朱批奏折》(财经类·盐务项),嘉庆二十二年三月十六日,两淮盐政阿克当阿。
　　⑤ 中国第一历史档案馆藏:《朱批奏折》(财经类·盐务项),嘉庆二十三年三月二十七日,两淮盐政阿克当阿。
　　⑥ 方裕谨编:《道光九年两淮盐务史料》,《历史档案》1997年第4期。
　　⑦ 中国第一历史档案馆藏:《朱批奏折》(财经类·盐务项),道光十二年二月十二日,两江总督陶澍。
　　⑧ 中国第一历史档案馆藏:《朱批奏折》(财经类·盐务项),道光十三年八月二十九日,两江总督陶澍。

及襄、郧、衡、永、宝、辰各属,均属虚存名目"①。道光十年(1830 年),两淮
盐政钟灵在奏折中也指出:"总计私盐倍于官额。"②包世臣说得更具体:
"两淮纲盐引地,无论城市、村庄,食私者什七八。"③从上文湖广、江西的情
况可知,上述大臣的言论是有一定根据的。不过具体情况要具体分析,所
谓"官私之半"其实并非常态,它可能只是在某一年,或是某几年出现过这
种现象,而并非整个清中叶一百多年时间里都是如此。在食盐缺销年份,
江西虽然屡次出现私盐所占市场份额对半或是过半的情况,但湖广的情况
并非如此。而且江西也只是在缺销年份才出现该情况,正常年份和溢销年
份出现这种现象的可能性必定很小。而所谓"私盐倍于官额"以及"食私者
什七八"的情况也确属实情,但这毕竟是极个别现象,而更大的可能是一种
夸张之词,其目的正如笔者在前文中提到的那样,不过是地方盐务官员推
卸缉私责任的托词罢了。

3.湖广、江西私盐地域性差异的具体体现

上述分析表明,至少在缺销年份,江西的私盐要比湖广更为严重。这
种地域性差异其实不仅仅体现在江西与湖广之间,在两淮的其他省份同样
也存在。另一点需要说明的是,其实私盐的活跃程度除了在不同的省份之
间有差异外,在同一省份的不同府县,也同样存在差异。通常来讲,多盐相
交的边境府县所受私盐冲击的几率要比腹地府县的几率大得多,因此,边
境府县往往是私盐泛滥的重灾区,比如湖广的宜昌、安陆、荆州、德安、衡阳
和江西的饶州、吉安、建昌等府,都是私盐异常活跃的地区。这些地方的私
盐过半恐怕就是一种非常普遍的现象。下面以湖北的荆州、宜昌、德安、安
陆四府为例,对此作进一步的分析。过去人们只是看到上述地方通常有被
邻私侵灌的文字记载,但因为没有具体的数额,所谓的"私盐活跃"到底活
跃到了何种程度,很难有直观的认识。若将上述四府地区的人均额定官盐
销量与全省人均水平进行对此,问题则一目了然。以嘉庆二十五年(1820
年)的情况为例,详情见表 2-18。

---

① [清]陶澍:《汇报浙盐引地缉私情形折子》,载《陶澍集》(上),岳麓书社,1998 年,第 294 页。
② 中国第一历史档案馆藏:《朱批奏折》(财经类·盐务项),道光十年十一月二十一日,两淮
盐政钟灵。
③ [清]包世臣:《小卷游阁杂说二》,载《包世臣全集》,黄山书社,1993 年,第 128 页。

表 2—18　嘉庆二十五年(1820 年)宜、荆、德、安四府与湖北全省人口及销盐量对照表

府州	人口数①	销盐量(单位:引)	人均销盐量(单位:引)
全省	29 072 246	555 884	0.0191
宜昌府	733 625	3 700	0.0050
荆州府	4 156 203	55 430	0.0133
德安府	2 242 062	17 498	0.0078
安陆府	3 325 215	21 684	0.0065

资料来源:[清]李澄:《淮鹾备要》卷四《行盐地·口岸疆界》,道光三年(1823 年)刻本。

上述统计结果表明,就湖北而言,荆、宜、安、德四府人均销盐量均低于全省平均水平。除荆州府接近全省平均水平外,其他三府人均销盐量都不及全省人均水平的一半,特别是宜昌和安陆两府的人均销盐量还不及全省人均销盐量的三分之一。即便是按总人均销盐量来看,该地区的人均销盐量大概也只有 0.0094 引(四府人口总量为 10457105 口,而销盐总量为 98312引。将销盐总量除以人口总量即为人均销盐量),远远低于全省 0.0191引的人均水平。由前文分析可知,正常或溢销年份,湖广私盐份额大概为一至四成不等,缺销年份基本上维持在四成以上。由此可以推断出,在正常或溢销年份,荆州府与全省情况基本持平,德安府的私盐市场份额可以占到至少 20％以上,宜昌府和安陆府则至少在 30％以上;而就缺销年份而言,德安府的私盐市场份额可以占到 80％左右,宜昌府和安陆府则均在 80％以上。当然,这是仅就某一些特殊年份而言。

江西的情况甚至比湖广还要严重。清中叶随着吏治腐败的加深,淮盐与邻盐相交的江西沿边府县,私盐与官盐之间展开了激烈的争夺。无论是在闽赣交界的建昌府,浙赣交界的饶州府,还是粤淮相邻的吉安府,私盐对官盐的冲击,都已经到了非常严重的地步。具体表现为官盐销量的日益锐减,详情见表 2—19。

———————————

①　葛剑雄主编,曹树基著:《中国人口史》(第五卷·清时期),复旦大学出版社,2001 年,第 155 页。

表 2—19　江西建、吉、饶三府官盐销量变化表

时间 \ 府名/引斤	建昌府		吉安府		饶州府	
	引	斤①	引	斤	引	斤
康熙五十八年（1719 年）	7590	2026530	51504	13751568	67137	17925579
雍正八年（1730 年）	22680	7189560	53712	17026704	87137	27622429
嘉庆年间（1796 年—1820 年）	7590	2762760	33676	12258064	22000	8008000

资料来源：转引自郑建明《关于清中叶江西食盐销售的几个问题》，《盐业史研究》1998年第 1 期。

上述表格表明，从康熙五十八年（1719 年）至雍正八年（1730 年），上述三府淮盐的销量是逐步增加的，但从雍正八年（1730 年）至嘉庆年间（1796—1820 年），淮盐销量不增反降，而且降幅都比较大，建昌府由 710多万斤减少到了 270 多万斤，降幅为 61.6％；吉安府由 1700 多万斤减少到了 1200 多万斤，降幅为 28％；最为严重的是饶州府，由 2700 多万斤减少到了 800 多万斤，降幅为 71％。而且仔细分析还会发现，嘉庆年间上述三府的官盐销量甚至连康熙年间的水平都达不到。官盐销量减少的同时，上述三府人口却在不断增加，这种官盐销量与人口成反向变化的情况是一种极不正常的现象。此外，除上述三府以外，嘉庆年间与雍正年间相比，食销淮盐的江西十府当中，除南昌府的销量有所增加以外，其他六府的销量也都有不同程度的减少②，但其减幅普遍均不如上述三府明显。

清政府何以如此制定湖广、江西边界府县的官盐额定销量政策，还有待进一步研究，但这一事实却使我们有理由相信，在湖广、江西的一些边境府县地区，"官私各半"甚至"私盐倍于官额"之说确实是不争的历史事实。

---

① 康熙四十三年至康熙六十一年两淮的引斤重为 267 斤，雍正元年至雍正九年的引斤重317 斤，嘉庆五年以前两淮引斤为 344 斤，此后为 364 斤。具体情况参见表 2—11。

② 郑建明：《关于清中叶江西食盐销售的几个问题》，《盐业史研究》1998 年第 1 期。

三、私盐的运销方式与活动特点

私盐与官盐相比,最大的特点在于它是无税之盐,所谓"无税"并不是因为政府不对它征税,而是因为它故意逃税。既然要逃税,私盐就不可能像官盐那样,通过固定的"明道",按指定的价格销往固定的地区。为了逃避官府的穷追猛打,私贩们通常会选择一些不为人所知,或是盐商不愿意涉足的山间小道及各种险途来贩运私盐。私贩为了保证私盐运输的万无一失,通常还会选择与盐枭、会党等武装力量合作,抑或是贿赂缉私官兵,共同兴贩私盐。为了弄清两淮私盐的具体运销方式及其活动特点,下文依然选择私盐颇为活跃的湖广、江西为例,对此作深入分析。

(一)私盐的运输途径与运销方式

1.私盐的运输途径

所谓运输途径,就是指私贩在获取私盐以后,是通过怎样的运输路线将私盐贩卖至消费者手中或是秘密代销点的。清中叶,就两淮的情况来看,通过以下途径偷运私盐的事例较多:

一是行走秘密通道。作为逃避风险的最好选择,私贩通常会选择该运输渠道来偷运私盐。所谓"秘密通道",是指相对于官盐运输路线而言的非公开运输路线,这种非公开运输路线有两种情况:一是指艰难险阻之畏途;二是指人烟稀少、地形复杂之山间羊肠小道。

首先,艰难险阻之畏途是贩运私盐的绝好选择。众所周知,官盐不仅有固定的销售区域,而且也有比较固定的运输途径。以江西吉安府为例,官盐(淮盐)进入吉安府各府县主要有二条路线:一为南乐线,即官盐运至蓼州(南昌)后,自蓼州上水经樟树、新淦、仁和、峡江、三曲滩、吉水向东进恩江河口,经水路至乐安港止;二为南万线,即自蓼州上水经吉水、庐陵,向西进小河、分河至安福、永新、永宁县止,南上泰和、万安县至百家村十八滩止。由此可见,两条路线走的都是水路。先自南昌出发,经赣江逆流而上,然后再经赣江支流,或是支流的支流运往目的地。而吉安府所属各府县的私盐多源于南部、东部的赣州府和建昌府等地,即所谓的粤私和闽私的侵灌,此外也有浙私的入侵。除小部分私盐行水道外,更多的私盐主要通过陆路偷运至目的地。为了打击私盐，清政府在闽私、浙私及粤私进入江西的主要通道设关置卡。"乾隆七年十二月，江西驿盐道陈浩详定吉安府、万安县之皂口与赣属毗邻，为粤私侵越扼要；吉水县之桐江与峡江交界，为省私、浙私之入境隘口，应饬商各立水卡，各设巡丁八名，巡船一双，以资堵辑，其庐陵县水东卡乃系查缉陆路粤私之出，张渡、藤田二处者，亦应照旧设立，毋庸裁撤"①。面对重重关卡，私贩们当然不可能明目张胆地走"明道"或是所谓的"官道"直接将私盐侵灌至吉安各州、县，而更多的是通过艰难险阻之畏途，或是盐商不愿涉足的道路，渗入到吉安各地。如粤私对吉安府的入侵很大一部分就是通过赣江十八滩进入该地区的。十八滩历来以险阻著称。对于十八滩的艰险，至少有两首诗对此进行过详尽的描述。

诗文一：

> 羊肠鸟道几千盘，设险头惟十八滩，
> 见说一滩高一丈，直从天上望南安。
> 铜盆滩急水西东，两岸千山四面冈，
> 绝壁倒流巫峡雨，悬流直下石梁烘②。

诗文二：

> 费尽篙师力，才经十八滩，
> 月明帆影乱，风定橹声干，
> 怪石触舟怯，飞涛惊梦寒，
> 曾问三峡险，不似此行难③。

十八滩水陆之艰险，地形之复杂，由此可见一斑。正是由于十八滩如此艰险复杂，使得盐商们通常视之为畏途。因此，相对比较廉价的粤盐在进入赣州府后就止步于十八滩之外了。而这正好给私盐的通行提供了难得的机会。

其次，人烟稀少、地形复杂的山间羊肠小道也是私贩们通常选择的运

---

① 嘉庆《两淮盐法志》卷十三《转运八·缉私上》，同治九年（1870年）扬州书局重刊本。
② 同治《万安县志》卷十九《文翰志·诗》，载刘锋等纂《中国地方志集成》第68册，江苏古籍出版社，1996年，第869页。
③ 同治《赣州府志》卷三十六《舆地志·山水》，载刘锋等纂《中国地方志集成》第73册，江苏古籍出版社，1996年，第73页。

输路径。进入江西吉安府的私贩,除冒着可能被江涛吞没的危险通过赣江十八滩贩运私盐外,赣、粤二省交界的一些险阻山途也常常为私贩所青睐,比如同样以险阻著称的梅岭,就常常被私贩看作是偷运私盐的上等通道。该道路地形复杂,官府缉私不易,再加上"南方无盐车可载,无骡马可运,惟人力肩挑"①。因此,也往往不被盐商所重视,而成为私贩出没的便利之途。这种情况在崇山峻岭的建昌府属各县更为普遍,为此清政府不得不在这些地方设关置卡,来防范私盐的入侵,如"新城县之庐永岭、山冈口二处,与福建之光泽县接壤;……又南丰县之百丈岭、夫人岭二处,与福建光泽、建宁二县接壤;泸溪县之椒溪、朱崖、藻坪、陈坊、猫儿岭五处,与福建光泽县连界,均为私贩出没要隘,皆从前未经设卡之处。其余私贩小径,如新城、南丰二县之羊头隘、洲湖原、马鞭隘、青山岭,南城县之万年桥、东岸,广昌县之牙苏山、船尖隘、凉山栋等处,亦应一律堵塞,以防透越"②。这种情况不仅在江西时常发生,在湖广、安徽、江苏、河南等地也不例外。如湖北与邻省交界的一些府县,小民通常翻山越岭,将邻私贩运至此。比如随州、应山、黄安、麻城等边境县,多被潞私和芦私侵占,究其原因,"皆因小民趋利若鹜,贪贱食私,缘山越岭,辗转售卖"③。

二是泛滥于"三不管"地带。所谓"三不管"之地,是指那些淮盐与其他邻盐相交界的地区,如湖北北部的随州、应山、光化、安陆和西部的官渡卡、归州、长阳、东胡,湖南南部的来阳、安仁、常宁,江西中、南部地区的泰和、万安、新城、南城、宁都、瑞金等处。这些地区由于地理位置或地形特殊,或因其他原因,各府为息事宁人都不愿插足其盐业事务,私盐因此乘虚而入,如"湖北宜昌府属之官渡卡,紧接川江(长江),从前铜铅船只自四川装运北上,一路收买川私入楚售卖。又随州、应山切连光山、固始及皖之英山等处,多被芦私侵占"④。湖南省永州一府,接壤广西,私贩由全州入楚。"舟

---

① 光绪《泰和县志》卷六《盐政》,载刘锋等纂《中国地方志集成》第64册,江苏古籍出版社,1996年,第137页。

② 中国第一历史档案馆藏:《朱批奏折》(财经类·盐务项),乾隆五十六年四月九日,两江总督孙士毅、江西巡抚姚棻。

③ [清]陶澍:《会同两湖督抚筹议楚省鹾务折子》,载《陶澍集》(上),岳麓书社,1998年,第291页。

④ 中国第一历史档案馆藏:《朱批奏折》(财政类·盐务项),道光十六年十一月十二日,湖北巡抚周之琦、两江总督陶澍、湖南巡抚裕泰。

运顺流而下,侵灌衡州甚为便捷,而衡州所属之来阳、安仁、常宁三县,又与例食粤盐之郴、桂二州毗连,粤东私盐亦易侵灌,甚至灌及长沙,省城大为盐法之害"①。江西赣、吉相接之通道,"山高谷深",缉私不便,因而"私盐易得",肩挑背负之小贩才得以公然行私②。江西与安徽相交的"三不管"地带通常也是私盐最为活跃的地区。"其皖西两省交界之区,尤为匪徒出没之所。或盐船停泊,转贩售私,或搁浅洲滩,乘危抢窃。一经地方文武查拿,而界连两省,此拿彼窜,仍未免稽察难周"③。可见,这种地方私盐之所以活跃,与缉私困难有一定的关系。当盐务官员对此进行查缉时,他们通常采取"打一枪换一个地方的办法"来对付官府,这不仅加大了政府的缉私难度,同时也使其缉私效率大打折扣。

上述两种情况只是相对于普通百姓或是船户、水手贩卖私盐而言,对于那些以武器装备为后盾且又人数众多的盐枭来讲,他们未必采取躲躲闪闪的方式来逃避官府的打击,而通常是采取贿赂缉私官员的方式,明目张胆地行走于官道贩运私盐。盐商和盐务官员贩卖私盐,则更无需刻意走秘密通道运输私盐,他们通常以合法的身份为掩护,利用运输官盐或是缉私的便利,通过合法的官道,采用各种方法偷运私盐。以盐商为例,其偷运私盐的方法可谓五花八门,对此,陶澍曾有深刻的揭露:"闻江船装盐,每捆解放私盐,谓之'买砠';每船装官盐十之五六,余舱尽以装私,谓之'跑风';船既装盐,将全引一船之盐,分为三四船,遇有一船遭风失浅,即捏报全引淹销,将并未失事之二三船亦请补盐,既得照例免课,又得通纲津贴,到岸之后,并得提前先卖,谓之'淹销补运',是以一引而换数引,明目张胆之私也;及抵汉岸,商人抬价居奇,停船挨卖,谓之'整轮';以诈径自窘,而私贩转得畅行,迨穷年守候销售无期,于是在后之船钻营以提前,其黠者将待轮之盐偷卖,俟轮到时买私补填,谓之'过笼蒸糕';甚至盐以卖尽,仍报淹销,将船凿沉,以减其偷卖之迹,谓之'放生'。各种弊实皆起于整轮,不但抬价实便

① 中国第一历史档案馆藏:《朱批奏折》(财政类·盐务项),道光十六年六月二十六日,湖北巡抚周之琦、湖广总督讷尔经额、湖南巡抚裕泰。

② 同治《万安县志》卷四《盐法》,载刘锋等纂《中国地方志集成》第68册,江苏古籍出版社,1996年,第543页。

③ 〔清〕陶澍:《变通巡江章程以杜江船盗卖夹私诸弊折子》,载《陶澍集》(上),岳麓书社,1998年,第261页。

售私,此又籍官行私之危害也。"①

2.私盐的运销方式

私贩在运输私盐的过程中,必然会遇到重重关卡,有时即使走秘密通道也在所难免,那么,在此情况下,私贩们又是如何将私盐偷运出去的呢?各种资料记载表明,多数私盐由私贩直接贩运或是雇人贩运,其办法多种多样。较为常见的有以下若干种:

第一,通过贿赂各级盐务官兵,透漏私盐。盐务官兵在利益的诱惑下,往往"得贿纵私"。有关盐务官员得贿纵私的记载,无论是在档案、成案汇编、府县志、盐法志、清实录,还是盐务大臣的奏折中,都随处可见。比如档案记载的"案例四"就是一个典型的盐务兵丁得贿纵私案。成案汇编方面,据《刑部比照加减成案》载:嘉庆二十五年(1820年),据湖广总督奏,"把总高士经,于私盐过境,与兵丁通同纵放,得受钱二十四千"。后被副将查知,告发官府,被"依巡缉私盐知情故纵律,与犯人同罪,满徒量加一等,杖一百,流二千里"。同年江西抚咨:"汛兵傅庭选,得受规利,纵放私贩。应比照捕役沟通窝贼,坐地分赃例,改发极边烟瘴充军。傅连英等照为从拟徒。"②《刑部比照加减成案续编》也有类似的记载:道光十四年(1834年),据江西抚咨,"……巡役倪标受贿故纵一次,计盐在3000斤以上",此犯因"正当缉私严紧之际纵放私盐至3000余斤",因此受到"杖一百,流两千里"的严厉惩罚③。而据《两广盐法志》载:"江西之宁都,皆大伙私枭出没之地……弁兵遇有盐枭,未能实力捕拏,或兵役得贿纵私,不行阻止。"④也就是说这些私贩在获取私盐后,通过收买缉捕的官吏,而将其大量贩卖于与其相邻的泰和、吉安等地。相类似的记载,我们还可以从《清仁宗实录》中找到。对于私盐贩,"或受其贿赂,公然包庇卖放;或畏其党羽众多,不认真

① 〔清〕陶澍:《陶云汀先生奏疏》卷三十《敬陈淮鹾积弊情形折子》,载《续修四库全书》第499册,上海古籍出版社,1999年,第324—326页。
② 〔清〕许梿、熊莪:《刑部比照加减成案》卷四《户律课程·盐法》,载《续修四库全书》第865册,上海古籍出版社,1999年,第213页。
③ 〔清〕许梿:《刑部比照加减成案续编》卷四《户律课程·盐法》,载《续修四库全书》第866册,上海古籍出版社,1999年,第77页。
④ 〔清〕阮元:《道光两广盐法志》卷一,道光十六年(1836年)刊本。

缉拿，以致私盐充斥，肆无忌惮"①。同治《南城县志》中则有一段如何惩罚包庇私贩的官兵的记载："臣等伏查各省行销额数，其官引之滞销，总由私盐之多斥，而揆其所以充斥，固由缉私之不力，亦缘立法之不同。……于建昌要隘处所，随时留心巡缉，如有兵役等包庇纵私，一经民人告捕，即将该管官弁，严行惩处，兵役与枭贩一体治罪。"②该记载虽然不是直接描述私贩是如何贿赂官吏或巡捕吏卒，又是如何纵容枭私的，但它从侧面反映了这种现象存在的事实，否则就不可能出台如此法规。道光二十三年（1843年），江西更有盐枭王凤彩与卡兵商议共同贩私事宜，"一年来卖放私盐不下数十百次，赃私累累，文武员弁兵役按四六均分"③。盐务官兵得贿纵私，危害极大，不仅破坏国家的缉私法令，更重要的是助长了私贩的嚣张气焰。

第二，与专门护送私盐的官兵合作，将私盐明目张胆地偷运出场。在两淮盐区，不仅有走私的盐贩，甚至还有专门护私的匪徒。他们本身并不参与贩私，只是以各种方式保护私盐过卡，再从私贩利润中抽取一定的保护费。这些人与盐枭一样，不仅配备有各种武器，而且同样也组织严密、分工明确，实为两淮盐务之大害。道光十一年（1831年），据陶澍奏，淮北海州地区就曾破获一起枭匪私立码头并护枭抽费的案件。据署海州知州并运河同判谢肇瀛等禀称，他与海州营恭蒋漕标、守备陆棠等，于道光十一年（1831年）十一月二十五日，在陡沟地方抓获夏天辅等17名私贩，并搜获枪械51件、私秤1杆、私盐70300斤。这些匪徒以夏天辅为大仗头，李从梁为副仗头。他们于十一月十五日设立码头，护送私盐抽费④。

类似的案例在仪征老虎颈码头也曾发生过。道光十一年（1831年）七月，京口右营孙廷扬等抓获以蒋来山为首的枭匪多名，这些人也是护私抽费。据查，案犯蒋四长子（即蒋来山）、唐可土（即唐小土，又名唐允祥）、汤

①　《清实录》第32册，《清仁宗睿皇帝实录》卷三百四十一，嘉庆二十三年四月，中华书局，1986年，第33959页。

②　同治《南城县志》卷三之五《榷政》，载刘锋等纂《中国地方志集成》第55册，江苏古籍出版社，1996年，第195页。

③　[清]吴养原编：《吴文节公遗集》卷四十二《公牍·札饶州府等查拿枭匪由》，载《清末民初史料丛书》第11辑，成文出版社，1968年，第1138页。

④　[清]陶澍：《陶云汀先生奏疏》卷三十一《拿获枭匪私立码头并护伙抽费各犯恩恩鼓励出力人员折子》，载《续修四库全书》第499册，上海古籍出版社，1999年，第368—369页。

大义都是湖南零陵县人,张立即蒋立,湖北大夏县人。蒋四长子与在逃犯唐五、唐学义、艾六(即艾本临)、李云祥(即李明章)都是仪征老虎颈码头的船户,靠驾船为生,平常就与私盐贩有来往。道光十一年(1831年)二月,由于盐枭头目蒋本明被抓,其他枭匪就聚集在蒋四长子身边,于是蒋打算设立码头,专门"驾护私枭抽费渔利"。蒋四长子与唐五、唐学义、艾六、李云祥商议,议定规章条例,"向卖盐人每包抽取费八分文,买盐人取费五文,名为五八厘头"。并推举蒋四长子为总老大,唐五、唐学义、艾六、李云祥四人为副老大。同时还令唐可士、熊士明、唐三元、熊义法、邓三、李学山、秦老五、蒋百辉八人"引领私盐卖与过路船上"。作为大带头,唐可士向不认识的人货担上买得刀械、火枪等武器多件,同时还纠集汤大义、张立、熊士庆、唐国章、唐雨世、曾得才、周本尚7人为小带头。"同伙二十多人,护私抽费。蒋四长子每千得钱200文;唐五等四人每千得钱150文,余钱汤大义等派分"。从二月起到四月止,这伙人一共护私贩七八次①。

第三,联合各方私贩力量、武装贩卖私盐。这种现象在江西南安、赣州二府较为严重。盐枭专门在官盐的运道附近守候,伺机行抢官盐贩卖。乾隆二十四年(1759年),据盐商报告:"江西南安、赣州二府例食粤盐,商人在粤领盐运往各县分销……有南康县商人于本年六月二十九日、二十八日两次船载引盐各二百余包,先后经由大庾先三寨下蓝村地方。有棍徒二十余人到船,口称系信丰县人,因本年南埠巡丁将人打死,今来报仇,将船内盐包抛入河中,各犯手持木棍,恐吓船户,不容拦阻,并将盐包抢夺而去。"②犯人很快被抓获,他们是信丰县民刘在添等人,并且已经两次伙抢南康埠商船盐。"刘在添不务生计,见南康盐价较信丰稍昂,越界贩卖。乾隆二十三年(1758年)八月一日,偕犯案格杀之萧士美并在逃之张广胜等,在信丰埠内买盐挑至南康潭江墟,被南康埠商徐洪举之丁陈廷胜等查拿,刘在添等弃盐而逃,萧士美拘捕格伤身死……自此刘在添卖糖饼度日。乾隆二十四年(1759年)六月十六日,刘在添贩饼到池港墟赶集,先后撞遇张广胜等……刘在添随称总因南康埠商查拿严紧,死者不用抵命,生者不容

<hr>

① 〔清〕陶澍:《陶云汀先生奏疏》卷三十五《枭匪纠伙护私抽费审明定拟折子》,载《续修四库全书》第499册,上海古籍出版社,1999年,第469页。

② 中国第一历史档案馆藏:《军机处录副奏折》(财政类·盐务项),乾隆二十四年八月二十二日,江南总督尹继善。

挑盐，阻穷人生路。众皆闻言起恨"。刘在添则倡议纠众将南埠盐船截抢，抛盐入河，使其亏本，为萧士美报仇，众人出气。张广胜等附和扬言凡兼挑卖私盐者俱应齐心报仇，于是于十九日和二十八日分别打抢①。这种现象在宁都直隶州也出现过，据道光《宁都直隶州志》载：宁都、石城各县枭私盛行，"官虽峻法以惩，而私贩恃众抗拒，势难禁止，徒为巡盐兵役纳赎卖放之资"。兴贩私盐之猖獗，由此可见一斑。

第四，以开饭店的方式掩人耳目，进行转输货卖。道光二十五年（1845年），江西庐陵县就曾破获这样一起盗卖私盐案。庐陵县人梁道信、梁灏佑、魏茂柱、邱万亨等合伙在庐陵县陂头圩地方开设饭店营生，道光二十二年（1842年）十二月间，由于生意淡薄，又见此地经常有盐贩过往，于是起意窝顿私盐，通过收买转售获利。自该年十二月起，先后收盐一二百担②。但该案一直没有被察觉，直到道光二十五年（1845年）五月，该店因窝顿廖余青等人所贩私盐才被牵连进去。也就是说，梁道信等人利用开饭店作为掩护贩卖私盐，持续了将近三年时间才被发现。如果不是因为廖余青等人贩卖私盐被抓，梁道信等人的贩私行为必定还会持续下去。

类似的案件道光二十七年（1847年）在江西龙泉县也曾发生过（详情参见附录一，案例九：万安县拿获盐犯萧全瑞等开饭店收买私盐，并王年兴等各自贩私案）。该案涉及三家饭店，这三家饭店都开在龙泉县新江口地方，可见此地必定是一个交通枢纽中心。这三家饭店分别是泰和县人萧全瑞等合伙开设的万和号饭店；龙泉县人邹英柏等合伙开设的愈昌号饭店；龙泉县人高德芬等合伙开设的同兴号饭店。三家饭店均因生意淡薄，见该处私盐价贱，于是起意收买过往私盐，转售获利。三家饭店分别于道光二十五年（1845年）八月、九月、十一月开始收购私盐，到被抓获时，共收买私盐三万余斤③。

利用开饭店的方式贩卖私盐，最大的特点在于它的隐蔽性非常好。作为饭店，它本身对食盐的消耗量就比较大，因此，每次如果有人向饭店兜售几十斤食盐或者饭店自己囤积几十斤乃至上百斤食盐，通常也不会引起缉

---

① 中国第一历史档案馆藏：《军机处录副奏折》（财政类·盐务项），乾隆二十四年九月三日，署江西巡抚阿思哈。

② ［清］孟壶史：《刑案成式》卷一《课程》，光绪丁丑仲春墨池书屋。

③ ［清］孟壶史：《刑案成式》卷一《课程》，光绪丁丑仲春墨池书屋。

私官兵的注意。而且古代的饭店还通常兼有住宿的功能,这正好给那些过路私贩提供了便利。如果住宿时能将私盐卖给饭店,一来比较安全,二来还省除了很多麻烦,既能赚足银两,又不用再挑着盐担到处冒险叫卖,何乐而不为?饭店则利用日积月累的办法,使私盐的囤积量越来越大,碰上合适的机会再将其抛售出去。正是在此情况下,久而久之,饭店因此逐渐演变成了私盐的贩卖窝点。这种利用开饭店掩人耳目盗卖私盐的方式,道光以前并不多见。这表明在政府的打压下,私贩的贩运方式越来越隐蔽,对付缉私的招数可谓五花八门,花样百出。

此外,也有的私贩利用官兵缉私的空隙之地,偷运私盐。如"(吉安之)僻乡险隘,名虽淮盐引地,有终身未见淮盐者,其间私枭横行"①。

私贩偷运出私盐后,通常都不敢在市场上公开买卖,而采取伪装入市或私下交易的方式偷售;或者通过中间人从中牵线搭桥,寻找销售对象。当然,对于盐枭而言,有时也借助其武装力量,用强迫手段抛售私盐。

总之,清中叶时两淮私贩贩卖食盐的运销方式多种多样,不同的贩私者,在不同地点和不同情形下,其贩私方式呈现出不同的特点。

3.私盐的流向

有关私盐的流向问题,可分两种情况论述:一是有关灶丁所贩私盐即灶私或场私的流向问题;二是除灶私以外的其他私盐的流向问题。为何要将这两种情况分开进行讨论?道理很简单,因为这是两种性质不同的私盐。灶私可谓是私盐之源,它的最终流向通常不是普通的消费者,而是其他私盐贩,只有极少数零星的灶私流向了盐场附近由乡民出售;而灶私以外的其他私盐,比如枭私、邻私、商私等,其最终的流向则是普通消费者。当然,这其中偶尔也会有转手的可能。但总的来说,还是以流向消费者为最终目的地居多。

首先以灶私为考察对象,弄清楚灶丁是如何获取私盐并将其偷卖出去的。清政府为了防范灶丁漏私,由煎盐、收盐到出场,都制定了严格的管理制度。该情形下灶丁企图私煎食盐,并通过合法的渠道将成包的私盐透漏

---

① 民国《吉安县志》卷十一《财政志·盐钞》,载刘锋等纂《中国地方志集成》第63册,江苏古籍出版社,1996年,第164页。

出场，其几率几乎为零。于是他们就通过"隐瞒该场官役，扫积余盐"①的办法来累积盐斤，等其成石后，再偷偷地售卖给其他各类盐贩。当然，各类私盐之来源不全是来自场灶，场灶之私盐只是全部私盐来源的一部分，我们可以将其归类为生产领域的私盐。除此以外还有诸多来自于流通领域和管理领域的私盐，比如商私、官私和功私等。

　　各种私贩在获取私盐后，又是怎样将其抛售出去的呢？根据史料记载，大概有两种销售途径：一是将这些私贩之盐转卖给回空粮船。据《清盐法志》载："运司曾燠详，各省回空粮船南下，自淮至江，每有不法枭徒，收贩私盐，沿途卖与粮船。运到江广，贱价出售，以至私盐充斥，官引滞销。"②另一种途径就是将所获私盐直接卖给消费者。消费者之所以不愿购买官盐而甘冒受罚的风险购买私盐，是因为官盐质劣价昂。包世臣在谈到江西盐价之贵、盐质之劣时曾说："盐色搀杂不可食。前年张护道示减盐价后，每斤仍至五十五六文。西省子包例重七折四两。"可是，农民辛苦终年，"以稻一石易盐一包而犹不足"③。而私盐相对于官盐来说，不仅质量优，而且价格也非常廉价，"仅及官盐价之半"。因此，私盐很受消费者欢迎，具有广阔的市场需求。枭徒因此"乘机逐利，与商争权，小民出官盐之半价，得洁白之净盐"④。消费者作为市场的主体，它不仅决定着市场上商品的价格，同时还主宰着商品的最终命运。正是因为消费者对廉价的私盐有强烈的消费需求，私盐才会因此愈演愈烈。这就好比今天的盗版光碟和书刊，之所以屡禁不止，关键就在于市场对这种相对廉价的商品有强烈的需求，而市场需求则源于价格，价格又源于体制。因此，要解决私盐问题就像解决盗版问题一样，必须从体制入手，否则再大的努力最终也只能是治标不治本。

---

　　① 中国第一历史档案馆藏：《朱批奏折》（财经类·盐务项），乾隆二十六年五月二十二日，安徽巡抚朱珪。

　　② 〔清〕盐务署辑：《清盐法志》卷一百四十四《缉私一·缉私上》，载于浩辑《稀见明清经济史料丛刊》（第二辑）第7册，国家图书馆出版社，2012年，第369页。

　　③ 〔清〕包世臣：《江西或问》，载《安吴四种》卷七（上），黄山书社，1993年，第192页。

　　④ 〔清〕盛康辑：《皇朝经世文续编》卷五十《王赠芳：请更定盐法疏》，载沈云龙主编《近代中国史料丛刊》第838册，文海出版社，1972年，第5476页。

（二）私盐的活动特点

清中叶两淮地区的食盐走私，具有三个明显的特点：一是私盐多活跃于淮广、淮闽、淮浙、淮川等盐相交的边界地带，并逐步向全区渗透；二是该地区的盐枭以武力为后盾，与活跃于两淮地区的会党相勾结，共同贩卖私盐；三是私盐的活跃具有双重影响。下面就上述特点具体分析之。

1.淮盐与邻盐相交地带私盐的活跃

侵犯淮盐的私盐，多活跃于淮广、淮闽、淮浙、淮川、淮芦等盐相交的边界地带，并逐步向全区渗透。所谓淮广、淮闽、淮浙、淮川、淮芦等盐相交的边界地带，是指淮盐与他盐相邻的交界地区，如淮、粤二盐相交的吉安府属万安、泰和；淮、闽两盐相交的建昌府属南城、新城、泸溪；淮、浙两盐相交的饶州府属德兴、浮梁；淮、川两盐相交的宜昌府属归州、长阳、东胡；淮、粤两盐相交的衡州府属来阳、安仁、常宁；淮、芦两盐相交的安陆、应山、随州等县。邻私入侵至上述地区后，并非止步不前，而是进一步向纵深渗透。对此李澄曾指出："凡各岸侵界之私为邻私……。大抵广东私盐由南路运过梅岭，直抵九江。西路从角水透之衡州，转之武昌。福建私盐，由八水关贩至饶州。浙江之私盐，自广德梅渚并入水东壩，越界至芜湖。河东私盐，越河南至襄阳径往下江。淮北私盐，犯界直至岳州。"①

以江西为例，自清康熙年间确立吉安食淮盐的制度后，过去作为官盐的广盐不得不退出了吉安府地区，而作为私盐的广盐却并没有因此而放弃对该地区的争夺，而是以不同的方式不断渗透入该地区。盐贩之所以选择万安、泰和等县作为入侵对象，一方面是因为该地区道路艰险，"复有梅岭十八滩之险阻，而过岭尤有难言者"②。遇有私贩，官府很难缉查；另一方面是因为活跃于该地区的私贩多来自于会匪众多的南、赣地区，而万安、泰和等县较吉安府其他各县距南、赣更近，私贩出入方便。而且这种边界地带，官府管制往往也不严，这更为私贩的活动提供了便利。私盐进入万安、泰和后并没有就此止步，而是进一步向全省其他地方渗透。建昌府的情况真实地反映了该现象存在的事实：乾隆年间，曾有人建言放弃建昌府食淮

---

① ［清］李澄：《淮鹾备要》卷五《盐之害·缉私堵私》，道光三年（1823年）刻本。
② 光绪《泰和县志》卷六《盐政》，载刘锋等纂《中国地方志集成》第64册，江苏古籍出版社，1996年，第137页。

的政策，但遭到地方官员的强烈反对。其理由是，如果放弃建昌府，而"附近建昌之抚州等处离闽境亦不甚远，该处盐价与建昌相等，若仅减建昌，则私贩等势必绕道过建昌，潜赴抚州等处"①，甚至波及南昌等府。

嘉庆年间，延丰就邻私对淮盐的侵害有详细的阐述。据延丰奏：

> 淮南各口岸邻私侵灌，场灶透漏，以致累年销绌引滞，课悬本搁。楚岸则有四川巫山、大宁一带盐埠口岸越境侵越：一由水陆入宜昌、荆州等处；一由陆路入房县、竹溪等处。其陕西商南、平利一带私贩，由汉中顺流而下，至襄阳、安陆分售，名曰"潞私"。河南自南阳之李官桥各铺，贩至谷城等售卖，名曰"豫私"。湖南衡阳府属之常宁、来阳、安化各县毗连广东；永州府属之江华、永明、零陵、东安各县毗连广西，俱由各该商埠越界侵灌。江西口岸则有闽、浙、粤东私盐，处处可通。粤私陆路由兴国入吉安府属之万安等处，水路由赣县入下游之吉安、临江等府；闽私一由崇安县经过江西之铅山、弋阳入饶州府，一由光泽县入江西新城县境，赴建昌、抚州等处销售；浙私一由广信府属之贵溪，入饶州府属安仁等县，一由徽州府属之祁门、建德等县入江西之饶州府属浮梁、德兴等处。至安庆、池州、太平、江宁为淮南纲食口岸，又为场盐透漏，船户夹带沿途偷卖，侵占引额，请饬各督抚实力缉私。②

可见，淮盐与邻盐相交地带邻私的活跃确实是不争的历史事实。

2.私贩与会党相勾结，共同贩卖私盐

清中叶，活跃于湖广、江西一带的会党，主要以天地会为主。天地会最初乃是闽广沿海地区，世代以肩挑负贩为主的苦力劳动者组成的自卫反暴秘密结社。这些水陆交通线上的劳动者，当时面临的主要问题是生活的不稳定；更由于各地贪官污吏、富豪劣绅的欺压，迫使他们组织起来互相抗暴。故天地会组织以崇尚义气、讲究信用作为团结内部和约束成员的纽带，并带有一些民主色彩，讲求志同道合，平等相待。这些特色深受其他下层劳

---

① 同治《南城县志》卷三之五《艺政》，载刘铎等纂《中国地方志集成》第55册，江苏古籍出版社，1996年，第194页。

② 《清实录》第32册，《清仁宗睿皇帝实录》卷三百六十七，嘉庆二十五年二月，中华书局，1986年，第34312页。

动群众欢迎①。

　　天地会的传播,最初从闽入浙,扩展到江苏、江西,再传入珠江流域和长江流域。由此可见,湖广、江西也是天地会比较活跃的一大区域。而根据史料记载,江西的南、赣、吉三府地区又是天地会在江西的主要活动区域。"江西赣州、南安一带地方,界连闽粤,山深径险,素为藏匿奸邪之区,向有添弟会名目,时常约期拜会,千百为群,以劫掠抢夺为常事。又名添刀会,每人随身带刀一把,油纸一张,散布村落蹊径之间。遇有携带财物者,四集围捆,劫掠一空,犹恐既劫其财,或致控告滋事,因并其人杀害,在场几人,即将其尸分为几块,各以油纸包裹,东、西、南、北分道而散。……而吉安之万安、泰和等县,枭匪猖獗,实为南、赣会匪蔓延所及"②。

　　天地会何以与盐枭相勾结? 有关该问题从其各自的出身或许能找到答案。与盐枭一样,天地会成员也大多是出身于肩挑负贩的劳苦大众,或是无依无靠的流民无产者。正是这种共同的命运促使其联合起来和官府相抵抗。当然巨额盐利的驱动也是其相互合作的主要动因之一。其实大多数情况下匪、枭原本就不分家。匪就是枭、枭就是匪。两者合二为一,各自为名。

　　早在乾隆年间,江西就有盐枭与会匪合作的史料记载,时至道光年间更为严重。两者不仅结帮反抗官府,而且还串通一气,联手兴风作浪。道光九年(1829 年)上谕云:"江西吉安府属泰和、万安等县,向为私枭出没之所,加以会匪繁多,与私枭合而为一,或名添弟会,或名添刀会,均自南赣延入吉安。"③再比如:"会党与盐枭相勾结,如泰和之马家洲,万安之白渡市私枭充斥,每借刀会为声援,放炮闯关,蔽江而下。"④另据《皇朝经世文续编》载:"江西之南、赣、吉,红须、教匪、捻匪、会匪以及漕船水手,皆其党类,处处充斥,阻坏盐法,扰害地方。"⑤

---

　　①　秦宝琦、刘美珍:《试论天地会》,载中国人民大学清史研究所编《清史研究集》第一辑,中国人民大学出版社,1980 年。

　　②　中国第一历史档案馆藏:《朱批奏折》(财政类·盐务项),道光十年十一月二十二日,河南道监察御史彭玉田。

　　③　《大清十朝圣训·宣宗》卷八十二,道光九年六月戊午。

　　④　《大清十朝圣训·宣宗》卷八十一,道光三年五月庚辰。

　　⑤　[清]盛康辑:《皇朝经世文续编》卷五十《王赠芳:请更定盐法疏》,载沈云龙编《近代中国史料丛刊》第 838 册,文海出版社,1972 年,第 5476—5477 页。

　　清中叶,两淮私贩与会匪相勾结,共同兴贩私盐现象之严重,由此可见一斑,并成为当时盐枭走私的一大特色。

　　3.利与害:私盐活跃的双重性

　　判断某种事物的利害关系,不能仅从问题的某一方面出发,而必须综合各方情况,否则得出的结论就可能有失客观、公平和公正。因此,在分析私盐的利与弊时,必须从民与官两个不同的立场出发。民与官原本并非两个对立的面,但当我们站在这两个不同的立场来判断私盐的利弊关系时,却能得出两个截然不同的结论,这足以说明私盐的活跃有着双重影响。

　　如何理解双重影响的意义？可从两方面分析之:

　　首先,就"民"而言,私盐的活跃有其积极的一面。如前文所述,清代盐法的制订源于政府的盐税收入,而非便民的角度。这一盐法制度最直接的后果就是造成官盐价昂质劣,从而造成平民因此而淡食或"舍贱求贵"的结果。而私盐的活跃正好解决了平民淡食之苦和舍贱求贵的反常现象。在湖广、江西的一些边远山区,道路艰难险阻,官盐难以到达。据《两淮盐法志》载:"淮盐自仪征进入长江,上溯九江,进湖口,过青山,抵达江西南昌府,里程达 1460 里,再转运吉安府、袁府等地,路程均在 2000 里以上。"①如此遥远的距离必然会影响官盐在江西的销售。于是私贩借机就近大量贩私销售于这些边远山区,从而解决了这些山区百姓的食盐问题。因此,从这个角度来讲,私盐的活跃有利于民生。

　　其次,就"官"而言,私盐的活跃,不仅极大地冲击了传统社会千百年来所推行的食盐专卖制度,破坏了清王朝的经济基础,也对清代社会治安构成了一定的威胁;更重要的是它还有腐蚀封建官僚、瓦解封建政权的影响。这种现象反映了传统社会后期,自然经济不适应历史发展要求,且日益衰败的趋势。私贩的发展动摇了封建统治的基础,私盐的入侵,严重地阻滞了官盐的销售。乾隆十年(1745 年),淮盐在江西、湖广等岸销售是十分顺畅的,但到乾隆二十年(1755 年)后,滞销情况则变得日益严重。嘉庆二十六年(1818 年)发展到"湖广、江西丁丑纳盐引运销不及十分之一的严重地步"。到道光初年,最终造成六省二百五十余州县的淮盐销售市场几乎丧失殆尽的惨重局面。自道光十年(1830 年)起,经过陶澍、陆建瀛对纲盐制

----

　　① 嘉庆《两淮盐法志》卷十九《转运九》,同治九年(1870 年)扬州书局重刊本。

的整顿和改革,淮盐销售明显好转,尤其是淮北地区,甚至出现了淮盐畅销的难得的好局面。道光末年,刚刚有所起色的淮盐销售状况由于票盐的举步维艰,最终又重新陷入了滞销的困境。整个淮盐销售状况如此颓废,作为两淮最主要的两个行盐口岸,湖广、江西的销售状况可想而知。总体而言,清中叶以来,湖广、江西的淮盐销售情况一直就不是很乐观。时至咸丰年间,由于受"咸同兵燹"的影响,私盐更是公然行销湖广、江西等地,保证封建机器正常运转的盐课收入因此大减,军饷难筹。据此,可以说,私盐的发展实际上起了冲击封建统治的作用。私盐的活跃,其至发展为"强盗"危及封建统治之虞。孙玉庭曾指出:"私盐盛行,而欲引法令禁之,此必不能,此由枭徒盛而拒捕多也。夫拒捕杀人,罪在必诛,因而无命,何事不为? 陆路之巨匪,海洋之群盗,此类实多。是盐法不得真理,私枭为害之外,又有强盗之患。"①私贩虽然没有像山东王伦起义一样直接与农民起义发生联系。但是"大伙盐枭结党兴贩,遇独行船只及孤僻村,盗肆抢夺"②的事件时有发生。盐枭的判乱是当时阶级矛盾激化的结果,是清代残酷的盐法所致,它震荡着清封建统治,成为湖广、江西农民暴乱的一个重要组成部分。

---

① 〔清〕贺长龄辑:《皇朝经世文编》卷五十《孙玉庭:盐法隅说》,载沈云龙主编《近代中国史料丛刊》第 731 册,文海出版社,1972 年,第 1783 页。

② 《皇朝政典类纂》卷八十二《盐法十三》,载沈云龙主编《近代中国史料丛刊续辑》第 880 册,文海出版社,1998 年,第 431 页。

第三章　基层民众与私盐：
生产、流通领域的私盐活跃

一、灶丁与私盐：生产领域的私盐活跃

盐课是清王朝的重要财源之一，所谓"两淮岁课，当天下租庸之半，损益盈虚，动关国计"①，就是其真实的写照。在清王朝的财经收入中，盐课收入仅次于田赋。这一大笔财经收入，主要靠诈取食盐的运销者——盐商和食盐的生产者——灶丁而来。当政府压榨盐商时，盐商可以将政府的剥削转嫁给灶丁和食盐消费者，而灶丁则不然。因此，无论从哪个角度而言，灶丁都是清王朝盐课收入的重要创造者。作为我国盐业发展史上的一个特殊的社会群体，他们不仅为国家创造了大量的社会财富，而且还为盐业经济的发展做出了任何社会团体都不可替代的贡献。在所有灶丁当中，两淮灶丁的贡献尤为突出②。然而正是这样一群社会财富的重要缔造者，长期以来却一直为学界所忽视③。这对于日益蓬勃发展的盐业史研究而言，不得不说是一个小小的缺憾。

---

① 嘉庆《两淮盐法志》卷五十五，同治九年（1870年）扬州书局重刊本。

② 因为两淮所生产的食盐量最多，所承担的课税最重；而无论是食盐生产还是课税征缴，都与灶丁密切相关。

③ 虽然有不少学者在研究其他盐业问题时或多或少会提及灶丁问题，但专门性的研究成果却屈指可数。据不完全统计，从上世纪初期以来，有关清代灶丁的专门性研究成果仅有7篇论文，它们分别是：柴继光：《盐丁始末——运城盐池研究之十一》，《运城学院学报》1987年第1期；张荣生：《古代淮南盐区的盐民生活》，《盐业史研究》1996年第4期；张荣生：《古代淮南通州盐区的盐民斗争》，《盐业史研究》1997年第4期；温春来：《清代广东盐场的灶户和灶丁》，《盐业史研究》1997年第3期；聂红琴：《清代前期的盐丁》，《上海师范大学学报》1999年第28卷专辑；李三谋：《清代灶户、场商及其相互关系》，《盐业史研究》2000年第2期；谢婕：《〈陋轩诗〉与清初灶户的社会生活》，《东岳论丛》2004年第1期。其中以两淮灶丁为研究对象的仅有2篇。这与近百年来的数百篇盐业史研究成果形成了强烈的反差。

(一)艰难困苦的两淮灶丁

1.两淮灶丁的来源与数量

在我国传统社会,为了保证某些与国计民生关系密切的行业劳动力的充足,自古以来就有"编籍"的传统。灶丁就是这种传统体制下为官府直接控制的食盐生产者。早在唐宋年间,灶丁的上述社会地位就已经确立。明政府继承了前朝"编籍"的传统,灶丁作为在编户籍人口被称为"灶籍",与匠籍、军籍同为明代三个特殊劳役的户籍。凡是被编为其中一籍者,其身份即成为世袭,不得更改。三者当中,又以灶籍(又称灶户)的地位最低,与娼妓、戏子、奴隶等同被视为贱民。他们受尽官吏和盐商的盘剥,加以自然灾害和军输频繁,往往难以度日。

清初承明旧制,"编籍"传统得以保存。"凡籍有四:曰军、曰民、曰匠、曰灶"①。但在清王朝立国后的顺治二年(1645 年),上述情况发生了一些变化,清王朝废除了手工业者的匠籍制度,使手工业者的身份获得了自由。而食盐官榷、灶业世袭、灶丁的身份却没有改变,"民籍之外,惟灶丁为世业"②。清政府之所以要维持灶丁的户籍不变,有学者认为原因有二:一方面是为了确保盐业生产有足够的人力,保护盐课收入不受改籍影响;另一方面也是为了防止灶户私卖食盐③。

清代,灶丁被要求单独立籍,而且不准脱籍流徙,所以灶丁的身份低于一般民户。他们被束缚于灶籍,和明代的军籍、匠籍性质相同。灶既以户称,自系以家为单位;但一般法令皆以其为官盐的直接生产者的泛称或总称。就实际情况而言,各地名称不一④。

清代两淮盐区的灶丁主要来源于两个方面:一是盐产区附近的贫苦大众。由于淮盐主要产自海州、通州盐场各属,因此,两淮灶丁多半来自上述滨海地区。这些人往往是通过"拨""占"或者是"招募"的方式划入灶籍。尽管灶丁的生活十分艰辛,但对于那些毫无生活保障的贫苦大众而言,从

① [清]张廷玉等撰:《清朝文献通考》卷十九《户口一》,光绪八年(1882 年)浙江书局刊本。
② [清]张廷玉等撰:《清朝文献通考》卷二十一《职役考》,光绪八年(1882 年)浙江书局刊本。
③ 杨久谊:《清代盐专卖制之特点——一个制度面的剖析》,《"中央研究院"近代史研究所集刊》2005 年第 47 期。
④ 陈诗启:《明代的灶户和盐的生产》,《厦门大学学报》(社会科学版)1957 年第 1 期。

事盐业生产,仍可以看作是一份有一定保障的工作;灶丁的另一个来源为明代遗留下来的世袭灶户。明代灶丁有专门的户籍,即灶籍,灶丁一旦编入灶籍,通常不得随便更改。由于受重课的压迫和战争的影响,明末灶丁纷纷逃亡。入清以后,政府采取给予适当补偿的办法,陆续将其招徕复业。复业后的灶丁数额往往要比原额少得多。如淮北海州分司的临兴场就是一个典型。该场由临洪、兴庄两场合二为一。临洪场原额办盐灶丁迁废,康熙十八年(1679年),开复后陆续招集复业,实存242丁,兴庄归并原额办盐灶丁迁废,康熙十八年(1679年),开复后陆续招集复业,实存406丁。再比如板浦场的徐渎,原有灶丁850人,复业后更仅剩134丁①。顺治四年(1647年)上谕:"灶户若有投充王贝勒以下,俱不许投充,若有先投充者,一概退出。"②可以推断,这里的灶户就是明朝遗留下来的无法生存的灶户。不过清中叶以后,在政府各种优惠、补偿政策的影响下,灶丁的数量得以逐渐增加。

　　清代两淮盐区统辖江西、湖南、湖北、安徽、江苏、河南等省,总计有盐场23处③,其中淮南20场、淮北3场,分属通州、泰州和海州三个分司。各盐场所辖范围大小及产盐数量各异,因此灶丁数额也各不相等。就总体而言,灶丁数量还是十分庞大的。据不完全统计,清初两淮共有灶丁6.6万左右,后经过加编灶丁烟户,总数增至60.6万,增加了将近10倍。详情见表3—1。

---

① 光绪《重修两淮盐法志》卷二十七《灶丁》,光绪三十一年(1905年)刻本。

② 周庆云纂:《盐法通志》卷四十二《场产门·盐丁》,载于浩辑《稀见明清经济史料丛刊》(第二辑)第16册,国家图书馆出版社,2012年,第467页。

③ 清初与明代一样,两淮共有盐场30所,分别是丰利、掘港、石港、马塘、金沙、西亭、吕四、余西、余中、余东、角斜、栟茶、富安、安丰、梁垛、东台、何垛、丁溪、小海、草堰、白驹、刘庄、伍佑、新兴、庙湾、板浦、徐渎、临洪、兴庄、莞渎。康熙、雍正、乾隆年间,清政府对30所盐场的布局进行了调整:康熙十七年(1678年),将徐渎场并入板浦场;雍正五年(1727年),将临洪、兴庄2场合并设立临兴场;乾隆元年(1736年),在淮北设立中正场,且将莞渎场并入,在淮南则将马塘场并入石港场,余中场并入余西场,白驹场并入草堰场;乾隆三十三年(1768年),将西亭场并入金沙场,小海场并入丁溪场。经过康、雍、乾三代的调整,共裁并了9场,新设2场。故有清一代,两淮盐业的3个分司,共辖23盐场。只是在光绪三十三年(1907年),因淮南盐场不敷,在淮北增辟新海滩产盐,但到民国元年(1912年),方正式设立济南场,故不能将其计入清代盐场之列。

表 3-1　清代两淮灶丁数额表

	盐场名	原额办盐灶丁 （单位：丁）	加编灶丁烟户 （单位：丁）	盐丁总数 （单位：丁）
通州 分司	丰利场	3065	2488	6999
	掘港场	1681	6362	17279
	石港场	2850（马塘归并 623）	5712	15375
	金沙场	1930（西亭归并 954）	5631	14384
	吕四场	346	3949	16760
	余西场	1626（余中归并 1101）	7001	20653
	余东场	2410	4473	17226
	角斜场	309	2639	7232
	栟茶场	4752	2667	7541
泰州 分司	富安场	1099	12892	43962
	安丰场	1585	19694	48413
	梁垛场	3385	7225	20474
	东台场	1906	8776	25741
	何垛场	2541	8151	24049
	丁溪场	1077（小海归并 441）	19521	48480
	草堰场	1051（白驹归并 4417）	11477	30486
	刘庄场	10664	9803	23741
	伍佑场	7121	27442	80065
	新兴场	2322	18124	49625
	庙湾场	2321（天赐归并 54）	17473	50712
海州 分司	中正场	1756（莞渎归并 1500，实存 456）	5184	12042
	板浦场	1853（徐渎归并 850，实存 134）	4789	13300
	临兴场	临洪场 242 兴庄场 406	4378	11763
总计	23 场	66 196	172 168	606 302

资料来源：光绪《重修两淮盐法志》卷二十七《灶丁》，光绪三十一年（1905 年）刊本。

　　六十多万灶丁，的确是一个不小的数目。这相比于其他盐区而言，算是一个典型。由此也可以看出，清政府对两淮盐区之重视，确实非同一般。清政府之所以大肆招募灶丁，其主要目的有二：一方面是为了强化户籍制度管理；另一方面，更是为了保障淮盐的足额生产。因为只有淮盐生产充足，占全国盐课收入二分之一强的两淮盐课才有保障①。那么，众多的灶丁每年到底能为政府创造多少经济价值呢？根据相关资料记载，两淮灶丁每年生产的食盐多达一百六十多万引②。乾隆以前，全国官盐总产量为六百七十万余引，两淮食盐总产量占全国食盐生产总量的四分之一强，乾隆以后，除河东、福建增产，两广不变以外，其他盐区都有不同程度的减产，而两淮的产量保持在一百八十余万引以上，因此，其比例进一步增大③。详情见表3—2。

表3—2　清代各盐区额行引数对照表

盐区名	雍乾以前每年额行引数	乾隆以后每年额行引数
长芦	正引：966 046 引	正引：662 497 引
山东	正引：500 500 引；票引：171 240 引	正引：400 500 引；票引 171 240 引
河东	正引：426 947 引	正引：635 839 引
两淮	纲食引：1 824 669 引	纲食引：1 802 408 引④
两浙	正引：704 699 引；票引：100 698 引	正引：472 517 引
福建	正引：545 612 引；溢引：387 423 引	正引：347 746 引；溢引：85 672 引
两广	正引：605 082 引；改引：209 457 引	正引：605 082 引；改引：209 457 引
四川	水引：28 833 引；陆引：131 288 引	水引：30 187；陆引：138 229 引
云南	正引：123 687 引	——

① 清人李果在《在亭丛稿》中说："两淮盐课甲天下。"乾隆朝两淮巡盐御史李发元在《盐院题名记》中说得更具体："两淮岁课，当天下租庸之半，损益盈虚，动关国计。"现代学者黄俶成在《论两淮盐业经济对清代学术文化的影响》（《江海学刊》2001年第3期）一文中，对乾隆年间两淮岁课还作过量化统计。据其考证，乾隆年间两淮盐商上缴盐税600余万两，占全国盐课的60%左右。当时全国地丁收入约2600万两，最盛时3300万两，盐课数约占二分之一。不仅如此，国家每有重大军事行动，或是天灾年荒、河防工需、巡幸典庆等，盐商都得捐输报效。有清一代，两淮盐商捐输额高达3826.6万两，其中仅乾嘉年间的捐输量就多达3000万两。

② 这是就官盐而言，事实上还有相当多的私盐无法进行统计，因此，一百六十多万引食盐并非两淮灶丁每年产盐量的全部。

③ 由于缺乏云南、陕甘两盐区的具体数据，因此无法作出准确的判断。但有一点是肯定的，即云南、陕甘的产量量在乾隆以后并没有太大的变化。

④ 上元等8县归纲138847引，系带课不行盐，因此两淮实际行盐为1 680 000余引。

续表

盐区名	雍乾以前每年额行引数	乾隆以后每年额行引数
陕甘	正引：12 088 引	——
总计	6 718 269 引	——

资料来源：林振翰编辑：《中国盐政纪要》上册第三篇《运销·行盐》，商务印书馆，民国十九年（1930 年），第 1—2 页。

上述表格反映的只是官引数额，事实上这还不是两淮灶丁所产食盐的全部。每年还有相当数量的私盐从盐场透漏出去，这些盐也是两淮灶丁所创造财富价值的一部分，如果加上这些私盐，其数量远远超过该数目。即使不计算私盐的价值，仅就官盐价值而言，也已经是一个非常庞大的数目。比如在乾隆初期，每引价值大概为 6.5 两左右，160 万引食盐的价值就是 1040 万两；乾隆末年，官盐价值更是达到了创纪录的每引 12 两多，其总价值也在原来的基础上翻了 1 倍左右；此后一直到道光末年才有所回落，但依然保持了每引七八两的高位状态①。因此，总的来看，两淮灶丁每年所创造的官盐价值大概在一千万两以上，其数目不可谓不大。然而这样一群每年创造巨额财富的社会群体，他们却不得不面临非常恶劣的生产条件，同时还得遭受来自官府、盐商等诸多方面的无尽盘剥和压榨，过着衣不蔽体、食不果腹的悲惨生活；如果遇上天灾人祸，其生存状况更是惨不忍睹。

2.灶丁生产生活的艰辛

在我国传统社会，制盐技术非常落后。即便是到了清代，产盐最多的两淮盐场，其生产技术低下的局面依然没有明显改观②，再加上自然条件又十分恶劣，因此，清代两淮灶丁的处境非常艰辛。

两淮灶丁制盐，"其制法，海盐有煎有晒"③。无论是煎是晒，灶丁所必须承受的艰辛都是外人难以想象的。以淮北为例，淮北以晒盐法产盐，靠日晒卤成盐，然"少阴晦则人力无所施。……又晒盐之场地深而盐沉，凡取

---

①　光绪《重修两淮盐法志》卷九十九《征榷门·成本》，光绪三十一年（1905 年）刻本。

②　作为海盐产区，两淮食盐生产技术主要有两种：一是使用历史悠久，但相对比较落后的煎盐法；一是元明时代开始使用且比较先进的晒盐法。其实无论是煎盐法还是晒盐法，都没有改变灶丁的苦难命运。两种方法都必须投入大量的人力资源，而且生产条件非常艰辛。此外，有关煎盐法与晒盐法的详细情况，还可参阅田秋野、周维亮《中华盐业史》（台湾商务印书馆，1979 年，第 13—18 页）的相关论述。

③　《清史稿》卷一百二十三《食货四·盐法》，中华书局，1977 年，第 3604 页。

盐者冬夏皆裸,阴寒下中,往往痿痹,故煎盐之户多盲目,烁于火也;晒盐之户多跛骨,柔于咸也"①。灶丁生产条件之恶劣,由此可见一斑。有关灶丁生产生活的艰辛,由来已久。早在宋代,著名诗人柳永就通过诗歌《煮海歌》对此进行了深刻的揭露:

> 煮海之民何所营?妇无蚕织夫无耕。衣食之源太寥落,牢盆煮就汝输征。年年春夏潮盈浦,潮退刮泥成岛屿。风干日曝盐味加,始灌潮波增成卤。卤浓盐淡未得闲,采樵深入无穷山;豹踪虎迹不敢避,朝阳出去夕阳还。船载肩擎未遑歇,投入巨灶炎炎热;晨烧暮烁堆积高,才得波涛变成雪。自从潴卤至飞雪,无非假贷充糇粮。秤入官中充微值,一缗往往十缗偿。周而复始无休息,官租未了私租逼。驱妻逐子课工程,虽作人形俱菜色。煮海之民何苦辛,安得母富子不贫。本朝一物不失所,愿广皇仁到海滨。甲兵净洗征输辍,君有余财罢盐铁。太平相业尔惟盐,化作夏商周时节。②

这首诗反映了两方面的情况:一是完整记录了当时海盐制作的生产过程;二是生动反映了盐民"煮海"的辛劳。春夏潮退之后,盐民将经过海水浸渍的泥土铲刮堆积起来,一个个泥堆如同"岛屿";经过"风干日曝"水分蒸发,而使泥土中"盐味加";于是引海水浇灌咸土使盐分溶于水中分馏成卤。再将盐卤"投入巨灶""晨烧暮烁",最后便制成了雪白的盐。盐民们在这个制盐的过程中,不仅要经受"刮泥""灌潮波""采樵"和煮盐的辛劳,而且"豹踪虎迹不敢避",要冒着生命的危险。这高高堆积着的雪白的盐,乃是盐民们以劳动与生命换得的成果。按理说盐民们完全可以用这些盐来解决自己的衣食生计,然而事实并非如此,恰恰相反,盐户丰产之后却依然要过着极度贫困窘迫的生活。首先在整个生产期间,盐民们必须靠借债来维持生活,即所谓的"无非假贷充糇粮"。借债要还钱,而盐民只能把盐卖给官府,官府把盐价压得很低,所以"秤入官中"只能得到"微值"。卖盐所得之钱少(一缗)而借债须要偿还的钱多(十缗),官债私债一时催逼,盐户

---

① 周庆云纂:《盐法通志》场产九《制法一》,载于浩辑《稀见明清经济史料丛刊》(第二辑)第16册,国家图书馆出版社,2012年,第472页。

② [宋]柳永:《煮海歌》,载潘同生编著《中国经济诗今释》,中国财政经济出版社,2000年,第197—198页。

只有还债借钱、借钱还债，周而复始，永远没有完结之时。盐户们还得为了"课工程"（指完成官府规定的产盐定额）不惜"驱妻逐子"全家都去劳动，而结果却是人人都受饥挨饿，面黄肌瘦，不成人样①。

元代诗人杨维桢的《海乡竹枝歌四首》也深刻揭露了灶丁生活的艰辛与社会地位的低下：

> 潮来潮退白洋沙，白洋女儿把锄耙。
>
> 苦海熬干是何日？免得侬来爬雪沙。
>
> 颜面似墨双脚赭，当官脱裤受黄荆。
>
> 生女宁当嫁盘瓠，誓莫近嫁东家亭。

最后一句话的意思是说，宁愿将女儿嫁到边远地区，也不愿将女儿嫁给附近的盐民。这组歌词反映了元王朝统治下海乡盐民的痛苦遭遇与希望挣脱苦海的呼声②。

元代王冕的《伤亭户》通过作者在浙江的亲身见闻，描述了那里盐民一家三口的悲惨命运。

> 清晨度东关，薄暮曹娥宿。草床未成眠，忽起西邻哭。敲门问野老，谓是盐亭族。大儿去采薪，投身归虎腹。小儿出起土，冲恶入鬼箓。课额日以增，官吏日以酷。不为公所干，惟务私所欲。田关供给尽，鹾数屡不足。前夜总催骂，昨日场胥督。今朝分运来，鞭笞更惨毒。灶下无尺草，瓮中无粒粟。旦夕不可度，久世亦何福。夜永声语冷，幽咽向古木。天明风启门，僵尸挂荒屋。③

这家盐户，大儿子上山砍柴，被虎吞食；小儿子外出起土，染疫而死；只剩下老者孤单一人。可是盐税盐额不断加重，大小盐官又对盐民敲诈勒索，仅有一点家产已被搜刮完了，完不成规定的盐数，还遭到毒打。在贫困得"灶下没有柴草，瓮中没有粒米"的情况下，老人只好上吊自尽，结束了痛苦屈辱的一生。

盐民的艰辛劳动，换取不了全家温饱，而且一年到头还得受到苛刻的

---

① 李凌：《柳永和他的〈煮海歌〉》，《盐业史研究》1989年第1期。

② 潘同生编著：《中国经济诗今释》，中国财政经济出版社，2000年，第200页。

③ 潘同生编著：《中国经济诗今释》，中国财政经济出版社，2000年，第203页。

王税、官税以及高利贷的重重盘剥,挣扎在死亡线上。

　　时至清代,灶丁的艰辛毫无改观,甚至有过之而无不及之势。清代,长期与灶丁生活在一起的泰州安丰场人盐民诗人吴嘉纪,对于灶丁生产生活条件的艰辛了如指掌,为此,他用其入木三分的诗篇,对此进行了催人泪下的描绘:

> 白头灶户低草房,六月煎盐烈火旁;走出门前炎日里,偷闲一刻是乘凉;小舍熬盐火焰举,卤水沸腾烟莽莽;斯人身体亦犹人,何异鸡鹜釜中煮;今年春夏雨不息,沙柔泥淡绝卤汁;坐思烈火与烈日,求受此苦不可得。①

　　吕星垣也说:“刮土淋卤,翻盘煎盐,催赶烈日之中,坐愁霖雨之下,海滨穷民迫而为此,较之农夫耕作劳有甚焉。”②刘宏宇在谈到两淮盐课时,也曾指出:“我国家以盐荚为利,筹用经也,其盐课之盛,无过两淮矣。然其所以足是课者,非取办于神造鬼输,实熬波之民胼手胝足而为之也。”③成千上万的“熬波之民”,穷年累月“栖止海滩,风雨不蔽,烟薰日炙,无间暑寒,其苦百倍于穷黎”④。如此恶劣的生产生活条件,使人们不禁发出了“农人之苦有春秋,灶民之苦无日昼”⑤的感叹。过去人们常谓古代平民有三苦:打铁、撑船、磨豆腐。与之相比,盐丁之苦,有过之而无不及。正如明代《淮南中十场志》收录季寅《盐丁苦》一首诗中所说:“盐丁苦,盐丁苦,终日熬波煎淋卤。胼手胝足度朝昏,食不充饥衣不补。每日凌晨只晒灰,赤脚蓬头翻弄土。催征不让险无阻,公差追捉如狼虎……”⑥

　　更为悲惨的是,灶丁除了要承受由于生产条件的恶劣而带来的肉体上的折磨外,同时还要承受由于天灾人祸而带来的大量伤亡。谢婕以吴嘉纪

---

　　① [清]吴嘉纪:《绝句》,载《吴嘉纪诗笺校》,上海古籍出版社,1980年,第10页。
　　② [清]贺长龄辑:《清经世文编》卷五十《吕星坦:盐法议》,中华书局,1992年,第712页。
　　③ 嘉庆《两淮盐法志》卷五十四《杂志·碑训》,同治九年(1870年)扬州书局重刊本。
　　④ [清]陶澍:《议复地方官筹款运盐及按户派销之法断不可行折子》,载《陶澍集》(上),岳麓书社,1998年,第221页。
　　⑤ 乾隆《富顺县志》,转引自彭久松《四川井盐史论丛》,四川社会科学院出版社,1985年,第219页。
　　⑥ 转引自吴克嘉《吴盐如花皎白雪——话说历史悠久的泰州盐文化》,人文泰州网(http://rwtz.t56.net/index.php? m=content&c=index&a=show&catid=16&id=2576)。

的诗歌为例，对此进行了详尽的阐述①。明末清初的连年战乱，使社会生产力受到极大破坏，原本只能维持简单再生产的灶户，抵御自然灾害的能力极其低下，海潮、水、旱、风、虫、雪皆能成灾，逢灾则必伤人亡家，凄惨悲苦之景象，惨不忍睹。泰州安丰场著名盐丁诗人吴嘉纪身临其境，曾以诗为史，记录下了这些灾情。

顺治十八年（1661 年），淮北盐区发生的一场大潮灾，导致百里盐滩，尸横遍野。吴嘉纪通过诗篇《风潮行》对此进行了详细的描述：

> 辛丑七月十六夜，夜半飓风声怒号；天地震动万物乱，大海吹起三丈潮；茅屋飞翻风卷去，男妇哭泣无栖处；潮头骤到似山摧，牵儿负女惊寻路；田野沸腾那有路，雨洒月黑蛟龙怒；避潮墩作波底泥，范公堤上游鱼度；悲哉东海煮盐人，尔辈家家足苦辛；频年多雨盐难煮，寒食草中饥食土；壮士流离弃故乡，灰场蒿满池无卤。招徕初蒙官长恩，稍有遗民归旧樊。海波忽促余生去，几千万人归九原。极目黯然烟人绝，啾啾妖鸟叫黄昏。②

从康雍年间，两淮地区又发生多起大灾，每次灾害都给灶丁带来了巨大的灾难。

康熙四年（1665 年）七月四日，狂风大作，折木拔树，涌起海潮，高数丈，漂没亭场庐舍，淹死灶丁男女老幼几万人。凡三昼夜风始息，草木咸枯死。吴嘉纪在《海潮叹》中写道："飓风激潮潮怒来，高如云山声似雷。沿海人家数千里，鸡犬草木同时死。南场尸漂北场路，一半先随落潮去。产业荡尽水烟深，阴雨飒飒鬼号呼。堤边几人魂乍醒，只愁征课促残生……"③

康熙九年（1670 年），春洪、冬雪之灾，吴嘉纪《流民船》记下了此次灾民乞食之状："男人坐守船，呼妇行乞去。蔽体无完裙，蔽身无败絮。娇儿置夫膝，临行复就乳。生长田舍间，那解逢人诉！一米一低眉，泪湿东西路。"盐城有父子三人，乞讨受辱，"携手蹈海水"而死④。

雍正二年（1724 年）七月十八、十九日，飓风骤起，滔天海潮，冲破范公

---

① 谢婕：《〈陋轩诗〉与清初灶户的社会生活》，《东岳论丛》2004 年第 1 期。
② ［清］吴嘉纪：《风潮行》，载《吴嘉纪诗笺校》，上海古籍出版社，1980 年，第 24 页。
③ ［清］吴嘉纪：《海潮叹》，载《吴嘉纪诗笺校》，上海古籍出版社，1980 年，第 39 页。
④ ［清］吴嘉纪：《流民船》，载《吴嘉纪诗笺校》，上海古籍出版社，1980 年，第 42 页。

堤,两淮二十九场(除莞渎场无灾外),溺死泰州分司所属小海、丁溪、草堰、何垛等 10 盐场男女灶丁 33435 人,淮属白驹、刘庄、伍佑等 6 盐场男女灶丁 1445 人①。

　　盐场被海水淹没的事件也时有发生。如道光二十八年(1848 年),"丰利等九场内除余东、余西、金沙三场秋收均在六分以上,毋庸查办,惟吕四场范堤尾,闾堤尽处潮水内,灌堤破圩,围堤内东十五总并续涨二补三补沙地、熟田,堤外草荡一片汪洋,被淹较重。掘港场堤外荡地被淹亦重。该二场均成灾七分。石港、丰利、拼茶、角斜四场堤外草荡被淹较轻,均系堪不成灾。……富安等十一场灶场俱埭范堤,荡多田少,一律被淹,情形较重。计富安、安丰、梁垛、东台、何垛五场均通境成灾八分;丁溪、草堰、刘庄、伍佑、新兴、庙湾六场均通境成灾七分。……板浦、中正、临兴三场,各大使堪得该三场滩地全行被淹,秋收歉薄,均系勘不成灾"②。盐场成灾,对于抗御自然灾害风险能力较差的灶丁而言,必然是雪上加霜。

　　大灾之后,虽然清廷通常会采取减免部分课税,或是给予一定的补偿的办法来救助灶丁,但这丝毫改变不了灶丁艰难困苦的命运。清廷对被灾灶民的救助通常有三种方法:一是建备灾常平仓、社仓和义仓;二是散赈;三是兴办善堂。不过对于两淮被灾灶丁而言,只有散赈一途略微有效。散赈之法,对政府来说,一是蠲免赋税、拨银赈灾,二是官吏组织赈灾,三是劝富人捐米赈灾。对个人来说,则是亲朋好友间的互相帮助。官府赈灾,因吏治腐败,廉吏循吏少,污吏贪吏多,趁火打劫发灾民财者有之,而报喜不报忧更是中国封建官吏的劣根性,所以,官府赈灾的效果是要大打折扣的。至于个人间的互助,则更不可靠。总之,灶户的御灾能力低,社会救助薄弱,是造成逢灾伤亡多的基本原因③。

(二)清政府对灶丁的严格管理

　　为了保证食盐生产的稳定性,清政府设有专门的机构管理灶丁和盐

____

① 吴克嘉:《吴盐如花皎白雪——话说历史悠久的泰州盐文化》,人文泰州网(http://rwtz.t56.net/index.php? m=content&c=index&a=show&catid=16&id=2576)。
② [清]李概编:《李文恭公(星沅)奏议》卷十九《查明盐场已未成灾情形折子》,载李云龙主编《近代中国史料丛刊》(第二编)第 312 册,文海出版社,1972 年,第 2542 页。
③ 谢婕:《〈陋轩诗〉与清初灶户的社会生活》,《东岳论丛》2004 年第 1 期。

户。清代管理盐务的最高机构是户部，由户部山东清吏司掌管全国盐务政令，专司奏销考成①。相关盐业事务，各省总督和巡抚直接对户部负责。各省督抚以下，于产盐区分别就事务繁简，设都转盐运使司，无运司的省份，则以盐法道、盐粮道、驿盐道或茶盐道兼理。其职责是"掌督察场民之生计与商之行息，而平其盐价等"②。此外，清政府还在所辖盐场各派大使，设立场官，场官的任务就是直接督率灶户的生产和盐课的征收。分工明确的各级盐务官员的设立，为清政府加强对灶丁的管理奠定了基础。为了确保盐业生产的稳定并有效地打击与防范私盐，清政府对生产资料的管理、煎盐方法、食盐的收购等，作了明确的规定。

1.对草荡与盘鐅等生产资料的管理

乾隆以前，两淮盐的生产以官煎制为主，尽管灶丁进行了不断的斗争，但生产资料依然由官府控制。自乾隆年间开始，这种情况开始逐渐发生变化。首先，对草荡的管理更为灵活。草荡属官地，拨与灶户使用，严禁转移。即"两淮各场所产煎盐，红白荡草，不准灶户私卖，遇荡草丰产之年，红草有余，始听灶户出售，白草仍行禁止。如地棍奸灶，通同私贩，各按拟治罪。失察之该管分司场员，及州县等官，一并议处"③。但清初就已开始的私行典卖问题，却无法制止。面对这种客观存在的事实，清政府也意识到通过强硬措施加以禁止显然是不理性的，因此只是对典卖作了适当的限制。大体情况是：准许灶户在本属范围内典卖草荡，但不许灶户将草荡典卖给盐商、平民，如果在该规定以前已经将草荡典卖给盐商或是其他乡民的，依据契约性质分别加以处理④。但同时又规定："两淮范堤内外，蓄草荡地，灶户有图利私垦致碍淋煎者，照盗耕官田律治罪；失察之场员，查恭议处。"⑤总之，清廷已不得不承认典卖的合法性⑥。

对盘鐅（牢盆）的管理也更为自由。盘鐅原来是官批商铸，再卖给灶

---

①　陈锋：《清代户部的盐政职能》，《盐业史研究》1998年第2期。

②　《清通典》卷三十四《职官》，商务印书馆，民国二十五年（1936年）。

③　《钦定户部则例》卷五十《盐法·商灶禁令》，载《故宫珍本丛刊》，海南出版社，2000年，第285页。

④　嘉庆《两淮盐法志》卷二十七《场灶一·草荡》，同治九年（1870年）扬州书局重刊本。

⑤　《钦定户部则例》卷五十《盐法·商灶禁令》，载《故宫珍本丛刊》，海南出版社，2000年，第285页。

⑥　聂红琴：《清代前期的盐丁》，《上海师范大学学报》1999年第28卷专辑。

丁。为了防范灶私，官府限定盘鐅的数量，"两淮各场，煎盐盘鐅，晒盐砖池，原有定数成式，饬令分司场员，清查勘正，造册保查。由运司给发循环运簿，令场员将煎出晒出盐数按日登记，分别半月、一月查核一次，余盐尽归商买，如有伏火愈时、私添盘鐅及展宽地面、偷挖土池等弊，将灶户照贩私盐例治罪，其漏报之分司场员，分别恭处"①。同时还规定，如果要更换盘鐅，需交旧换新。乾隆十年（1745年），盐政吉庆以增产淮盐为由，奏明添铸盘角折说："两淮煎鐅向系商人呈明开铸，分卖与灶。兹添铸盘角，应无论商灶，如有情愿备资自铸者，许其循照往例，官为稽查。"②虽说"循照往例，官为稽查"，但事实上是承认了自由铸造。

为此，《中国资本主义的萌芽》一书指出：允许典卖草荡，意味着灶丁对草荡的使用权由支配权转变为实质上的所有权；而允许自铸盘鐅，则意味着私人生产的合法化。至此，在生产上两淮的生产官煎制才彻底瓦解，民营制确立起来③。

2.场垣制和火伏法的确立

官煎制的废除并不意味着清政府放松了对灶丁的管理，政府的退步只是在不激化矛盾的情况下，承认既成事实的一些条规。相反，为了保障盐课收入和打击私盐，清政府进一步加强了对灶丁的管理。首先规定灶户生产盐斤按国家的计划，在政府和政府所支持的盐商监管下进行，严禁各灶户多煮私卖。政府明文规定："场灶照额煮盐，大使亲验，按月开报运使。如有隐匿，以通同论罪。"④同时还通过建立场垣制和火伏法等一些新的管理措施牢牢地将灶丁控制在手中。所谓场垣制，即将官仓改为公垣（亦称"商垣"）。据《两淮盐法志》载："顺治十七年（1660年），题准盐场设立公垣，场官专司启闭。凡盐户所制之盐，均令堆储垣中与商交易。商人领引赴场，亦在垣中买筑。"⑤至于设立公垣的目的，李赞元说得很清楚，"如有

①　《钦定户部则例》卷五十《盐法·商灶禁令》，载《故宫珍本丛刊》，海南出版社，2000年，第285页。

②　嘉庆《两淮盐法志》卷三十《场灶四·灶具》，同治九年（1870年）扬州书局重刊本。

③　许涤新、吴承明：《中国资本主义的萌芽》，人民出版社，2003年，第650—653页。

④　嘉庆《钦定大清会典事例》卷一百八十二《户部·盐法·禁例》，载沈云龙主编《近代中国史料丛刊三编》第656册，文海出版社，1992年，第8447页。

⑤　嘉庆《两淮盐法志》卷十一《转运六·制验》，同治九年（1870年）扬州书局重刊本。

畜之私室，凡在公垣以外者，即以私盐论罪"①。对于场官的违规行为，清政府规定："倘有私贩夹带等弊，该场官役，一并重处。"②其盐场的防务设施无疑比明代更加严密了。因此，有学者认为，这种做法"简直达到登峰造极的程度"③。其目的主要是为了防范灶私，保护国家的利益，但同时也在制度上继续了明末以来场商对灶户的剥削，更好地维护了场商利益④。

设立火伏法的目的与公垣制相似。清政府为了从源头上杜绝私盐，设立火伏法："煎盐之法，以一昼夜为一火伏。两淮于雍正六年（1728年）开始实施火伏法。按灶地之繁简，酌设灶长、灶头、巡商、巡役、磨对、走役，又委场商督率稽查。以煎烧一昼夜为一火伏。每盘鏁一火伏得盐若干，即为定额造册立案。每一户给印牌一面，即于同灶中选举灶头数人，分户责令承管。又于数灶头中选举一人，统辖各灶头所管煎户。其管下各户印牌，灶长收藏。灶户起火煎盐，报明灶头，先向灶长领牌，悬于煎舍，煎毕止火，即印牌缴还灶长。其灶头照伊领牌缴牌时刻，登记一簿。复按时刻赴煎舍盘查，如有缺额，立时同灶长报究。场员又预给用印根单联票存灶长，逐日将各户起伏时刻，应得盐数，填入根单存查，一面即于联二印票前页内，填明灶户姓名盐数，亲给该灶运盐入垣。又于各商垣总汇之处，分设磨对公所，灶户运盐经过，将联票交磨对挂号，截角前页，仍将后页给还灶户，执运盐斤入垣。场商量收若干桶，一面给发盐价，一面于后页内注明收盐数目、日期，遣走役赴场各垣收后票与前票核对，灶长仍每月十日一次，将逐日所填根单，亦齐送磨对，再与各票核对，一有参差，立即禀场查究。后为了防范灶长灶头舞弊，又复招募熟谙盐务之消乏商裔，充为巡商，一名带巡役二名，分派灶地，各给公费并船驴等，逐日在灶游巡。凡遇煎烧之户，必查其有无印牌，有则于循环簿内登记，无则以私煎执究……"⑤总之，从盐的生产到收购，都做了详细的规定。在火伏制的约束下，灶丁被牢牢地控制

---

① ［清］盐务署辑：《清盐法志》卷一《通例一·场产门》，载于浩辑《稀见明清经济史料丛刊》（第二辑）第1册，国家图书馆出版社，2012年，第117页。

② 嘉庆《钦定大清会典事例》卷一百八十二《户部·盐法·禁例》，载沈云龙主编《近代中国史料丛刊》（第三编）第656册，文海出版社，1992年，第8453页。

③ 李三谋：《明清财经史新探》，山西经济出版社，1990年，第149页。

④ 杨久谊：《清代盐专卖制之特点——一个制度面的剖析》，《"中央研究院"近代史研究所集刊》2005年第47期。

⑤ 林振翰：《淮盐纪要》第二篇《场产》，商务印书馆，民国十七年（1928年），第10—11页。

在官府手中,灶丁若违背制度行事,必将受到严厉处罚。

　　3.保甲法的推行

　　为了加强灶户的自我管理,清政府从乾隆年间开始推行所谓的"保甲法"。乾隆九年(1744年)九月,两淮盐政吉庆以疏销官引"要在缉私,而正本清源先严场灶"为由,编立保甲。保甲法"实为弭盗缉私,绥靖民灶丁善法"。保甲法以10家为一甲,每甲设一甲长;10甲为一保,每保设一保长。如果某一盐场有数千家灶户,就设数十个保长;如果有数百家灶户,就设数保长。以盐场地命名加以编号登记。如果某一盐场灶户只有八九家,或者不足一百家,甚至只有二三十家,那也同样设一保长。担任保长者必须具有公正、正直、老成、服众的品行和品性。保长选出后给予保长牌。保长负有稽查私盐的责任,"凡奸匪私煎贩私之辈,及面生可疑之人,一有踪迹立即举首"。如果遇有"窝藏、盗贼、赌博、私铸等项",也要立即举报。如果隐匿不报,一经发觉,则立即追究保长的责任。清政府所推行的这种灶户自我管理的保甲制,对于加强灶丁管理、防范灶私确实起到了一定的作用①。

　　火伏法与保甲法互为表里,使清政府进一步加强了对灶丁的控制和管理。

　　(三)灶课负担及官吏、盐商对灶丁的盘剥

　　就实际情况而言,灶丁是工奴;但从法律上来讲,他们却是国家的"良民",灶丁这种双重身份决定了他们一方面必须面临恶劣的生产条件,另一方面还必须承担沉重的封建义务,缴纳名目繁多的国家赋税。

　　首先要按规定缴纳灶课。灶丁的正课负担有时并不太重,重就重在腐败吏治下的需索和盘剥。这种超经济的行政剥削手段带来的后果往往十分严重。比如在号称轻徭薄赋的康熙时代,国家法定税额并不高,但在吏治腐败的情况下,地方胥吏们却编造各种理由勒索灶丁钱财,以肥己中饱。其数量之大,远远高于国家正税;其危害之烈,令人发指,极大地摧残了社会生产力。

　　其次,灶丁还要承担所谓的"折价"。吴嘉纪在《临场歌》诗序中提到:"虽日穷灶户,往岁折价,何曾少逋,胥役谓其逋也,趣官长沿场征比,春秋

────────────

①　光绪《重修两淮盐法志》卷二十七《灶丁》,光绪三十一年(1905年)刻本。

两巡，迩来竟成额例。兵荒之余，呜呼！谁怜此穷灶户？"折价的标准和具体操作，并未见政府有规定细则，这就自然成了胥役们勒索钱财的借口，故他们督促官吏，要一年春秋两次"追逋"。灶户并未欠税，又何以"追逋"呢？无非是借市价与折价的差价，甚至将已裁去的数额也一并计入，为其勒索横财编造"欠税"理由罢了。胥役们的勒索行径，吴嘉纪在其诗歌中予以了深刻的揭露：

> 掾豹隶狼，新例临场；十日东淘，五日南梁。趋役少迟，场吏大怒，骑马入草，鞭出灶户。东家赍醪，西家割彘，殚力供给，负却公税。后乐前征，鬼咤人警，少年大贾，币帛相迎。帛高者止，与笑月下，来日相过，归比折价。笞挞未歇，优人喧阗，危笠次第，宾客登筵。堂上高会，门前卖子，盐丁多言，捶折牙齿。①

征收的掾吏们如同豺狼，税外盘剥多如牛毛，难以应付，结果造成灶户们被迫拖欠国家的正税，有的被逼得卖子鬻女，被勒索致死的现象也不是个别②。

据资料记载，明代"灶丁按丁征盐"③。入清以后，一律按丁改征折价银。两淮灶丁应纳正税为场课，"场课有滩课、灶课、锅课、井课之分"④，即产盐方式不同，盐税名称各异。两淮地区是煎盐，故称灶课。灶课分地税和丁税二种，是灶户的正税。康熙以前，由于全国还没有稳定，为了维护社会秩序，清政府在课税征收方面往往能采取比较宽勉的政策，对灶课的征收也不例外。进入康熙朝以来，满族政权的统治秩序趋于稳固。为了满足统治者日渐膨胀的贪欲，清政府恢复并加重了对灶丁的剥削。淮南各盐场均按照原额分摊盐课。摊定之后，即使灶地坍没亦不得蠲免。有的灶户灶地虽早已坍没，但依然包赔坍课，这就等于进一步加重了场课的征收。灶户俱系穷民，出获难敷工本，场课加增使其不堪重负，结果导致清代两淮盐场的灶丁终年艰苦，难敷温饱。

康熙五十一年(1712年)，定制滋生人丁永不加赋，但按丁派纳盐课的政策并没有改变。雍正三年(1725年)起，清政府开始在全国范围内实施"摊丁

① ［清］吴嘉纪：《临场歌》，载《吴嘉纪诗笺校》，上海古籍出版社，1980年，第8页。
② 谢婕：《陋轩诗》与清初灶户的社会生活》，《东岳论丛》2004年第1期。
③ 嘉靖《钦州志》卷三《盐课》，转引自谢婕《陋轩诗》与清初灶户的社会生活》，《东岳论丛》2004年第1期。
④ 《清史稿》卷一百二十三《食货四·盐法》，中华书局，1977年，第3606页。

入地"的税收政策,两淮灶丁因此得以将灶丁银摊入灶地征收①。摊丁入地政策的实施,不仅简化了纳税手续,而且也一定程度上减轻了灶丁的负担。

灶丁所承担的灶地银虽然有所减轻,但灶丁所承受的负担不仅仅来源于灶地一个方面,他们在完纳各种灶课之余,还要承担逃亡盐丁的课税。康熙五年(1666年),巡盐御史黄敬玑奏言:两淮吕四一场额课二千多两,由于历年来,"荡地冲坍大半,又兼海水潮涌",结果导致大量灶丁逃亡,"仅存百余丁"。在这种情况下如果依然要求其必须完成两千多两课税,显然是难以办到的。于是建言吕四场缴纳一半课税即可,另一半"令二十六场均摊代纳"②。

无论在政治还是经济上皆处于弱势地位的灶丁,更是各级官僚和盐商盘剥的主要对象。特别是盐商对灶丁的剥削,可谓用心良苦。两淮盐商当中,与灶丁打交道的主要是场商。因此,剥削和压迫灶丁的也主要以场商为主。场商主要通过预支工本等手段取得全部盐产品的支配权,进而迫使灶丁加强对商人资本的全面依赖③。因此,有学者认为,有清一代,场商与灶丁的关系最普遍的形势是类似于雇主与雇工的关系④。场商拥有盐亭,并向灶丁提供所有的生产工具。他们给付灶丁的不是固定工资,而是向他们收购盐斤。由于清律规定只有场商可以直接向灶丁买盐,因此场商可以借此特权任意压低盐价。场商压价的惯用伎俩通常有两种:一是乘秋冬盐盛产之际,故意迟迟不收盐,等到灶户向其哀求时,再压低价格收购;另外就是使用"大桶中其盐"⑤。他们不仅加大秤量,"每引多收三四十斤",而且还用"勒令短斤"等手段,压低收购价格。场商在盐场收购盐价,"每盐一斤,不及十文",运至汉口,每斤售价高达四五十文,从汉口"分运各处销售,近者六七十文,远者竟需八九十文不等"⑥。也就是说,场商从灶丁那里买盐,每斤只要十文(有时只需要一二文)即可,卖到消费者手中,便宜的每斤

---

① 清代濒海盐户一般都有办纳盐课的灶地,有草荡、沙荡、滩地之分。除办纳盐课的灶丁外,灶丁还拥有种植五谷的灶地,这些灶地有的是灶丁买来的,也有的是灶丁在未划为灶籍之前拥有的。

② 嘉庆《两淮盐法志》卷二十一《课程五·灶课上》,同治十二年(1873年)淮南书局刊本。

③ 薛宗正认为,这种场商具有包买主性质,它的发展是同私灶生产的演变密切联系在一起的(参见薛宗正《清代前期的盐商》,《清史论丛》第四辑,中华书局,1982年)。

④ 杨久谊:《清代盐专卖制之特点——一个制度面的剖析》,《"中央研究院"近代史研究所集刊》2005年第47期。

⑤ 嘉庆《两淮盐法志》卷二十八《场灶二·范堤》,同治十二年(1873年)淮南书局刊本。

⑥ [清]陶澍:《敬陈两淮盐务积弊附片》,载《陶澍集》(上),岳麓书社,1998年,第153页。

四五十文，贵的可以达到八九十文，利润空间高达几倍到几十倍不等，即使在扣除运输成本以后，其利润依然十分可观。而这些利润是在牺牲灶丁和消费者利益基础上实现的。因此，徐泓指出：所谓"盐利"，实建筑于剥削的基础上[①]。清廷所定食盐产价太低，煎晒盐斤所需工本却日益增值，使得灶丁所卖额定食盐难以换回工本。由此可知，灶丁所得的盐价之低，远远低于盐的生产价格，而盐的市场售价之高，又远远高于它的实际价值。抬高销售价所得的巨额垄断利润，流向了官府和与官府沆瀣一气、相互勾结的特许盐商的腰包[②]，而灶丁则毫无利益可言。正如光绪《盐城县志》所言：清代盐法"利国利商而外，因以为利者甚众，而煎盐之灶丁则愁苦垫隘独甚"[③]。灶丁不准脱籍，他们终年在官府的强制下生产低于生产价格的产品食盐，其生产并不受价值规律的支配，因此，其身份与其说是小商品生产者，还不如说是为官府服力役的工奴。他们所从事的是一种超经济强制下生产使用价值的贡赋生产。

与此同时，清中叶时日益衰败的盐商为了转嫁课税，还利用各种机会向灶丁发放高利贷，往往"重利收其债"，为此，乾隆朝大学士朱轼指出："凡灶户资本多称贷于商人，至买盐给价，则权衡子母，加倍扣除。"[④]结果导致大量灶丁因此而破产、逃亡或沦为佣工，将灶丁逼上透私之路[⑤]。

各级官僚更是利用手中权力千方百计地榨取灶丁。清初，政府为了加强对灶丁的管理所制定的一系列法规，刚开始还能发挥一定作用，但乾隆中叶以后，随着吏治腐败的日益加剧，所有制度和法令变得"日久玩生，人

---

① 徐泓指出：盐乃天下之大利，凡与盐有关的官吏、役卒、船户等等，无不以之为利薮，需索勒捐无所不至，盐商却将这一切开列入成本，转嫁于消费者，遂使盐场上不过一文钱一斤的盐，运至引地要六七十文一斤。因此所谓"盐利"实建筑于剥削的基础上（参见徐泓《清代两淮的盐场》，载《史原》创刊号，第33—34页）。

② 这里的盐商既包括场商，也包括运商。场商通过压价收盐，再在此基础上加价卖给运商；而运商则根据路途的远近，又进一步加价销盐。因此，食盐从生产到销售，在此环节中至少经历了场商和运商的双重剥削，场商和运商瓜分了大部分盐业利润，当然，这其中有相当一部分利润最终流向了各级官府的腰包。

③ 光绪《盐城县志》食货，转引自聂红琴《清代前期的盐丁》，《上海师范大学学报》1999年第28卷专辑。

④ ［清］贺长龄辑：《皇朝经世文编》卷五十《盐课》下《朱轼：请定盐法疏》，载沈云龙主编《近代中国史料丛刊》第731册，文海出版社，1972年，第1780页。

⑤ ［清］包世臣：《庚辰杂著五》，《包世臣全集》，黄山书社，1993年，第70页。

名无实"①。以火伏法为例，根据清律规定，火伏法下"头长有稽查之责"，但他们却"受商贿则助商而勒灶以重斤"②。盐户上仓交盐时，还要受到场官的百般刁难。"山场草场隔远，柴草缺乏，急望盐干，遂即洒灭，致坏色味，上仓平验，屏斥不收，需索所费重斤"③。灶户境遇之惨，由此可见一斑。

（四）灶丁的无奈与场私的产生

生产生活条件的艰辛，以及各种课税的重压和各级官吏、盐商的无尽盘剥，迫使灶丁不得不铤而走险，通过贩卖私盐来寻求生存的出路。清代灶丁私煎私卖食盐的现象非常突出，尤其以两淮及两广盐区的灶户最为典型。尽管清政府自开国之初即制定法律严加禁止，但是，随着盐商和官府对灶丁剥削的日益加重，他们的私煎私卖有增无减。灶丁不仅将纳官后所余的浮盐私卖，甚至还私卖正盐，拖欠官课，致使官课亏损。

恶劣的生产条件，繁重的课税，加上各级官僚和盐商的敲诈勒索，使灶丁终日生活在十分悲惨的境遇当中。他们刮土淋卤，翻盘煎盐，终日"胼胝于盐田卤水中"；"阴晴厚寒盛暑，不得休息，展四体之力，仅足以给衣食"④。也就是说，他们从事的是比耕作更苦之活，但在重重盘剥之下，却竭一日之力，仅足以给衣食。沉重的负担，微薄的收入，加上难以预料的天灾，常使灶丁无计资生，悲惨的境遇迫使其不得不铤而走险，违禁贩卖私盐。尽管《大清律》明文规定"同犯私盐者，杖一百，徒三年"⑤，可灶丁贩私依然乐此不疲，这其中固然有追逐厚利的因素所在，但主要还是因为场商的剥削和压迫而导致的一种无奈选择。正如包世臣所言："夫盐法最著者透私，而私之所以不可止者，在科则之征于商也太重，而场商之待灶户也太刻。灶户苦累，非卖私则无以自赡。"⑥由此可见，不堪重负的困苦，才是迫使场私产

---

① 转引自聂红琴《清代前期的盐丁》，《上海师范大学学报》1999 年第 28 卷专辑。作者未注明出处。

② ［清］陶澍：《议复地方官筹款运盐及按户派销之法断不可行折子》，载《陶澍集》（上），岳麓书社，1998 年，第 221 页。

③ ［清］贺长龄辑：《皇朝经世文篇》卷五十《盐课下·吕星垣：盐法议》，载沈云龙主编《近代中国史料丛刊》第 731 册，文海出版社，1972 年，第 1777 页。

④ 《清朝文献通考》，盐法，光绪八年（1879 年）浙江书局刊本。

⑤ 周庆云纂：《盐法通志》卷二十一《法令门·刑律》，载于浩辑《稀见明清经济史料丛刊》（第二辑）第 17 册，国家图书馆出版社，2012 年，第 518 页。

⑥ 转引自陈锋《清代盐政与盐税》，中州古籍出版社，1988 年，第 185 页。

生的主要原因之一。因此，有学者指出："从某种意义上来讲，灶丁之所以会成为私盐流通网络的重要组成部分，在很大程度上是场商的剥削所致。"[1]

而各级官吏贪于私盐之利，纵容甚至参与灶户的贩私活动，也助长了灶丁贩私的盛行。如火伏法下，头长"受灶贿则助灶而坐视枭犯之透私"[2]。此外，还有不少场官接受贿赂，听任私贩与灶丁从事私盐交易，更为灶私的产生提供了便利。以乾隆五十五年（1790年）淮北盐区发生的个案为例。朱有才、李枢等均是灶户，他们每天将扫积余盐三四石不等累积起来，达到一定数额后卖给盐贩或饭店。这起案件参与贩私者十多人，涉足私盐3万余斤[3]。（具体案情参见附录一，案例十：朱有才等灶户串通盐贩贩卖私盐案）。

清中叶，场商逐渐走向衰败，但由于场商收盐的律令并没有发生改变，因此，这种变化不仅没有改变灶私泛滥的局面，反而更进一步促成了场丁的透私。正如佐伯富所言：加速灶户私盐外流的一个原因是场商的衰败和没落[4]，如嘉道年间，由于整个国家经济不景气，受其影响，多数场商趋于没落。为此，场商收购食盐后却不能售出，结果导致场民生产的食盐滞积，他们为生活所迫，只得将大量私盐流通到黑市上。在康乾盛世时期，国家财政充裕，场商收购食盐而未能卖出时，政府就用运库的钱银收购官盐。嘉道年间，国家财政紧张，场商不可能收购灶丁所生产的全部食盐，因此灶丁只有大量出售私盐来维持生计[5]。即所谓的"从前私枭充斥，每因地方乏盐，得以乘虚而入，晒扫各场民，亦因商不收货，盐无出路，不得已而偷漏

---

① 杨久谊：《清代盐专卖制之特点——一个制度面的剖析》，《"中央研究院"近代史研究所集刊》2005年第47期。

② ［清］陶澍：《议复地方官筹款运盐及按户派销之法断不可行折子》，载《陶澍集》（上），岳麓书社，1998年，第221页。

③ 中国第一历史档案馆藏：《朱批奏折》（财经类·盐务项），乾隆二十六年五月二十二日，安徽巡抚朱珪。

④ ［日］佐伯富：《清代盐政之研究》，《盐业史研究》1993年第3期。

⑤ 由此可见，场商的没落，不仅仅是促使场商透私的重要原因，同时也是导致灶丁贩私的重要原因。出现这种情况的原因与盐业的生产经营有密切的关系。徐泓认为，在清代，大部分场商，并不自营盐场，而将盐场设备租给别人经营，坐收利息（参见徐泓《清代两淮盐场的研究》，嘉新水泥公司文化基金会，1972年，第67页）。场商的没落，也就意味着盐场经营的没落。而盐场经营不善，自然会影响到盐场里的直接生产者灶丁的命运。一旦灶丁辛辛苦苦生产出来的食盐无法通过正规渠道销售出去，走私也就在所难免。

于枭"①。如果说道光以前灶丁透私主要是贪图盐利所为的话,那么,道光以后,其透私行为则很大程度上是出于无奈的选择。"己丑一纲,行销尚不及十分之七,约计两年销不足一纲之盐"。由于官盐销售乏力,以盐为生的灶户不得不依靠透漏私盐来维持生计。"商不收盐,势不能禁灶户之透漏,而私贩由此益审甚,则运销益滞",由此形成恶性循环②。

对此,清政府曾多次下令,督促盐场官吏严加监督,然而并未收到应有的效果。两淮盐场遍布,官府不可能时刻提防,自然给私煎私卖以机会。但在许多时候,灶丁私卖盐货,同盐场官吏的失职不察,甚至纵私是分不开的。盐场官吏的纵私,使本来就很难控制的私煎私卖现象更为严重,场户、场丁隐匿的私盐更多。而这些私盐正好成了盐枭连续不断的私货之源。

总之,残酷的封建剥削和压迫,以及整个官僚机构的日趋腐败,是造成清代中叶两淮盐区灶私活跃的关键原因。

(五)余论

如何看待两淮灶丁贩私?如果仅仅用"错"或者是"对"来判别,显然与历史客观事实不符。作为生活在社会最底层的食盐生产者,灶丁在两淮盐业生产链中所发挥的重要作用往往被人们所忽视,他们所经受的苦难也通常不为人所知。因为在清代食盐专卖制度下,他们是被政府固定在盐业经济链中的奴隶,他们根本就没有生产还是不生产的选择权。正是由于剥夺了最基本的选择自由,所以他们在面对两淮场商剥削时,往往采取逃避的态度。只有在无法生存的情况下,才会选择贩卖私盐,当然,这种情况在清初更为普遍,清中叶以后随着两淮场商的日渐衰败,灶丁贩私逐渐走向规模化。其售私对象既包括零星的贩私者,也包括漕船水手和以武力为后盾、组织规模较大的盐枭。如果说清初灶丁贩私是一种无奈选择的话,那么到了清中叶灶丁贩私就逐渐演变成了一种有意识的行为。在零星贩私者、漕船水手,特别是盐枭和不良官僚的帮办和纵容下,灶丁贩私终于发展到了一发不可收拾的地步。

---

① [清]陶澍:《淮北票盐试行有效请将湖运各畅岸推广办理酌定章程折子》,载《陶澍集》(上),岳麓书社,1998年,第218页。

② [清]陶澍:《陶云汀先生奏疏》卷三十《会筹两淮盐务大概情形折子》,载《续修四库全书》第499册,上海古籍出版社,1999年,第334—335页。

为了实现在财政上和行政上以最小的付出达到最大的需求,清政府把明末以来场商对灶户的剥削制度化了。只要这种灶户制度化的剥削持续下去,灶户私贩食盐的问题就无法根绝。

二、贫民与私盐:流通领域的私盐勃兴

本书所指的贫民主要包括三种人,即肩挑背负之民、船户水手和流民。所谓肩挑背负之民是指那些靠肩挑背扛来谋生度日的人。这是一些主要来自盐场附近的贫民,他们几乎没有土地,也缺乏技术,只能靠出卖苦力来维持最基本的生活,零星的贩卖私盐就是其谋生的重要手段之一。与灶私一样,肩挑背负之民所贩卖的私盐通常也是其他私盐的重要来源。船户水手包括三种人:一是指负责在南北运河上运送漕粮的漕船水手;二是指从云贵两省运送铜铅至京的铜铅船水手;三是指官盐船雇佣的盐船水手。上述两类贫民也是清中叶贩卖私盐的主体,他们所贩卖的私盐通常称之为"船私"。流民的范围相对比较广泛,包括所有失去土地且离乡背井、流离失所的贫民,这些人往往因为生活所迫而加入到贩私的队伍当中。下面就上述三种情况分别予以阐述。

(一)肩挑背负之民与私盐

概括而言,在清代,肩挑背负之民主要包括两类人群:一是指小本经营者;二是指年少、体弱病残或是鳏寡孤独之人,这些人通常缺乏或者完全丧失了正常的劳动能力。作为生活在社会最底层的民众之一,肩挑背负之民虽然不像灶丁那样缺乏人身自由,可其境遇有时比灶丁还要凄惨,尤其是后者更是如此。灶丁的生产、生活固然非常艰苦,可他们总算是有一份"工作"。这份工作虽然收入微薄,但总体上还是能维持其最基本的生活。而肩挑背负之民则不然,由于没有稳定的收入来源,他们有时甚至不得不面临失去生命的威胁。清初,在国家救助制度十分落后的状况下,这种事情时有发生;清中叶以后,随着国家财富的逐渐增加,政府开始有意识地采取一些措施来解决肩挑背负之民的生存问题。就是在此背景下,雍正年间,"圣主轸念贫难老弱之民,俾资糊口",做出了"年六十以上,十五以下(贫难

小民），及年少之有残疾者，其妇女亦止年老而孤独无依者①，许其报明地方官验实，给以印烙腰牌，每日赴场背负盐 40 斤以下，易米度日”的规定。同时还言明“如不合例之人，概不许借籍兴贩。每日卯辰二时赴场买盐担卖，一日止许一次，并（止准行陆路）不许船装越境，成群结队”②。乾隆元年（1736 年）正月，又重申了“贫穷老少男妇挑负 40 斤以下者，概不许禁捕”③的规定。在此基础上，雍正年间淮盐各场也曾有筹盐之说。即“查明户口所食，并腌切所需，议定酌留数目，造循环号等，分别远近，限定日期，循去环来，谓之筹盐。其盐不得过 40 斤之数，过者即以私盐论。其盐不入官引，亦不设店”④。

　　该规定出台初期基本上能够得到较好的贯彻执行，而且对解决肩挑背负之民的生存困境问题也起到了一定的积极作用。但乾隆以后，情况就开始变得扑朔迷离起来。由于这些规定只适用于盐场附近的贫民，对于远离盐场地方（比如湖广、江西、安徽等省份）的“贫难老弱之民”而言，根本不可能为了这 40 斤食盐跑到盐场去取盐。于是这些远离盐场地方的贫民就以此为借口，借端将邻近盐区的廉价食盐贩卖到两淮盐区来销售，骚扰地方。特别是在湖南、湖北、江西三省，这种情况时有发生。如“江省行引地面，相距场灶数千里，与产盐处所形势不同，固无大窝巨贩占地兴私，但界连闽浙，毗密粤界，而附近不法奸民，每利私盐价贱，辄行越贩邻私，或肩挑背负，或车运船装，侵害淮引，在在皆有，久经叠饬查禁，不能尽除”⑤。该史料中提到的“奸民”，其实就是肩挑背负之民。这些人原本并不“奸”，所谓“奸”，不过是官方史料对肩挑背负之民贩卖私盐的一种贬称而已。当然，这其中并不排除有部分肩挑背负之民在贩卖私盐的过程中，逐渐由原来的“良民”演变成了“奸民”的历史事实。所谓“结党成群，流为巨枭积贩，滋扰地方”⑥的情况在吏治日益腐败的清中叶确实时有发生。从该史料中我们

---

　　① 清政府对贫难小民及残疾并孤独无依者也作了规定，主要指两淮所属之通州、海州、泰州、东台、兴化、盐城、阜宁、如皋、安东九州县，两浙所属之仁和、钱塘、海宁、海盐、鄞县、慈溪、镇海、象山、山阴、萧山、余姚、上虞十二州县的贫民（参见《钦定户部则例》卷五十《盐法·商灶禁令》，海南出版社，2000 年）。

　　② ［清］凌焘：《西江视臬纪事》，《条教·四十一》，乾隆八年（1743 年）剑山书屋刻本。

　　③ 《清朝文献通考》卷二十九《政榷四》，光绪八年（1882 年）浙江书局刊本。

　　④ ［清］李澄：《淮鹾备要》卷四《行盐地·口岸疆界》，道光三年（1823 年）刻本。

　　⑤ ［清］凌焘：《西江视臬纪事》，《详议·十六》，乾隆八年（1743 年）剑山书屋刻本。

　　⑥ ［清］凌焘：《西江视臬纪事》，《条教·四十一》，乾隆八年（1743 年）剑山书屋刻本。

还可以看出，这些借端挑运的食盐，主要还是以邻私为主。这些人通常采取"藉端囤私，积少成多"的方式贩卖私盐。久而久之，肩挑背负之民所贩私盐竟然成了其他私盐的一个重要来源。在前文以及后文提到的多个案例中都有有关情况的记载，如案例五提到："陆续收买老小担上盐斤。"[①]案例九也提到"姚余庆、韩得杨向老少男妇陆续买得私盐一万二千八百余斤"[②]；更有甚者，"遂有匪棍混作小贩，或勾雇贫民分拆零售，有碍正引"[③]。

江西食盐市场充斥着肩挑背负之民所贩卖的私盐，湖广地区亦不例外。嘉庆二十三年（1818 年），据御史吴杰奏称："巫山、大宁一带盐埠口岸，素有奸商私造引张，名为墨引。串通土豪，勾引私贩，各船到彼，捏称提载，由水路浸入荆州、宜昌等处；陆路则由灶户出卖与竹溪、房县；肩挑背负之民，每日不下数百人，听其贩往楚界各乡村售卖。又闻陕西商南、平利一带私盐，即自潞商各店中贩来，由汉中顺流而下，至襄阳之谷城、德安之安陆分徒暗售。河南私贩即自南阳之李官桥店中贩来，亦至溪城、安陆等处。"[④]可见湖北地方的肩挑背负之民挑卖私盐的情况已经发展到了非常严重的地步。"每日不下数百人"的贩私队伍，给官盐可能造成多大的冲击，可想而知。而且这样一个庞大的贩私队伍的所作所为，很有可能是有计划有组织的行动。

面对肩挑背负之民贩卖私盐日益恶化的情况，清政府后来又规定："除附近场灶，真正贫难小民，将盐肩挑易米度日者，40 斤以下，照例不必禁捕；至 40 斤以上者，仍行禁缉，如有奸民借端改包兴贩者，严行拿究治罪。"[⑤]并"严饬地方文武官弁，督派差捕于私盐出入要隘常川堵截查拿"[⑥]。其具体办法包括通过设关制卡的措施来加强打击力度等。即便是这样，肩

---

　　①　中国第一历史档案馆藏：《朱批奏折》（财经类·盐务项），嘉庆十二年五月十七日，两江总督铁保。

　　②　中国第一历史档案馆藏：《朱批奏折》（财经类·盐务项），嘉庆二十四年六月二十五日，两江总督孙玉庭。

　　③　周庆云纂：《盐法通志》卷二十《职官门·政绩三》，载于浩辑《稀见明清经济史料丛刊》（第二辑）第 17 册，国家图书馆出版社，2012 年，第 322 页。

　　④　中国第一历史档案馆藏：《朱批奏折》（财经类·盐务项），嘉庆二十三年三月十二日，湖广总督庆保、湖北巡抚张映汉。

　　⑤　周庆云纂：《盐法通志》卷二十二《法令门·禁令》，载于浩辑《稀见明清经济史料丛刊》（第二辑）第 17 册，国家图书馆出版社，2012 年，第 629 页。

　　⑥　［清］凌焘：《西江视臬纪事》，《详议·十七》，乾隆八年（1743 年）剑山书屋刻本。

挑背负者所贩私盐并没有因此而减少，相反，还出现了一些新的贩私花样，让清政府疲于应付。"地棍奸民，往往借贫难肩挑背负不禁名色，招集匪类以及瞽目泼妇人等，窝顿私贩，公然货卖，有害盐法"①。而在江苏的淮安、扬州两府，道光年间甚至还出现了以老幼妇女为掩护，与枭匪相勾结，公然订立章程，明目张胆地利用一种称之为"艍船"的捕鱼小船运送私盐的"艍私"。道光十二年（1832年），据御史卞士云奏：

> 江苏淮安、扬州所属下游州县，向有小舟名曰艍船，常以捕鱼为生。本年因水势稍大，借饥民名色，或数十船一起，或数百船一起；私枭乘势勾结，令其载运私盐。由戚家义、孔家涵等处，径自连河，并沿江一带地方售卖，公然设立章程，有屯户过载夹护名目，派人各司其事，船大者装之千斤，小者数百斤。其聚集之处，闻拿则妇人撒泼，不拿则强壮滋事。

自道光十一年（1831年）秋季至道光十二年（1832年）正月间，上述地区查获艍船贩私50余起，抓获盐犯430余人，私盐69万余斤，人船并获。"统计各案所获人盐，如三江营守备陈秉元等禀，获刘成龙、黄金山、王喜林、张德凤等各起，计犯60名，共盐42000斤，船24只；署扬州营恭将陈述祖、守备崔行等禀，获卞有玉、王五、夏厚征、樊兆山、张世重等各起，计犯22名，盐99000余斤，船13只；署泰州营游击刘振常等禀，获朱有发等一起，计犯21名，盐113000余斤，船41只；泰州营游击金万全等禀，获许开重等一起，计犯8名，盐40000余斤，船11只；副将田松林等禀，获耿金等、高顺、王知达、高继保、沈遇邦、魏有德、余有才、王大春、孙景荣、鲍林喜、吴志元、丁兆松等各起，计犯70余名，盐40000余斤，船32只；候补运判韩在洛、史扬善等禀，获孔来变等一起，计犯43名，盐158000余斤，船103只，此外人盐并获尚多"②。可见，艍私危害之大，可谓触目惊心。而此时的肩挑背负者，事实上已经完全演变成了盐枭用来贩卖私盐的工具。

不过上述事例并非普遍情况，总体而言，肩挑背负之民贩卖私盐的规模一般都比较小，而且其目的主要还是"易米度日"。所以其经营往往具有

---

①　周庆云纂：《盐法通志》卷二十二《法令门·禁令》，载于浩辑《稀见明清经济史料丛刊》（第二辑）第17册，国家图书馆出版社，2012年，第631页。

②　[清]陶澍：《陶云汀先生奏疏》卷三十九《查覆穷苦艍船带私设法查禁折子》，载《续修四库全书》第499册，上海古籍出版社，1999年，第565页。

小商贩的特点，即从甲地以较低价格买进少许食盐运到乙地以较高价格出售，通过赚取两地的差价来维持基本的生计。

乾隆五十六年（1791年），江苏邳州贫民卜三、汤二、姜得、王泳太、周洪礼、吕利、张日茂、许朋立、胡成沅、郭翠、郭平、白宗权、伏起、刘照等先后于该年二、三月向外地私贩买盐几十斤到一二百斤不等，企图运往邳州倒卖，均被邳州知州会营拿获。①

嘉庆五年（1800年），江苏泰兴县则破获多起向老少男妇陆续收买私盐再转手盗卖的案件，抓获丁文元、张文典、钱长山、戴万兴、祝顺良、乔松高、周世仁、周三、周士友、钱老二、吴六、王老三等盐贩多名，缴获私盐数千斤。②

道光二十四年（1844年）九月，原本只是靠农工度日的江西乐平县贫民王徐老、王黄仍、项刘家、朱万顺、董金乐等，"用小车装载黄豆、稻谷、鹅只，先后赴安徽婺源县售卖。……因见该处浙盐价贱，各自起意贩私"。当向不知字号盐店各买盐几十斤至数百斤不等，企图贩往江西境内销售，被获。③

上述案例表明，肩挑背负之民贩私虽然涉及私盐数量不多，但其发生频率较高，因此，对于政府而言，其危害性同样不可忽视。

清中叶，肩挑背负之民贩卖私盐的情况之所以屡禁不止，原因是多方面的。首先，与其所面临的生存条件进一步恶化密切相关。在生存条件每况愈下的情况下，他们只能靠抓住贩卖私盐这根救命草来维持最基本的生计。其次，缉私官弁的难作为和乱作为也是其重要原因之一。"难作为"是指官吏缉私通常会遭遇一些困难，因为肩挑背负的老弱男妇，其透私总在夜深人静之时，"场官差役无多，耳目不能遍及"④，结果导致私盐遍地开花，

---

① 中国第一历史档案馆藏：《朱批奏折》（财经类·盐务项），乾隆五十六年四月十九日，江苏巡抚觉罗长麟。

② 中国第一历史档案馆藏：《朱批奏折》（财经类·盐务项），嘉庆六年一月二十五日，江苏巡抚岳起。

③ ［清］孟壶史：《刑案成式》卷一《课程》，光绪丁丑仲春墨池书屋。

④ 池子华：《中国流民史·近代卷》，安徽人民出版社，2001年，第132—133页。

久而久之就成了困扰清廷的一大痼疾;而所谓"乱作为"则是指缉私官兵通常采取双重标准对待私盐,对于武装贩私者,往往唯恐避之不及;而对于贫民贩私,则穷追猛打。案例十一"万安县民龚稷百等各自兴贩私盐案"就说明了这一点。江西万安县人龚稷百、李武光、李武仁、杨善燥等,原本都是"种田度日"的农民,并非贩卖私盐的惯犯。道光二十六年(1846 年)闰五月二十四日,这些人因看见赣县、万安等地方私盐色白质贱,于是各自起意兴贩获利,并分别向不识姓名人担上购买私盐三四十斤不等。后在投宿饭店时被抓①。

在该案例当中,当时还有一位名为张翔钦的人亦路过该处,他在不知姓名人担上代其寡婶张萧氏并自己共买盐 26 斤,带回食用。同样也一并抓获。张翔钦与其寡婶张萧氏虽然买盐 26 斤是带回食用,而并非贩卖,但也应按照律令处理,最后,张翔钦、张萧氏照各自买食私盐,杖一百、徒三年。

该个案表明,虽然清政府规定,个人买盐自用或者贩卖食盐 40 斤以下,并不作私盐处理。但如果贩卖的是无税之盐,则不管是食用还是谋利,且无论数量之多寡,都必须按贩私罪论处。清政府打击私盐,从法律的角度而言,并没有错,错就错在对待不同私盐的双重标准上。同样是贩私,对那些手无寸铁,且贩私量极为有限的弱势群体,通常采取穷追猛打的方式,以此来显示法律的威严和政府的缉私决心;而对待那些以强大武力为后盾的盐枭集团,则往往采取避重就轻的策略,大事化小,小事化了,更有甚者乃至同流合污。毫无疑问,该做法必然扰乱正常的法律秩序,激化社会矛盾。历史如此,现实又何尝不是这样。这或许也是贫民贩私屡禁不止的原因之一吧。

(二)船户水手与私盐

1.漕船水手的艰辛与漕私的兴起

本书所指的船户水手包括三种人,即漕船水手、铜铅船水手和盐船水手②。其中漕船水手的主要职责是负责将南方产粮省份③所交税粮通过运

---

① ［清］孟壶史:《刑案成式》卷十《季咨稿》,光绪丁丑仲春墨池书屋。
② 由于盐船水手贩运私盐通常与盐商相勾结,因此,有关盐船水手的贩私行为,本书将在讨论商私时予以阐述,在此不作单独论述。本章节只是就漕船水手和铜铅船水手的贩私行为作简单介绍。
③ 清代征收漕粮的省份为湖南、湖北、江西、浙江、安徽、江苏、河南和山东 8 个省。但其主体主要来源于江苏的苏、松、常、镇、太和浙江的杭、嘉、湖地区,漕额分别为 179 万石和 63 万石,约占全部漕粮 400 万石的 61%(参见倪玉平《清代漕粮海运与社会变迁》,上海书店出版社,2005 年,第 27 页)。

河运往北方的京师。这些人与灶丁一样,也是专门立籍且专门从事某一项
指定职业的人,无论从其政治地位还是经济地位而言,同样也是被各级官
僚机构压迫和剥削的对象。清承明制,漕粮军运,长运者为旗丁,旗丁另立
户籍,因其职责是运送漕粮,又称"运丁"。运丁及其所雇佣的舵工和水手,
就是所谓的"漕船水手"。清初规定,漕船每艘额设漕船水手10—12人,分
给屯田,免收赋役,以资修船补贴等费。由于漕船水手终年往返于运河,耕
种往往荒废,收入锐减;尽管后来清政府给予了他们一定的月粮补贴,但依
然无法改变其生活困苦的局面[1]。加上嘉道以来吏治腐败又日益加剧,运
粮途中"各处官吏胥役都向帮船运丁需索各种所费"[2],而各种浮费更是多
如牛毛,致使漕船支出明显增大,漕船水手因此更加陷入了窘困的生活境
地,他们不得不通过各种方法来弥补其损失,贩运私盐就是其中的方法
之一。

清初,朝廷允许漕粮北上,载米500石者,准予带60石免税土宜(即私
货),到北方变卖,补贴家用。雍正年间增至100石。乾隆年间数额一再扩
大,为126石;嘉庆四年(1799年),又准其在原126石的基础上多带24石,
总共可带150石[3]。久而久之,旗丁竟视此为利薮,大量夹带私货[4]。有的
在船尾加个木筏,有的干脆将漕船加宽加长,以利于多装多运[5]。同样,漕
船放空返回南方时,朝廷例准其带私货每艘84石,其中食盐40斤。清政
府的这些规定正好为漕船水手贩运私盐提供了契机,于是他们故伎重演,
为奸民从事贩卖私盐活动大开方便之门。在漕粮由南向北的运输过程中,
其所经路线大概有三分之一的里程正好处于两淮盐区领域范围。漕船水
手于是利用粮船回空机会大肆将北方廉价的食盐运往南方销售,致使南方

① 倪玉平:《清代漕粮海运与社会变迁》,上海书店出版社,2005年,第34页。
② 李文治、江太新:《清代漕运》,中华书局,1995年,第302页。
③ 《清实录》第28册,《清仁宗睿皇帝实录》卷五十六,嘉庆四年十二月,中华书局,1986年,第29823页。
④ 漕船夹带私盐的活动,并非清代独特现象,陈峰指出,从宋代开始就已经出现了运输者利用漕船贩运、贸易私货的活动(参见陈锋《简论宋明清漕运中私货贩运及贸易》,《中国经济史研究》1996年第1期)。
⑤ 《清实录》第28册,《清仁宗睿皇帝实录》卷五十六,嘉庆元年四月,中华书局,1986年,第29823页。

盐区，尤其是盐价高昂的两淮盐区私盐充斥。"查粮船夹带芦私，最为淮纲之害"①。"长芦、两淮产盐之处，奸民勾串灶丁，私卖私贩，伺回空粮船经过，即运载船中"，借着旗丁的掩护，逃避检查，蒙混过关。陶澍指出，漕船回空夹带私盐，为历来之痼疾，"既大害于盐务，且勾引枭匪，纷纷聚集，贩运上船，明目张胆，肆行无忌，亦有碍于地方"②。实为有害国计民生的一大漏卮。

漕船水手贩卖私盐，从时间上来讲，主要发生在吏治日益腐败的嘉道年间；从其私盐来源上看，则主要以贩卖芦私为主。为此，陶澍指出："芦私居十之八九，淮私居十之一二。"③陶澍还进一步指出："军船带私之弊，以江广为最；其透漏盐斤之弊，以长芦为最。"④回空粮船通常在天津一带装载芦盐，然后沿途一路贩卖，所谓"各省军船回空，向自天津至江南一带，沿途装载私盐，侵销引地，最为淮纲之害。而安徽、江西、湖北、湖南等帮，为尤甚"⑤。可见，漕私在安徽、江苏固不待言，就连江西、湖北、湖南等漕运船的航线沿途也无不深受其害。以江西为例，"安（徽）、湖（广）（与江西一样）同属淮南，纲盐浸灌尚少，而每年粮船回空未至楚，先至西，所带私盐，得价即卖。故西省既受本境粮私之害，复受过境粮私之害"⑥。

漕船水手贩卖私盐的招数可谓花样百出，他们除了自己贩私外，有时为了能顺利通过沿途各关卡的稽查，还常常勾结文武员弁共同贩卖私盐。"回空粮船渡河后，江广各帮，即有人先行至高宝地方，将私盐买定，俟粮船一过，乘昏夜无人时，用小船帮拢，由旁舱搬运。嗣因沿河一带，稽查严密，私贩多先期开行，扬关由闸。得私费者为之照应，于夜间放船出江，或由裹河潜行至焦山口出江，至老虎劲青山头一带，停泊芦苇中。俟粮船到时，即

①　［清］陶澍：《再陈粮私最为淮纲之害现在缉私紧要附片》，载《陶澍集》（上），岳麓书社，1998年，第233页。

②　［清］陶澍：《陈奏回空粮船未便任带芦盐折子》，载《陶澍集》（上），岳麓书社，1998年，第225页。

③　［清］陶澍：《陈奏回空粮船未便任带芦盐折子》，载《陶澍集》（上），岳麓书社，1998年，第225页。

④　［清］陶澍：《再陈粮私最为淮纲之害现在缉私紧要附片》，载《陶澍集》（上），岳麓书社，1998年，第233页。

⑤　［清］陶澍：《回空军船夹带私盐请照上年章程严行查禁并饬堵川私潞私折子》，载《陶澍集》（上），岳麓书社，1998年，第198页。

⑥　［清］李澄：《淮鹾备要》卷四《行盐地·口岸疆界》，道光三年（1823年）刻本。

在大江过载。亦有在断山口及观音门过卖者，遇乡试年，不肖文武生员，无志功名，有心行险，其弊滋甚。盖粮船在大江，向有不准搜查之例，故肆无忌惮至此。"如果关员要查看粮船，帮官运丁就会与私盐贩相勾结，"即以误运相恐吓，是虽有明文，而关员以缉私非其专责，但看一二头船，以为奉行故事而已。及过三关，则随处可以卖盐"①。

正是利用这种里应外合的方法蒙混过关，将大量私盐偷运至两淮各地。其私盐贩卖量之多，有时甚至达到了令人难以置信的地步。早在顺治十七年（1660年），巡盐御史李赞元就曾向户部奏疏曰："回空粮船，约有六七千只，皆出瓜、仪二闸。一帮夹带私盐，奚止十万斤。合而计之，实侵淮商数十万引盐之地，为害甚大。"②嘉庆十六年（1811年），在两淮盐政阿克当阿的督促下，江广回空漕船更是查出四十二万二千余斤私盐，并搜查私盐文武员弁共二十多名③。道光二年（1822年），曹振镛也曾指出："回空粮船自长芦起，沿路夹带，约计亦不下数十万引，纲地全侵，销引日绌。"④清代回空粮船到底贩运过多少私盐，史料没有记载，也不可能有这样的记载，不过仅从上述几则史料就足以看出，其危害性之大，可谓触目惊心。

运河沿岸的平民百姓乃至盐枭通常也是漕船水手贩卖私盐时的合作对象。嘉庆二十四年（1819年），苏北的赣榆县一带就曾发生一起漕船水手与当地私贩合作共同兴贩私盐的案例。嘉庆二十三年（1818年）十月九日，邳州人李兴泰到赣榆县墩上集售卖花生，与海州人陈添及邳州人王三等相遇，谈及赣榆县盐贱，每斤价格只需四文。于是这些人就企图乘回空粮船南下的机会，起意各自出本钱，与漕船水手合伙贩卖，获利均分⑤。（具体案情参见附录一，案例十二：李兴泰等借回空粮船南下机会贩卖私盐案）

此案李兴泰企图借回空粮船南下的机会，起意纠合王三等6人合本兴

①　［清］李澄：《淮鹾备要》卷五《盐之害·缉私堵私》，道光三年（1823年）刻本。

②　［清］李澄：《淮鹾备要》卷五《盐之害·缉私堵私》，道光三年（1823年）刻本。

③　中国第一历史档案馆藏：《朱批奏折》（财经类·盐务项），嘉庆十六年十二月十七日，两江总督百龄、两淮盐政阿克当阿。

④　档案，道光二年（1822年）七月三日曹振镛奏。转引自郭正忠主编《中国盐业史》（古代编），人民出版社，1997年，第776页。

⑤　中国第一历史档案馆藏：《朱批奏折》（财经类·盐务项），嘉庆二十四年六月二十五日，两江总督孙玉庭。

贩私盐,虽携带军器并未拒捕,后根据"合依兵民聚众十人以下者,带有军器不曾拒捕者,为首照私盐拟徒,本罪上加一等"的相关法令,例拟杖一百,流二千里,发配折责安置。这起案件的贩私者虽然大多数都被抓起来了,但由此我们可以看出,回空粮船贩卖私盐的影响还是比较恶劣的。

　　漕船水手贩运私盐,不仅会影响官盐的销售,破坏食盐专卖体制,同时对漕运本身也会产生一定的危害。陶澍认为,漕船停泊买私,"尤有误于趱运"①。李星沅也认为,"军船回空,例有食盐,若勾串售私,随帮贩运,不惟淮纲壅滞,即沿路辗转售买,空运亦多迁延,于盐漕均有关系"。于是他建言:"著讷尔经额、沈拱辰严禁各场店,于军船回空,例买食盐,无得额外运售。不特出示禁革,并据常川搜查,有犯即惩,以肃醝政,而利漕行。"②

　　面对漕私的日益严重,陶澍多次上书指出漕私的危害,道光皇帝因此不得不颁布谕旨督促地方官吏予以防范和严查:"江西、湖南、湖北、安徽等省军船,往往于回空时夹带私盐,必应严行查禁。据陶澍奏,天津一带于家堡、杨柳青、独流等处,及沧州之砖河地方,现经直隶委员巡查,著琦善严饬该委员等拿私艇,堵截囤贩,有犯必惩,以杜透漏。迨入江南地界,著该督派委徐州镇道大员,严密迎查,兼防河北漏私。至扬庄勾水起卸渡黄河,应于扬州之搜盐厅停泊待查。惟该处河道窄隘,易致阻碍行船,著该督酌派文武员弁,量择上游河道稍宽之处,照例搜查,随查随放。如有例外夹带盐斤,悉行起除,根究出本贸盐之风客,加等严惩。帮弁旗丁一并参惩。至驶大江以后,著将瓜州、仪征搜查委员派至九江、芜湖等处,会同各该关监督按船严查。"③

　　尽管如此,漕私依然我行我素,给清政府带来了无尽的烦恼。至于漕私为什么难以尽绝,陶澍认为,除了因为缉私不力以外,还与"弊源未清"有关。也就是说,如果不从源头上杜绝私盐渠道,要想根治回空粮船夹带私盐之弊是很难的。所谓"弊源",陶澍认为主要体现在以下七个方面:"天津商人利于鬻私,甚至在于公埠明目张胆而为之,其弊一;公埠虽有印票,鬻

____

　　① [清]陶澍:《陈奏回空粮船未便任带芦盐折子》,载《陶澍集》(上),岳麓书社,1998年,第225页。
　　② 《清实录》第39册,《清宣宗成皇帝实录》卷四百四十五,道光二十七年八月庚戌,中华书局,1986年,第41858页。
　　③ 《清实录》第35册,《清宣宗成皇帝实录》卷一百八十三,道光十一年五月己未,中华书局,1986年,第37623页。

私者并不填票，徒法难行，其弊二；青县、静海、沧州、交河、南皮各州县，临河商店存盐过多，并不按应领应销实数率付粮船，以邻为壑，其弊三；私盐窝屯存积河干，专候粮船经过，千夫运送万人，其见兵役巡查，翻无知觉，其弊四；粮船装私均用小船载送，天津河下私船如织，围绕粮船，白昼上载，地方文武熟视无睹，其弊五；江广粮道赶办新漕，不能亲押回空，查私之责，惟资帮弁，其懦者畏难苟安，不肖者知情故纵，遇有缘事革职，往往粮船代为捐复，按股摊资，即在夹带之内，其弊六；丁舵水手，资本无多，缘有奸民名为风客，出本贸盐，哄诱分利，在南则装载木植纸张、磁器杂货抵津易盐，在北则天津土棍预买屯盐，候船装载，盈千累万，几及淮引全纲之数，纵有犯案舵水甘心认罪，从不将风客供出，固结不解，其弊七。"[①]以上弊端均是粮船贩私之所以难以根绝的原因所在。

2.铜铅船水手的猖獗与川私的泛滥[②]

要了解清代铜铅船贩卖私盐问题，首先有必要对铜铅京运及其运输路线有一个初步的了解。

清代初期，制造铜钱用的原料主要是洋铜，通常由商人从邻国日本进口而来。清初，社会经济处于起步阶段，国家对洋铜的需求量还相对有限。如顺治二年（1645年）到康熙三十八年（1699年）的55年间，北京户部的宝泉局和工部的宝源局，为铸造铜钱所用洋铜不过224.6万斤，其中大多数就是从日本进口而来[③]。乾隆年间，历经康雍盛世的休养生息，中国社会经济有了很大的发展，商品交换的频繁，致使流通中需要的铜币数量急剧

①　［清］陶澍：《陶云汀先生奏疏》卷三十二《筹议粮船夹带私盐请扼要稽查折子》，载《续修四库全书》第499册，上海古籍出版社，1999年，第352页。

②　有关铜铅京运问题，早在上世纪40年代，严中平就进行了初步的考察（参见严中平《清代云南铜政考》，中华书局，1948年）。近年来，张永海、潘向明、蓝勇以及日本学者川胜守、中岛敏等也对该问题做了进一步的研究（参见张永海、刘君：《清代川江铜铅运输简论》，《历史档案》1988年第1期；潘向明：《清代云南交通开发》，载马汝珩、马正大编《清代边疆开发研究》，中国社会科学出版社，1990年；蓝勇：《清代滇铜京运路线考释》，《历史研究》2006年第3期；川胜守：《清乾隆时期云南铜的京运问题》，《东洋史论集》第17辑，九州大学文学部东洋史研究会，1989年；川胜守：《清乾隆朝的云南铜京运问题与天津市的发展》，《清史研究》1997年第3期；中岛敏：《清代铜政中的洋铜与滇铜》《东洋史学论集》，汲古书院，1988年）。总的看来，这些成果主要集中于考察滇黔铜铅京运路线或是与之相关的铜政问题本身，虽然近年来也有学者对清代铜铅船贩卖私盐问题有所提及，但论证较为简略，而且也缺乏系统的分析架构。

③　浦廉一著，赖永祥译：《清初迁界令考》，《台湾文献》1955年第6卷第4期。转引自蓝勇《清代滇铜京运路线考释》，载《历史研究》2006年第3期。

增加,带动了铸币的原料——铜、铅的需求量大增。此时,由于种种因素,传统铜矿出口国——日本实行严厉的封锁政策。为了抑制铜的大量外流,日本政府颁布"正德新令",中国铜料的进口量因此大减。迫使清政府加快开采西南等省的矿山,增加铜、铅产量,替代进口,满足市场流通的需要①。就是在此背景下,云南所产铜、铅大增。由于铜是当时的货币制造原料,因此铜的运输受到清政府的高度重视。

为了能将云南的铜和贵州的铅顺利运至京城,清政府不仅制定了铜铅京运的组织制度、运输规模、运输价格、运输时间②,而且还确立了从长江到运河的具体运输路线,临时招募了一批专职的船户水手,负责运送铜、铅至京的工作。铜铅船水手就是这样诞生的。清代铜铅京运,有所谓的分运、递运和长运之分③。铜铅船的贩私情况,主要发生在川江(长江)河段的长运阶段。

有关铜铅京运的运输规模,据清代巴县档案不完全资料记载:经四川运输的京铜、京铅及楚铅数量,在乾隆年间约为 3500 余万斤;嘉庆年间约为 8000 万斤;道光年间约为 1 亿斤;平均年运输量约有 200 万斤—300 万斤④。就时间而言,以铜运为例,据蓝勇估算,滇铜从云南运抵北京,前后大概要花费一年左右的时间⑤。黔铅京运的时间也大致如此。为了确保运输时间不打折扣,清政府还专门制定了延误运期的处罚措施,如规定自"永宁开帮,定限 30 日抵泸(州)"⑥;"自泸州开行,统限 9 个月 25 日抵通(州),其逾期一二月以上者,分别降革带罪管解,定例本严"⑦。但由于运

---

① 严中平编著:《清代云南铜政考》,中华书局,1957 年,第 3—5 页。

② 有关铜铅京运的组织制度、运输规模、运输时间问题,可参阅张永海、刘君《清代川江铜铅运输简论》,《历史档案》1988 年第 1 期。

③ 以铜为例,蓝勇的解释是,所谓分运,是指各铜矿将铜料运到云南、四川、贵州的各官铜店;递运指由以上各官铜店转运铜料到运输总店泸州的过程;而长运则主要是由泸州总店沿长江、运河运送到京师的过程(参见蓝勇《清代滇铜京运路线考释》,《历史研究》2006 年第 3 期)。

④ 四川大学历史系整理巴县档案"清代由四川运京铜铅统计资料",未刊抄件。转引自秦和平《川江航运与啯噜消长关系之研究》,《社会科学研究》2000 年第 1 期。

⑤ 蓝勇:《清代滇铜京运路线考释》,《历史研究》2006 年第 3 期。

⑥ 四川省档案馆馆藏档案:《川督徐泽醇札》,咸丰元年十二月十九日。

⑦ 四川省档案馆馆藏档案:《巴县至云南正运三起京铜官函》,道光十二年三月初九日。

输途中路途险恶,滩险浪急①,因此,有学者认为,铜铅京运往往需要两三年才能到达②。由此可见,清代铜铅京运是一项非常庞大的系统工程。很显然,要完成这样一次充满艰辛的长途运输任务,没有周密的计划和充足的人力是不可能办到的。为了确保运输的万无一失,清政府规定有专门的官兵承揽运输;至于运输船只,清初,其来源有两种:一为官府自行打造;二为雇募。由于打造费用太贵,且船体往往因为碰损严重,浪费太大,因此,乾隆以降,一般均采用雇募为主。至于船户水手,通常也是通过招募而来。这些招募来的水手,因为并非专职,因此,每起运送过后,通常会面临被解散的命运。总之,其生活来源极不稳定,而且非常有限的雇募薪金还经常被铜铅官兵所克扣;如果一旦遭遇铜铅船沉没,还得接受政府的赔罚。普遍的做法是,"运员赔十分之七,地方官赔十分之三"③。所谓运员,主要就是指招募而来的船户水手。铜铅船船户水手之艰辛,由此可见一斑。正是这种恶劣的生存状况迫使其不得不铤而走险,将相对较为廉价的川盐,通过铜铅船夹带之便,大量偷运至湖广地方贩卖,通过赚取两地差价牟利。不过需要说明的是,如果说清初船户水手的贩私行为,还只是为了弥补运送铜铅的损失而做出的无奈选择的话,那么,清中叶以后,并不排除部分铜铅船水手开始为了丰厚的贩私利润而铤而走险的历史事实。

3.铜铅船水手贩私的危害性

根据史料记载,清代铜铅船水手的贩卖私盐行为,主要发生在吏治日益腐败的清中叶,也就是清政府由强盛日渐走向衰败的乾、嘉、道年间。此时的铜铅京运,从上文可知,就数量上而言,比清初明显增多,而且往返更为频繁,每年通常是正运六起,加运两起④。而乾、嘉、道年间又正是两淮盐商由强盛走向衰败的历史转折时期,尤其是嘉道年间,大量盐商因为官盐滞销而纷纷破产。盐商的破产也就意味着远离淮盐产区的湖广地区百姓,必然面临着买食官盐的更大困难,私盐因此乘虚而入;而吏治的腐败和

① 据四川省档案馆馆藏档案《巴县申册》载,仅川江河段(泸州至汉口)就有17处险滩,分别为观音滩、钻皂滩、乌龟石、峨嵬滩、马岭滩、猪滩、镶碑梁、折尾子、大湖塘滩、磁庄滩、瞿塘、滟滪、小黑石、石板峡、龙宝滩、黄金藏滩、鱼洞子。如此险恶的运途,导致铜铅船沉没的事件时有发生,据《巴县申册》载,"历年积算,沉铜不下数百万斤"。

② 严中平编著:《清代云南铜政考》,中华书局,1957年,第34页。

③ 张永海、刘君:《清代川江铜铅运输简论》,《历史档案》1988年第1期。

④ 四川省档案馆馆藏档案:《川督鄂山札》,道光十二年十月初八日。

淮盐与川盐差价的悬殊,更进一步加速了私盐的泛滥①。正是在此背景下,面对巨大的利润诱惑,铜铅船水手在途经川盐产地时,纷纷冒险将廉价的川盐通过夹带方式,源源不断地运往湖广境内销售。

清代铜铅船水手所贩卖的私盐数量到底有多少?由于史料没有这方面的确切记载,因此要统计类似的数字几乎是不可能的。但有一点可以肯定的是,其危害性应该不会比当时颇为活跃的漕船水手贩私行为小。铜铅船水手所贩私盐数量虽然没有漕船水手那样巨大,但对淮盐引地应该说也同样产生了不小的冲击。铜铅船水手贩运私盐,与其他各色人等(比如普通平民百姓或者盐枭)相比,有一个非常便利的条件,即"官差身份",这些人正是凭借官差身份才肆行无忌的。为此,乾隆四十六年(1781年),湖广总督舒常奏称:"运铜铅船只多有夹带之弊,倚势装载铜铅,公然藉差偷漏。"②道光年间,铜铅船只夹带之弊更为严重,它们不仅侵害湖北临江的某些府县,甚至开始向邻近的湖南省渗透。为此,陶澍指出:

> 楚省系水陆通衢,界连川、粤、豫、皖等省,四通八达,邻私最易侵灌。防范设或稍疏,即致贻害腹地。内如湖北宜昌府属之官渡卡,紧接川江,从前铜铅船自四川装运北上,一路收买川私入楚售卖者,经由卡隘,并不听候查验,以致宜昌一郡尽食川私,并灌及下游荆州各属与荆门之安远、当阳,湖南之澧州、石门等处,大为淮纲之要害。③

有关铜铅船的危害,湖广总督讷尔经额和湖北巡抚尹济源说得更为具体:

> 自去年(道光十四年)夏及今年,已据先后禀获大小枭贩及盗犯20余起,私盐42000余斤。虽巡缉当属得力,而官引经未畅旺,细加查访,实由川私水陆之透漏,甚于潞私陆路之侵灌。查宜昌府属之官渡卡,紧接川省巫山县,为查私第一要隘,向由宜昌镇总兵,荆、宜、施、道委员带同兵役稽查。往来舟楫,到卡时均应停泊听候验收,惟铜铅船只自四川泸州地方转运北上,船舵水手一路收买川盐入楚售卖,盈

---

①　吴海波:《清代湖广官盐运销、流通与私盐》,《求索》2006年第2期。

②　光绪《四川盐法志》卷三十四《缉私三》,光绪八年(1882年)刊本。

③　[清]陶澍:《会同两湖督抚筹议楚省嶅务折子》,载《陶澍集》(上),岳麓书社,1998年,第291页。

舱满载，船身吃水甚重。川楚接壤，两岸皆山，川窄湍急，顺利直下。盐卡非钞关可比，铜铅船水手较粮船水手尤为剽悍，卡座兵役无多，乘坐小船为难拦阻，且一经严查，辄称抢其铜斤银钱，甚或零散夹制。卡员恐致酿事京运不过，取具运员，并非带私印结，申报塞责，虽屡经严饬搜查，从未破获一案，以致渐成锢疾，愈带愈多。不特宜昌一郡尽食川私，下及荆州各属与荆门之远安、当阳，湖南之澧州、石门等处，无不被其侵灌。[①]

道光十七年（1837 年）五月，林则徐也曾奏称：

> 窃照淮盐销路，惟楚省引额最重，而邻私侵灌，亦为楚省路径最多。其尤甚者，四川江船顺流直下，船舱夹带，视陆路不啻十倍，而滇、黔铜铅皆由川船装运，借差夹带，视他船又不啻十倍。[②]

道光九年（1829 年）十月发生在云阳县的一起案件，更能使我们对铜铅船水手贩私的危害性一目了然。道光九年（1829 年）十月二十四日，云南候补同知德克精阿押送己丑年正运铜船 22 只，行抵云阳时，巡查官员见有小船往铜船上运盐，当时截私盐 60 包，并私贩 3 名，谁知铜船上水手竟然敢将汛兵 6 人殴捆，抢去汛兵刀枪，该运员甚至将千总羁留船上，二十九日行至下游才将千总放回。这些船行至奉节时，知县上船验铜，发现藏有私盐，此时风雨大作，不便扣留，而铜铅船竟然砍断缆索潜行，汛兵迅速追截 8 只，起出私盐 13000 余斤。后又在巫山追及铜船 14 只，起获私盐 610 包，又于河边小店内查出其存放私盐 42 包[③]。

面对铜铅船水手贩私情况的愈演愈烈，地方政府迫切感觉到必须采取措施从根本上解决这一问题。于是嘉庆二十三年（1818 年），有大臣奏准在湖北巴东县之官渡卡一带设立总卡，规定"川船经过，皆须查验放行"[④]。但事实表明，设卡并不能杜绝铜铅船水手的贩私行为。他们经过卡隘时，根本就不听候查验。地方官员要么碍于其特殊身份，不敢多加追究；要么

①　中国第一历史档案馆藏：《朱批奏折》（财经类·盐务项），道光十五年六月二十四日，湖广总督讷尔经额、湖北巡抚尹济源。

②　中国第一历史档案馆藏：《军机处录副奏折》，道光十七年五月初十日，湖广总督林则徐。

③　中国第一历史档案馆藏：《朱批奏折》（财经类·盐务项），道光十年六月二十六日，两江总督琦善。转引自方裕谨《道光初年两淮私盐研究》，《历史档案》1998 年第 4 期。

④　《林则徐全集》第二册《奏折》，海峡文艺出版社，2002 年，第 885 页。

畏其强悍,不敢缉拿。于是,铜铅船水手贩私,依然我行我素。据林则徐奏称,仅道光十七年(1837年),湖广地区就查获至少两起铜铅船贩卖私盐案例,分别是:

道光十七年(1837年)四月,云南大关同知彭衍墀,领运铜船24只过官渡口,也不拢卡接受查验,结果"兵役追至斗山沱,经倭仁布等起获水手所带私盐793斤"①。

道光十七年(1837年)十月,据官渡卡委员禀报:"十月十二日有云南委员署保山县知县候补同知严廷珏,领运铜铅船24只泊卡候验,当即随同该运员挨舱彻底盘查,起获私盐73包,计重3400斤,又续获私盐3包,计重150斤。"②

由此可见,相比于粮船水手而言,铜铅船水手走私的危害性似乎要更大。这些人通常凭借官差的身份和彪悍的身体素质而不服查验,而缉私官兵也往往因为"恐致酿事京运不过",采取敷衍塞责的态度,结果导致案件破获无望。事实上缉私官兵通常连粮船水手都奈何不了,面对更为彪悍的铜铅船水手更是可想而知。

粮船水手和铜铅船水手贩私,有一个共同的特点,即都利用"官差"的身份掩人耳目。正因为有官差这样一张护身符,所以,无论是粮船水手还是铜铅船水手,在贩卖私盐的过程中,都要比普通百姓贩私更为肆无忌惮。如果说普通百姓通常采取偷运的方式来走私的话,那么,铜铅船水手就常常习惯于明目张胆的走私方式。这种嚣张气焰在一定程度上与清中叶腐败的吏治密切相关。如对于铜铅船水手的贩私行为,兵役原本应该严拿根究,但他们却总以肩挑背负之民捕获充数,甚至以盘查私盐为名苦累行旅。

此外,还有一种水手,他们既非漕船水手,也非铜铅船水手,只是靠撑船度日的一般性船户,在利益的诱惑下,有时也乘机偷运私盐。道光二十六年(1846年),江西万安县就曾破获这样一起靠"驾船营生"的船户盗卖私盐的案件。道光二十六年(1846年)二月十三日,据署新建县知县斌椿祥称:会昌人王清荣、林崇仁,瑞金人陈明易,都是驾船营生的船户。王清荣、林崇仁以前均未贩卖过私盐。道光二十六年(1846年)二月初四日,王

---

① 《林则徐全集》第二册《奏折》,海峡文艺出版社,2002年,第886页。
② 中国第一历史档案馆藏:《军机处录副奏折》,道光十八年二月初四日,湖广总督林则徐。

清荣、林崇仁、陈明易、刘水生各船，都在南安府揽载山东曹州镇官眷来省交卸。王清荣等因见该处盐价便宜，于是各自起意贩卖获利。王清荣向不知字号盐店买盐1904斤，林崇仁买盐408斤，陈明易买盐1206斤，罗老四买盐68斤，吴老五买盐136斤，刘水生买盐408斤，乘装行李时藏入舱底。初六这一天行至南康县地界，刘水生因船被碰坏，另雇会盛元船只装载，将自己所买私盐搬放林崇仁船内搭坐，企图到省城售卖。初九日，船至万安县良口卡时，被该县会同驻卡员弁督率兵役将盐查获①。（具体案情参见附录一，案例十三：万安县良口卡拿获船户王清荣等各自兴贩私盐案）

上述案件表明，这些人其实并非惯犯，他们只是在贪图小便宜的情况下才不小心当了一回私盐贩。尽管这些船户的私盐贩卖量并不是很大，多的一千来斤，少的甚至只有六十来斤，相比于那些漕船水手和铜铅船水手而言，真可谓小巫见大巫。但无论量多量少，都是触犯法律，其性质却是一致的。

4.防范和打击铜铅船水手贩私的措施

面对日益严重的铜铅船水手贩私行为，道光十五年（1835年）六月，湖广总督讷尔经额建言，通过以下措施加强对铜铅船水手贩私的打击力度②：

第一，规定此后凡有铜铅船经过宜昌所属地方，该镇总兵必须亲自督率卡运各员查验，若有水手抗拒、逃散或挟制等事发生，即将其捉拿，并交地方官府严厉查办；为了不耽误京运任务，重新招聘新的水手"迅速开行，以副限例"。

第二，云贵、四川各督抚，必须严饬运员，不准克扣水手船价水脚，应该照数发放。

第三，铜铅船过境时，沿途州县必须加强稽查，如若发现有人私自将食盐卖给船户水手，"即行严拿惩治"③。

第四，如果铜铅船沿途所过州县不认真查办，一旦被楚省（湖南、湖北）查出有夹带私盐情况，"即著行知川省核实查参"。

道光年间，又重申厂店如果私自将川盐卖给船户，"即严拿惩治"；同时

---

① ［清］孟壶史：《刑案成式》卷一《课程》，光绪丁丑仲春墨池书屋。
② 《林则徐全集》第二册《奏折》，海峡文艺出版社，2002年，第885页。
③ 由于铜铅船水手所贩私盐主要来自四川，此处沿途州县主要指四川省各州县。

要求地方官员力求做到"不分畛域，以清川私来源"①。

不过严厉的治私措施还是没有从根本上解决该问题。比如据林则徐奏称，仅道光十七年（1837年），湖广地区就查获至少三起铜铅船贩卖私盐案例，分别是：

道光十七年（1837年）三月，"贵州龙泉县知县童犨，领运铅船26只过官渡口，并不泊岸，顺流直下，经巴东县知县饶拱辰派役随同卡员，追赴下游之新滩，交护宜昌镇倭仁布就彼验放"②。

道光十七年（1837年）四月，云南大关同知彭衍墀，领运铜船24只过官渡口，也不拢卡接受查验，结果"兵役追至斗山沱，经倭仁布等起获水手所带私盐793斤"③。

道光十七年（1837年）十月，据官渡卡委员禀报："十月十二日有云南委员署保山县知县候补同知严廷珏，领运铜铅船24只泊卡候验，当即随同该运员挨舱彻底盘查，起获私盐73包，计重3400斤，又续获私盐3包，计重150斤。"此案还抓获贩私船户何万才和船工蔡正坤两人。船上所带私盐，正是这两人所为。那么，这些私盐又是如何买来的呢？后通过审讯得知，何万才首先于道光十七年九月二十一日在四川江北厅汇川门外顺城街大兴盐店买盐33包，第二天又在该厅河坝、缆子托河下向不知姓名盐船水手买盐37包，每包约重四十七八斤，然后将这些盐运至云阳县，又在河街合兴店买盐3包，共重90余斤，与前面提到的私盐一共重三千数百斤。蔡正坤的3包盐，于九月初六日买自江北厅大江门内朱大保盐店④。

上述情况表明，尽管清政府规定厂店私自将川盐卖给船户，"即严拿惩治"，但在为生活所迫或是巨额盐利的诱惑下，这种规定似乎丝毫没有影响到铜铅船水手的贩私热情，同时也没有对官盐店违法售私行为起到根本的杜绝作用。除何万才37包盐买自不知姓名盐船水手外，其他私盐均买自大兴、合兴、朱大保等官盐店。由此可见，铜铅船水手贩卖私盐固然应该受到谴责，但同时应该受到谴责的还有这些违法售私的官盐店。如果官盐店能够秉公执法，不把食盐卖于这些船户水手，其贩私意图也就可能化为泡

---

① 《林则徐全集》第二册《奏折》，海峡文艺出版社，2002年，第887页。
② 《林则徐全集》第二册《奏折》，海峡文艺出版社，2002年，第886页。
③ 《林则徐全集》第二册《奏折》，海峡文艺出版社，2002年，第886页。
④ 《林则徐全集》第二册《奏折》，海峡文艺出版社，2002年，第1046—1047页。

影。虽然官盐店的秉公执法行为不可能从根本上杜绝铜铅船水手的贩私行为,但至少对其有一定的抑制作用。说到底,这种交易之所以能够完成,不过是铜铅船水手与盐商相互勾结的结果。此外,押运铜铅的官兵也必须对此承担一定的责任。如果没有他们的默许,船户水手与盐商的交易是很难成功的。

5.余论

如何看待清代铜铅京运过程中船户水手的贩卖私盐行为,事关如何评价船私的性质、影响及其作用问题。很显然,简单地用"好"或是"不好"来评价铜铅船水手的贩私行为都是不公正、不合理的。事实表明,铜铅船水手的贩私行为,是众多因素共同作用的结果;该情形之所以难以根绝,又与缉私行为的不协调密切相关。可以说,如果没有官府对铜铅船水手的剥削与压迫,如果没有不合理的盐业专卖制度造成的盐业差价的存在,如果没有官吏缉私的敷衍塞责,也就很难有铜铅船水手贩私行为的存在。因此,无论从何角度来看,发生此类不法行为,铜铅船水手都不应该成为最应该谴责的对象。最应该谴责的是不合理的盐业专卖制度、腐败的官僚体制以及病态官僚体制下各种针对铜铅船水手的压榨与剥削。从根本上而言,铜铅船水手的贩私行为可以说是对现行制度的斗争。它不仅反映了广大民众对于食盐专卖体制的强烈不满,同时也折射出清中叶腐败的官僚体制已经开始步入日暮途穷的终结之道。

(三)流民与私盐

何谓流民?王家范认为,流民"就是脱离社会整合,丧失其原有职业社会角色,游离于法定的户籍管理之外的人口"①。曹文柱的解释是:"中国古代社会一般意义的流民,他们的身份有时非常复杂,可能包括相当广泛的社会阶层,但始终以农民为主体;由于自然的、政治的、经济的或其他重大社会变动的原因,被迫抛离家园,携扶老幼,向自认为可以避难求生的地区流动迁移。"②池子华的定义更为具体,他认为,就流民的含义或者来源而言,流民应该包括以下四种人:丧失土地而无所依归的农民;因饥荒年岁

---

① 王家范:《中国古代的流民问题》,《探索与争鸣》1994 年第 5 期。
② 曹文柱:《关于两晋之际流民的几个问题》,参见赵清主编《社会问题的历史考察》,成都出版社,1992 年,第 332 页。

或兵灾而流亡他乡的农民；四出祈求的农民；因自然经济解体的推动和城市近代的吸引力而流入都市谋生的农民，尽管他们有的还保有小块土地①。可见流民的范围是比较宽泛的。

　　清中叶的流民既包括无地可耕、无业可就的农民，也包括居无定所、飘泊不定的游民。他们都是生活在社会最底层的人，生活、就业毫无保障，有时连最基本的生存条件都不具备。对于他们当中的大多数人来讲，生存也许就是人生唯一的选择和追求。为了实现自己的目标，他们或加入会党，或成为佃农，或流落城市充当乞丐，而贩卖私盐也是其谋求生存的重要手段之一。

　　前文提到，清中叶流民数量的急剧增加，主要是两方面原因造成的：一是因为土地兼并日益严重，导致大量农民丧失土地，从而被迫流离失所；二是因为人口剧增，而农民的就业机会却并没随着人口的增加而增加，结果导致大量人口纷纷失业。下面就这两种情况作进一步分析。首先就第一种情况而言。

　　清初，由于受战争的影响，土地抛荒非常严重，土地集中的现象尚不明显。自康熙中后期起，随着国内战争的平息，被抛荒的土地逐渐得到重新开垦。而且随着农业生产力水平的逐年提高，土地产量也明显增加了不少，投资土地成为势家豪族获取财富的又一重要渠道。正是在此背景下，土地兼并之风开始变得愈演愈烈。乾隆初年，就已经出现了"近日田之归于富户，大约十之五六"②的局面。由于"一家而有数千百家之产"③，其结果导致千百万农民纷纷破产流亡也就在所难免了。

　　清中叶人口的剧增更加速了失地农民的流民化进程。自康熙五十一年（1712 年）起实行"滋生人丁，永不加赋"的赋税政策以后，清代人口出现了一个明显的高涨期。乾隆初年，全国还只有 1.77 亿人口，而到道光末年，人口数量就已经突破了 4 个亿④，一百多年间增加了 2 倍多。人口的剧增远远超出了当时生产力所能承受的程度，给社会造成了沉重的压力，特别是人口与就业机会之间出现了明显的结构失衡，这种情况在农村尤为严

---

①　池子华：《中国流民史·近代卷》，安徽人民出版社，2001 年，第 2 页。

②　《皇清奏议》卷三十，乾隆十三年杨锡绂奏，全国图书馆文献缩微复制中心，2004 年。

③　［清］贺长龄辑：《清经世文编》卷十一《钱维城：养民论》，中华书局，1992 年，第 346 页。

④　《清朝文献通考》卷十九《户口》，光绪八年（1882 年）浙江书局刊本。

重。在失业人口数量日益增加的情况下，被迫无奈的人民只好纷纷向外迁移。自清初到嘉道年间，共出现过三次人口西迁的高潮，结果导致连偏僻的边远地区或山区都同样人满为患。事实表明，即使在侨居之地，农民也并没有找到乐土。

在上述两种情况的共同作用下，流民数量急剧增加。当然，除了农民以外，其他各色人等的流民化现象也是非常严重的。针对当时的情况，有人惊呼："士工商之外，无末业可治，散而游幕，去而僧道，隶为胥役，投为奴仆，流为地棍盐徒，每省不下二十余万人。"[①]

随着流民的不断增加，各种与之相关的社会问题也日益凸显。私盐问题就是其中之一。流民贩卖私盐，通常采取两种途径：一是自己组织起来贩卖私盐；还有一种就是加入盐枭或会党组织，借助武装力量贩卖私盐。在与盐枭和会党的合作过程中，通常可以看到流民自己也逐渐地盐枭化或会党化。有关后一种情况，笔者将在下一章节作详细的考察，在此不作赘述。本章节仅就流民是如何自发地参与私盐贩卖的作进一步分析。

以湖广地区为例。食盐在湖广地区向为仅随粮食其后的重要流通商品。史称："楚南民朴，所需者日用之常资，故富商大贾亦不出于其间。惟米谷所聚，商贩通焉，其余则小肆店而已。盐，集于长（沙），徽商也。"[②]贩卖食盐，往往能获取丰厚的收益，正如乾隆《湘潭县志》曰："潭邑贸易，米谷而外，盐利颇饶。"[③]因此各色人等，都无不视贩盐为利薮。除盐商以外，还有大量的贫民也加入到了贩卖食盐的行列。依据盐法，这些贫民并无贩卖食盐的资质，他们不过是依靠贩卖少量盐斤度日而已，如湖南桂阳直隶州，"贫民负盐以为生者，近万人，衡、湘奔走，不可胜数"[④]。这里提到的贫民，有相当一部分就是流民。湖广原本就是清中叶流民比较集中的地区，因此该地区流民贩卖私盐的情况非常普遍。该地区不仅参与贩私的流民人数比较多，而且其贩私规模也比较大。据吕一群统计，乾、嘉、道年间，"私盐盛行的湖广地区从事贩私游民就有十多万"。而在川、楚、陕交界之地多是

① ［清］葛士濬辑：《皇朝经世文续编》卷三十四《户政六·赋役一》，载沈云龙主编《近代中国史料丛刊》第741册，文海出版社，1972年，第361页。
② 乾隆《湖南通志》卷四十九《风俗·类级·商贾》，乾隆二十二年（1757年）刊本。
③ 乾隆《湘潭县志》卷九《积贮·盐政》，乾隆四十六年（1781年）刻本。
④ 同治《桂阳直隶州志》卷二十《货殖传第十》，同治七年（1868年）刊本。

高山深谷，是清政府统治力量薄弱的地区，大批流民至此或结茅为屋成为棚民，或种空开山，或做运夫等。他们有的组织起来，从河南、陕西贩运潞盐到楚省销售。他们通过各种方式同清政府做斗争，打击巡缉官兵和官盐店。大批流民的存在及其贩私活动，在整个清代都是一种不能忽视的社会力量。由此可见，流民的贩私活动，也是私盐活跃的一个不可忽视的原因①。

三、灶丁、贫民贩私：剥削与压榨体制下的无奈选择

清中叶两淮盐区灶丁与贫民贩卖私盐，通常并非主动行为，而往往是因为生活所迫，是不合理制度因素导致的结果。

灶丁与贫民贩卖私盐，与盐枭、盐商、盐官、缉私兵役等贩卖私盐，从性质上来看有根本性的区别。盐枭、盐商、盐官、缉私兵役等贩卖私盐通常是一种主动行为，其目的通常直指巨额盐利；当然，嘉道年间随着盐商的衰败和缉私兵役生活的日益艰难，也有不少盐商和缉私兵役的贩私行为属于无奈选择，但这只是个别现象，不具有普遍意义，它无法改变盐商、缉私兵役等贩卖私盐的主动性事实。而灶丁与贫民的贩私行为则不同，从根本上而言，灶丁与贫民的贩私完全是因为生活所迫才铤而走险的不得已行为，这些人贩卖私盐往往并非其自身本色。从另外一个角度而言，其行为也是对现行专卖盐业制度的反抗与斗争。食私与产私反映了消费者与生产者作为交换商品双方要求等量劳动互补，以维持简单再生产的必然经济要求②。食盐生产者蔑法售私，是因为"灶户交盐不得值，非透私无以为生"。而广大民众敢于"扞法食私"，实乃"舍贱买贵，人情所难"③。当然，随着灶私、船私的日益活跃，嘉道年间也能看到灶丁、贫民的主动贩私行为。但仔细分析会发现，这个时候的灶丁和贫民从其身份来看已经开始发生了根本性改变，其中有相当一部分人已经开始向盐枭转变，其私盐贩卖行为自然也就由过去的被动变成了主动。

---

① 吕一群：《清代湖广私盐浅议》，《华中师范大学学报》（哲学社会科学版）1991 年第 4 期。

② 鲁子健：《清代食盐专卖新探》，《中国经济史研究》1992 年第 3 期。

③ ［清］贺长龄辑：《皇朝经世文编》卷五十《朱轼：请定盐法疏》，载沈云龙主编《近代中国史料丛刊》第 731 册，文海出版社，1972 年，第 1780 页。

　　灶丁与贫民的私盐贩卖量在清中叶两淮私盐当中占有较大的比例,尽管其危害性相对于枭私、商私而言要小得多,不过它对两淮官盐的破坏却是不容忽视的。无论是灶丁还是贫民,其所贩私盐通常是其他各类私盐的主要来源。因此,从某种意义上讲,没有灶私和船私的活跃,也就不可能有其他各种私盐的猖獗。尽管灶丁与贫民的贩私行为对于官府而言危害性很大,但对于普通老百姓而言,其作用则可谓利大弊小。这种私盐不仅一定程度上可以解决部分穷苦大众的食盐问题,而且对于解决其就业,也不失为一个很好的选择。

第四章 盐枭、会党与私盐：
榷盐体制下的官私之争

一、清中叶两淮盐枭组织与枭私来源

盐枭是私盐领域最为强悍的私盐贩卖组织，而枭私则是清中叶泛滥于两淮盐区最为严重的私盐之一。从政府的角度而言，无论是就其对官盐的冲击还是对社会的危害来讲，在所有的私盐当中，枭私的破坏性都最为严重。研究并剖析枭私的成因、影响及其发展历程，无疑，对于我们深入并全面了解清中叶两淮私盐问题必然会大有帮助。盐枭是贩卖枭私的主体，在了解枭私之前，首先有必要对盐枭有全面的认识。

(一)盐枭成份的复杂性与组织的严密性

1."枭"与"盐枭"

何谓"盐枭"？ 要认识盐枭、理解盐枭，首先必须对"枭"的概念有充分的认识。《辞源》对"枭"有许多不同的解释，其中有一种解释就是专指"旧时贩卖私盐的人"[1]。可见盐枭的"枭"与我们通常理解的"雄豪"还是有区别的。

不同学者对"盐枭"概念有不同的理解。拿日本学者佐伯富的话来讲，盐枭就是指"盐匪"或者"盐徒"[2]。从字面上来看即可知盐枭与"匪"或

---

① 商务印书馆编辑部编：《辞源》，商务印书馆，1988年，第857页。

② 盐枭是一个复杂的社会群体，要准确地界定盐枭，并非一件轻而易举的事，凡研究盐枭问题的学者，都有相同的感受，但欲回避而有所不能。我们不妨先看看几种具有代表性的见解：黄国信指出，盐枭在不同的时代有不同的称谓，唐宋王朝称之为"盐贼"或"盐寇"；元明时期一般称之为"盐徒"；清代则称之为"盐枭"。所谓"盐枭"，指那些武装贩卖私盐者(参见黄国信《食盐专卖与盐枭略论》，《历史教学问题》2001年第5期)；日本学者佐伯富与黄国信有较类似的看法，他认为盐枭是指"盐匪"或者"盐徒"，在宋代也称"盐贼"，在清朝被认为是最难对付的，是近代中国社会中的一个恶性肿瘤(参见佐伯富《清代盐政之研究》，《盐业史研究》1994年第3期)；张小也的解释是："盐枭就是武装贩私者，有组织和武装贩私是盐枭区别于其他贩私形式的两个显著特点。"(参见张小也《清代私盐问题研究》，社会科学文献出版社，2001年，第91页)由此可见，把盐枭界定为"与匪、徒有一定关联的武装贩私者"应该比较合适。

"徒"有一定的关联，而所谓"匪""徒"恰恰又是清代中晚期帮会的主要来源之一。由此可以认为，盐枭指的就是那些武装贩卖私盐的"盐匪"或"盐徒"。但又不能完全将盐枭等同于匪徒。盐枭虽然与匪徒一样，都以武装为后盾从事不法勾当，但就两者的活动性质而言，还是有明显区别的。匪徒通常是无恶不作，无所不从，偷、盗、抢、掠，几乎样样精通；而盐枭则不同，其违法行为通常仅限于盗卖私盐一项。当然，并不排除也有个别盐枭从事其他不法勾当的事实，但此并非普遍现象。盐枭虽然多为亡命之徒，但其中也有些本性并不恶劣，只是迫不得已才铤而走险的人[①]。而且有些盐枭甚至与匪徒并没有多大联系，他们只是"无食之游民，聚则为枭，散则为良，比之盗贼则有间矣"[②]。一言以蔽之，盐枭有"匪""徒"之名，但并无"匪""徒"之实。

盐枭自古即充斥于长江、两淮地区[③]，如康熙后期，"淮阳一带地方，有山东、河南流棍，聚集甚多，兴贩私盐。其中各有头目，或率党数十人，或率党一二百人，横行白昼"[④]。他们之所以被官吏称为"盐枭"，是因为"枭私者出于所在之私贩，以其剽鸷，而谓之枭"[⑤]。时至清代中晚期，江淮地区更是盐枭充斥，其活跃程度达到了前所未有的规模。

盐枭贩私与灶丁、平民贩私的明显区别在于：盐枭不仅人多力众、组织严密、分工明确，而且他们还与会党相勾结，武力对抗于清政府。下面以两淮盐区为例，就盐枭的形成、发展以及其私盐贩卖的变化趋势等作简单介绍。

2.盐枭成分的复杂性

所谓"盐枭成分"，就是指盐枭内部的组织构成。没有谁与生俱来就是"枭"，之所以成"枭"，往往是因为形势所迫，或者是生活环境所逼。这其中既有肩挑背负之民、船户水手以及游民等，也有地痞无赖或混棍豪徒之人。

---

① ［清］陶澍：《陶云汀先生奏疏》卷四十六《推广淮北票盐折子》，载《续修四库全书》第499册，上海古籍出版社，1999年，第739页。

② ［清］陶澍：《陶云汀先生奏疏》卷二十九《筹议盐务大概情形折子》，载《续修四库全书》第499册，上海古籍出版社，1999年，第314页。

③ 吴善中：《客民·游勇·盐枭——近代长江中下游、运河流域会党崛起背景新探》，《扬州大学学报》（人文社会科学版）1999年第5期。

④ 故宫博物院明清档案部编：《李煦奏折》，中华书局，1976年，第129页。

⑤ 光绪《重修两淮盐法志》卷一百五十五《杂纪门·艺文三》，光绪三十一年（1905年）刻本。

除此之外，小商贩、考试武生以及盐务兵弁等，也与盐枭有密切的关联。就其要者而言，盐枭主要来源于以下几个方面：

第一，贫民无产者。贫民无产者包括两种人：一是脱离了国家户籍管理的游民和流民，这些人是真正的"无产者"；另一种则是依然处于国家户籍管理之内的肩挑背负之民，这些人可能还有一定的家产，但其家产并不足以维持生计。这两种人身份虽然不同，遭遇却极为相似。前文提到，雍正以降，清代人口出现了一个明显的增长趋势，乾隆初年至道光末年的一百多年时间里，全国人口增加了 2 倍多。两淮地区作为全国人口较为集中的一个区域①，其增速更是非常惊人，总体而言远远超过全国人口平均增速。随着人口的不断增长，在原有生产力的基础上，人口剩余问题显得日益严重。清中叶，政治腐败，社会黑暗，越来越多的农民在统治阶级的剥削和掠夺下失去了他们赖以生存的根基——土地，而不得不沦落为流民或游民，过着极为悲惨的生活；而那些老弱病残或是鳏寡孤独之民与流民、游民有着共同的命运。为了生存，这些人不得不组织起来通过贩卖私盐来维持生计。这些人也就是所谓的"盐枭之所以为盐枭，有迫之所然者也"②。如"查（江西）宁都距福建之厅州二百余里，贩私者悉是无业穷民，计往还需六七日，可赚制钱百余文，养赡度日，获利无几。一被抢去，则举家无措。所以近来多结伴而过，盐兵束手无策"③。再比如"（吉安府）信定人何经先、邱添等人，曾于嘉庆二十四年（1819 年）正月一同到泰和一带挑卖粤盐。二十五年（1820 年）三月，何经先又邀同王仲三、陈定胜等人，在泰和地方搭篷销私，还陆续窝留王泽和等人的私盐，自四五十担、七八十担不等，代

---

① 根据《清朝文献通考》和《户部清册》的记载进行统计，乾隆十四年（1749 年），两淮地区（出于方便计算的需要，本处所指的两淮地区涵盖了江苏、安徽、河南、江西、湖南、湖北的全部范围）六省人口为 71343966 人，占全国人口总数的 45.07%；嘉庆二十五年（1820 年），该地区人口猛增至 169868748 人，它在全国人口总数当中的比例也上升到了 45.43%；道光年间该地区人口增长速度尽管有所下降，但从总体上来看人口依然继续呈增长趋势。道光三十年（1850 年）该地区人口达 184559730 人，占全国人口总数的 42.68%（参见杨子慧主编《中国历代人口统计资料研究》，改革出版社，1996 年，第 1138—1139 页）。对照其他研究成果，比如葛建雄主编，曹树基著的《中国人口史》，笔者发现上述统计数字可能有缺漏或不精确之处，但人口数量的急剧增加却是不争的事实。

② ［清］何良栋辑：《皇朝经世文四编》卷三十《户政·盐课》，载沈云龙主编《近代中国史料丛刊》第 761 册，文海出版社，1972 年，第 337 页。

③ 道光《宁都直隶州志》卷十六《驿盐志》，载刘锋、赵之谦等纂《中国地方志集成》第 80 册，江苏古籍出版社，1996 年，第 253 页。

为售卖,每担取用钱八十文,嗣闻差拿散伙"①。以上何经先、邱添、王仲三、陈定胜等人都曾是贫民无产者。为了生存,这些人不得不组织起来共同贩运粤私于江西中、南部地区。这些人除窝贩私盐外,还结盟拜会,抢夺勒赎。到后来发展为地地道道的私枭之陡,并与会党相勾结,共同贩卖私盐。

　　肩挑背负之民也是盐枭的一个重要来源。最初,肩挑背负之民只是零星的贩卖一些私盐,后来在利益的诱惑下,不少肩挑背负之民开始逐渐向盐枭转化。前文提到,清初规定"十斤以下不为私贩",雍正、乾隆年间则规定"贫穷老少男妇挑负四十斤以下者,概不许禁捕"②。于是,盐场附近的老少男妇,就藉此为由大量贩卖私盐,"行销淮盐各府州属正引各地,老少男妇背负筐提之盐,接踵连肩,城乡村镇,沿途摆卖……江广等处情形大致相同……江西私贩竟于肩担上插一小牌,上写'奉旨'字样"③,于是,"日久弊出……老少之生计,变为私枭之利薮"④。盐枭直接向老少男妇购买零盐,嘉庆二十四年(1919年)正月,吉安府盐枭走私案"陈定胜、王仲三、王泽和等在泰和县搭篷销私",就是因为"该处附近老少男妇挑卖零盐甚多"⑤。当然并非所有的肩挑背负之民都会组织起来与官府相对抗,以武力贩卖私盐,也有不少"无业小民肩挑背负私盐",纯粹是为了"藉以聊生"⑥。

　　第二,夹缝中生存的小商贩和随时都有可能被大盐商吞并的小盐商。这里所讲的小商贩包括两者人,一种是从事盐业贸易的小商贩,另外一种是从事其他贸易的小商贩。就前者而言,小商小贩贩卖私盐,湖广、江西与邻盐相交的府县是非常普遍的现象,如江西建昌府与闽省交界的南城、新城等县小商小贩就非常集中。据《南城县志》载:"江西建昌一府,向无开设

---

① 中国第一历史档案馆藏:《朱批奏折》(财政类·盐务项),道光二年二月二十八日,江西巡抚毓岱。

② 《清朝文献通考》卷二十九《征榷》,光绪八年(1882年)浙江书局刊本。

③ 光绪《两广盐法志》卷二十九《缉私》,道光十六年(1836年)刊本。

④ 光绪《两广盐法志》卷二十九《缉私》,道光十六年(1836年)刊本。

⑤ 中国第一历史档案馆藏:《朱批奏折》(财政类·盐务项),道光二年二月二十八日,江西巡抚毓岱。

⑥ 乾隆《信丰县志》卷四《食货志·盐法》,载刘锋、赵之谦等纂《中国地方志集成》第77册,江苏古籍出版社,1996年,第77页。

官店，淮商由大江运盐至省城，转付水贩认领，行销该水贩，惟利是图，既得以开店，逐不无假公行私，势必收买私贩，藉端售卖，滋弊无穷……"
"各县遇金小贩，如捕寇贼，甚至聚哭府庭，死不肯去"①。这些小商小贩的贩卖活动，必然会与大盐商产生摩擦冲突，并最终被其所排挤。在此情况下，小商贩们被迫联合起来，或是直接加入盐枭组织，依靠武装力量贩卖私盐，与大盐商相抗衡。从事其他小本买卖的小商小贩也是盐枭的一个重要组成部分。这种人贩卖私盐，多半是出于获取盐利的目的，比如，嘉庆二十四年（1819年），淮北盐区破获的一起盐枭走私案，其主犯钟平就是"向在海沭贩卖咸鱼"的小商贩，因"贩鱼不能获利"，所以才"起意结伙收买老少零盐囤积僻处，运赴安徽转卖"②。案例十二中提到的私贩李兴泰也是一名小商贩，李兴泰"因正值回空粮船南下，销盐容易，起意各自出本钱合伙贩卖"③。

第三，混棍豪徒。混棍豪徒其实就是地方上的地痞流氓，这帮人平日就无恶不作，整天靠抢掠为生，私盐利润丰厚，自然也避免不了成为他们抢掠的对象。久而久之就演变成了积惯私盐贩，有的后来甚至加入了会党组织。有关混棍豪徒的贩私行为，早在顺治年间，两淮盐区的某些地方就有"地方土棍，串同满兵，车牛成群，携带弓矢，公然贩卖私盐"④的记载。雍正年间，李澄在《淮鹾备要》提到："雍正六年（1728年）……闻淮安及通、泰二州，近场各镇，皆有豪棍挟赀，平日收召亡命，船载骡驼，贱买堆积。一俟粮座等船北下，或泊无人之境，或约昏夜之时，运帮装载，从此出江，直达江广。所在兵役，见其船多人群，力不能敌。虽奉公搜查，亦虚应故事。"⑤康熙后期，"淮阳一带地方，有山东、河南流棍，聚集甚多，兴贩私盐。其中各有头目，或率党数十人，或率党一二百人，横行白昼"⑥。李澄在谈到私盐

---

① 同治《南城县志》卷三之五《鹾政》，载刘锋、赵之谦等纂《中国地方志集成》第55册，江苏古籍出版社，1996年，第193页。

② 中国第一历史档案馆藏：《朱批奏折》（财政类·盐务项），嘉庆二十四年五月二十五日，两江总督孙玉庭。

③ 中国第一历史档案馆藏：《朱批奏折》（财经类·盐务项），嘉庆二十四年六月二十五日，两江总督孙玉庭。

④ 周庆云纂：《盐法通志》卷二十二《法令门·禁令》，载于浩辑《稀见明清经济史料丛刊》（第二辑）第16册，国家图书馆出版社，2012年，第565页。

⑤ ［清］李澄：《淮鹾备要》卷五《盐之害·缉私堵私》，道光三年（1823年）刻本。

⑥ 故宫博物院明清档案部编：《李煦奏折》，中华书局，1976年，第129页。

种类时进一步指出：除枭私、邻私、船私和粮私外，两淮还有所谓的江船淹消之私和渔船腌切之私。淹消补运，原系对过江过湖之盐船，因为遇暴风躲闪不及而造成食盐淹消的补损。而一些奸诈的船户则利用这一规则，故意将盐随路盗卖，后把船弄沉，再捏报淹消。也有一些盐船中途确实进了水，原本是可以抢救的，而船户水手却乘机盗卖，全报淹消。还有更为严重的情况，沿江棍徒一旦看见盐船搁浅，即"驾小船蜂拥而来，名为救护，实则搬抢"，大为盐法之害①。江西德兴县香屯地方，与婺源县小港口连界，也通常有棍徒越贩浙私，侵害淮引②。

　　第四，乡试考生。乡试考生本身并非盐枭，但其贩卖私盐的性质却胜似盐枭。因此，从某种意义上讲，乡试考生也可以看成是盐枭的一个重要来源之一。清初，最为人熟知的私盐是灶私、枭私、邻私等，但到了清中叶以后，随着私盐的日渐严重，私盐种类也越来越多，出现了所谓的"考私"。考私是指"童生应试藉考夹私"③也。江南地方，凡参加乡试的考生，其船向来就有勉受稽查的权利。于是一些不肖子弟就以此为掩护，夹带私盐。每到乡试年，"各考船乘机兴贩，肆无忌惮"。一开始只是一次夹带一包或数十包不等，到后来发展到"一船至七八百包，或一人缆四五号船"的地步。"明目张胆，沿街洒卖"。结果造成"上元江宁食岸，官盐片引不销"④。更为严重的是，还有部分考生与盐枭相勾结，或者说考生为盐枭所雇用，甚至加入盐枭组织，共同贩卖私盐。也有部分胆大的考生，为了达到兴贩私盐的目的，公开与政府相对抗。苏北地方就曾发生过这样一起案件："九月初四初五等日，即有武生吉至平、汤俊良、吉殿邦等不复盘查，放箭闯关……至十一、十二等日，船愈聚愈众，船内无不带盐，满装重载，结对横行，经会德鳞禀明后，传之该考生，给价收盐，令其先行挂号，不料内有盐城武生仇茂森，混名仇闯王，竟敢鸣罗倡首拒捕。因时值顺风，欲将涵口码头船冲开，以便扬帆直闯，该考生等张弓搭箭。满布河岸各船户约千余人，亦搬运

----

① ［清］李澄：《淮鹾备要》卷五《盐之害·缉私堵私》，道光三年（1823 年）刻本。
② ［清］凌焘：《西江视臬纪事》，《条教·三十九》，乾隆八年（1743 年）剑山书屋刻本。
③ ［清］庞际云：《淮南盐法志略》卷十《杂案·武生藉考贩私禀》，同治十二年（1873 年）淮南书局刊本。
④ ［清］庞际云：《淮南盐法志略》卷十《杂案·武生藉考贩私禀》，同治十二年（1873 年）淮南书局刊本。

瓦石，任意抛掷。"①其场面之壮观，可想而知。结果造成多名兵役受伤才告结束。武生中也有一人被扎伤至死，这人不是别人，正是聚众闹事的首犯仇闯王仇茂森。仇茂森何许人也，竟敢如此胆大妄为？后经官府调查才知道，原来仇茂森系当时有名的盐枭仇文杰之子。该案例表明，当时武生贩卖私盐是多么嚣张，情节是多么严重。他们虽然不是盐枭，却胜似盐枭，甚至比盐枭有过之而无不及。道光初年，江苏如皋、南通、扬州、盐城、阜宁等州县，曾查获多起武生贩私案件，抓获私贩十多名，并缴获私盐三万多斤②。

此外，捻匪、会匪及船帮等也是盐枭的重要来源。捻匪、会匪与盐枭的关系问题，本书将在下一章节中予以详细阐述，有关船帮与盐枭的关系，在此也只能作一个大概的推断。清代木帆船中的船户都带有地方性，由于远途运输越来越发达，加上乡土关系的作用，船户背乡离港，客处异地，经常流动，为了能在客籍港停泊方便和寻找货源，出现了船民组织，继而发展成为船帮。以江西为例，其内河船帮通常以地域为基础，一般以原籍港的港名或河流来命名，如赣州帮、吉安帮、广信帮等。船帮是清代江西漕运的支柱。上文提到，历史上有漕船回空私运食盐的记载，即所谓的漕私。清代漕私和船帮肯定是有关系的，但当时的船帮是否就是"盐帮"，由于资料的缺失，不得而知。从上面的记载来看，我们只能说船帮或许正是盐帮（即盐枭集团）的重要来源之一。

"咸同兵燹"以后，盐枭来源更为广泛。19 世纪 50 年代初期爆发的"咸同兵燹"，即太平天国农民起义，历时十余年，转战大半个中国。尤其在西至湖广、东至上海的长江一线及其腹地，太平军与清军展开了殊死的战斗。因此，包括鄂、湘、赣、皖在内的两淮盐区，成了当时中国社会战乱最严重的地区。战争的破坏致使淮盐运道梗阻，引岸丧失、运商星散、盐销不畅、场盐堆积，一些灶户被迫停煎，大量的运丁、灶丁纷纷失业；与此同时，两淮所在的长江中下游地区又是清政府的漕运要地，这里成为军事上角逐的场所，漕粮河运与盐场一样同样无法进行，数以万计的纤夫、舵工与盐船运丁、盐场灶丁一样，也失去了赖以谋生的饭碗，他们除一部分人加入了太

① ［清］庞际云：《淮南盐法志略》卷十《杂案·武生藉考贩私禀》，同治十二年（1873 年）淮南书局刊本。
② 方裕谨：《道光初年两淮私盐研究》，《历史档案》1998 年第 4 期。

平军、捻军或是"追随曾国藩的军队"①外，更多的人则聚集到两淮盐场，组成了具有黑社会性质的盐枭组织——安清道友，即青帮。上述情况表明，"咸同兵燹"以后，组成盐枭队伍的成份又增加了盐务官丁、灶丁及纤夫、舵工等。

由此可见，清中叶，盐枭的成份是极其复杂的，既包括因生活所迫而走上贩私道路的贫民无产者、小商贩、纤夫、灶丁、舵工和漕船水手，同时也包括部分追逐巨额盐利的混棍豪徒、乡试武生、捻匪、会匪及盐务官兵等。如此复杂的枭私成份，一方面说明清代两淮盐枭走私的普遍与猖獗，另一方面也表明当时官府所推行的榷盐制的不得人心。

不过有关盐枭的成份问题，如果笼统地认为它来源于下层民众是不科学的。事实上盐枭的组成成份在前后期是有所区别的。所谓"前期"主要指道咸以前，而道咸以后则叫"后期"。笔者之所以以道光为界，将清代私盐，特别是枭私的发展分为两个阶段，主要是基于以下几点考虑：首先，道光年间是清代盐法变革的一个重要历史时期。道光十二年（1832年）的票盐制改革，从根本上改变了清政府沿袭了数百年的盐业专卖制度，尽管票盐制持续时间非常短暂，其影响范围也十分有限，但它对道光以后两淮盐业经济发展的影响却是深远的。更为重要的是，票盐制改革的目的原本就与私盐的盛行密切相关。其次，道光末咸丰初年爆发的"咸同兵燹"，对改变盐枭队伍的成份，也起到了非常关键的作用。最后，同时也是最为重要的一点，那就是，道咸年间，漕运由运河改为海道②对后来盐枭队伍的发展是最为重要的。

由此可见，道咸以前的盐枭，多来源于因生计所迫的普通平民百姓（主要是所谓的肩挑负贩者）、灶丁、兵役等，而道咸以后的盐枭则主要由失业的漕船水手、纤夫等组成。

3.盐枭组织的严密性

盐枭不仅成份复杂，而且组织严密，分工明确。为了贩卖私盐，他们大

---

① ［日］长野郎：《中国社会组织》（中译本），光明书局，1930年，第274页。

② 漕运由运河改为海道的确切时间说法不一，最早起于道光五年（1825年），到咸丰三年（1853年）全部运河漕运停止，因这时太平军定都南京，控制了扬州等处的运河交通，太平军不允许青帮继续为清廷运输漕粮。但到光绪十二年（1886年），漕运重开。嗣后轮船、火车运输兴起，取代了运河木船，至光绪二十七年（1901年），漕运终于停止（参见郭绪印《清帮秘史》，上海人民出版社，2002年，第158页）。

都拥有船只和车辆。为了抵抗官方武装，同时还配备有各种武装。近世名臣包世臣对此曾有详尽的描述："枭徒之首，名大仗头，其副名副杖头。下则有秤手、书手，总名曰当青皮。各站马头，私盐过其地，则输钱，故曰盐关。为私贩过秤，主交易，故又曰盐行。争夺码头，打仗过于战阵。又有乘夜率众杀贼者，名曰放黑刀。遣人探听，名曰把沟。巨枭必防黑刀，是以常聚集数百人，筑土开濠，四面设炮位，鸟枪、长矛、大刀、鞭槌之器毕具。然相约不拒捕，非力不足也，知拒捕则官兵必纷败，恐成大狱，阻坏生计耳。……大伙常五六百人，小亦二三百为辈，皆强狠有技能。"[1]有的盐枭组织人数甚至多达数千计[2]。由此可见，盐枭集团不仅组织严密，而且力量强大。枭私正是借助如此强大的武装力量才敢于与官府相对抗。正因为如此，盐枭组织才最终会发展到像元明时期张士诚、方国珍起义那样的规模。清代两淮盐枭集团虽然没有发展到那种地步，但盐枭的泛滥确实也给官府制造了许多麻烦和事端。他们不仅贩卖私盐，有时还从事其他非法勾当。如道光二十四年（1844年）五月，江西德兴县盐枭刘凤保等被压往饶州府审讯，行至乐平县上田嘴地方，被同匪徐高保、徐张龙等夺逃。徐高保等人，原系听从叶添富打差之人。这帮人无恶不作，既贩卖私盐，同时也抢夺商旅财务，沿河从事各种诈骗活动。徐犯等人的这些不法行径，不仅给乐平县一带的盐务带来了很大的危害，同时还使得"乐平一带几成商旅畏途"，严重影响了这一带的商业贸易往来[3]。道光年间的两淮私贩黄玉林案更是一个典型例证。黄玉林"原系仪征贩私流犯，在配逃回，复贩私盐"，他以老虎劲地方水码头为汇集筹运之地，以湖北阳罗、江西蓝溪两省交界地方为屯嗣发卖之处，每次运送私盐以数百引计，各路关隘之处皆有受贿之巡役，以致明目张胆，任其往来。他在看到两淮运使王凤生有关"贩私之人准其自首免罪"的告示后，因害怕自己贩私罪名太大，情愿自行投首，于是带同伙犯伍步云等并盐船赴官自首，并协助清政府缉拿其他枭

---

①　［清］包世臣：《包世臣全集》卷三《庚辰杂著五》，黄山书社，1993年，第69页。

②　［清］盛康辑：《皇朝经世文续编》卷五十《王赠芳：请更定盐法疏》，载沈云龙主编《近代中国史料丛刊》第838册，文海出版社，1972年，第5475页。

③　［清］吴养原编：《吴文节公遗集》卷四十三《公牍·批饶州府详获犯讯供由》，载《清末民初史料丛书》第31辑，成文出版社，1968年，第1158页。

贩①。尽管他配合清政府缉拿了不少私贩，但最终还是被正法，与此同时，负责处理该案的两淮总督蒋攸铦也因之而丢了乌纱帽。有关该问题，本书将在下一章节中予以具体介绍，在此不作赘述。

盐枭集团有组织地公开大规模贩运私盐，任意践踏引地界限，并把矛头指向官兵和官盐店，这不但是对政府及其实行的榷盐制度的反对与冲击，而且也是这一时期商品经济发展的产物。反映了商品经济的发展反对人为分割市场，要求各地走向统一的趋势。该活动的存在与发展，反过来又推动了商品流通和交换的进步，促进了两淮各省盐业贸易的繁荣，成为我国传统社会晚期商品经济领域里一个不容忽视的重要角色。

（二）枭私的来源

清中叶两淮盐区盐枭走私的食盐来源途径很多。最为常见的是从各种可以合法或非法获得食盐的私贩手中购买，或是直接购自灶户、场丁，或购于肩挑负贩的老少男妇、船户水手、乡试考生，或是购自盐官、盐商、盐务兵丁等，甚至公开抢夺。概括而言大致有以下几类：

1.盐场漏私：枭私之源

在盐场，直接与食盐打交道的有三种人：生产食盐的灶丁、收购食盐的场商、管理盐场生产的场官。因此，盐场私盐的透漏，通常也来源于三个方面：一是灶丁的私煎私卖；二是场商私贩官盐；三是场官与盐枭相勾结。

第一，灶丁的私煎私卖是盐枭所贩私盐的主要来源之一。灶私历来就被称为私盐之源，早在顺治年间，两浙巡盐御史祖建明就曾指出："私贩之源，尽出场灶。"②不仅枭私多半来源于灶私，其他各类私盐，包括官私、商私、邻私等，也通常无不以灶私为源。难怪陶澍会说："私贩私带之盐，皆出于场灶。"③两淮盐区盐枭所贩私盐，有相当一部分也正是出自场灶之手。

清中叶，灶丁私煎私卖食盐的现象非常突出，尤其以两淮及两广盐区的灶丁最为典型。尽管清政府自开国之初即制定法律严加禁止，但是，随

---

① ［清］陶澍：《复奏筹办巨枭黄玉林等大概情形折子》，载《陶澍集》（上），岳麓书社，1998年，156—159页。

② ［清］盐务署辑：《清盐法志》卷一百六十三《场产门·两浙》，载于浩辑《稀见明清经济史料丛刊》（第二辑）第8册，国家图书馆出版社，2012年，第167页。

③ ［清］陶澍：《复奏筹议稽察场灶章程折》，载《陶澍集》（上），岳麓书社，1998年，第307页。

着官府对灶丁剥削的日益加重,其私煎私卖的现象有增无减。他们不仅将纳官后所余的浮盐私卖,甚至常私卖正盐,拖欠官课,致使官课亏损。灶丁之所以贩卖私盐,除了官府和盐商的剥削以外,还与其生活的艰辛密切相关。他们从事的是比耕作更苦之活,但在重重盘剥之下,却竭一日之力,不足以敷一日之食。沉重的负担,微薄的收入,加上难以预料的天灾,常使灶户无计资生,迫使他们不得不铤而走险,贩卖私盐。正如包世臣所言:"夫盐法最著者,透私,而私之所以不可止者,在科则之征于商也太重;而场商之灶户也太刻。灶户苦累,非卖私无以自赡。"[①]灶丁私卖食盐的方式主要有以下三种:一是直接透漏私盐。清中叶,两淮各盐场产盐有定额,由于盐商的衰败,"商人力疲课绌,不能及其收买"[②],于是灶丁就把煎晒好的定额之内的盐偷卖出去。二是偷卖扫积余盐。灶丁将成石的食盐卖给场商,将零散的食盐偷偷地积累起来,等到有机会再将其偷卖出去。乾隆五十五年(1790年),临兴场附近就曾破获多起灶丁透漏扫积余盐的案例:临兴场灶户朱有才、李枢、王谦等人,先后多次将扫积余盐卖给盐枭马玉、李二、孙三、顾文学、郑二等人,共计私盐二万多斤[③]。三是勾结场官兵役售私。清中叶,两淮盐场不少官员贪于私盐之利,往往纵容甚至参与灶户的贩私活动,更使灶丁走私盛行。

由此可见,灶丁贩私与官府、盐商的压榨是分不开的。官府与盐商的剥削与压榨,导致灶丁所产之盐成本太高,而盐价却过低[④]。灶丁为了生存,不得不透漏私盐。他们与盐枭及其他盐贩相勾结,将所产之盐偷运出去。两淮盐枭们也正是通过上述方式取得他们所需私盐的。当然,有些私盐并非直接购自场灶,而是通过其他方式转手购得。

第二,场商私卖官盐。场商透私与清中叶盐商的衰败和没落直接相关。乾、嘉、道年间,腐败的吏治加重了盐商的负担,加上当时整个国民经济又不景气,受其影响,多数盐商趋于没落,特别是运商衰败严重,"商人纳

---

① [清]包世臣:《包世臣全集》,黄山书社,1993年,第176页。

② 《皇朝政典类纂》卷八十二《盐法·十三》,载沈云龙主编《近代中国史料丛刊》第880册,文海出版社,1998年,第417页。

③ 中国第一历史档案馆藏:《朱批奏折》(财经类·盐务项),乾隆五十六年五月二十二日,安徽巡抚朱珪。

④ 淮盐场价每斤仅一二文或三四文不等,而运至汉口,再分销其他地方,"近者六七十文,远者竟需八九十文不等"。

课不前，日甚一日"，已经到了"山穷水尽，不可收拾"的地步①。运商没有资本运购官盐，结果导致场商收购食盐后卖不出去，食盐收购越积越多，必然影响到其生计。为生活所迫，他们只得将大量官盐流通到黑市上，充当私盐售卖。清王朝兴盛时期，财政充裕，场商收购食盐而未能卖出时，可用运库的钱银收购。清中叶，政府财政紧张，当场商无法全部收购灶丁所产食盐的时候，场商得不到任何补贴，不得已只好通过大量出售私盐来维持生计，即所谓的"从前私枭充斥，每因地方乏盐，得以乘虚而入，晒扫各场民，亦因商不收货，盐无出路，不得已而偷漏于枭"②。

　　第三，盐枭与盐场官兵相互勾结，盗卖私盐。作为清政府委派到盐场管理食盐生产的盐场官兵原本是执法者，可他们为什么要参与到私盐贩卖过程中去呢？这其中自然有利益因素在内。如果说清初盐场官兵贩私是因为受利益因素诱惑的话，那么，清中叶以后其贩私行为则主要与整个盐业经济体制的逐渐衰败密切相关。盐场官兵与盐枭相勾结，相互盗卖私盐，表现在两个方面：一是直接参与走私，即"盐徒贩私，皆奸民与场丁交通，奸民利得贱盐，场丁利其售货。其私贩所至之地，又必有窝家"③；另一种情况是盐务官兵得贿纵私，相关情况前文有所阐述，在此不再重复。

　　对此，清政府曾多次下令，督促盐场官吏严加监督，然而并未起到应有的效果。两淮盐场遍布，官府不可能时刻提防，自然给私煎私卖以机会。但在许多时候，灶丁、场商私卖盐货，同盐场官吏的失职不察，甚至纵私是分不开的。盐场官吏的纵私，使本来就很难控制的私煎私卖现象更为严重，灶丁、场商隐匿的私盐更多。而这些私盐正好成了盐枭连续不断的私货之源。

2.官盐运输途中被盗卖或违法销售官盐

　　盐枭与船户、盐商相勾结盗卖官盐，在两淮盐区是司空见惯的事情。

　　首先以船户透漏私盐为例。清中叶，两淮盐区运送官盐的船户为什么要冒险盗卖官盐呢？其实也是迫于无奈的选择，作为运商的船户盗卖私

---

　　①　［清］陶澍：《会同钦差筹议两淮盐务大概情形折子》，载《陶澍集》（上），岳麓书社，1998 年，第 163—164 页。

　　②　［清］陶澍：《淮北票盐试行有效请将湖运各畅岸推广办理酌定章程折子》，载《陶澍集》（上），岳麓书社，1998 年，第 218 页。

　　③　［清］贺长龄辑：《皇朝经世文编》卷五十《徐文弼：缉私盐》，载沈云龙主编《近代中国史料丛刊》第 731 册，文海出版社，1972 年，第 1805 页。

盐,其目的主要是为了弥补运输费的损失。"盐船乃船户私产,凡造船成本,大约每装一石,须工料银一两,其船用至十年,必须拆卸重造,是以造船本银,须作十年长算……"①。而且清中期与前期相比,每只盐船所载盐引数大为减少,而转运周期却明显延长,"官船旧时受载,大者三千引,小者亦千余引。每引水脚银一两,一年受载两三次……今船一载,需年半乃能回空,而船式如旧。大船才受七八百引,小者三四百引,水脚如旧……"②,所有这些因素都增加了运输成本,久而久之,导致船户亏损越来越严重。为此佐伯富曾作过一个初步的估算,其计算的结果是驾驶一艘 3000 石的航运船每年要亏损 1070 两银两。这是以一年一运计。而从道光开始,盐政崩溃后改两年一运,亏损则达近 3000 两③,再加上船户从商人处又很难收到运费,因此只好通过偷运私盐来弥补其损失。

船户盗卖私盐,其贩运方式五花八门。其一,谓之"买砠放斥",即当运商将盐运出场灶前往仪征解捆按引装包时,当地船户、埠头、捆工等人串通兹弊,每包多装,而在运输途中再次改包,将多装之盐取出私卖给沿途盐枭。其二,谓之"跑漏"。盐商运送引盐之时,沿江各地藏有大量收买船私的枭徒,他们在收买到私盐后,或由支河港汊偷运出江,或由海运转至长江偷运上江船,或向驳船运官盐之屯船户收买偷爬盐斥装载赴岸④。其三,谓之"跑风",即江船载盐时,"每船装官盐十之五六,余舱尽以装私"。其四,谓之"淹销补运"。即"船既装盐,将全引一船之盐分为三四船,遇有一船遭风失浅,即捏报全引淹销,将并未失事之二三船亦请补盐,既得照例免课,又得通纲津贴,到岸之后,并得提前先卖……是以一引而换数引,明目张胆之私也"⑤。此外,船户有时还"窜通商伙商厮私带盐斥,沿途逗留盗卖,或捏报淹消,或私自折回,购买私盐复行运往,转辗耽延"⑥。也就是说,船户与商伙商厮相勾结夹私,在到口岸的沿途,一边停泊,一边盗卖。

　　① 〔清〕盛康辑:《皇朝经世文续编》卷五十一《周济:淮鹾问题》,载沈云龙主编《近代中国史料丛刊》第 838 册,文海出版社,1972 年,第 5676 页。
　　② 〔清〕包世臣:《包世臣全集》,黄山书社,1993 年,第 70 页。
　　③ 〔日〕佐伯富:《清代盐政之研究》,《盐业史研究》1994 年第 2 期。
　　④ 方裕谨:《道光初年两淮私盐研究》,《历史档案》1998 年第 4 期。
　　⑤ 〔清〕陶澍:《再陈淮鹾积弊折子》,载《陶澍集》(上),岳麓书社,1998 年,第 160 页。
　　⑥ 〔清〕陶澍:《酌定楚西盐船到岸限期并要员巡缉以杜来带盗卖各弊折子》,《陶澍集》(上),岳麓书社,1998 年,第 186 页。

他们不仅夹带私盐,有时连运输的官盐也全部卖掉。这时就谎报混有泥沙,或被淹掉,借以蒙混过关。那么这些被盗卖的私盐到哪里去了呢?除小部分直接流落到消费者手中外,剩下的大部分被盐枭收购了。史料记载也印证了这一点:"(船户)开江以后,沿江沙洲,聚集枭徒,收买各场透漏之盐。"①盐枭收购私盐,其目的不言而喻,直指高额盐利也。

再来看看盐商是如何盗卖私盐的。清初,盐商作为清王朝财税的主要承担者之一,备受关注,在盐官和清帝的大力支持下,他们得以垄断厚利,至乾隆年间,终于发展成为挟资千百万的巨大封建商业资本集团。其经济实力和政治影响远远超过前代。然而嘉庆以后,这个曾风云一时,与清王朝在经济上、政治上有着千丝万缕联系的商业资本集团,随着私盐的泛滥开始急剧衰落,至道光时终于纷纷破产。盐商的没落迫使其从专卖权的经营主体异化为私盐贩子。专商违法行私,主要是对沉重的封建义务和官府敲诈勒索要求价值上的补偿,但正是这种行为刺激了枭私的发展。

商人走私,名目繁多,有所谓的"包内之私",即捆盐出场多带重斤;还有"放生",即官商将船上的官盐全部卖掉,然后将船凿沉以灭其偷卖之迹。此外还有"过笼蒸糕"等不同名目的私盐。盐商盗卖私盐,是官府所不能容忍的。为了达到其占尽余利的目的,于是盐商与盐枭相勾结,两者互为表里。或买枭贩之私,辗转取利;或卖私于枭贩,直接营利。也有的盐商在临近两淮行盐地边界(如吉安府附近等),大量开设盐店,作为私盐侵入的据点。如"今浙闽川粤及长芦之商,乃于淮盐接界地僻人稀之处,广开盐店,或五六座,或十余座,至数十座不等,多积盐斤,暗结枭徒,勾通兴贩"②。还有的甚至直接加入盐枭组织,共同贩卖私盐。

两淮与邻盐相交的边境各县邻私的入侵,也为枭私提供了充足的来源。

为加强对盐业的管理,清政府对食盐的行销区做了严格的规定。但是,清政府的这些人为规定因其本身存在诸多弊端而无法维持下去,冲破这些限制的越界私盐也就越来越多。越界私盐通常有两种情形:一种是在

---

① 〔清〕盛康辑:《皇朝经世文续编》卷五十一《蒋攸铦:筹议缉私以疏官引疏》,载沈云龙主编《近代中国史料丛刊》第838册,文海出版社,1972年,第5555页。

② 周庆云纂:《盐法通志》卷十一《疆域十一·经界一》,载于浩辑《稀见明清经济史料丛刊》(第二辑)第16册,国家图书馆出版社,2012年,第124页。

越界之前为官盐,即纳过税课,只因一些盐商为取得更多的利润,将盐货违禁贩往别界以邀善价,从而变成了私盐。另一种为越界前就是私煎私卖而夹带的私盐。这两种情况同时并存于两淮盐区。湖广、江西、安徽历来就是邻私——粤私、川私、闽私和浙私的侵灌之地,"两淮盐务,名为六省,其实为数甚微。如江西之吉、抚、康,向为邻私侵灌之地……已官私之半。其余饶、建各府,均属虚存名目"①。再比如"建昌府所属南城、南丰、新城、广昌、泸溪五县,在与闽地连界;距淮穷远,淮盐抵省凡二千里,省建抵建,逆流而上,滩险河窄,换运不易,需费既多,则卖价自昂。若闽盐透漏,处处可入,本轻价贱,淮盐之卖十七八文,闽盐只须八文及十一二文不等,而且零星米布粮食更换……"②闽私因此而充斥。于是乾隆决定改建昌府为闽盐销售区,但遭到两江总督罗长麟、湖广总督毕沅的反对。罗长麟、毕沅的理由是:"小民惟利是图,往往得寸思尺,如建昌划归闽省,则私贩即可至抚州,于全局所关不细。乃命仍旧。"③官府为保护官盐(淮盐)在江西的销售而在建闽边界,即陕江县的险要地带设关置卡,更进一步说明当时邻私入侵江西的现象是较为严重的。如"乾隆三年四月,部覆两江总督那苏图咨,江西建昌府属之新城县界连闽省,私盐透漏,淮引难销。查飞鸢为陆路要隘,应于飞鸢地方建立讯地,以资堵缉"④。而邻私的偷运者,却又恰恰大多是以武装力量为后盾的盐枭集团。即便不是盐枭集团,其贩卖私盐除小部分被消费者收买外,大多数还是流入了盐枭手中。

盐枭有时还通过非法掠夺的方式获得私盐,如"其皖、西两省交界之区,尤为匪徒出没之所。或盐船停泊,转贩售私,或搁浅洲滩,乘危抢窃"⑤。再比如:"江北枭徒……地方棍徒……一遇官役查拿,冒称灾民,肆行强横,反向官盐商铺索诈抢夺。因此商无转输,店多闭歇。"⑥可见非法抢夺也是当时两淮盐枭获取私盐的一种重要要方式。

① [清]陶澍:《汇报浙盐引地缉私情形折子》,载《陶澍集》(上),岳麓书社,1998年,第294页。
② 同治《建昌府志》卷三《盐法》,载刘锋、赵之谦等纂《中国地方志集成》第53册,江苏古籍出版社,1996年,第148页。
③ 《清史稿》卷一百二十三《食货四·盐法》,中华书局,1977年,第3614页。
④ 嘉庆《两淮盐法志》卷十三《转运八·缉私上》,同治九年(1870年)扬州书局重刊本。
⑤ [清]陶澍:《变通巡江章程以杜江船盗卖夹私诸弊折子》,载《陶澍集》(上),岳麓书社,1998年,第261页。
⑥ [清]陶澍:《会同浙闽督抚等议堵截淮私章程以卫浙盐折子》,《陶澍集》(上),岳麓书社,1998年,第236页。

此外，盐枭们还从"肩挑负贩的老少男妇"手中购买私盐。对此，前文在讨论盐枭成份时已有所论述。在此不再赘述。

综上所述，清中叶两淮盐枭所贩私盐的来源，主要有三条途径，即生产领域、运销领域和外盐的走私入境。尽管盐枭获取私盐的途径众多，但究其根源，除一部分购自"老少男妇"、船户盐商外，大多数还是直接或间接地购自于场灶。也就是说，场灶间接或直接销售私盐给盐枭，应该是盐枭获取私盐的主要途径。但运销领域的私盐及外盐的走私也不容忽现。

二、盐枭走私个案剖析

个案是了解历史事件的最好依据，相比于枯燥乏味的历史数据或是语焉不详的零散史料记载而言，个案更为直观明了。虽然有些个案可能是在特定历史条件下发生的特殊事件，有其独特的个性，但就其发生和发展的历史背景而言，必然有一定的规律性。因此，它依然可以看作是了解历史事件的最佳材料。为了能更进一步了解盐枭走私的原因、影响、危害以及它的消极性与积极性等，本书分别以淮南、淮北盐枭走私个案为例，对此进行全面梳理和深入剖析。

（一）淮北盐枭走私个案剖析

淮北盐区离场灶距离较近，而且又是淮盐分销发卖的集散地，盐枭走私非常便利；加之淮盐价格往往要高出邻盐价格数倍[1]，在巨额盐利的诱惑下，盐枭因此趋之若鹜。一时间私枭兴起，不论是小商小贩，还是豪强匪徒；不论是两淮盐区属地之安徽、江苏、河南的本地人，还是非两淮盐区属地之山东、山西之外乡人，都加入到了私盐贩卖行列。盐枭走私，通常十数人、数十人乃至数百人为帮，声势浩大，肆无忌惮。如道光年间活跃于洪泽湖畔的盐枭集团，每伙都有数十人或数百人不等，水陆有船数十只，陆路则有车辆数十辆，同时还配备有鸟枪等各种武器装备，如遇缉私兵弁巡查则拘捕伤人。他们不仅贩卖私盐，有时还持械抢劫，或是为争夺盐包聚众斗

---

[1]　比如河南陈州、归德例食长芦盐，与例食淮盐之汝宁、光州接壤。芦盐不仅价贱而且质优，淮盐则价贵质劣。因此，只用数天时间将芦盐从陈州、归德运至汝宁、光州，即可获利数倍。

殴①。以嘉道年间发生于淮北盐区的若干个案为例，对此作进一步的分析。

嘉庆二十四年（1819年）四月，两江总督孙玉庭指出："嘉庆年间，江苏、安徽、河南三省49州县，历年销未足额，总由私盐侵占口岸，以致商运不前，引雍课绌。"这里提到的私盐，其实主要就是指枭私。接着孙玉庭进一步指出："嘉庆二十四年（1819年），兹据升任河右营游击邢洛书禀报，督同巡访，得清河县临湖之窖沟地方，有回匪充当账头囤私、济枭，当即密令清河县营在该处沙、蒋等姓家内起获大秤三杆，并刀械等物，大小盐47包，拿获枭匪沙四、蒋六等20名。"②有关该案件的详细情况，孙氏在同年五月份的一份奏折中给予了说明③。

嘉庆二十四年（1819年），安东县也发生过类似的案件④。丰县人钟平一向在海沭贩卖咸鱼，嘉庆二十四年（1819年）三月初六日，到安东周永信与素识之吴自太、张保淋、梁正欣、周三、黄西汉相遇。吴自太谈到贩鱼不能获利，起意结伙收买老少零盐囤积偏僻处，然后转运到安徽售卖。并说有偏僻庵地可以藏顿私盐。钟平等应允，即到庵居住，后纠邀平克凡、赵康、孔计春、张金、邵二棍、邵凤、杨广周、杨义、王芝、王四、张万本、刘第二、黄义顺、姚四、沈成理、刘第三、李凤祥、严正祥、王发、赵士沅、赵萝湖21人入伙贩私，又雇郭庭、郎玉淋、李文玉、陈有才、刘魁、郁隧、单元章、任朝运、苏鬼、王木、边树勤、刘二、刘万昌、沈法书、孔传明、刘任凤、刘二正、俞升18人帮忙载运，于初七、八、九等日，各犯陆续收卖肩贩零盐共积一万三千余斤，藏于庵内。为保护私盐，并自带武器。相比而言，该案件比上一起案件规模要更大，参与人数也更多。案件破获后"拿获抬枪三杆，火枪一杆，白蜡枪一杆，铁包连棍一条，竹枪15根，火药枪子各一袋。拿获枭匪郭廷、李江等44名，并于庵内搜获私盐13000余斤，查讯犯系山东、河南、安徽外来匪徒"⑤。

上述盐枭走私案虽然是两个不同的案件，但两者之间有着许多共同

---

① 中国第一历史档案馆藏：《军机处录副奏折》，道光五年十二月初二日，江苏巡抚杨殿邦。

② 中国第一历史档案馆藏：《朱批奏折》（财经类·盐务项），嘉庆二十四年四月一日，两江总督孙玉庭。

③ 具体情况参见附录一，案例十四：两江总督孙玉庭奏报枭匪沙四等贩卖私盐案。

④ 具体案情参见附录一，案例十五：访拿安东县枭匪钟平等拒伤巡役获犯44名案。

⑤ 中国第一历史档案馆藏：《朱批奏折》（财经类·盐务项），嘉庆二十四年四月一日，两江总督孙玉庭。

点：第一，从时间上来看，这两个案件都发生在私盐日渐猖獗的嘉庆末年，当时的私盐为什么会如此活跃呢？如果能结合当时吏治日益腐败的社会背景来看，也就不足为奇了。第二，从地点上来看，两者都发生在现江苏淮安一带，案例一发生在青河县，案例二发生在安东县，这两个地方距离淮盐产地都比较近，不仅盐价便宜，而且也很容易透漏，因此，将该地食盐贩往距离盐场较远的安徽，必然有利可图。可见，透私乃利之所在也。第三，从贩私方式而言，都属于结伙兴贩私盐，而且两者都配备有武器装备。结伙必然人多势众，加上配备武器，这必然给缉私官兵带来缉私压力；而且这些武器不是用来吓唬人的，而是用来对付官兵缉私之用，这正是盐枭走私与其他各色人等走私的最大区别所在。第四，从两者的私盐来源来看，都是通过收买老少零盐而来，由此也可以进一步印证，肩挑背负的老少男妇所贩私盐的确是枭私的重要来源之一。第五，从盐枭的成分来看，正如上文提到的那样，从事其他小本买卖的小商小贩也是盐枭的一个重要组成部分。第一起案件的主犯沙四靠"小贸度日"，第二起案件的主犯钟平也不过是"贩卖咸鱼"的小商贩而已，其他从犯经历也类似。第六，从贩私规模上来看，无论是就参与人数还是所涉及的私盐量而言，都比较严重。第一起案件参与人数二十人，涉及私盐数千斤；第二起案件参与人数更多达四十多人，涉及私盐一万多斤。

那么，上述案件会不会是个特例呢？事实表明并不是。上述案件只不过是嘉道年间发生在淮北地区的众多盐枭走私个案中极为普通的两个案件而已，相类似的案件在淮北盐区还有很多，甚至比上述案件更为严重，下面略举一二①。乾隆末年，以山东冠县回民薛添华、菏泽县回民马六、安徽寿州回民马四、安徽盱眙县回民李成德、山东曹县人金世信、清河县回民易二小为首的一帮盐枭，纠集崔第二、马玉林、金玉林等十多人，凑本钱三百八十余千文用于贩卖私盐②。

与前面两起案件相比，该盐枭走私案有几个非常明显的特点：第一，参与人数众多，私盐贩卖量巨大。参与该案件的涉案人员足足有五十多人，涉案私盐多达六万余斤。第二，该案件组织非常严密，内部分工非常明确，

---

① 具体案情参见附录一，案例十六：林芳等兴贩私盐及盐快得贿纵私案。

② 中国第一历史档案馆藏：《朱批奏折》（财经类·盐务项），嘉庆六年一月二十五日，江苏巡抚岳起。

有人"总管钱盐出入"，有人"专管收买转卖"，有人"帮同照料"，还有人专门负责运输。可见，这是一起典型的有计划、有组织的盐枭走私案。第三，与盐务兵丁相勾结兴贩私盐。他们通过小恩小惠贿赂盐快、地保，因此得以将私盐跨境贩卖，将两淮私盐侵灌至两浙引地。

淮北盐枭走私如此肆无忌惮，那么远离盐场的淮南盐区又如何呢？据史料记载，与淮北相比，淮南盐枭的走私行为，有过之而无不及。

(二)淮南盐枭走私个案剖析

前文提到，在江西为官多年的吴文镕遗留下来的文集《吴文节公遗集》一书当中，记载有大量有关私盐的案例，仅道光二十一年(1841年)至道光二十四年(1844年)四年间，江西各县有案可查的私盐个案就多达三十多个①，其中不少就属于盐枭走私个案。不过非常遗憾的是，他只是在"公牍"中提到这些案例，通常没有有关案情的详细说明，有的虽然有所阐述，但也多半是语焉不详。不过从其并不完整的描述当中，还是可以对当时发生在江西的盐枭走私问题有一个初步的了解。

清代长期以来，在全国除新疆、西藏以外的十一大盐区当中②，两淮算是受私盐困扰比较严重的盐区之一。尤其是清中叶，私盐危害尤为突出。而在两淮内部，各行盐口岸所受私盐侵害在不同历史时期则表现为不同的特点。在两淮盐区当中，就清中叶而言，淮南盐区的私盐问题相对而言要比淮北盐区的私盐问题要严重一些；在淮南扬子四岸③当中，江西的私盐通常又要比湖南、湖北、安徽活跃得多。如何解释该现象？就淮南、淮北而言，应该是由两者的运输成本差异造成的。由于淮南盐区远离盐场，运输

---

① 这些案件主要包括：万安张振升受雇挑私案，芙蓉卡缉获盐犯陈以宜案，良口卡巡获盐犯张远才案，安仁县石港卡员弁叶绍昌谎报拿获私盐案，峡江县黄添盛贩私案，德兴县关役不认真缉私疏引案，乐平县盐枭王凤彩与兵丁勾结贩卖私盐案，德兴县香屯卡巡丁被盐枭殴打案，浮梁县东港卡员弁兵役巡获私盐被段得明持械拒抢案，万安县王立义受雇载私案，金溪县浒湾卡员弁报获私盐隐匿案，新建县船户盗卖引盐案，金溪县浒湾卡亭私贩夺盐殴兵案，安仁县周先发贩卖私盐案，驳船淹消引盐案，峡江县彭登珍囤卖私盐案，万安县民严兰芳买食私盐案等(参见吴养原编《吴文节公遗集》卷三万七千一百五十四《公牍》，载沈云龙主编《近代中国史料丛刊》第334册，文海出版社，1972年，第998—1438页)。如此众多的私盐案件，其私盐贩卖量可想而知。

② 十一大盐区是指：两淮、两浙、两广、长芦、山东、福建、河东、四川、云南、陕甘和奉天。

③ 扬子四岸包括江西、湖南、湖北三省销食淮盐的全部府县，以及安徽南部销食淮盐的部分府县。

成本自然要高于淮北，因此，淮南盐区的盐价通常要比淮北高得多，无疑，这必然会给廉价的私盐提供某些机会；就淮南扬子四岸而言，受私盐侵害的程度各异，主要是由四省所处的地理位置不同造成的。湖南的私盐主要来自于南部的广东；湖北的私盐主要来自于西部的四川；安徽的私盐主要来自于南部的浙江；而江西却三面受敌，分别有东部的浙私、东南部的闽私和南部的粤私对其形成包围之势。该现象自清初开始一直伴随江西左右，直到 20 世纪初期清政府走向没落也并没有多大改观。在私盐异常活跃的道光年间，一些与邻盐相界的传统私盐活动区域，枭私问题更是一言难尽。据不完全统计，仅道光二十四年（1844 年）一年，江西浮梁、德兴、乐平、金溪等与闽盐和浙盐相邻的县域，就曾发生过多起由盐枭走私引起的恶性事件，具体如下：

四月，浮梁县东港卡员弁兵役巡获私盐，被段得明等持械拒抢。

五月，德兴县盐贩刘凤保等被押往饶州府审讯，行至乐平县上田嘴地方，被同匪徐高保、徐张龙等夺逃。徐高保等人，原系听从叶添富打差之人。这帮人无恶不作，既贩卖私盐，同时也抢夺商旅财务，沿河从事各种诈骗活动。徐犯等人的这些不法行径，不仅对乐平县一带的盐务带来了很大的危害，同时还使得"乐平一带几成商旅畏途"，严重影响了这一带的商业贸易往来。面对如此匪犯，地方政府原本应该严究缉拿，然而该县陈县令，"不独不行拿办，且不详报，阘茸废弛"①。

六月二十四日，乐平县段村卡枭匪聚众持械，撞开卡所庙墙，将前几天缴获的私盐 14 车共计 3000 余斤全部抢回，并将庙内衣服也一并抢去，同时还将兵役及住在庙宇附近的人全部打成重伤。

八月，香屯卡巡丁汪贵被乐平县枭匪 1000 多人串通婺源人罗梁等人抢去，被挖瞎双眼，割断脚筋，打断左臂，并被抛弃于荒山之中②。

十月二十二日，据江西金溪县许湾卡员弁琢淡等禀称："该委员等督兵役巡缉私盐，于十月十三日巡至金溪县所管之双塘岗市上，拿获私盐并盐贩三名，被该处盐贩周金书等，聚众千百余人，将人盐一并抢去，并将该千

① ［清］吴养原编：《吴文节公遗集》卷四十三《公牍·批饶州府详获犯讯供由》，载《清末民初史料丛书》第三十一辑，成文出版社，1968 年，第 1158—1959 页。

② ［清］吴养原编：《吴文节公遗集》卷四十三《公牍·札饶州府亲督缉匪由》，载《清末民初史料丛书》第三十一辑，成文出版社，1968 年，第 1154—1155 页。

总等兵役围困殴打。经该县陈县令赶到，方得松围。"①

　　这是就闽盐和浙盐而言，粤私的侵害同样也是猖獗无比。

　　可以肯定的是，上述个案一定不是道光二十四年发生在江西的盐枭走私案件的全部。但即便就上述个案而言，枭私的危害也已一目了然；盐枭不仅抢掠私盐，而且还打伤缉私官兵，扰乱社会秩序。

　　透过上述案件，我们至少可以窥探出道光年间发生在江西饶州府和建昌府地区的盐枭走私案具有以下几个明显的特点：一是盐枭聚众贩私，人数众多。香屯卡巡丁汪贵被殴打一案以及许湾卡围困殴打千总一案，涉案枭匪都在千人以上，其人数之多，实属罕见。面对如此庞大的盐枭队伍，难怪地方政府有苦难言。二是私盐贩卖量大。上述四个案件，除发生于六月二十四日的案件外，其他三个案件都没有提到贩卖私盐的具体数目，不过如果我们从这些案件的恶劣程度和参与贩私的人数两方面去考察，也能推断出，这些决不是普通贫民百姓小打小闹的贩私案件，而是有组织、有计划的盐枭走私案，其涉案数量肯定在千万斤以上。仅就段村卡枭匪聚众持械抢夺私盐案而言，其涉案私盐量就在三千斤以上，确非肩挑背负之民所能为。三是盐枭走私猖獗无比，其气焰之嚣张，令人难以置信。他们不仅持械贩私，还回抢私盐，抢夺盐犯，打伤巡丁兵役，甚至还惨无人道地"挖瞎双眼，割断脚筋，打断左臂"，盐枭手段之残忍，触目惊心。

　　之所以会发生上述恶性事件，一方面固然与清中叶由于吏治的腐败而导致官民之间的矛盾日益激化密切相关，但另一方面更是缉私兵役与地方官员长期姑息养奸的结果，他们要么"不作为"，要么就"乱作为"，结果导致私盐问题愈演愈烈。缉私兵役与地方官员的不作为和乱作为主要体现在以下几个方面：

　　第一，草率对待私盐案件，敷衍塞责，不认真稽查。

　　有关缉私兵役与地方官员的上述行为，吴文镕进行了深刻的揭露："江西各厅、州、县，审办盐案往往不肯从实，非称各犯零卖，即称受雇挑驮，而于私盐来踪去迹，寄囤之窝户、积枭，概置不究。任令劣书依旧案抄袭描

---

① ［清］吴养原编：《吴文节公遗集》卷三十九《公牍·批臬司饬查由许湾卡委员禀私贩夺盐殴兵由》，载《清末民初史料丛书》第三十一辑，成文出版社，1968年，第1072页。

摹,仅就现犯颟顸一徒罪,朝配夕逃,不旋踵而仍为私贩,遂至毫无忌惮。"[1]道光末年,江西新建县曾发生一起船户捏报淹消并盗卖官盐的案件,据新建县禀报:"据该县腾用明供,认独自盗卖引盐 420 包,又蔡兴富供,与张邦泷押载分装引盐 2500 包,张邦泷盗卖 390 包,存盐 91 包,分给蔡兴富变卖,余被渔户捞散,及落水漂失消化。"[2]后来发现,腾用明供述不实,实际盗卖情况比其供述严重得多。腾用明原装引盐 15990 包,但据商禀,实际只收到引盐仅 8550 包,另外 7440 包不见踪影,短缺非常严重。如果扣除被盗卖的 901(420+390+91)包,仍有 6000 多包下落不明,如果说 6000 多包盐都被渔户捞散或落水漂失消化,显然让人难以相信。抓获张邦泷经过审讯才发现,其中原有隐情。腾用明所供,全是捏报。这起案件如果不是上级督办,最终可能不了了之。如此看来,清中叶江西私盐之所以猖獗,固然应该谴责贩私者的不法行径,但官府草率对待私盐案件,以及敷衍塞责的办事行为,同样也负有不可推卸的责任。

第二,缉私态度不端正,执法不严,违法不究。

吴文镕指出:"查江省各卡缉私员弁,平日不能实力巡缉,大伙私枭从无一获,间有获得一犯,而地方官又不肯确切根究,据实征办。非以各贩各私,即以受雇挑载,多方开脱。近来私盐充斥,官引滞销,未必不由于此。即如该县现详良口卡巡获盐犯张远才一案,又另详芙蓉卡缉获盐犯陈以宜一案,经该县提讯,均系雇给不识姓名人代挑私盐。"[3]《吴文节公遗集》中曾提到过这样一起案件。道光年间,万安县李世培、蓝世选、王立义三人被船户郭锡义受雇贩卖私盐,后被缉私卡员弁抓获。原本是一件非常明了的私盐贩卖案,根据清代盐法,上述三盐犯都将受到严惩,但由于船户郭锡义逃脱,于是上述三盐犯就狡称为水手,而并非受雇盐贩,企图逃脱法律的制裁。地方官员仅凭盐犯的狡供,不加仔细调查,就"迁就了案"。可有时为了向上级交差,对于无辜平民则往往采取子虚乌有的办法向其强加罪状。道光年间广昌县发生的一起私盐案件充分说明了这一点。据广昌营郭鹤

①　[清]吴养原编:《吴文节公遗集》卷四十九《公牍·批万安县详许廷松受雇挑私由》,载《清末民初史料丛书》第三十一辑,成文出版社,1968 年,第 1327 页。

②　[清]吴养原编:《吴文节公遗集》卷三十九《公牍·批新建县等详船户盗卖引盐由》,载《清末民初史料丛书》第三十一辑,成文出版社,1968 年,第 1065—1066 页。

③　[清]吴养原编:《吴文节公遗集》卷四十六《公牍·批万安县详审讯盐法由》,载《清末民初史料丛书》第三十一辑,成文出版社,1968 年,第 1245 页。

翔禀报:"在疆陂地方拿获私盐十五担,行抵竹桥地方,被地痞数十余人,各持木棍追至,夺去九担半,打伤兵丁李辉吉等三人,捕获吴云昌一名,移县审究。"①后来通过深究发现,该案有许多不实之处。首先拿获私盐不是在疆陂,而是在头陂墒上;所获私盐量也不是十五担,而是五担半;吴云昌更非盐枭,而是卖柴的无辜平民,至于地痞抢盐之事,更是子虚乌有。那么,具体情况到底是怎么一回事呢?原来郭鹤翔等营兵在头陂墒上拿获私盐五担半,但私盐贩却全部逃脱,一个都未能抓获。为了邀功请赏,于是导演出了这样一场闹剧。营兵们行至桥口街,正好赶上"人众拥挤"。拥挤过程中卖柴人吴云昌又正好"误踏营兵脚上",双方发生口角,营兵们就把吴云昌抓了去,谎称是被他们抓获的盐贩。在《吴文节公遗集》一书当中,我们还可以找到很多类似的案件,透过这些案件,可以清楚地看到,清代的缉私兵丁是何等的不负责任,整个缉私体系又是何等的漏洞百出。正是缉私兵役和地方官这种缉私态度,导致该地区出现了"私盐充斥,醝务极坏"②的局面。

第三,软弱无能,姑息养奸,放纵盐枭行为。

周庆云在谈到两淮盐务积弊时指出:"巡盐船只,凡遇奸商大枭,公然受贿纵放,而穷民担负……或乡民市买食盐一二十斤者,并以售私拿获……"③这种情况可以说正是对道光年间江西地方官员和缉私兵役的不作为和乱作为行为的真实写照。为此,吴文镕在《吴文节公遗集》一书中多次对官府的这种行为进行了批评。

> (南城县)兵役并不查缉窝囤大伙私枭,而于街市耳目狎习之杂货店缺余存斤之盐,名为私盐妄拿,其为藉端讹诈。④

> 德兴县为浙私侵淮之门户,该令平日全不以缉私为事,不独下游各县均被其害,即该县本境每年仅额引 800 余引,且几乎片引不销"。

---

① [清]吴养原编:《吴文节公遗集》卷四十三《公牍·札广昌营都司差卡弁谎报缉私被抢由》,载《清末民初史料丛书》第三十一辑,成文出版社,1968 年,第 1173—1174 页。

② [清]吴养原编:《吴文节公遗集》卷三十七《公牍·批万安县详立王义受雇载私由》,载《清末民初史料丛书》第三十一辑,成文出版社,1968 年,第 1004—1006 页。

③ 周庆云纂:《盐法通志》卷二十二《法令门·禁令》,载于浩辑《稀见明清经济史料丛刊》(第二辑)第 17 册,国家图书馆出版社,2012 年,第 337 页。

④ [清]吴养原编:《吴文节公遗集》卷四十九《公牍·批南城县详讯结硝石卡获送私犯张得宝由》,载《清末民初史料丛书》第三十一辑,成文出版社,1968 年,第 1320 页。

而县令"既不能将香屯卡员弊窦审出实情,复不能缉私疏引,数月以来,每次旬报,仍足片引不销,尤属毫无愧耻。①

龙母庙卡缉私兵役通常"大伙私枭毋得,仅将零星私盐搜拿塞责,滋扰行旅"。②

该县(泸溪县)等凡遇盐案,无不千方百计设法消弭,并不切实究审。③

有的地方官员在处理盐枭走私案件时,甚至举止荒唐、洋相百出。以发生于六月二十四日的段村卡枭匪聚众持械抢夺私盐案为例,原本像这样的恶性事件必须严办缉拿,而乐平县地方官员却不仅不认真查究,反而"赔赃给赏,买和了事"。企图通过这种懦弱的方法来息事宁人。殊不知正是官府的这种软弱无能、姑息养奸之下策,助长了枭匪的嚣张气焰。地方官员这种企图息事宁人、得过且过的不负责任的行为,不仅使"朝廷法纪荡焉尽废,不独有害盐务,其养痈贻患,吏治之废弛,亦不堪复"④。

第四,贪索钱财,故意漏报私盐。

据许湾卡员弁禀报,道光二十一年(1841年)一月下旬至二月底,一个多月的时间里,许湾卡员弁共查获私盐案十一起,缴获私盐数百担。过去在缉获私盐后,通常将私盐上缴充公,每担盐连皮都在60余斤,而这一次员弁们互相串通,企图漏报私盐,将每担盐上报为40余斤⑤。

道光二十一年(1841年)七月七日四更时分,安仁县石港卡员弁督同兵丁拿获私船一艘,驾回卡所,查获私盐若干。据该卡文员叶绍昌禀报,共查获私盐148娄,连皮称重3250斤。但后来据该卡武弁叶名荣禀报,共查获私盐177娄。与叶绍昌所报有明显的出入,于是盐法道批令安仁县官员

① 〔清〕吴养原编:《吴文节公遗集》卷四十二《公牍·札德兴县缉私由》,载《清末民初史料丛书》第三十一辑,成文出版社,1968年,第1135页。
② 〔清〕吴养原编:《吴文节公遗集》卷四十二《公牍·批龙母庙卡员拿获货船夹私由》,载《清末民初史料丛书》第三十一辑,成文出版社,1968年,第1132页。
③ 〔清〕吴养原编:《吴文节公遗集》卷四十一《公牍·批南城、泸溪县会详泸溪县盐犯周春桂等夺盐拒捕由》,载《清末民初史料丛书》第三十一辑,成文出版社,1968年,第1116页。
④ 〔清〕吴养原编:《吴文节公遗集》卷四十三《公牍·札饶州府亲督缉匪由》,载《清末民初史料丛书》第三十一辑,成文出版社,1968年,第1154—1157页。
⑤ 〔清〕吴养原编:《吴文节公遗集》卷三十八《公牍·扎盐道查明许湾卡员弁报获私盐有无隐匿由》,载《清末民初史料丛书》第三十一辑,成文出版社,1968年,第1139—1140页。

查明其中原因。该县官员查明的结果是,147 娄才是实际私盐量,177 娄是误报,其中多出来的 30 娄是以前所查获私盐,由于这些私盐与七月七日所查获私盐存储在同一个地方,该卡武弁一时疏忽,多报了 30 娄。而对于叶绍昌所报 148 娄,则没有做任何解释。地方官员的调查结果从表面上听起来似乎很有道理,但根据当时的实际情况来推测,盐法道觉得其中必有隐情,于是再次派人调查,结果发现叶绍昌和安仁县地方官员都有捏报之嫌,177 娄才是真正所获私盐,所谓以前所获 30 娄根本就是子虚乌有。叶绍昌之所以要少报 30 娄,其目的一目了然,两个字:贪财。至于安仁县地方官员的捏报缘由,恐怕既有尽力包庇之意,也有企图共同分赃之嫌。由于叶绍昌的"卑鄙狡诈",再加上他又经常"擅离卡所",最后盐法院决定将其革职查办,至此,该案才总算告一段落①。

　　上述两个案件表明,地方官员的贪婪行为是非常卑鄙的,作为执法者,他们不仅不认真稽查私盐,反而千方百计隐瞒和贪索私盐,这不仅危害国家立法,而且很可能为官商勾结共同贩卖私盐埋下祸根。

(三)盐枭的其他不法行为

　　在两淮盐区,盐枭除了走私食盐以外,有时还从事一些其他非法勾当,道光年间两淮盐区就曾破获多起盐枭参与其他不法行为的案件。从笔者掌握的材料来看,主要有两类案件值得关注:一是设卡护私抽费案;二是贩卖妇女案。

　　设卡护私抽费是指盐枭本身并不参与贩私,只是以各种方式保护私盐过卡,再从盐贩那里抽取一定的保护费。这些组织严密、分工明确的枭匪与其他盐枭一样,同样也配备有各种武器,其行为实为两淮盐务之大害。盐枭设卡护私抽费有两种情况:一是盐枭自己设卡护私抽费,一是盐枭与缉私官兵相勾结设卡护私抽费。相比于前一种情况而言,后一种情况的危害性明显要大得多。以发生于淮南与淮北盐区的两个案件为例,详情如下:

　　个例一:道光元年(1821 年)四月,王三富在(淮北)新坝地方自称仗头,私自设立盐关,并纠集十八人入伙,规定凡有车船经过新坝地方,根据

---

　　① [清]吴养原编:《吴文节公遗集》卷四十二《公牍·批盐道禀覆石港卡文武员禀获私盐情节不符由》,载《清末民初史料丛书》第三十一辑,成文出版社,1968 年,第 1128—1130 页。

其重量多少,抽取费用一百文或五六十文不等。每天将收来的钱分作二十股,王三富得二股,其余十八人各得一股。为防止码头被人抢去还配备了各种武器①。

个案二:道光年间,乐平县枭匪王凤彩等数十人,于婺邑之小港地方设立公堂,专门包庇私盐过卡,每担连卡费抽钱300文。凡私盐过卡,有公堂人到卡,知会即不过问,惟照数收费。枭贩以过卡为关,以纳费为税。只要交费后,就可以"四溢侵充、无所忌惮"。如果零星私盐不经过王凤彩之手,即被送信卡所截拿。若系王凤彩等经营之盐,(兵丁)即得规放行②。

设卡收费表面上看似乎只是盐枭的个人行为,其实不然。其抽费行为一定程度上等于充当了贩私者的保护伞,只要向这些不法之徒缴纳了一定的费用后,就好比获得了贩卖私盐的许可证,可以明目张胆地走私食盐,缉私兵役也会睁一只眼闭一只眼。政府设卡本为缉私,却不想这些清政府苦心经营的卡营竟然变成了守卡卡巡的"卖私生财之具"。个案二中枭匪之所以敢于如此猖獗,其实正是官匪相互勾结的结果。"早在道光二十三年(1843年)七月起,王凤彩即向该卡兵商议共同贩私事宜,一年来卖放私盐不下数十百次,赃私累累,文武员弁兵役按四六均分"。盐枭设卡护私抽费危害性之严重,由此可见一斑。从某种意义上讲,盐枭设卡护私抽费的危害性甚至比盐枭走私本身危害性还要大得多。

除设卡护私抽费外,盐枭还贩卖人口。道光年间,据陶澍奏称:"江南淮扬、庐凤一带,向有回匪、侉匪二种,各自纠结党与,持器械贩卖私盐。重辄逞凶纠殴,甚至抗官拒捕,大为地方盐务之要害。"③这些人不仅贩卖私盐,危害淮盐,还有的见利忘义,甚至贩卖妇女。道光十一年(1831年),淮扬地区就破获多起类似的案件,抓获李二、杨八、黄名兴、丁有、杨盛良、邱华菖、刘成选、赵鸣鹤、耿如林、耿景玉、聂潮盛、聂潮林、朱明安、李大伦、蔡廷标、王宗刚、赵鸣鹤、王正标、常三侉子等回匪、侉匪多名,并收缴各种武

①　中国第一历史档案馆藏:《军机处录副奏折》,道光二年五月二十七日,两江总督孙玉庭。转引自方裕谨《道光初年两淮私盐研究》,《历史档案》1998年第4期。

②　[清]吴养原编:《吴文节公遗集》卷四十二《公牍·札饶州府等查拿枭匪由》,载《清末民初史料丛书》第三十一辑,成文出版社,1968年,第1137—1138页。

③　[清]陶澍:《陶云汀先生奏疏》卷三十二《拿获贩卖私盐与贩妇女回侉等匪审拟折子》,载《续修四库全书》第499册,上海古籍出版社,1999年,第384页。

器一大批①。

该案主犯胡载华不仅贩卖私盐,而且还占据码头护私抽费;常三侉子是小卖营生的小商贩;而李二、杨八、赵鸣鹤、耿如林等则以藉卖私盐为业。这些人贩私虽然不如后文中提到的黄玉林案那样声势浩大,但也都是以合伙的形式贩卖私盐,而且还配备有武器,属典型的盐枭组织。从这起案件中我们可以清楚地看到盐枭的危害性有多大,只要有利可图,几乎无恶不作。正所谓"国计之大利在盐,而大害在枭。盐生利,利生枭,枭生害"②也。

(四)余论

政府是打击违法犯罪行为的主体,对于解决像私盐之类的违法犯罪事件,政府的合理合法行为是关键。而政府的合理合法行为必须建立在"有法可依、有法必依、执法必严、违法必究"的基础上。因此,当违法犯罪行为屡禁不止时,通常可以考虑两种可能性的存在:一是无法可依或有法不依;二是执法不严或违法不究。无论是出现哪一种情况,都不利于犯罪问题的解决。清中叶两淮盐枭走私问题就充分说明了这一点。有清一代,在打击私盐问题上虽然并不存在"无法可依"的历史事实,但"有法不依""执法不严",甚至"违法不究"的缉私行为确实存在。正是因为政府的"不作为",才加剧了私盐问题的复杂难解。因此,从某种意义上来讲,解决私盐问题,规范政府行为是关键。政府不仅要坚守自身岗位,履行缉私职责,同时还必须依法办事:一方面,如果政府行为缺位,必然会大大降低政府的缉私效能;另一方面,如果政府不作为或乱作为,其后果则更为严重,它不仅不利于私盐问题的解决,反而会进一步激化社会矛盾。因此,要防范并打击私盐,政府不仅应该在法律允许的范围内行事,而且还必须以法律为依据,真正做到"有法必依、执法必严、违法必究"。

三、盐枭与会党的合作与融合

在清代,两淮盐枭贩卖私盐与其他各色人等贩卖私盐相比,有两个明

---

① 详情参见附录一,案例十八:盐枭胡载华等盗卖私盐并贩卖妇女案。
② [清]赵滨彦辑:《两淮案牍钞存》卷一《吕四垣盐案钞》,光绪朝铅印本。

显的特点:一是他们通常装备有各种武器,在贩私过程中能直面缉私兵役的打击;二是他们往往联合当时的帮会组织,与当时的青、红帮合作与融合,共同贩私于两淮各地。有关第一点前文早有探究,本章节重点关注的是它的第二个特点。不过在论述该问题之前,需要说明的是,清代两淮盐枭与帮会组织的合作与融合主要发生在中晚期,即嘉道至光绪年间,而且越到清末两者之间的关系越为紧密。因此,本章节所探讨的盐枭与帮会组织之间的关系问题,不会仅仅将关注点局限于嘉道年间,而且还会将研究的触角延伸至清末。要弄清楚该问题的来龙去脉,首先必须对清代帮会组织,即所谓的"会党"及其性质有一个初步的了解。

(一)会党及其性质

清代的帮会,是在封建社会由强盛走向衰败的历史进程中产生的游民结社。清代中后期人口的激增、土地兼并的发展、自然灾害的流行、近代外国资本主义的入侵、连年战争和社会经济的改组所带来的人民破产和失业,是中国帮会繁兴不衰的社会根源[1]。而统治者的剥削与压迫则进一步强化了帮会繁兴。清代帮会往往以党派的形式活跃于历史舞台,因此,人们通常将清代帮会组织称之为会党。什么是会党,简言之就是指明清时期与官府相对立的秘密会社组织。那么,什么样的组织才算是秘密会社呢?对此,目前学界并没有一致的看法,五花八门的解释可谓见仁见智。有人认为,秘密会社是一种进行隐蔽活动的小团体,凡被迫从事秘密活动的社会团体,就是秘密会社。很显然,该看法与历史事实是相违背的。比如说,很多从事秘密活动的宗教团体就不属于秘密会社[2];再比如,曾一度处于地下状态的中国共产党也不属于秘密会社。也有人认为,秘密会社不仅是从事秘密活动的非法团体,而且必须是具有秘密的誓词和组织章程的反社会集团。这种说法也未必确切,因为宗旨、誓词、礼仪和组织章程等这些东西未必一定是构成秘密会社的必备条件。事实上很多秘密会社在组建初

---

①　周育民、邵雍:《中国帮会史》,上海人民出版社,1993年,第1页。

②　秘密宗教团体与秘密会社虽然有很多相似之处,但两者并非属于同一种性质的组织。台湾学者王尔敏曾指出,无论是就其产生的生态环境还是社会功能而言,两者都有一定的区别(参见王尔敏《秘密宗教与秘密会社之生态环境及社会功能》,《"中央研究院"近代史研究所集刊》1981年第10期)。

期并不具备这些东西,通常情况下它是一种松散的组织。倒是蔡少卿的表述给我们提供了一个较为科学的界定。蔡先生认为:"秘密会社就是一种从事特殊的宗教、社会或政治活动的,具有秘密宗旨和礼仪的,抗衡于政府的秘密团体。在中国传统社会,就是一些异端教派和会党组织,也就是统治者所说的'教匪'和'会匪'。"①

就其性质而言,清代的会党组织一方面可以说是无业游民的集合体。为此黄爵滋指出:"夫会匪者,其初固无业之民耳。无业则游荡,游荡则无赖,无赖则凶横。无业则饥寒,饥寒则贼盗,贼盗则奸宄。会匪者,凶横奸宄之所聚而成也。"②但另一方面也可以认为是破产劳动者进行政治、经济斗争的互助组织。这点可以从构成秘密会社的成员的身份来判断。如前所述,统治者的剥削与压迫、人口爆炸性增长、土地兼并、自然灾害、外国资本主义的入侵、战争以及社会经济的改组所带来的人民破产和失业,都是导致清代秘密会社产生的社会根源。上述天灾人祸造成了大量劳动者失业,他们流离失所、离乡背井。为了生存,失业劳动者不得不组织起来,通过集体力量与官府相对抗,久而久之原本零散的失业劳动者就逐渐演变成了帮会组织。对于人口增长与帮会问题的发展关系,黄爵滋曾有过透彻的论述:"国家承平既久,生齿日繁,而土不加宽阔,于是民多产少,天下不能无失业之民。夫此失业之民皆有身家,不能以无食,而其心智才能又不能废之于无所用也。民有正业,则心智才力,皆管于正业之中,而有所托以得食。无正业,则无所托以得食,遂去而为枭棍,为盗贼,为邪教。一倡而十和,十倡而百和,日积月多,并有业者亦且为所诱胁而从之。党与既众,事多易生。故天下多一失业之民,即天下多一生事之民。天下多一生事之民,即天下多一不治不安之民也。以臣所闻,直隶、山东、山西之教匪,河南之捻匪,四川之啯匪,江西之盐枭,江西、福建之担匪、刀匪,及随地所有不著色目之棍匪、窃匪,地方官虑其生事,未尝不查察,而终莫能使之改革者,无业以管其心智才力而使之得食。故仍狃于故辙也。"③

由此可知,会党的组成成分与盐枭的主要成分是一致的,两者都属于贫民无产者,正是共同的命运促使其并肩作战,共同泛滥于两淮盐区。

---

① 蔡少卿:《中国近代会党史研究》,中华书局,1987年,第2页。
② 齐思和整理:《黄爵滋奏疏、许乃济奏议合刊》,中华书局,1959年,第34页。
③ 齐思和整理:《黄爵滋奏疏、许乃济奏议合刊》,中华书局,1959年,第46页。

这是就早期的会党组织而言的，到了清代中晚期以后，随着力量的逐渐壮大，会党组织的性质也日渐发生变化，特别是清代晚期的会党组织，已经不仅仅是互助的联合体，而是逐渐演变成了一股反清的政治力量。

(二)盐枭与会党的合作与融合

清代帮会组织众多，据统计，自乾隆年间至清末，各种各样的会党组织竟达三四百种之多[①]，其中以红、青两帮最为著名，影响最为广泛，盐枭也正是与红、青两帮的关系最为密切。

1.盐枭与红帮

"红帮"又叫"洪帮"[②]，是我国近二三百年来秘密社会中最大的组织团体，该组织创生于南方各省，和另一个民间秘密团体"青帮"，被人通称为"青红帮"[③]，或称"帮会"和"会党"[④]。红帮名目繁多，不同的地方有不同的称谓，如四川叫袍哥、江湖会，长江中下游地区称作哥老会，福建、广西名为三点会，广东及赣南一带则叫添刀会或添第会；此外还有拜父母会、双刀会、三合会、仁义会、孝义会、在园会、千刀会等名目，而比较通用的名字叫天地会[⑤]。

天地会可能在康熙时已具雏形，到雍正时才有严密的组织，乾隆时便有积极的活动。林爽文起义正式标有天地会名目[⑥]。有关该组织的肇始，目前有两种不同的看法，一种认为：天地会是明末清初时一批亡明的遗臣志士，因对满清军队残杀汉族人民的行为表示愤恨而聚众结社；另一种看

---

①　行龙：《人口问题与近代社会》，人民出版社，1992年，第69页。

②　也有的学者认为洪帮与红帮并非属于同一个秘密会社。所谓"红帮"指的是活跃在长江中下游的哥老会，四川又叫袍哥；而"洪帮"又被称作"洪门"，也就是晚清最主要的秘密会社之一——天地会，具体情况可参阅秦宝琦《清末民初秘密社会的蜕变》(中国人民大学出版社，2004年)。

③　不过也有人认为，洪帮与青帮其实是一家，刘聊珂就持该看法。刘聊珂指出：洪帮又称洪门，雍正年间，由于洪门的"非法"活动越来越被清政府所注意，"洪门弟兄感觉到了极大的威胁"，有鉴于斯，洪门当时的主持天佑洪才将洪门改称为"三合会"，又名"天地会"。为了刺探清廷内部的消息，天地会派了三个人，即翁严、钱坚和潘清深入到清廷内部，而这三个人就是后来青帮的创始人。他们以帮清政府押运粮米为掩护，刺探各州县消息(参见刘聊珂《中国帮会三百年革命史》，《近代中国史料丛刊》第877册，第72—73页)。

④　沈寂、董长卿、甘振虎：《中国秘密社会》，上海书店出版社，1993年，第283页。

⑤　王尔敏：《秘密宗教与秘密会社之生态环境及社会功能》，《"中央研究院"近代史研究所集刊》1981年第10期。

⑥　庄泽宣、陈宇恂：《中国秘密会党之源流及组织》，《历史政治学报》1947年第1期。

法认为:天地会最初乃是闽广沿海地区,世代以肩挑负贩为主的苦力劳动者的自卫反暴的秘密结社。这些水陆交通线上的劳动者,当时面临的主要问题是生活的不稳定,更由于各地贪官污吏、富豪劣绅的欺压,迫使其组织起来共同抗暴[①]。这两种看法孰是孰非,很难作出判断,但有一点两者是一致的,即它是一个反抗满清政府的组织。该组织以"反清复明"为宗旨,以"团结互助、扶危仗义"为号召,以崇尚义气、讲究信用作为团结内部和约束成员的纽带,并带有一些民主色彩,讲求志同道合、平等相待。这些特色深受其他下层劳动群众的欢迎。

　　天地会的传播,最初从闽入浙,扩展到江苏、江西,再传入珠江流域和长江流域。由此可见,两淮盐区也是天地会比较活跃的一大区域。以江西为例,"江西赣州、南安一带地方,界连闽粤,山深径险,素为藏匿奸邪之区,向有添弟会名目,时常约期拜会,千百为群,以劫掠抢夺为常事。又名添刀会,每人随身带刀一把,油纸一张,散布村落蹊径之间。遇有携带财物者,四集围捆,劫掠一空,犹恐既劫其财,或致控告滋事,因并其人杀害,在场几人,即将其尸分为几块,各以油纸包裹,东、西、南、北分道而散。……而吉安之万安、泰和等县,枭匪猖獗,实为南、赣会匪蔓延所及"[②]。

　　作为与清政府相对抗的帮会组织,红帮的斗争方式不仅仅局限于某一方面,而是多种多样,聚众武力贩卖私盐只是其中之一。

　　盐枭中的红帮势力,如果以地域来划分,袍哥的活动范围主要在长江上游地区,他们将四川廉价的私盐从宜昌、沙市顺江直流而下,侵入两湖各府县。这条走私路线上的盐枭,从嘉道以来就一直很活跃,晚期更为淮盐之大害。光绪年间,四川总督丁宝桢奏称:"川东一带,私枭最伙,近年以来,勾结日众,到处横行。"[③]川私的活跃,与袍哥是有着密切关联的。

　　而哥老会的活动范围则主要在长江中下游地区,即江西、安徽、江苏的长江沿岸一带。他们的贩私路线,一般"自淮南卖盐而来,红帮西溯江,青

　　① 秦宝琦、刘美珍:《试论天地会》,《清史研究集》第一辑,中国人民大学出版社,1980年。

　　② 中国第一历史档案馆藏:《朱批奏折》(财政类·盐务项),道光十年十一月二十二日,河南道监察御史彭玉田。

　　③ 〔清〕丁宝桢:《丁文诚公(宝桢)遗集》卷十四,载沈云龙主编《近代中国史料丛刊》第74册,文海出版社,1972年,第237页。

帮南入湖,率其群丑,分道而驰"①。这是就长江中下游一带的走私路线而言的,此外还有很多其他走私路线,可以说,长江两淮,无处不有。就其集散地而言,盐枭中的哥老会势力大都聚集在长江下游北岸江苏的港口小镇上,最著名的有江都的嘶马镇、东台的小海镇(现属大丰县)、海州的板浦镇等地。光绪初年,在嘶马镇上有著名的盐枭头目蔡标和孙琪二人,蔡标为人强悍,孔武有力,人称"九千岁",手下徒众甚多,拥有瓜皮小艇不少,专在海盐灶户处,购得私盐,运往内地贩卖,故此势力较盛,称雄一方②。后蔡、孙势力被徐宝山、任春山所代替。徐宝山、任春山继蔡标、孙琪之后,更加大肆发展势力,广招私盐贩子和附近的流民入伙,组成庞大的贩私队伍,以武力与政府相抵抗,大肆进行贩卖私盐活动。他们拥有的私盐船队多至700余号,党众万余,淮河两岸到沿江一线,均为其势力范围③。

除上述地区外,两淮范围内的安徽、河南等地也是大伙私枭与帮会组织相勾结的重要基地。不过道光年间此地的帮会组织,已不仅仅局限于红帮,还有捻军等势力范围与私盐贩相勾结,共同贩卖私盐。为此,河南巡抚杨国桢曾经指出:"私贩敢于越境,全持捻匪为之护送,而捻匪之纠集,必有土棍为之总持。"如道光八年(1828年)冬,河南陈州一带著名捻军首领王发魁,息县一带著名捻军首领李福、赵大山、傅白牛、郑钟峰、王经等,皆与贩运私盐者结合④。

2.盐枭与青帮

青帮的前身是江浙罗教水手行帮。其帮名又有"罗教""安庆""安清""三番子""清帮""清门""家礼""临济道"等称号⑤。与红帮一样,青帮也是我国近代社会重要的帮会组织之一。有关青帮的起源问题,尽管目前学术

---

① [清]王树枏编:《张文襄公(之洞)全集》卷五十八《奏议五十八》,载沈云龙主编《近代中国史料丛刊》第475册,文海出版社,1970年,第136页。

② 沈寂、董长卿、甘振虎:《中国秘密社会》,上海书店出版社,1993年,第302页。

③ 吴善中:《客民·游勇·盐枭——近代长江中下游、运河流域会党崛起背景新探》,《扬州大学学报》(人文社会科学版)1999年第5期。

④ 中国第一历史档案馆藏:《朱批奏折》(财政类·盐务项),道光七年二月十九日,河南巡抚杨国桢。

⑤ 王尔敏:《秘密宗教与秘密社会之生态环境及社会功能》,《"中央研究院"近代史研究所集刊》1981年第10期。

界没有统一的说法，但有一点大家意见是一致的，那就是，青帮脱胎于漕运①。漕运是我国传统社会从南方通过运河转运粮食至北方的一种制度，早期的青帮就是该制度下以运输工人为主的下层劳动人民的帮扶组织，所谓的运输工人就是前文提到的漕船水手。该组织早期对清王朝有很大的依赖性，但从道咸年间开始，由于清政府改河运为海运，致使大部分漕船水手纷纷失业，失业的漕船水手们不得不脱离对清政府的依赖，由原来为清政府提供服务的组织，异化成与清政府作对的私盐贩、土匪等。不过，漕船水手贩卖私盐的活动并非开始于漕运由河运改为海运以后，事实上在此之前漕船水手的贩私活动就已经比较活跃。只是道咸以后，随着漕船水手失业人数的增加，其贩卖私盐的规模开始变得越来越大。如果说前期的漕船水手贩卖私盐是个体行为的话，那么，道咸之后漕船水手贩卖私盐就已经演变成了有计划、有组织的团体行为。此时部分漕船水手已经不再是过去为政府运送漕粮的运输工人，而是地地道道的帮会成员。

　　除漕船水手外，依赖漕运生存的人还有很多，在漕运全盛时，"漕船水手，河岸之纤手，集镇之穷黎，借此为衣食者，不啻数十百万人"②。漕运全部改用海轮运输后，这些人与漕河运丁一样"悉成游手"③。为了谋生，他们便结党成群，转而贩运私盐。当初活跃在漕河运丁中的青帮组织，也就随之转入盐枭之中④。与此同时，长江地区的遣散勇丁和现役官兵，因形式所迫，也加入到了贩私活动行列。据清末《中外日报》报导，江浙一带，遣散的淮勇，"虽遣不归，盘踞于浙湖郡县，而以贩盐为生"⑤。《盐法通志》也有"兵燹之后，盐船船户多系湘军各军营官哨，大则提镇，小则参游。所用

　　　①　相关研究成果可参见郭绪印《清帮秘史》（上海人民出版社，2002 年）；沈寂、董长卿、甘振虎《中国秘密社会》（上海书店出版社，1993 年）；蔡少卿《中国近代会党史研究》（中华书局，1987年）；萧一山《近代秘密社会史料》（岳麓书社，1986 年）；秦宝琦《清末民初秘密社会的蜕变》（中国人民大学出版社，2004 年）；陈国屏《清门考原》（上海文艺出版社，1990 年影印本）；周育民、邵雍《中国帮会史》（上海人民出版社，1993 年）；马西沙、韩秉方《中国民间宗教史》（上海人民出版社，1998 年）。

　　　②　[清]盛康辑：《皇朝经世文续编》卷四十一《丁显：请复河运刍言》，载沈云龙主编《近代中国史料丛刊》第 836 册，文海出版社，1972 年，第 4401 页。

　　　③　光绪朝《东华续录》，上海古籍出版社，1999 年，第 4848 页。

　　　④　蔡少卿：《中国近代会党史研究》，中华书局，1987 年，第 244 页。

　　　⑤　佚名：《论江浙枭匪》，《东方杂志》1906 年第 1 期。

水手,皆属百战之余,犷悍强暴,最难驾驭"①的记载。这些人在盐枭中势力最强。他们不仅"与青红二帮会票各匪连成一气",而且还得到营汛兵役的庇护,因而"如虎傅翼,莫敢谁何"②。各地"土著无赖",小帮私枭,也依附于他们。

自咸丰三年(1853年)漕运停止起,青帮被迫分化的去向大致为三部分:一部分加入太平军,一部分加入湘军或捻军,大部分则沦为盐枭集团③。青帮由漕运失业水手转化之后,大江南北,运河两岸的流氓、盗匪团伙,名称多样,实际上成为青帮的支派和别名。"巢湖帮"是以安徽巢湖命名的青帮组织之一,其行为凶悍;盐枭是青帮水手转化的私盐贩,被官方骂为"盐枭";而"光蛋"也是失业水手的一支,是青帮的支派之一。这三种集团之间,并无严格的界限,他们从大江南北蔓延到太湖流域,三者混为一体④。以巢湖帮为例。巢湖帮原是安徽巢湖的一支青帮,漕运由河运改为海道后,巢湖帮水手纷纷失业,为了生存,他们不得不组织起来,集结数百人,以原有船只为运输工具,大量贩卖私盐。巢湖帮以刘正宇为总领,最初在苏南活动,咸丰四年(1854年)刘被无锡县府杀害后,巢湖帮并没有因此而消失,而是进一步南下,进入太湖一带活动,"凡江南、皖南、浙西诸府之流氓光蛋,咸属此流派"⑤。

作为与红帮性质相似的会党组织,清前期的青帮是不是也与红帮一样向来就反清,对此学术界并没有一致的看法。有的学者认为,青帮并不是反清性质的秘密结社,青帮在政治上的这种消极态度是由其依附于清朝漕运制度的经济地位决定的⑥。但更多学者则赞同"青帮确实是一个反清的组织"的观点。他们认为,尽管青帮的公开身份是为清政府服务的漕运水手,但早在乾隆年间,就有青帮成员参加过或支持过反清的农民起义,后期的反清迹象就更为明显。笔者认为,就上述情况而言,并不足以说明青帮

---

① 周庆云纂:《盐法通志》卷八十六《缉私二》,载于浩辑《稀见明清经济史料丛刊》(第二辑)第24册,国家图书馆出版社,2012年,第21页。

② 佚名:《论江浙枭匪》,《东方杂志》1906年第1期。

③ 郭绪印:《清帮秘史》,上海人民出版社,2002年,第180页。

④ 郭绪印:《清帮秘史》,上海人民出版社,2002年,第161页。

⑤ 陶成章:《浙案纪略》,载《中国近代史资料丛刊·辛亥革命》第3册,上海人民出版社,1957年,第21页。

⑥ 周育民、邵雍:《中国帮会史》,上海人民出版社,1993年,第40页。

向来就是反清的。首先,参加或支持过反清农民起义的只是青帮的一小部分成员,他们不能代表全部,更多的青帮成员还是以漕运粮米为己任的,因为漕运是他们赖以生存的根基,如果他们与清政府作对,就必然会失去此根基,尽管漕运粮米只能维持基本的生活,但大多数成员还是愿意维持现状,所以至少在早期阶段,我们不能把青帮看成是与红帮一样的反清组织。其次,就清政府而言,它也并没有把青帮看成是反清的政治势力,除了早期查封罗教庵堂外,以后并未对青帮进行大规模镇压。著名帮会史研究专家郭绪印先生也认为,就其性质而言,青、红两帮是有较大区别的[①]。上述情况是就清代前期的情况而言,道咸以后则有所不同。

青帮演变为盐枭集团后,其性质发生了根本性的变化。青帮原是依附于漕运的水手帮,对清政府有很强的依赖性,所以很少出现反清的政治斗争,但自从清政府将南方漕运改为海运后,原先的漕运水手和码头工人不得不另谋出路,除"一部分加入太平军,一部分加入湘军,稍后一部分加入捻军外,大部分沦为盐枭集团"[②]。而其中盐枭与捻军又是串通一气的,捻军队伍构成中,私盐贩占了很大的比例,据史料记载:"庐、凤、颍、亳、南、汝、光、陈之犷悍凶徒也,平时大都贩盐上盗。"[③]从此青帮的性质才发生了根本的变化,即由原来的为清政府服务的群体,演变成了与清政府作对、对清政府的统治起破坏作用的群体。

晚清青帮主要活动于江浙、淮河两岸以至皖北一带。江苏的青帮以两淮商贸中心仙女庙为基地,嗣后向长江下游发展,以苏沪为中心,势力蔓延至京(口)、瓜(洲)、清(河)、淮(安),"萌蘖于金陵、芜、六"[④]。这些地方都是原来漕运的主要码头、港口,也是两淮食盐的集散地,青帮在这些地区深有渊源。早在太平天国时期,太湖湖面就出现了枪船帮会,他们与太湖周边的官府豪绅相勾结,到处开设赌台、包办私盐[⑤]。青帮与盐枭串通一气,其贩私活动不仅冲击了食盐专卖制度,而且对当时的社会治安也构成了一定的威胁。

---

① 郭绪印:《清帮秘史》,上海人民出版社,2002年,第161页。

② 郭绪印:《清帮秘史》,上海人民出版社,2002年,第160页。

③ [清]黄恩彤:《知止堂续集》卷五《捻匪刍议》,转引自池子华、朱琳《流民生活掠影》,沈阳出版社,2004年,第278页。

④ 陈锦:《勤余文牍》,载《中国近代农业史资料》第一辑,三联书店,1957年,第944页。

⑤ 郭绪印:《清帮秘史》,上海人民出版社,2002年,第163页。

(三)盐枭与会党的合作基础与矛盾

从上文分析可知,盐枭与会党之所以来往如此密切,是因为它们之间有许多合作的基础。比如就其出身而言,两者就有许多同质性,以天地会为例,与盐枭一样,天地会成员也大多出身于肩挑负贩的劳苦大众,或是因受贪官污吏、富豪劣绅压榨,而变得无依无靠的贫民无产者。正是共同的命运迫使他们联合起来和官府对抗。早在乾隆年间,两淮地区盐枭与会匪合作就有史料记载,时至道光年间更为严重。两者不仅结帮反抗官府,而且还串通一气,联手兴风作浪。以江西为例,道光九年(1829年)上谕云:"江西吉安府属泰和、万安等县,向为私枭出没之所,加以会匪繁多,与私枭合而为一,或者添弟会,或名添刀会,均自南赣延入吉安。"①再比如:"会党与盐枭相勾结,如泰和之马家洲、万安之白渡市私枭充斥,每借刀会为声援,放炮闯关,蔽江而下。"②相关的记载我们从《皇朝经世文续编》中也能找到:"凡安徽之颍、亳、庐、凤,江苏之徐、邳,河南之南、光,山东之曹州,湖北之襄阳,江西之南、赣、吉,红胡、教匪、捻匪、会匪以及漕船水手,皆其党类,处处充斥,阻坏盐法,扰害地方。"③盐枭与帮会组织联手贩卖私盐之严重,由此可见一斑。更有甚者,在会党的成员当中,有相当一部分本身就是由盐枭演变而来的,比如青帮就是如此。其实在大多数情况下,就其活动性质而言,"匪"与"枭"原本就是一家,即匪就是枭、枭就是匪,两者合二为一,各自为名。

尽管如此,但这并不等于盐枭与会党之间就毫无利益冲突。相反,由于各自所代表的利益集团不同,他们之间也时有争夺和仇杀。如光绪二十六年(1900年)有人探得:"向来枭贩有清帮、洪帮两种。清帮即安清道友,半东皖、徐、海青皮光棍;洪帮俗号红帮,即哥老会匪,多两湖三江散勇在内。两帮争夺码头,时相仇杀。"④但为了对付清政府的剿杀,求得各自的生存,盐枭、青帮、红帮关系的主导方面则是更多地趋向合作和融合。这种

① 《大清十朝圣训·宣宗》卷八十二,道光九年六月戊午。

② 《大清十朝圣训·宣宗》卷八十一,道光三年五月庚辰。

③ [清]盛康辑:《皇朝经世文编续编》卷五十《王赠芳:请更定盐法疏》,载沈云龙主编《近代中国史料丛刊》第838册,文海出版社,1972年,第5476—5477页。

④ 佚名:《查探徐怀礼报告》,载《辛亥革命》丛刊(3),中华书局,1974年,第403—404页。

情况在著名盐枭徐宝山登台亮相成为"匪首"之后更趋明显。徐宝山,字怀礼,江苏丹徒人,绰号徐老虎,"自幼不安本分,在外勾结无赖,种种不法"。光绪十九年(1893 年)在江都仙女庙犯抢劫之案被发配甘肃,但他中途脱逃,投入丹徒高资乡盐枭陶龙雨家。后来与活动于苏北沿长江的一些著名码头如七濠、口岸等处的盐枭几经火并与勾结,立稳了脚跟,领导私盐船队"往来口岸、三江口、西马、大桥、七濠、十二圩等处",并"上至大通、芜湖、汉口、江西,下抵江阴等处,长江千余里,时有该匪私盐船出没其间"。他拥有的私盐船队多至 700 余号,党众万余,淮河两岸到沿江一线,均为其势力范围。光绪二十五年(1899 年),盐枭徐宝山模仿哥老会的山堂组织及散卖飘布制度,在"七濠口演剧数日,设立春宝山堂名目,入会者人给一票",上写口号,监读三日,旋即焚毁灭迹。由于徐宝山身兼盐枭、青帮、红帮诸多角色,在他的势力范围内,盐枭、青帮、红帮不仅化干戈为玉帛,而且从组织上行动上更趋融和或合作。徐宝山接受刘坤一招抚后,这种融和、合作并未就此停止①。

到了清末,由于行动与利益上的一致性,两淮地区及运河、太湖一带的盐枭、青帮、红帮之间渗透合流、纠缠相混更加普遍。光绪三十年(1904年)八月,江苏巡抚陈夔龙奏:江苏省枭匪、会匪,"内河以董道富为首,沿海以范高头为首",董被清兵追捕负创而毙,范"投入枭党,身充头目,贩私行劫,又为青龙山会首,结纳亡命,沿海各属满布爪牙"②。尤须指出的是,此时的盐枭、青帮,还仿照、抄袭哥老会的会簿《海底簿》,结合一些漕运方面知识,杜撰出诸如《三庵宝鉴》《家礼问答》之类的"青帮秘籍",使人难以准确分清谁是盐枭、青帮,谁是哥老会(红帮)。

(四)余论

本书之所以耗费如此篇幅来描述盐枭与帮会的关系问题,目的就在于透过盐枭与帮会的发展轨迹,来展现晚清私盐、盐枭、帮会与社会方方面面之间复杂而微妙的互动关系。描述的目的是再现历史,而分析的目的则是

---

① 吴善中:《客民·游勇·盐枭——近代长江中下游、运河流域会党崛起背景新探》,《扬州大学学报》(人文社会科学版)1999 年第 5 期。

② 中国第一历史档案馆藏、北京师范大学历史系编:《辛亥革命前十年间民变档案史料》(上),中华书局,1985 年,第 271—272 页。

为了解释历史。笔者无意将发生在江淮这一局部地区的个别现象来推断出涵盖全局的一般性结论，只是希望通过该微观研究，使人们进一步加深对以下问题的讨论和理解：

首先，上述情况表明，晚清江淮盐枭贩卖私盐活动具有两个明显的特点：一是盐枭贩私不仅组织严密、人多力众，而且他们还与帮会组织相勾结，即所谓"青、红二帮，会、票各匪连成一气""如虎傅翼，莫敢谁何"①。凭借该联合力量，武力对抗于清政府。其实大多数情况下，枭、匪原本就是一家，即匪就是枭、枭就是匪，两者合二为一，各自为名。二是盐枭贩私来势凶猛，持续时间长，一直伴随清政府走向终结。

其次，枭私活跃所带来的影响是深刻而长远的，它不仅极大地冲击了中国传统社会千百年来推行的食盐专卖制度，对清代社会治安构成了严重的威胁，更重要的是它还起着扰乱整个封建经济秩序运转，瓦解整个封建政权的作用。尽管清政府十分注重对枭私的防范和打击，但由于各级巡捕官吏的腐败无能和包庇纵容，使得盐枭贩私活动不但没有减弱，反而更为猖獗。

再次，晚清江淮地区的盐枭走私，从表面上看似乎只是盐枭迫于生计，或纯粹为了高额盐利铤而走险的一种冒险活动。事实上事情远非如此简单。透过现象看本质，我们会发现其背后隐藏着深层的社会政治问题。盐枭走私可以说既是晚清政治日益腐败的必然结果，同时又是当时政治日益腐败的集中体现和反映。

---

① 佚名：《论江浙枭匪》，《东方杂志》1906 年第 1 期。

第五章　盐商、盐官与私盐：
地方盐业管理层的官私博弈

各级盐务官员、地方官僚、盐务兵弁以及各类盐商等，都是清代管理地方盐业的主要参与者。他们不仅承担着官盐的生产、运输和销售的管理与监督职责，同时还对缉私负有重要的责任。然而正是这样一群被中央政府赋予了重大权力的执法者，却在吏治日益腐败的乾、嘉、道、咸年间情愿或不情愿地蜕变成了私盐贩卖者，由合法运销商或执法者变成了破坏榷盐体制的违法者。

一、盐商与私盐：盐商式微与商私的无奈

商私是清代两淮私盐种类当中危害性较大的一种私盐。商私的形成、发展与活跃，与两淮盐业的演变以及两淮盐商的兴衰密切相关。清初，两淮盐商伴随两淮盐业的发展逐渐由起步、发展走向繁荣，并最终于乾隆中叶达到其顶峰。乾隆中叶以后，随着吏治腐败的日益加剧和私盐的异军突起，两淮盐商日渐由强盛走向衰败。道光十二年（1832 年）的票盐制改革更是进一步将盐商推向了没落甚至破产的境地。面对日益困窘的局面，曾经辉煌一时的两淮盐商不得不加入到私盐贩卖行列。这是就商私与盐商历史发展进程之间的关系而言的。因此，一定程度上盐商贩私可以看成是其垄断地位受到冲击的一种补偿。但盐商除因为衰败原因而被迫贩私外，在清中叶乃至清初，也有不少财力雄厚的盐商受利益的诱惑而贩卖私盐的历史事实。

（一）榷盐体制下的两淮盐业与盐商

1.两淮盐利之巨与两淮盐业的重要性
两淮地区，东临黄海，西连运河，南北广袤数百里，盐场二三十

处①,皆可煮海为盐,造价低廉而产量极丰,且水网交错,航行便利,广销河南、江苏、安徽、江西、湖北、湖南六省,因此,自古以来,两淮就是全国产量最大、销路最广的盐区;同时,也成为历代封建王朝借以立国的"财赋之源"②。两淮盐利之巨,不同历史时期虽然有所差别,但其在历朝历代财赋中的重要性则不言而喻。

有关两淮盐利重要性的记载最早出现在食盐专卖肇始的西汉时代。据《史记》载:西汉惠帝、吕后时期(公元前 194 年—180 年),建都于广陵(今扬州)的吴王濞因得地利,有铜山,滨东海(即两淮盐区所在地),为了壮大其自身力量,于是"招致天下亡命者,盗铸钱,煮海水为盐",以致"无赋于民"而"国用富饶"。此两淮盐利见于史册之始。唐宋以降,两淮盐利之巨,更是居天下赋税之半。据《新唐书·食货志》载:"天下之赋,盐利居半。宫闱服御、军饷、百官俸禄皆仰给焉。"③《宋史·食货志》也称:"唐乾元初,第五琦为盐铁使,变盐法,刘晏代之⋯⋯天下之赋,盐利居半。宋朝元祐间,淮盐与解池等岁四百万缗,比唐举天下之赋,已三分之二。绍兴末年以来,泰州海陵一监,支盐三十余万席,为钱六七百万缗,则是一州之数过唐举天下之数矣。"④时至明代,两淮盐业更是达到了其发展的顶峰。

清代两淮盐业在明代基础上得以进一步发展,此时,"两淮场之广,草之丰,卤之厚,皆甲天下"⑤。另据《两淮盐法志》载:"天下六运司,惟两淮惟雄。⋯⋯商灶渊薮,盐利甲东南之富,我国家国用所需,边饷所赖,半出于兹。"⑥两淮盐业在国民经济当中的地位也越来越重要,两淮盐业的好坏

---

① 清承明制,清初与明代一样,两淮共有盐场三十所,分别是丰利、掘港、石港、马塘场、金沙、西亭、吕四、余西、余中、余东、角斜、栟茶、富安、安丰、梁垛、东台、何垛、丁溪、小海、草堰、白驹场、刘庄、伍佑、新兴、庙湾、板浦、徐渎、临洪、兴庄、莞渎。康熙、雍正、乾隆年间,清政府对三十所盐场的布局进行了调整:康熙十七年(1678 年),将徐渎场并入板浦场;雍正五年(1727 年),将临洪、兴庄二场合并设立临兴场;乾隆元年(1736 年),在淮北设立中正场,且将莞渎场并入,在淮南则将马塘场并入石港场,余中场并入余西场、白驹场并入草堰场;乾隆三十三年(1768 年),将西亭场并入金沙场、小海场并入丁溪场。经过康、雍、乾三代的调整,共裁并了九场,新设二场,故有清一代,两淮盐业的三个分司,共辖二十三盐场。只是在光绪三十三年(1907 年),因淮南盐场不敷,故在淮北增辟新海滩产盐,但到民国元年(1912 年),方正式设立济南场,故不能将其计入清代盐场之列。

② 杨德泉:《清代前期两淮盐商资料初辑》,《江海学刊》1962 年第 11 期。

③ 《新唐书·食货志》,中华书局,1975 年,第 1378 页。

④ 《宋史》卷一百八十二《食货志》,中华书局,1977 年标点本。

⑤ [清]包世臣:《包世臣全集》,黄山书社,1993 年,第 135 页。

⑥ 嘉庆《两淮盐法志》卷五十四《杂志三·碑刻上》,同治九年(1870 年)扬州书局重刊本。

对整个国民经济的运行有着重大的影响。其主要表现为：两淮盐业不仅承担了河南、江苏、安徽、江西、湖北、湖南六省大多数民众的食盐重任，而且还为国家提供了巨额的课税；尤其在课税方面，两淮盐课可谓对国家起着举足轻重的作用。清政府的税收来源主要包括三大块，即田赋、盐税和关税。其中两淮额征盐课在全国课税当中占有很大的比重。清人李果说："两淮盐课甲天下。"[①]刘宏宇也曾指出："我国家以盐荚为利，筹用经也，其盐课之盛，无过两淮矣。"[②]乾隆朝两淮巡盐御史李发元在《盐院题名记》中说得更具体："两淮岁课，当天下租庸之半，损益盈虚，动关国计。"[③]于是有不少学者以上述言论为依据，指出两淮盐区每年缴纳的盐课，占到全国课税收入的一半左右，甚至更多。事实果真如此吗？笔者在做合理的量化统计后发现，上述观点与历史事实有较大出入，尤其是乾隆年间"两淮岁课，当天下租庸之半"的言论，更带有明显的夸张色彩。应该说李果和刘宏宇的言论还是比较符合历史客观事实的。清代两淮盐课确实是"甲天下"，其课税收入也确实在全国所有盐区课税收入当中是最"盛"的。但这只是就两淮盐课在全国盐课收入当中的地位而言，至于两淮盐课在全国课税收入当中的地位，则很难用"两淮岁课，当天下租庸之半"来形容。该定量说明似乎与定性的描述有不小的出入。

　　两淮盐课在全国赋税当中到底占有多大比重？量化分析便可一目了然。首先我们以有确切相关数据记载的乾隆三十一年（1766 年）为例，详情见表 5—1。

表 5—1　乾隆三十一年（1766 年）各项课税及其所占岁入银比例表

课税项目	金额（万两）	占岁入银比例
地丁	2911	59.97%
耗羡	300	6.18%
盐课	574	11.83%
关税	540	11.12%

---

① ［清］李果：《在亭丛稿》卷十一，乾隆十年（1745 年）刻本。
② 嘉庆《两淮盐法志》卷五十四《杂志三·碑刻上》，同治九年（1870 年）扬州书局重刊本。
③ 嘉庆《两淮盐法志》卷五十五《杂志四·碑刻下》，同治九年（1870 年）扬州书局重刊本。

续表

课税项目	金额(万两)	占岁入银比例
芦课、渔课	14	0.29%
茶课	7	0.14%
落地杂税	85	1.75%
契税	19	0.39%
牙、当等税	16	0.33%
矿课(有定额者)	8	0.16%
常例捐输	300	6.18%
共计	4774	100%

资料来源:《清史稿》卷一百二十五《食货六·会计》,中华书局,1977年,第3703页。说明:(1)此表数字又见魏源《圣武记》卷十一,但魏书未标明数字年份,且地丁银数误作2941万两(《清史稿》数与《清朝文献通考》同)。经与各书核对,是年数字原有万位以下数,《清史稿》皆略作"××万两有奇"。又据《清朝文献通考》卷四《田赋考四》、卷十《田赋考十》,是年田赋,民田于地丁银外另征粮8317735石有奇(含漕粮),屯田征屯赋银784902两有奇、屯赋粮1097064石有奇,此外还各有草束。又《清史稿》于记各项入款后声明:"外销之生息、摊捐诸款不与。"(2)原文作"五百四十余万两有奇";《圣武记》作5415000两。(3)《圣武记》作芦课122500两、渔课24500两。(4)原文作"三百余万"。(5)此项总数为以上各数相加之和,原文作"四千数百余万"。

可见,盐课收入大概占全国全部课税收入的12%[1]左右。其中两淮岁课占全部岁课的比重为多少呢?据黄俶成统计,乾隆年间两淮盐商每年上缴的盐税占全国盐课的60%左右[2]。按此计算,也就是三百多万两,大概占全部岁课收入的不足8%。而据陈锋统计,清代淮盐课额大概占全部盐课收入的49%[3],乾隆年间也基本保持了这一水平。以此计算,两淮岁课在全国课税收入当中的比例还达不到8%。该数据与有关史料记载也是基本吻合的。据有关资料记载,乾隆三十一年(1766年)两淮税课上缴额为287万余两,占全国盐业岁课的50%,在全国全部岁课收入当中的比重,

―――――――――

① 晚清时期,盐税占全部课税收入甚至还达不到12%的水平。据《清史稿》卷一百二十五《食货六·会计》载:"今按(光绪)十七年岁入岁出之籍,入项为地丁23666911两;杂赋2810144两;租息141672两;粮折4262928两;耗羡3004887两;盐课7427605两,常税2558410两,厘金16316821两,洋税18206777两,节扣2964944两,续完7128744两,捐摊1875576两,均有奇。统为岁入89684800两有奇。"由此可知,盐课额占总岁入的比例大概为8.22%。

② 黄俶成:《论两淮盐业经济对清代学术文化的影响》,《江海学刊》2001年第3期。

③ 陈锋:《清代盐政与盐税》,中州古籍出版社,1998年,第171页。

则不足 6％。清初,两淮岁课在全国岁课收入当中的比例略高于 6％。以康熙二十四年(1685 年)为例,内地八个盐区(奉天、甘肃、云南除外)岁额盐引为 4372000 余引(每引重 200 斤),课银 3882000 余两,其中最多的是两淮盐,产盐岁额 1622000 引,估计占全国比重的三分之一以上;课银 2039000 余两,占全国盐课比重的一半左右(52.3％)[①]。按此计算,大概占全部岁课收入的 6.4％左右。如果说一年的情况不足以说明问题的话,顺治至道光年间的基本情况还可进一步说明该问题。详情见表 5—2。

表 5—2　清代前、中期盐课所占岁入总数比例表

时　　间	岁入银(单位:万两)	盐　课		盐课占岁入银(％)
		金额(单位:万两)	指数	
顺治九年(1652 年)	2438	212	100	8.7
康熙二十一年(1682 年)	3100	276	130.19	8.87
康熙二十四年(1685 年)	3132	276	130.19	8.81
雍正三年(1725 年)	3585	443	208.96	12.35
雍正七年(1729 年)	——	512	242.45	——
乾隆三十一年(1766 年)	4854	574	258.02	11.83
嘉庆十七年(1812 年)	4013	579	273.11	14.43
道光十九年(1839 年)	4125	747	352.36	18.11
道光末年	5230	750	353.77	14.34

资料来源:综合《清史稿·食货六·会计》和《清宣宗实录》第九百卷等制作而成。并参阅陶用舒《论魏源的盐政改革思想》(《盐业史研究》1994 年第 4 期)和何本方《清代户部诸关初探》(《南开大学学报》1984 年第 3 期)。

　　上述统计表明,即使在课税收入比重较大的嘉道年间,全部盐课收入也仅为全部岁入银 14％—18％,而其中两淮课税所占全部岁入银的比重大概在 10％左右。这与所谓的"天下租庸之半"是明显不符的。不过需要说明的是,上述表格只是反映了包括两淮在内的全国盐业岁课在全国岁课当中的比例问题,很明显,该比重一直处于不断变化当中。但以清代前、中期的情况来看,盐业税收还是一年比一年更多;这种情况到道光二十年

---

　　① 吴慧、李明明:《中国盐法史》,台湾文津出版社,1997 年,第 269—270 页。

（1840 年）以后，开始发生不小的变化，盐课岁入呈时多时少的发展态势，如道光二十一年（1841 年），全国盐课岁入在道光十九年（1839 年）全国盐课岁入 747 万余两的基础上，迅速下降为 4981845 两；道光二十五年（1845 年），盐课岁入有所回升，为 5074164 两。不过道光二十九年（1849 年）又不增反降，仅为 4985871 两[①]。光绪十七年（1891 年）曾恢复到了道光中期水平，全国盐课岁入达到 7398799 两[②]，光绪二十年（1894 年）又进一步下降为 6737469 两[③]。两淮岁课在全国岁课当中的比例，也随着全国盐业岁课的波动而不断变化。详情见表 5－3。

表 5－3　两淮与全国盐业税课岁入比较表[④]

时　间	两淮岁入（单位：两）	全国盐课岁入（单位：两）	淮课所占比例（％）
顺治十年（1653 年）	1 197 090	2 128 016	56.3
顺治十四年（1657 年）	1 360 602	2 520 646	54
顺治十五年（1658 年）	787 975	2 516 989	31.3
康熙三年（1664 年）	1 786 791	2 743 675	64.5
康熙十二年（1673 年）	1 446 552	2 792 705	51.8
乾隆八年（1743 年）	2 568 348	5 560 540	46.2
嘉庆八年（1803 年）	2 308 197	5 652 575	40.8

　　表 5－3 所反映的情况表明，除个别年份外，两淮岁课占全国盐业岁课的比重，基本上维持在 45％－65％之间，假设取二者平均数来计算，那么两淮岁课占全国盐业岁课的比重就应该在 55％左右。从实际情况来看，该比例总体而言还是基本符合客观历史事实的。以此为依据，我们就能粗略地计算出两淮岁课占全国岁课的大概比重了。结合表 5—2 提供的数据，这个比例应该维持在 5％－8％之间。这与所谓的"两淮岁课，当天下租庸之半"相差甚远。道光以后的情况与上述情况并没有十分明显的差异。

---

　　① ［清］王庆云：《石渠余纪》卷五《记盐法·记引课》，北京古籍出版社，1985 年，第 237—241 页。

　　② 嘉庆《钦定大清会典事例》卷一百七十八，载沈云龙主编《近代中国史料丛刊》第 656 册，文海出版社，1992 年，第 8251 页。

　　③ 陈锋《清代盐政与盐税》，中州古籍出版社，1988 年，第 163 页。

　　④ 陈锋《清代盐政与盐税》，中州古籍出版社，1988 年，第 171 页。

由此可见，所谓"两淮岁课，当天下租庸之半"的言论其实并非历史事实。史料当中之所以会有如此记载，笔者认为这可能是因为清人想通过类似的言论来强调两淮盐业的重要性而已。

尽管两淮岁课并非"天下租庸之半"，但并不能因此否定两淮岁课在清代课税收入当中的重要地位。与其他盐区相比，两淮盐课之重要，也是任何其他盐区无法比拟的，即使与田赋收入充足的某些省份相比，两淮课税的重要性也毫不逊色。为此，陶澍指出："东南财赋，淮鹾为最大，天下盐务，淮课为重。即如各省地丁钱粮，或数十万，或百余万。极重如江苏，亦只三百万。而两淮盐内外正杂支款，岁需七八百万，足以抵数省之钱粮。"①道光以后，两淮盐业虽然逐渐走向没落，但两淮盐利依然为东南财赋第一大宗，"举凡京协要饷，新旧洋款，取给于此者不下七八百万之巨。当此财用匮竭之时，筹款最为要政"②。

两淮盐利之巨，由此可见一斑；两淮盐业之重要，也就不言而喻了。

2.垄断盐商的形成与清政府对盐商的管理

正因为历代两淮盐利对于国计民生具有如此重要的作用，两淮盐业不仅被历代封建王朝所把持垄断，而且也成为倚恃历代封建王朝成长起来的大盐商们活动的温床。清代的两淮盐商，就是在这个温床上发展起来的③。

两淮盐商种类繁多，其名称因分工不同而异，就其要者而言，两淮盐商分为两大类，即主收盐的场商和主行盐的运商。正如《清史稿·食货志》所言："凡商有二：曰场商，主收盐；曰运商，主行盐。其总揽之者曰总商，主散商纳课。"④除了二者分工不同外，场商与运商还有一个较大的区别在于，运商负担绝大部分的盐课，而场商基本上无盐课责任⑤。

场商又称坐商，是政府授予特权垄断食盐收购，直接与食盐生产者（即灶户）打交道的商人。依清律，灶丁只能将盐卖给场商，而后再由场商转售给运商，因此，盐的收购权，实际上为场商所垄断。

运商又分引商、运商和水商三种类型。

① ［清］陶澍：《陈奏回空粮船未便任带芦盐折子》，载《陶澍集》（上），岳麓书社，1998年，第227页。
② ［清］赵滨彦辑：《两淮案牍钞存》卷十一《吕四垣盐案钞》，光绪朝铅印本。
③ 杨德泉：《清代前期两淮盐商资料初辑》，《江海学刊》1962年第11期。
④ 《清史稿》卷一百二十三《食货四·盐法》，中华书局，1977年，第3604—3605页。
⑤ 徐泓：《清代两淮盐场》，《史原》1970年第1期。

引商都是世袭为业,他们往往不直接参与食盐的流通过程,而是靠垄断盐引,提高引价,售卖"窝单"①为生。"运商请引行盐,必先向有窝之家出价买单,然后赴司纳课。……有窝之家,转展私售,如操市券,以一纸虚根,先正课而坐享厚利"②。这种售卖活动的后果是非常严重的。为此,光绪《重修两淮盐法志》曰:"将根窝辗转售卖,占私害公,单价几倍蓰于正课,遂至买单行运之商,成本加重,盐引滞销,实足为害。""辗转抬价居奇,成本之重以此,运销之滞以此,官价昂二私盐日炽亦以此。本重价昂,私充课绌,而盐务遂一败涂地亦以此。"③这种引商资本不仅危害性极大,而且此时的引商资本其实已经从职能资本蜕化成了纯寄生性资本,引商也因此堕落成了彻头彻尾的寄生商人④。

运商是食盐贩运的主体,它广泛活跃于流通领域,凭借清政府赋予的食盐专卖特权,把持食盐的运销,成为垄断淮盐运输的唯一商业资本集团,是两淮盐商中势力最为强大、财力最为雄厚、数目最为庞大的群体。运商又有总商、散商之分。总商系由官府指派的盐商首领,有研究认为,总商制度最早出现于乾隆年间,它与康、乾二帝频繁南巡以及两淮官、商在财务关系上的嬗变有关⑤。总商与清政府有着极为密切的政治和经济联系,被授予政治特权,对一般商人(散商)进行监管。有关"一切领引纳课,责成纲首整理,以取整齐"⑥。一

---

① 行盐之凭单。淮盐向有根窝,如田产之印契。每年赴司请给朱单,名为年窝。部定每引给银一两。畅销时价或倍蓰。运商请引行盐,必向有窝之家出价买单,然后赴司纳课,至道光时改行票盐,此制遂废。然同光以来,验票等于窝单,而票本问题亦自此生矣(参见林振翰编《淮盐纪要》,《丛录》商务印书馆,民国十七年(1928年))。"窝单"最早出现于明代成化以后,与开中制度下"抢上之法"的破坏有关。明代的"窝单"又有"窝子""引窝"的称号。有关"窝"的含义,尽管日本学者中山八郎、藤井宏、佐伯富均有专文探讨,但并无定论。王振忠认为,盐务中的"窝"与俗语中的含义并无多大区别,都表示空缺;由于这种空缺而包含了权力的内涵。在清代小说家吴敬梓的《儒林外史》中有"弄窝子"的描述,这里所谓的"弄窝子",其实就是指买卖盐引——窝单弄钱的意思(参见王振忠《明清徽商与淮扬社会变迁》,三联书店,1996年,第1—2页)。
② [清]陶澍:《会同钦差拟定盐务章程折子》,载《陶澍集》(上),岳麓书社,1998年,第169页。
③ 光绪《重修两淮盐法志》卷一百三《征榷门·盐价》,光绪三十一年(1905年)刻本。
④ 刘德仁、薛培:《清初盐业的恢复和发展》,《盐业史研究》1998年第3期。
⑤ 王振忠:《明清徽商与淮扬社会变迁》,三联书店,1996年,第34—39页。有关两淮总商的设置问题,学界目前还有另外两种不同的看法:王思治、金城基、王方中认为两淮总商应该设置于康熙十六年(1677年)(分别参见王思治、金城基《清代前期两淮盐商的盛衰》,《中国史研究》1981年第2期和王方中:《清代前期的盐法、盐商与盐业生产》,《清史论丛》第四辑,中华书局,1982年,第3—12页);而陈锋则认为,顺治年间就已经设置了总商,只不过康熙十六年左右,明确规定了设置二十四总商(参见陈锋《清代盐政与盐税》,中州古籍出版社,1988年,第33—34页)。
⑥ [清]王守基:《盐法议略》,《山东盐法议略》,同治刻本。

般盐商若偷漏课税，总商有权令其摊赔。盐商"行盐须得总商作保，每年滚总、纳课，一应盐费均由摊派"①。同时总商还被清政府委以"承办盐场一切公务"②的重任。并拥有"设立巡船，召募巡丁，协同守口员弁查缉私盐"③的责任。每年征课办引时，都以散商分隶于各总商名下，由总商督征盐课，查禁私盐。朝廷有关盐政大计也每与总商协商。总商的这种半官半商的身份，给他们带来了诸多牟利机会。他们或夹带私盐，牟取私利；或放贷资本，盘剥散商；或以聚资捐输为名，中饱私囊。所以担任总商者，个个都大发横财④。

水商主要从事食盐零售工作，他们负责将改包后的盐斤从省府运往各府县盐店；同时他们还是封建国家行销官盐、向人民征收课税的最终执行者。

据此，我们可以看到，所谓盐商，如果作更为细致的分析，应该包括场商、引商、运商和水商四大类。他们虽然均被清政府赋予了一定的垄断权力，但在食盐的生产、运输和销售环节当中，运商中的总商应该处于最顶端的位置，引商、运商次之，场商、水商地位最低。"查两淮旧例，于商人之中，择其家道殷实者，点为三十总商，每年于开征之前，将一年应征钱粮数目核明，凡行盐散商，分隶三十总商名下，令三十总商承管催追，名曰滚总"⑤，说的就是这种情况。

盐商虽然拥有垄断食盐运销的特权，但它充其量不过是为政府提供服务的一个工具而已。当然，政府只有在管理并利用好该工具后，才能达到其预期目的。因此，为了保障食盐的生产、运输和销售的顺利进行，同时也为了保证国家盐税收入的征缴不受影响，清政府制定了一系列规章制度和法律法规来加强对盐商的管理。

首先，对盐商的选拔有严格的规定。清政府规定：商人凭引行盐，每次行盐，先由商人认领引额，后照额运销，应缴引课，皆需按年缴完。"如有引未运

　　① ［清］包世臣：《包世臣全集》，黄山书社，1993年，第128页。
　　② ［清］王守基：《盐法议略》，《山东盐法议略》，同治刻本。
　　③ ［清］蒋兆奎纂：《河东盐法备览》卷十一《奏疏》，乾隆五十五年（1790年）刻本。
　　④ 清代盐商的捐输报效，大多数为总商所为，每次捐款少则几十万两，多则一二百万两；两淮盐商集藏地扬州的各色园林建筑，也大多数为总商所建；此外，雍正、乾隆的多次南巡，也多为总商捐款所接待。所有的这一切都足以说明，总商经济实力之穷厚，确非一般盐商所能比，其他行业商人更难望其项背。而据《淮醎备要》卷三所载：道光年间人"闻父老言，数十年前，淮商资本之充实者，以千万计，其次亦以数百万计"。其中拥资千万的盐商，也多半为总商莫属。
　　⑤ 嘉庆《两淮盐法志》卷二十五《课程九·经费上》，同治九年（1870年）扬州书局重刊本。

完,课未缴足者,即将该商引窝革退,另募殷实商人接充;所欠课款,皆著落该商家产追赔;原有出结各官,皆交部严加论处;其无力办运者,亦照例革退引窝,另招新商;凡窝单概不准转租与人"①。由此可见,清政府对盐商的选任有一个必备条件,即所选盐商必须要有充裕的商业资本和货币支付能力,规定盐商必须由"家道果系殷实,品行素为商贾所信服者"②来承充。而对于总商的选拔,条件则更为苛刻。总商除必须具有充裕的家财以外,还必须是各商中的"明白晓事者"。也就是说,担任总商者,必须有充足的财力和出众的能力。其目的就是要通过强化盐商承充和选任的经济实力,使从事食盐经营的盐商能够具有充分的商业流通活力,以保证封建政府能顺利地征收盐课③。普通商人要想加入盐商这一社会集团行列,必须经过有关盐政机构的严格审查和核实,"逐一查明,择其经理妥善,资本充裕者,取具保结,令其照旧承办,毋庸更换"④。清代盐商的承充经营周期一般为三至五年,满期后由国家重新招商行盐,但是,"倘商人内有公平交易,地方相安者,应令永远承充,其欠课及作奸犯科者,即行驱逐,另募充补"⑤。清政府的这一规定,一方面是为了维持盐商队伍的稳定,以保证其盐商收入不因盐商集团的变化而受影响,另一方面也是清政府加强对盐商管理的重要手段之一。

其次,在食盐的运销方面也制定了许多规章制度。比如运输方面,清政府规定官盐必须按指定的路线进行贩运;销售方面也有按指定区域销售官盐的规定。凡违反该规定者,均以私盐论处。

同时,为保证盐课收入,清政府还设置了各种盐务官员来加强对盐课的征收和盐商的管理。中央由户部职掌盐务政令,专司奏销考成,具体由山东司进行考核;地方盐务官员,清初在两淮、长芦、河东三产盐区设置巡盐御史各一人,定例一年更代,名为"盐差",自康熙以后改为"盐政";在盐务较繁之产盐区设都转盐运使司,有盐运使一人,不设盐运使司的盐产区,设盐法道,有盐法道一人;盐运司以下的属员有经历、知事、巡检、库大使等。此外,在淮南、淮北及山东、河东设有监掣同知一员,职掌掣盐之政令,清

---

①　曾仰丰:《中国盐政史》第一章《盐制》,商务印书馆,1998年,第16页。

②　嘉庆《两淮盐法志》卷二十五《课程九·经费上》,同治九年(1870年)扬州书局重刊本。

③　刘德仁、薛培:《略论清政府对盐商的控制与利用》,《盐业史研究》1998年第2期。

④　[清]蒋兆奎纂:《河东盐法备览》卷十一《奏疏》,乾隆五十五年(1790年)刻本。

⑤　《清实录》第5册,《清圣祖仁皇帝实录》卷一百三十七,康熙二十七年九月至十一月,中华书局,1986年,第4354页。

查验行盐事务，在盐场、盐井还设有各级基层盐务官员，职产盐、批验盐引及巡察之事。如此细密的分工，确实对督察食盐的生产、运销和盐课的征收起着非常重要的作用，但同时也正是如此庞大的官僚机构，成为盘剥盐商、破坏盐法的重要因素。

可见清政府是非常注重盐商队伍建设与管理的。清政府之所以如此重视盐商队伍建设和管理，说到底，其目的非盐课莫属。

(二)两淮盐商的利润来源与资本流向

清中叶，两淮盐商依仗清王朝赋予的政治、经济特权，在盐务官员的庇护和皇帝的大力支持下，得以垄断两淮食盐贩卖的厚利，并因此发展成为挟资千万、富比王侯的巨大封建商业资本集团。

1.两淮盐商的利润来源与资本积累

清初两淮盐商并非很富有，在明清之际的历史动乱时期，两淮盐商曾遭受过沉重打击，濒临破产。清中叶以后，随着国家的统一，全国政局日趋稳定，整个封建经济得以恢复和发展。在盐官的庇护和皇帝的支持下，两淮盐商才得以重新垄断盐利。盐商垄断盐业以后，获利极大，往往转手之间，得利数倍。正如清人黄钧宰说："扬州繁华以盐盛，两淮额引一千六百九万有奇，归商人十数家承办……以每引三百七十斤计之，场价斤止十文，加课银三厘有奇，不过七文，而转运至汉口以上，需价五六十不等，愈远愈贵。"①其利润之厚，由此可见一斑。时至乾隆年间，两淮盐商趋于极盛，垄断淮盐运销的两淮盐商因此发展成为国内最大的商业资本集团之一，其资本总量达2000万两以上②。更有学者认为，乾隆年间，两淮盐商富可敌国③。富可敌国唯恐有所夸张，但其财力之雄厚，确实是不争的事实。我们不妨以两淮盐业由强盛走向衰败的历史转型期乾隆年间为例，来估算该历史阶段两淮盐商的获利情况。就利润总额而言，据汪士信估算，乾隆六

---

① [清]黄钧宰：《金壶七墨全集》卷一《盐商》，载沈云龙主编《近代中国史料丛刊》第428册，文海出版社，1972年，第24页。
② 萧国亮和周志初都持有类似的观点〔参见萧国亮《清代两淮盐商的奢侈性消费及其经济影响》，《历史研究》1982年第4期；周志初：《清乾隆年间两淮盐商的资本及利润数额》，《扬州大学学报》(人文社会科学版)1997年第5期〕。
③ 王思治、金城基：《清代前期两淮盐商的盛衰》，《中国史研究》1981年第2期。

十年间，两淮盐商的实得利润高达 9011 万两[1]。从各种史料记载中也可窥其一斑，有关两淮盐商的富有，早在明代王士性的《广志绎》中就有记载："淮盐中盐商，其盐厂所积有三代遗下者……淮盐岁课七十万五千一百八十引，征银六十万两，可谓比他处独多矣！"[2] 清代两淮盐商更为富有，多"富以千万计"[3]；至于"百万以下者，皆谓之小商，彼纲总者，得嘻笑而呼叱之"[4]。李澄在《淮鹾备要》中也曾提到："闻父老言，数十年前淮商资本之充实者，以千万计，其次亦以百万计。"[5] 那么，两淮盐商是如何获取利润，从而积累起巨额商业资本的呢？

　　有关乾隆年间两淮盐商的获利情况，学术界众说纷纭，莫衷一是[6]。由于受资料残缺的局限，要计算出一个精确的利润数额是不可能的，但笼统地估计一个大概的数据同样也不科学，具体情况应该具体分析。事实上乾隆年间两淮盐商的获利数额是一个变数，不同的历史时期表现出不同的特点。以乾隆年间为例，据有关资料记载，乾隆六十年间，引价一直处于不断变化当中，从来就没有一个定额。以湖广为例，乾隆五年部定湖广价每引银 5.7802 两，六年六日部定湖广价每引银 6.0802 两，七年九日部定湖广

---

① 汪士信：《乾隆时期徽商在两淮盐业经营中应得、实得利润流向试析》，《中国经济史研究》1989 年第 3 期。

② 王士性著，吕景琳点校：《广志绎》卷二，中华书局，1981 年，第 67 页。

③ 李斗：《扬州画舫录》卷十五《冈西录》，中华书局，1960 年，第 340 页。

④ 《清朝野史大观》卷十一《清代述异》，中央编译出版社，2009 年，第 1054 页。

⑤ 李澄：《淮鹾备要》卷七《害之利·商课商本》，道光三年（1823 年）刻本。

⑥ 从目前的研究现状来看，以下观点较具代表性：汪士信认为，乾隆年间两淮盐商的主体——运商的年平均利润大致为 380 余万两（参见汪士信《乾隆时期徽商在两淮盐业经营中应得、实得利润流向试析》，《中国经济史研究》1989 年第 3 期）。以汪士信的研究成果为基础，汪崇筼估算，乾隆年间两淮盐商的年平均获利大约为 207 万两（参见汪崇筼《乾隆朝徽商在淮盐业经营中的获利估算》，《盐业史研究》2000 年第 1 期）。周志初认为，乾隆年间两淮盐商平均获利为 750 万两，其中运商利润约 650 万两，场商利润约 100 万两[参见周志初《清乾隆年间两淮盐商的资本及利润数额》，《扬州大学学报》（人文社会科学版）1997 年第 5 期]。而据何炳棣估算，在 1750 年到 1800 年间，运商每年可获利润 500 万两，在这半个世纪中，共获利二亿五千万两（参见何炳棣，The Salt Merchants of Yan—A Study of Commercial Capitalism in Eighteenth—Century China, *Harvard journal of Asiatic Studis*, 17, 1954。何炳棣著，巫仁恕译：《扬州盐商：十八世纪中国商业资本的研究》，《中国社会经济史研究》1999 年第 2 期）。更有学者认为清代两淮盐商的年均获利至少在二千万两以上（参见萧国亮《清代盐业制度论》，《盐业史研究》1989 年第 1 期）。而许涤新、吴承明则认为"盐的专卖利益和商业利益很大，一般在 150%—200% 左右"（参见许涤新、吴承明主编《中国资本主义的萌芽》，人民出版社，2003 年，第 654 页）。由此估算，乾隆年间两淮盐商的利润将在 2500 万两以上。从相关资料的记载估算，前三种观点更符合实际情况，后两种观点则有失偏颇。但即便是前面三种观点，也存在较大差异。

价每引银 6.0802 两,五十三年则部定湖广价每引银 12.050 两①。利润来源与引价直接相关,引价越高,利润也必然越厚。而且乾隆六十年间,引数和引重也处在一个不断变化的过程中。乾隆初年引数 140 多万引,引重为每引 200 余斤;乾隆中后期,引数增至 180 多万引,引重也增至 300 多斤②。因此,不能就某一年的情况来说明整个乾隆六十年间的基本情况。这就是为什么有的学者认为淮商一年获利在二千余万两,而有的学者则认为淮商一年获利仅二百余万两的原因所在③。而且两淮盐商种类繁多,并非所有的淮商都非常富有,其中总商最为富足,引商、运商次之,水商和场商则最为贫穷。此外值得注意的是,各商之间的社会地位也并非一成不变。以运商和水商为例,运商可能因为经营不善而沦落为水商,水商通过努力也可能上升为运商。因此在考察乾隆年间两淮盐商的平均获利情况时,应通计考虑各方面的情况,进行综合分析,这样才能估算出一个大概的利润数目。那么,这个大概的利润数目到底为多少呢? 就现有的研究成果来看,本书认为汪士信及汪崇筼的研究方法及结论最为可靠。结合汪士信及汪崇筼的研究成果,本书认为乾隆年间两淮盐商平均年利应该在二百万两左右④。乾隆年间是两淮盐商发展的鼎盛时期,这一阶段的情况虽然不能代表整个清代的基本情况,但至少可以从某个侧面反映当时的历史概貌。

但值得一提的是,上述利润只是两淮盐商合法经营盐业所得利润。除了上述合法利润以外,盐商们还通过走私获取了相当的非法利润。乾隆年

---

① 嘉庆《两淮盐法志》卷二十三《课程七》,同治九年(1870 年)扬州书局重刊本。
② 嘉庆《两淮盐法志》卷一十八《课程二》,同治九年(1870 年)扬州书局重刊本。
③ 有关方面的情况可参见以下三篇论文的研究结果:汪崇筼:《乾隆朝徽商在淮盐业经营中的获利估算》,《盐业史研究》2000 年第 1 期;周志初:《清乾隆年间两淮盐商的资本及利润数额》,《扬州大学学报》(人文社会科学版)1997 年第 5 期;萧国亮:《清代盐业制度论》,《盐业史研究》1989 年第 1 期。
④ 采用数理统计方法,汪士信估算出乾隆年间两淮盐商中主体运商的平均年利润大致为 380 余万两。而汪崇筼认为,乾隆年间两淮盐商的年平均获利为 270 万两左右。两者得出的结论之所以会相差如此之大,一方面是因为两者考察的对象不同。汪士信估算的是运商的平均年利润,而汪崇筼估算的是所有两淮盐商的年平均利润。另一方面汪崇筼认为两淮盐商的年平均利润应扣去非政府税收性质的盐商输纳,由此得出乾隆年间两淮盐商的年平均获利大约为年销售收入的 13.18%,即 207.13246 万。统计乾隆六十年,其利润总额则高达 1.24 亿两(参见汪士信《乾隆时期徽商在两淮盐业经营中应得、实得利润流向试析》,《中国经济史研究》1989 年第 3 期);汪崇筼《乾隆朝徽商在淮盐业经营中的获利估算》,《盐业史研究》2000 年第 1 期)。本书所考察的对象也是所有两淮盐商,因此,笔者认为汪崇筼的观点更可靠。

间两淮盐商贩卖私盐的情况虽然不如嘉道年间活跃,但由于受利益的驱动,商私确实存在。

综上所述,笔者认为乾隆年间两淮盐商平均年利应该在二百万两以上。乾隆时通计六十年,扣除乾隆八年以前淮商经营盐业的亏损,其利润总额应当为一亿两左右,这与前文提到的汪士信的统计也是基本相符的。

两淮盐商在乾隆年间之所以能获取如此巨大的利润,积累盈千累万的财富,除了清王朝实行"恤商裕课"的政策,给予他们种种优惠和特权之外,人口的不断增长也为两淮盐商的发展提供了契机。

在清代,两淮盐商依托清政府不合理的盐业政策,独占长江流域、江淮平原之江苏、安徽、河南、江西、湖南、湖北六省二百五十余州县的食盐消费市场。该地区正是清代经济发展较为迅速、人口相对集中的地区。如乾隆四十一年(1776 年)上述六省人口为 13165.1 万,嘉庆二十五年(1820 年)增至 14980.9 万,到咸丰元年(1851 年)则已达 18115.8 万[1]。详情见表 5—4。

表 5—4　乾隆至咸丰年间两淮盐区各省人口变化情况表

人口数　　年代　　省份	乾隆四十一年(1776 年)(单位:万)	嘉庆二十五年(1820 年)(单位:万)	咸丰元年(1851 年)(单位:万)
江苏	3243.6	3943.5	4471.9
安徽	2585.7	3206.8	3738.6
江西	1878.3	2234.6	2428.6
湖南	1525.2	1898.1	2180.9
湖北	1617.3	1948.2	2218.7
河南	2315.0	2749.7	3077.1
总计	13165.1	14980.9	18115.8

资料来源:葛建雄主编,曹树基著:《中国人口史》(第五卷·清时期),复旦大学出版社,2001 年,第 121—171 页。

人口剧增为淮盐的销量提供了不断扩大的市场,而市场的扩大必定为

---

① 葛建雄主编,曹树基著:《中国人口史》(第五卷·清时期),复旦大学出版社,2001 年,第 121—171 页。

盐商资本的增值奠定基础。前文提到，顺治年间，淮盐销量为1410360引，当时每引仅重200斤，到乾隆年间，引数已增至1824339引，引重也增至344斤[①]。也就是说，淮盐的年额销量由清初的不到3亿斤增加到了乾隆年间的6亿余斤。从李煦的奏折中也可看到淮盐不断畅销的局面。康熙末年，淮盐还不时出现"盐多壅积，楚省口岸难销"[②]的情况，时至乾隆年间，这种局面发生了根本性的变化。乾隆八年（1743年）八月，盐政准泰奏言："江广地方，民物殷庶。近年盐引畅销，自庚申纲（乾隆五年）以前历年皆有套压。"也就是说，乾隆五年（1740年）以前，两淮食盐销售并不顺畅，甚至盐引还有被套压的现象。乾隆八年（1743年）以后，随着江广地区人口的增加和经济的发展，该地区便出现了"额引不敷民食"的情况，此后基本上连年都保持了"销售情形实觉疏畅"的局面。正是在此背景下，才出现了署理盐政吉庆建言"提引"[③]的情况。后随着引盐的日渐畅销，提引也就愈来愈多。据乾隆三十三年（1768年）爆发的两淮盐引案表明，从乾隆十一年（1746年）至三十二年（1767年），两淮盐区共预提四百九十六万六千余引[④]。时至乾隆末年，由于私盐泛滥日甚，淮盐才开始出现"湖广口岸，盐引未能畅销"[⑤]的局面。但总体来看，纵观乾隆一朝，淮盐销售之畅旺、生意之兴隆，确实达到了前所未有的局面。

　　淮盐销量的激增，为淮商巨额财富的积累奠定了厚实的基础。值得注意的是，通过贩卖食盐致富其实并非两淮盐商巨额资本积累的唯一来源。从汗牛充栋的史料中笔者还发现，除通过贩卖官盐攫取盐利以外，淮商还通过大规模贩运粮米攫取厚利。盐商们大规模贩运粮米的事实，早在雍正的朱批中就曾淡及："汉口地方，自去年（雍正九年）十一日至本年二日初旬，外贩米船，已有四百余号，而盐商巨艘装运者，尤不可以数计。"[⑥]总商黄光德等甚至远至湖南向布政使衙门领买仓贮米谷，多至三

　　① 《清史稿》卷一百二十三《食货四·盐法》，中华书局，1977年标点本，第3604—3606页。
　　② 故宫博物院明清档案部编：《李煦奏折》，中华书局，1976年，第214页。
　　③ 《两淮盐法志》释"提引"曰："提引系提后引以益现引。""提引之故在销之畅。"
　　④ 嘉庆《两淮盐法志》卷十六《转运·转纲》，同治九年（1870年）扬州书局重刊本。
　　⑤ 《清实录》第10册，《清高宗纯皇帝实录》卷一百〇六，乾隆四年十二月上，中华书局，1986年，第9519页。
　　⑥ 《雍正朱批谕旨》第54册，载《台湾文献史料丛刊》，大通书局，1984年。

十万担,"随时随地售卖"①。乾隆年间,两淮盐商更是频繁地往返于仪征与汉口之间,"船抵汉口,卸下淮盐,装上大米,返销长江下游各地"。以上事实说明,淮商从经营粮米的商业活动中也得到了一份额外利润,尽管这一部分收益无法与巨额盐利相比,但它毕竟也是支撑盐商资本流向的重要来源之一。

这是就乾隆年间的情况而言,进入嘉道以后,由于受吏治腐败的影响,两淮盐商逐渐衰败。此时的盐商资本总额与乾隆年间相比显然不能同日而语,而且还极不稳定,经常有破产倒闭的情况发生。因此,要估算该历史阶段盐商的利润情况是十分困难的。不过在商业资本普遍衰退的嘉道年间,从其捐输报效来看,两淮盐商依然可以算是当时商界的佼佼者。

2.两淮盐商的资本流向

拥有巨额利润的两淮盐商,其资本流向是多方面的。他们除将小部分利润投向了诸如救灾济荒、筑路修桥及抚孤恤贫等社会公益事业外,更多的利润还是用在了购置田产或是奢侈消费等方面。

(1)投资社会公益事业

第一,捐资道路桥梁及水利建设。无论是道路桥梁,还是水利设施,都是与老百姓生活密切相关的基础性工程。在我国传统社会,这些基础性工程的建设往往极度落后。其主要原因是因为地方政府缺乏必要的资金支持,因此,在大多数情况下,民间资助就成了支撑这些基础设施建设的主要力量。两淮盐商积极捐资道路桥梁及水利设施建设的历史事实就很好地说明了这一点。

清代两淮地区,特别是淮南的湖广、江西、安徽的一些山区,山高路险,自然条件相对比较恶劣,道路桥梁建设历来为各地方政府所重视。但清乾隆年间,由于各地方政府经济能力有限,道路桥梁建设因此往往成为困扰地方官员的切肤之痛。在地方资金不足的情况下,民间支持就显得尤为重要。修路筑桥是一件积德行善、为民造福的义举,对此,两淮盐商有时也会通过捐款给予一定的资助。清乾隆年间徽州盐商鲍光甸,"幼通经艺,长住扬州营盐策,性俭约而乐于济人……凡有匮乏者,告必应",先后多次斥资

---

① 嘉庆《两淮盐法志》卷首一《制诏》,同治九年(1870年)扬州书局重刊本。

"治坏道,葺废桥"①。两淮盐商汪洪,"业鹾于海上,积帛赢金,至累巨万",经商获得成功后,积极捐资"佐城筑、修桥道、构路亭"②。类似记载在《明清徽商资料选编》中还有很多。如康熙戊戌年间洪水暴涨,里中桥堤被冲塌数十丈,歙县盐商吴之骏不仅自己积极捐资修桥,还"倡集同人构造,凡两易寒暑始竣工"③。

　　两淮盐商除在桑梓故里慷慨解囊,积极捐资道路桥梁建设外,他们在侨居之地也不惜捐资道路桥梁建设。扬州作为徽州盐商的侨居之地,其道路桥梁之类的基础设施建设在很大程度上正是得益于盐商的捐助。扬州古城历来以繁华而著称,但经历了明末清初的浩劫之后,其城市面貌已面目全非,特别是道路桥梁破坏严重。为了尽快恢复古城扬州的旧貌,两淮盐商积极投身到扬州的基础设施建设当中,他们将商业利润的一部分用于扬州"治坏道""葺废桥""治街肆"。歙商汪应庚在扬州"建造船桥,济行旅",又"兴修平山堂蜀冈,栽松十万余株""重价买堂旁民田,别浚一池",以疏通水道④。"总商罗琦尝甃扬州东关大街,并筑城外石码头"⑤。歙商江蕃,修建"扬州街衢,或输己赀,或劝义助,力为甃治以便行旅,人皆颂德以祝"⑥。类似的记载在徽州地方志中还有很多,这些材料传递的信息表明,尽管两淮盐商的捐助并不能解决所有问题,但如果没有两淮盐商的慷慨解囊,清代道路桥梁之类的基础设施建设将面临更大的困难。

　　除捐资道路桥梁建设外,全国各地的水利设施建设也历来为两淮盐商所关注。乾隆二十四年(1759年),两淮盐商捐资水利建设1.76万两。乾隆四十七年(1782年),为助修黄河,以江广达为首的两淮盐商捐资更

---

①　民国《歙县志》卷九《人物志·义行》,转引自张海鹏、王廷元主编《明清徽商资料选编》,黄山书社,1985年,第147页。

②　《休宁西门汪氏宗谱》卷六《题义官洪公卷》,转引自张海鹏、王廷元主编《明清徽商资料选编》,黄山书社,1985年,第122页。

③　《丰南志》第5册,转引自张海鹏、王廷元主编《明清徽商资料选编》,黄山书社,1985年,第133页。

④　[清]李斗:《扬州画舫录》卷六《城北录》,中华书局,1960年,第150页。

⑤　嘉庆《两淮盐法志》卷四十六《人物》,同治九年(1870年)扬州书局重刊本。

⑥　[清]许承尧等:《橙阳散志》卷三《人物》,载《中国地方志集成》,江苏古籍出版社,1992年,第73页。

是多达 200 万两①。据初步估算，仅乾嘉年间，盐商们捐资水利事业的资金就多达 501.76 万两②。501.76 万捐款只是两淮盐商捐资水利事业的部分款项。这一点更能清楚地看出，两淮盐商为清代社会公益事业确实做出了不小的贡献。总之，两淮盐商修路造桥、兴修水利是一种积德行善、造福后代的义举，其所做所为对清代的基础设施建设可谓功不可没。

　　第二，救济灾荒。在我国封建社会，救灾济荒这样的社会公益事业，除必须依靠政府的资助外，更多情况下得依赖于宗族邻里的扶持，尤其在一些山区的乡村僻野，宗族、邻里的扶持更显重要。但由于受自身经济条件的约束，宗族、邻里的帮扶作用往往又是非常有限的。时至清中叶，随着两淮盐商的崛起，该局面大为改观。不少盐商在创建义仓、灾荒赈济和救济鳏寡孤独之类的社会弱势群体等方面，都一改过去重利轻义的传统商人形象，不惜倾囊而出，以义为利，积极为社会公益事业捐款捐物③。随意翻阅清代两淮地区的各种方志和文献，都能很容易地查找到有关两淮盐商救灾济荒的记录。如徽州歙县人江春，乾隆时其父为两淮总商，身系两淮盛衰者垂五十年，"乾隆中每遇灾赈、河工、捐输，百万之费，指顾立办"④。嘉庆十年，洪泽湖发生特大水灾，两淮总商鲍志道之子鲍漱芳先集议公捐米六万石助振，并"赴泰州躬亲督视"。后又"力请公捐麦四万担，展振两月，所存活者不下数万人"。灾后，因河道严重淤塞，急需疏浚，鲍氏又"集众输银三百万两以佐工需"，"又芒稻河为洪泽湖之委，制府铁保极谋疏浚，漱芳捐银六万两以济工用。又捐银五千两助浚沙河闸"⑤。再比如两淮盐商汪应庚，"（乾隆）三年，岁饥，首捐万金备赈之后，自公厂煎赈"⑥。类似的记载还有不少，为了叙述上的方便，兹将嘉庆《两淮盐法志》和《盐法通志》所载乾隆、嘉庆年间两淮盐商救济灾荒的情况列表如表 5-5，作为对其资助社会公益事业的抽样分析。

　　①　嘉庆《两淮盐法志》卷四十四《人物二·才略》，同治九年（1870 年）扬州书局重刊本。
　　②　嘉庆《两淮盐法志》卷四十四《人物二·才略》，同治九年（1870 年）扬州书局重刊本。
　　③　卞利：《徽商与明清时期的社会公益事业》，《中州学刊》2004 年第 4 期。
　　④　嘉庆《两淮盐法志》卷四十四《人物二·才略》，同治九年（1870 年）扬州书局重刊本。
　　⑤　嘉庆《两淮盐法志》卷九《人物志·义行》，同治九年（1870 年）扬州书局重刊本。
　　⑥　《汪氏谱乘·光禄寺少卿汪公事实》，转引自张海鹏、王廷元主编《明清徽商资料选编》，黄山书社，1985 年，第 321 页。

表 5—5　乾嘉年间两淮盐商救济灾荒情况简表

时间	捐款人	捐款用途	捐款额（单位:两）
乾隆三年(1738 年)十二月	两淮众商	扬州旱灾助赈	127 166①
乾隆三年(1738 年)	汪应庚	扬州旱灾助赈	47 310
乾隆六年(1741 年)十月	黄仁德等	淮扬被灾助赈	71 049
乾隆七年(1742 年)九月	汪应庚	淮扬水灾助赈	60 000
乾隆七年(1742 年)	黄仁德等	淮扬水灾助赈	240 000
乾隆十一年(1746 年)九月	程可正等	河湖盛涨助赈	200 000
乾隆十八年(1753 年)秋	两淮盐商	通、泰、淮三属水灾赈	300 000
乾隆二十年(1755 年)十月	程可正等	两淮灾助赈	30 000
乾隆二十四年(1759 年)八月	两淮众商	通、泰、淮水灾助赈	21 826
乾隆三十六年(1771 年)	两淮众商	通海被潮助赈	10 380
乾隆四十六年(1781 年)九月	淮北众商	海属三场被潮助赈	4 000
乾隆四十六年(1781 年)十月	淮南众商	济灾	2 620
乾隆五十一年(1786 年)	淮北众商	海属被灾助赈	3 920
乾隆五十三年(1788 年)九月	江广达等	荆州水灾以助工赈	1 000 000
乾隆五十六年(1791 年)	洪箴远	代灶丁纳历年积欠	33 843
嘉庆七年(1802 年)	洪箴远	湖北灾赈	100 000
嘉庆九年(1804 年)	洪箴远	苏、皖水灾助赈	200 000
合　　计			2 722 114

资料来源:嘉庆《两淮盐法志》卷四十二《捐输三·灾济》,同治九年(1870 年)扬州书局重刊本;[清]盐务署辑:《清盐法志》卷一百五十四《杂志门二·捐输二》,载于浩辑《稀见明清经济史料丛刊》(第二辑)第 8 册,国家图书馆出版社,2012 年,第 19—55 页。并参阅陈锋《清代盐政与盐税》,中州古籍出版社,1998 年,第 229—231 页,及朱宗宙《明清时期扬州盐商与封建政府关系》,《盐业史研究》1998 年第 4 期。

　　第三,捐资助学。清代两淮盐商还将部分利润投向了地方教育事业。汗牛充栋的史料中我们经常能看到两淮盐商致富以后,捐助家乡文教事业的记载,捐建、倡修书院即是其一。两淮盐商以徽人为最,在徽州,

---

不仅宗族创办的书院经费来源于两淮徽州盐商,就连府设、县设书院经费,主要靠的也是徽州盐商的资助。如歙县的古紫阳书院,就是徽州盐商于乾隆五十五年(1790 年),"先后请于运司转详盐院,动支运营项款银建设"的。同时,他们又于"淮南杂项活支款下"每年拨给银 3720 两作为延请山长及诸生膏火、书院岁修之费。在古紫阳书院建造过程中,因经费缺额,光两淮总商鲍志道个人捐资就达三千两,"以助成工"①。为了维持古紫阳书院的正常运转,乾隆五十九年(1794 年),鲍志道又"捐金八千,复山间书院"②。"呈本府转详两淮运宪,由运库饬交淮南按月一分起息,每年应缴息银九百六十两,遇闰年月加增八十两,由府学教授按年分两次具文赴司请领"。嘉庆年间,鲍志道之孙鲍均又"捐银五千两,由府转详两淮运宪,仍照原捐章程,按月一分息"③。古紫阳书院正是依靠这笔生息资本才得以维持正常运转的。由此可见,两淮盐商的捐助和支持,不仅是这些学校建设的基础,同时也是这些学校赖以生存和发展的一个重要经济来源。

两淮盐商能够从其巨额盐利中拿出一部分资金用于社会公益事业,回报社会,其行为值得赞赏。但在肯定盐商行为的同时,却又不得不指出,他们在社会公益事业方面的捐助事实上是非常有限的。以救济灾荒为例,从乾隆三年(1737 年)到嘉庆九年(1804 年),六十七年间捐款 272 万两,平均每年 4 万多两。相比于其仅在乾隆年间就获取了一个多亿的利润而言,确实微不足道,在其他公益事业方面的捐赠,那就更少得可怜了。上述列表可能并非此段时间两淮盐商捐款救济灾荒的全部④,但可以肯定的是,既然正史中都能找到记载,那么它必定是其捐款的大部分。

(2)捐输报效

不过两淮盐商在讨好官府方面却能倾囊而出,不惜花巨资用于军需、

---

① 道光《徽州府志》卷三《营建志·学校》,道光七年(1827 年)刊本。

② [清]鲍琮纂修:《棠樾鲍氏宣忠堂支谱》卷二十一《鲍肯园先生小传》,转引自张海鹏、王廷元主编《明清徽商资料选编》,黄山书社,1985 年,第 146 页。

③ 民国《歙县志》卷二《营建志·学校》,1937 年铅印本。

④ 除捐款以外,两淮盐商还分别于乾隆三十六年(1771 年)、乾隆四十六年(1781 年)、嘉庆六年(1801 年)、嘉庆七年(1802 年)总共捐赠谷米 22 万担。

河工方面的捐输报效①。两淮盐商在捐输报效方面的花费,有时可能并非其完全自愿②,而且到了盐商日益衰败的嘉道年间,其所谓的捐输报效可能只是虚捐而已,但从乾隆年间的情况来看,他们在捐输报效方面的花费,还是要远远超过在公益事业方面的花费的。详情见表5—6。

表5—6　乾嘉年间两淮盐商军需、河工报效一览表

时间	报效人	报效数额(单位:两)	报效用途
乾隆十三年(1748年)	程可正等	800 000	以佐军需
乾隆十三年(1748年)	吴鼎和鄂岸商	200 000	以佐军需
乾隆十四年(1749年)	许安初,西岸商	400 000	以佐军需
乾隆二十年(1755年)	程可正等	1 000 000	伊犁荡平以备军需
乾隆二十三年(1758年)	黄源德等	1 000 000	贺西北荡平
乾隆二十四年(1759年)	扬州众商	10 000	挑河建桥
乾隆三十八年(1773年)	江广达等	4 000 000	以备军川军需之用
乾隆四十七年(1782年)	江广达等	2 000 000	充山东工赈
乾隆五十三年(1788年)	程俭达、江广达	2 000 000	进剿台湾以备军需
乾隆五十七年(1792年)	程俭达、洪箴远	2 000 000	后藏奏凯以备军需
乾隆六十年(1795年)	洪箴远等	2 000 000	湖南苗匪滋扰以备凯旋赏需
嘉庆四年(1799年)	洪箴远等	1 500 000	川陕匪扰备善后之用
嘉庆五年(1800年)	洪箴远等	1 000 000	川楚匪平备凯旋之用
嘉庆五年(1800年)	洪箴远等	500 000	邵家壩工需
嘉庆六年(1801年)	洪箴远等	2 000 000	川楚匪平以备赏恤

① 此外,康熙、乾隆多次南巡,也耗费了两淮盐商大量的钱财。陈锋将这种报效称之为"备皇室之需的'备公报效'"(参见陈锋《清代盐政与盐税》,中州古籍出版社,1988年,第215页)。譬如,康熙六度南巡,尤其是最末两次,造成江南的巨大亏空,从而对两淮盐业产生了巨大影响。乾隆南巡,两淮盐商为取悦龙颜,更是倾囊而出,同样也花费了大量资金。为此,王振忠曾有专门的论述(参见王振忠《明清徽商与淮盐社会变迁》,三联书店,1996年,第11—32页)。

② 更多情况下政府是借捐输为名进行强制性的摊派。正如包世臣所言:"故捐款已支,而正杂无完,是名为动捐,而实则亏正也。"(参见包世臣《包世臣全集》卷五《小卷游阁杂说二》,黄山书社,1993年,第128页)

时　间	报效人	报效数额 (单位:两)	报效用途
嘉庆八年(1803年)	洪箴远等	100 000	济城工之用
嘉庆八年(1803年)	洪箴远等	1 000 000	川陕军营公捐
嘉庆八年(1803年)	洪箴远	1 100 000	以备衡家楼工需
嘉庆九年(1804年)	洪箴远	1 000 000	衡工合龙以备善后
嘉庆九年(1804年)	黄溁泰、程俭德	400 000	佐高堰工用
合计		24 010 000①	

资料来源:嘉庆《两淮盐法志》卷四十二《捐输三·灾济》,同治九年(1870年)扬州书局重刊本;林振翰编辑:《中国盐政纪要》下册《盐务专著》(上),商务印书馆,民国十九年(1930年),第170—172页;田斌:《中国盐税与盐政》(上篇),1929年省政府印书局,第17—19页。

从乾隆十三年(1748年)到嘉庆九年(1804年),五十七年间用于军需、河工等捐输报效的款项竟然多达2400多万两②,平均每年为四十多万两,是两淮盐商捐助公益事业的10倍。这其中即使嘉庆年间全部为虚捐,仅乾隆年间的捐输报效也多达1541万两,其中乾隆二十年(1755年)至乾隆六十年(1795年)就高达1400多万两,其数额不可谓不巨③。而且从捐输报效的实际来看,于国于民都没有什么好处,捐输报效名义上虽然出自盐商,而事实上仍取之于民。道理很简单,巨额的报效费用必然会被盐商作为成本转嫁给消费者。为此,民国盐务专家景本白指出:"该报效之结果,

---

①　但据陈锋统计,乾隆、嘉庆年间,两淮盐商仅军需报效就达25100000两(参见陈锋《清代盐政与盐税》,中州古籍出版社,1988年,第220页),由于作者未注明详细的资料来源,因此,其统计数据精确与否,不得而知。不过,无论是哪一个数据,都足以说明两淮盐商的报效数额是非常大的。唐力行则指出:合计两淮盐商在乾隆、嘉庆两朝共献报效银37394951两(参见唐力行《商人与中国近世社会》,商务印书馆,2003年,第31页)。由于唐先生没有注明这三千多万两报银包括哪些名目,因此,仅就河工、军需报效而言,其数量是多少,不得而知。

②　笔者在对照朱宗宙的统计结果时发现,朱文至少有四个地方与本书有较大的出入,乾隆十三年,吴鼎和鄂岸商的捐款朱文为30万两,本书为20万两;乾隆五十七年(1792年),程俭达、洪箴远的捐款朱文为400万两,本书为200万两;嘉庆四年,洪箴远等的捐款为200万两,本书为150万两;嘉庆五年,洪箴远等的捐款朱文为200万两,本书为100万两。也就是说,朱文仅仅比本书的统计数据多出了360万两,其总数高达2700多万两。由于朱文没有注明出处,因此笔者无法进行核对。不过数字的准确与否,并不影响本书需要解决的问题,无论是2700多万两,还是2400多万两,都足以说明两淮众商在捐输报效方面的花费远超公益事业方面的花费。

③　陈锋的统计结果表明,清代两淮盐商的报效总额更是高达5400余万两,占全国报效总额的67%(参见陈锋《清代盐政与盐税》,中州古籍出版社,1988年,第234页)。

不出两徒,非加价即加耗。加价则病民,加耗则病国。"①

(3)购置土地

两淮盐商巨额利润的另外一个出路就是用于购置土地。在清代,随着商品经济的发展,尽管影响中国传统社会几千年的"重农抑商"思想有所弱化,但"以末致财、用本守之"的传统理财观念在商人头脑中依然根深蒂固,即便是拥有垄断特权的两淮盐商也不例外。通过垄断盐利获取巨额财富后,两淮盐商首先想到的是如何通过购置土地来保全现有资本。如两淮盐商黄履昃,营盐业于扬州,"居扬州阙口门,乾隆中,捐资置田于邑之东乡梅渡及西乡莘墟等处……"②乾隆年间两淮总商鲍志道及其家族,自乾隆三十年(1765 年)至道光年间的七八十个年头,共购置祠产多达 1422.357 亩。详情见表 5—7。

表 5—7　乾、嘉、道年间鲍氏家族购置祠产情况表

时间	缘由	购置祠产数		
		田(亩)	塘(亩)	地(亩)
乾隆三十年(1765 年)	鲍志道自扬州归里,呈立宣忠户	53.725	0.26	0.274
乾隆五十年(1785 年)	鲍启运自扬归里,立体源户	3.0		
乾隆五十八年(1793 年)	公订附葬者输银 1000 两	31.885	0.284	
嘉庆五年(1800 年)	鲍志道妻汪氏节俭所畜捐为公产	99.9567	1.1299	
嘉庆年间	——	540.7845	7.21215	
嘉庆年间	——	166.5818	2.3354	2.46
道光年间	鲍启运敦本户	503.8751	8.5935	
——		合计:1422,357 亩		

① 景本白认为:对官府而言,报效事实上是空有虚名。因为"报效款目,类系虚称,任由运库垫解分年滞纳,积欠累累"。也就是说,盐商名义上是捐了款,可并没有真正出钱,钱是从运库中借来的,日积月累,结果越积越多。正所谓"弊起于商,而利不在商,商既自弊,而苛因以弊"。如此看来,捐输不仅对盐商没有好处,对官府同样也是弊多利少。这还只是就政府而言,对老百姓而言,捐输恐怕更是一种灾难。因为报效导致食盐加价短秤,掺杂沙泥,"其损失比较商人百倍不止"。而且报效仅一次,可能让老百姓子孙万世受害。况且所谓报效者,国家徒得虚名,而反受其害。如包世臣所言,"自嘉庆纪年以来,兵河两款,报效不过二千三四百万两,而道光六年,清查库款,商欠反至五千余万两"(参见林振翰《淮盐纪要》专件,景本白《票本问题》,商务印书馆,1928 年)。

② 许承尧:《歙事闲谭》第二十三册《黄晓峰四兄弟》,黄山书社,2001 年,第 123 页。

资料来源：鲍琮：《棠樾鲍氏宣忠堂支谱》卷二十二。转引自汪士信《乾隆时期徽商在两淮盐业经营中应得、实得利润流向试析》，《中国经济史研究》1989 年第 3 期。

当然，从某种意义上而言，这也许是在特定历史条件下不得已而为之。在找不到更好的投资方式使资本增值的情况下，购置土地使资本保值自然会被大多数盐商所青睐。

（4）用于奢侈消费

有关盐商的奢侈消费，目前这方面的研究成果颇多[1]，因此，在该问题上笔者不想花太多笔墨进行阐述。我只想在前人的基础上用一二则相关材料来说明该问题。黄均宰在《金壶七墨全集》中提到：

> （盐商）侈靡奢华，视金钱如粪土。……张氏容园，为（扬州）最著一园，之中号为厅事者三十八所，规模各异。夏则冰绡竹簟，冬则锦幔貂帷；书画尊彝，随时更易；饰以宝玉，藏以名香；笔墨无低昂，以名人鉴赏者为贵；古玩无真赝，以价高而缺损者为佳。花史修花，石人叠石，水木清湛，四时皆春。每日午前，众人游观于此，则主人兜舆而出，金钗十二，环侍一堂，赏花钓鱼弹琴度曲，惟老翁所命，左右执事类皆绮岁俊童，眉目清杨，语言便捷。衣以色别，食以钟来。其服役堂前，而主人终世茫然者，不知凡几。梨园数部，承应园中，堂上一呼，歌声响应。岁时佳节，华灯星灿，用蜡至万数千觔。四壁玻璃射之，冠钗莫辨，只见金碧照耀，五色光明，与人影花枝，迷离凌乱而已。[2]

盐商有多奢侈，通过该材料可谓一目了然。

《扬州画舫录》对盐商衣食住行方面的穷奢极欲、铺张浪费描绘得更为生动、详尽：

> 初，扬州盐务，竞尚奢丽，一婚嫁丧葬，堂室饮食，衣服舆马，动辄费数十万。有某姓者，每食，庖人备席十数类，临食时夫归并坐堂上，

---

[1]　有关两淮盐商奢侈消费的相关研究成果可参阅萧国亮：《清代两淮盐商的奢侈性消费及其经济影响》，《历史研究》1982 年第 4 期；朱宗宙：《明清时期扬州盐商与封建政府关系》，《盐业史研究》1998 年第 4 期；王思治、金城基：《清代前期两淮盐商的盛衰》，《中国史研究》1981 年第 2 期；宋良曦：《清代中国盐商的社会定位》，《盐业史研究》1998 年第 4 期；王振忠：《明清徽商与淮扬社会变迁》，三联书店，1996 年；陈锋：《清代盐政与盐税》，中州古籍出版社，1988 年。等。上述研究成果从不同的角度对两淮盐商的奢侈消费进行了全方位的考察。

[2]　［清］黄均宰：《金壶七墨全集》卷一《盐商》，载沈云龙主编《近代中国史料丛刊》第 428 册，文海出版社，1972 年，第 24 页。

侍者抬席置于前,自茶面荤素等色,凡不食者摇其颐,侍者审色则更易其他类。或好马,蓄马数百,每马日费数十金,朝自内出城,暮自城外入,五花烂著,观者目炫。或好兰,自门以至于内室,置兰殆遍。或以木作裸体妇人,动以机关,置诸斋阁,往往座客为之惊避。其先以安绿村为最盛,其后起之家,更有足异者,有欲以万金一时费去者,门下客以金尽买金箔,载至金山塔上,向风扬之,顷刻而散,沿沿草树之间,不可收复。又有三千金,尽买苏州不倒翁,流于水中,波为之塞。有喜美者,自司阍以至灶婢,皆选十数龄清秀之辈。或反之而极尽用奇丑者,自镜之以为不称,毁其面以酱敷之,暴于日中。有好大者,以铜为溺器,高五六尺,夜欲溺,起就之。一时争奇斗异,不可胜记。[①]

综上所述,依托对食盐的垄断经营而发迹的两淮盐商,是清代前、中期富甲一方的商业资本集团之一。拥有巨额商业资本的两淮盐商,其利润流向是多方面的,除小部分用于社会公益事业外,更多的利润投向了奢侈消费、购置土地,或是捐输报效等方面。事实表明,过多的非生产性消费给两淮盐商带来了诸多不良后果,它不仅削弱了两淮盐商的经济基础,动摇了其生存与发展的根基,而且还为其后来的没落埋下了伏笔。随着嘉道年间吏治腐败的不断恶化,在各级官僚的无尽盘剥与压榨下,曾经显赫一时的两淮盐商纷纷走向破产。

(三)盐商的衰败与商私的兴起

1.官府对盐商的盘剥与压榨

在清代,官商之间的关系是非常微妙的。这种微妙的关系既体现在两者的相互合作之间,也体现在两者的对立面上。一方面,盐商的发迹离不开官吏的庇护;而另一方面,盐商又不得不承受官吏的剥削与压榨。所谓"官以商之富也,朘之;商以官之可以护己也,而豢之"[②],就是这种情况的真实写照。具体而言,可从以下两个方面加以阐述:

(1)官商之间的相互利用与狼狈为奸

大量历史事实表明,盐商的发迹,无不与盐官的协助密切相关。稿本

---

① [清]李斗:《扬州画舫录》卷六《城北录》,中华书局,1960年,第148—150页。
② [清]杨钟羲:《意园文略》卷一《两淮盐法录要序》,清宣统二年(1910年)刻红印本。

《疏文誓章稿》曾记载过这样一个事例：歙县人余同铭原本并不经营盐业，后来因为结识了同为歙县的淮南盐务总商程上慎，并与之成为世交好友，才涉足盐业。康熙七年（1668年），余同铭在安庆开创了余氏家族的第一家盐店"友善"号。后随着盐务贸易的不断壮大，康熙十六年（1677年）余同铭又结识了时任安徽巡抚的徐国相，并保持了非常密切的关系。因此，当康熙二十三年（1684年）二月徐国相升任湖广总督时，余同铭也随徐国相到了淮盐运销第一大口岸汉口。倚靠徐国相这棵大树，并借用徐府二万两本银作本，余同铭在汉口开设了一家比安庆店更大的"人和"号盐店①。可以说，如果没有程上慎和徐国相的扶携，余同铭的业务不可能在十多年内发展得如此之快。在清代，作为专卖产品的食盐，并非人人都有资格染指。首先资金就是一个很大的约束，如果没有政府所规定的足额资金，要想经营盐业根本就是妄想。而余同铭仅依托几千两原始资本就得以涉足盐业，靠的正是上述两位官员的借贷。由此可见，程上慎和徐国相不仅在业务经营方面是余同铭的靠山，而且在资金运转方面同样也是如此。盐商对盐官的依赖性有多强，由此可见一斑。如果我们再追寻余氏盐业的式微过程，就更能说明这一点。康熙二十七年（1688年）三月，徐国相因"徇庇"免官，余家因为失去了这样一个大靠山，再加上受兵乱的影响，业务因此急剧下降，并最终以关门歇业为终。上述案例表明，在多数情况下，特别是在清初盐商资本并不充足、盐业处于起步阶段的时候，盐商对盐官的依赖，远远胜过盐官对盐商的利用。

盐官之所以处处保护盐商的利益，其根本原因在于两者之间具有许多共同利益，因此，在大多数情况下，我们所看到的是盐商与盐官通同作弊、朋比为奸的情景。最有代表性的事例要数发生于乾隆年间的两淮盐引案，先后担任两淮盐政的吉庆、高恒和普福三人，勾结两淮盐商营私侵蚀预提纲引余息银两，数额达一千多万两。乾隆十一年（1746年），高恒为两淮盐政时，请每年预提纲引二十万至四十万，得到皇帝批准后，在实行时命令商人每引交二两公使钱，这笔钱没有报部，而是留作自己动用，事过二十多年后，乾隆三十三年（1768年），经过尤拔世仔细核查才发现这原来是盐政贪污、商人徇私，二者互相勾结的罪恶交易。二十年来，商人交纳的一千九百

①　江巧珍、孙承平：《徽州盐商个案研究：〈疏文誓章稿〉剖析》，《清史研究》2005年第2期。

余万余息银两均未归公，商人办公物件，均于应交官项内动支，而盐政高恒则趁此机会大捞一把。"（辛巳一纲）总商两次缴过高盐政银八万五千九百余两；丙戌纲，又送银四万两；乙酉纲，又送银一万两"①。而据替高恒办事的顾蓼怀称："伊代高恒经手接收各商银共有一十六万三百余两。"高恒任期内亲自接受商人银两，则多达二十余万两之多。吉庆任盐政时，"商人为其代办贡物，垫出三千余两"。普福三任两淮盐政，办过提引之事共有五次，"收受丁亥纲银，私引开销者已八万余两，其历年代购物件，借端开用者，尚未逐一查出……"②两淮盐商之所以愿意与盐政徇私舞弊，关键在于他们同样能得到巨大的好处，两淮盐商因为有历任盐政的包庇，从乾隆十一年（1746 年）到乾隆三十二年（1767 年）间，少纳盐课近一千一百万两③。上述贪污案深刻反映了官商之间狼狈为奸、营私舞弊的种种情状。这就难怪盐官舍命与督抚户部等相抗衡，甚至在皇帝面前为盐商呐喊请命了。

除上述案例以外，众多史料还展现了官商通同作弊的其他事例。有的盐官将贪婪所得之钱交盐商营运，"伙本行盐"，有的盐商与盐官甚至"联姻换贴"④，成儿女亲家或姻亲关系，相互交结，共同取利。据乾隆五十九年（1794 年）谕旨：两淮盐政巴宁阿与商人往来交结，并"与商人联宗一事，尤为卑鄙"，而巴宁阿的前任董椿也"与商人交结婪索"⑤。其他如塞楞额、安宁、吉庆、周学健、蕴著等，都与两淮盐商有交结往来，并把银两寄顿商人处⑥。

盐商还往往利用一些与官府有往来、熟悉官场的人物，"交通当事"，从中行贿，营私舞弊。朱宗宙在《明清时期扬州盐商与封建政府关系》一文中提到过一个这样的事例：道光年间，江苏有一名叫平二愚的著名"劣幕"，嘉庆年间穿梭于两江总督内，"焚贿招摇"，结果"被参驱逐"。后来，他又在两淮盐政衙内"营私舞弊"，被两江总督孙玉庭押回原籍。道光时，他在扬州总商黄潆泰家"办理商务，交通当事"。两淮盐政曾燠"为其所惑，致鹾务毫

　　①　《清实录》第 18 册，《清高宗纯皇帝实录》卷八百一十三，乾隆三十三年六月下，中华书局，1986 年，第 18836 页。

　　②　《清实录》第 18 册，《清高宗纯皇帝实录》卷八百一十四，乾隆三十三年七月上，中华书局，1986 年，第 18858 页。

　　③　嘉庆《两淮盐法志》卷十六《转运·提纲》，同治九年（1870 年）扬州书局重刊本。

　　④　中国第一历史档案馆藏：《朱批奏折》（财经类·盐务项），道光十年十二月十三日，钦差大臣王鼎等折。

　　⑤　王先谦：《东华续录》，载《续修四库全书》第 373 册，上海古籍出版社，1999 年，第 24 页。

　　⑥　朱宗宙：《明清时期扬州盐商与封建政府关系》，《盐业史研究》1998 年第 4 期。

无整顿"。道光五年(1825年)两淮盐政张青选,"又加信任,所有行销事宜及一切奏折,俱系该劣幕在黄潆泰家主办,总商等听其指"。这位盐商的参谋,利用以往幕友的身份从中行贿盐务官员,营私舞弊。他每年从扬州盐商手中得到万金以上的酬劳,如再遇到重要情事处理的索要,"前后所得私款不可计数"[1]。他的侄子平翰以佐杂人员候补,不几年"擢升知县",其子"亦援例报捐"。

上述案例表明,正是盐商与盐官的狼狈为奸,满足了盐官的贪欲。同时也正是盐官对盐商的庇护,成就了盐商的发迹。

(2)盐官对盐商的无尽盘剥与压榨

官商之间除存在相互利用与狼狈为奸的关系外,更多的时候表现为剥削与被剥削、压榨与被压榨的关系。说到底,盐商充其量只不过是盐官手中一个可用来为其牟取利益的工具而已。盐官对盐商的剥削与压榨主要体现在三个方面:

第一,制度与非制度层面的剥削。清政府往往视两淮盐商为财富之渊薮,不断予以搜刮、盘剥与压榨。各地盐政衙门官员、封建帝王对盐商的勒索肆无忌惮。清代盐法规定盐官对盐商有监护权,于是,凡是与盐务管理沾亲带故的盐务官员,为了牟取利益,往往置道德与法律于不顾,无不视盐商为利薮,千方百计榨取盐商;而盐商为了保全自身的利益,又不得不以盐官为靠背,总是情愿或不情愿地向盐官行贿。

清代是我国传统社会商品经济发展较快的一个历史阶段,商品货币经济的发展使得传统的义利观念在封建士大夫心目中发生了深刻的变化,尽管传统的重农抑商政策在清代依然十分盛行,但重利轻义在当时已不是一种奇怪的现象了。官僚地主阶级中的许多人并不以经商为耻,反而在商业利润的诱惑下产生了对货币的极端崇拜。同时在商品经济的刺激下,统治阶级奢侈享乐思想也急剧膨胀起来。但有限的俸禄与无限的贪欲之间发生了深刻的矛盾。为数众多的盐务官员,既要维持正常的日常开销,又要过上体面的生活,靠政府发放的微薄薪俸显然是不够的。为此,盐官们往往通过剥削和压榨灶户,特别是盐商的手段来满足其贪欲。清制规定,盐官们除正俸由政府支付外,还有一笔远远超过正俸的养廉银,如两淮盐政

① 上述个案参见朱宗宙《明清时期扬州盐商与封建政府关系》,《盐业史研究》1998年第4期。

或巡盐御史五千两、盐运使二千两、盐法道二千两等,另有心红银四十两,
这些费用均由盐商直接支付。详情参见表5—8。

表5—8　清代两淮盐官职衔及其俸银养廉表

盐官职衔	俸银	养廉银
两淮盐政	——	五千两
两淮都转盐运使	一百三十两	二千两
江南盐法道	一百五两	三千两
江西盐法道	一百五两	三千两
湖北盐法道	一百五两	三千两
湖南盐法道	一百五两	三千两
河南盐法道	一百五两	四千二百四十两
淮南监掣同知	八十两	二千四百两
淮北监掣同知	八十两	二千四百两
通州分司运判	六十两	二千七百两
泰州分司运判	六十两	二千七百两
海州分司运判	六十两	二千七百两
两淮运司经历	四十五两	六百两
两淮运司知事	四十两	四百两
两淮运司广盈库大使	四十两	七百两
白塔河巡检	三十一两五钱二分	四百两
淮南批验所大使	四十两	七百两
淮北批验所大使	四十两	四百两
淮北乌纱河巡检	三十一两五钱二分	二百十两
丰利场盐课大使	四十两	四百两
掘港场盐课大使	四十两	四百两
石港场盐课大使	四十两	五百两
金沙场盐课大使	四十两	五百两

续表

盐官职衔	俸银	养廉银
吕四场盐课大使	四十两	五百两
余西场盐课大使	四十两	五百两
角斜场盐课大使	四十两	四百两
栟茶场盐课大使	四十两	四百两
富安场盐课大使	四十两	四百两
安丰场盐课大使	四十两	五百两
梁垛场盐课大使	四十两	四百两
东台场盐课大使	四十两	五百两
何垛场盐课大使	四十两	四百两
丁溪场盐课大使	四十两	五百两
草堰场盐课大使	四十两	五百两
刘庄场盐课大使	四十两	四百两
伍佑场盐课大使	四十两	四百两
新兴场盐课大使	四十两	四百两
庙湾场盐课大使	四十两	四百两
板浦场盐课大使	四十两	五百两
中正场盐课大使	四十两	五百两
临兴场盐课大使	四十两	四百两
淮南泰壩监委员	——	七百两
淮北永丰壩委员	——	——

资料来源:综合(嘉庆朝)《钦定大清会典事例》卷二百〇九《户部·俸饷·外官养廉一》(载沈云龙主编《近代中国史料丛刊》,第657册,第9604—9607页)、林振翰《淮盐纪要》第四篇《职官》〔商务印书馆,民国十七年(1928年)〕及周庆云纂《盐法通志》卷十六《职官门·廉俸》〔载于浩辑《稀见明清经济史料丛刊》(第二辑)第17册,国家图书馆出版社,2012年,第249—277页〕编制而成。

　　如此众多的盐务冗员,盐商每年必须为他们支付四五万两的养廉银,在盐业兴旺发达的乾隆年间,四五万两养廉银对于拥资成百上千万的两淮盐商而言,确实算不了什么,但在嘉道年间,对于日益衰败乃至纷纷破产的盐商而言，这笔费用对其显然是雪上加霜。

除了上述制度层面的剥削外，盐商还必须承受来自非制度层面的剥削。相比于制度层面的剥削而言，非制度层面的剥削更是大得惊人，朱宗宙对此曾有过详细的考察①。如盐政任职期间内一应日常开支也要盐商们供应："……两淮盐政衙门每日商人供应饭食五十两，又幕友束脩，笔墨纸张一切费银七十两，每日供银一百二十两，是该盐政一切用度取给于商人。以一年计算，竟有四万三千余两之多……"②有的盐务官员还直接向盐商进行勒索。如曾担任过监掣同知的杨重英，在乾隆十九年（1754 年）至二十六年（1761 年）间，勒榨盐商赃银三万多两③。这还只是盐政从盐商处需索的一小部分，还有各种浮费更是多得惊人。康熙四十三年（1704年）八月，江南总督阿山在《题请永禁浮费以甦商力》中称，经过调查，两淮应禁浮费有十三种之多，如盐院差满之时赏给各差役银一万六千八百两；盐院差满起行送远近别敬共银二万一千六百两；馈送官员及过往程仪杂费等项银三万一千六百两；盐院书差每引带盐七斤，收银四分二厘，计银五万六千两；隔年未经过所残引，次年续过书差，每引带盐五斤，收银三分，约计银五六千两不等；书差随费，每引收银一分六厘，计银二万三千三百三十余两；书差饭食，每引收银八厘，计银一万六百六十余两；书差收梳封，每引八厘，共计银一万六百六十余两；此桥承差执守桥责，每引收银一厘，计银一千三百三十余两。如此等等，不一而足。所以阿山说，这十三种"实系众商不得已之费累"④。

盐务官员除公开向盐商们勒索外，还不择手段大肆贪污，将大量钱财揣入自己腰包。如嘉道时，阿克当阿任两淮盐政十余年，他家所藏书籍字画总值银三十万两，金玉珠玩值银二三十万两，花卉食器几案值银十万两，衣裘车马值银二十万，僮仆以百计，幕友束脩以数十计，仅鼻烟壶一种，就不下二三百万枚，"无百金以内物，纷红骇绿，美不胜收"⑤。两淮盐政每年

---

① 朱宗宙：《明清时期扬州盐商与封建政府关系》，《盐业史研究》1998 年第 4 期。

② 嘉庆《两淮盐法志》卷首一《制诏》，同治九年（1870 年）扬州书局重刊本。

③ 《清实录》第 18 册，《清高宗纯皇帝实录》卷八百一十六，乾隆三十三年八月，中华书局，1986 年，第 18898 页。

④ 嘉庆《两淮盐法志》卷四十《优恤·恤商》，同治九年（1870 年）扬州书局重刊本。

⑤ ［清］欧阳兆熊、金安清撰，谢兴尧点校：《水窗春呓》卷下《阿财神》，中华书局，1984 年，第63 页。

的官俸外加养廉银不过几千两,十几年就能积累如此成千上万的金银财宝,不通过贪污勒索是办不到的。事实上,不仅盐务官员对盐商婪索贪求,封建帝王也在对盐商不断盘剥与搜刮,借机生财。据两江总督陶澍称:国初,两淮正纲盐课银原只九十余万两,加上织造、铜斤等解款,也只有一百八十余万两。但是,到乾隆年间已达到四百余万两,"科则数倍于原额"。嘉庆二十年(1815 年)后,"淮纲每年正杂内外支款,竟需八百余万之多"①。如此敲诈,已到了不择手段的地步,贪赃枉法,肆无忌惮。

盐务官员的种种不法行径,造成盐商的沉重负担,给盐业带来了灾难性的后果。在盐官的巨额盘剥下,盐商为尽可能携取更多的利润,在条件允许的情况下,他们总是将所有开支都列入成本,提高盐价,贻害百姓;而盐价的抬高,又使官盐在市场上与私盐竞争时处于不利地位。此外,盐官对盐商的勒索也是造成商私盛行的主要原因。正如鲁子健所言:专商违法行私,主要是对沉重封建义务和官府敲诈勒索要求价值上的补偿②。这种看法与当时的实际情况是基本相符的。清代私盐的泛滥,盛于嘉道年间,而嘉道年间正好是盐商遭受盘剥最为严重的时期。

早在康熙年间,席特纳就备陈盐务"积弊六大苦:一输纳之苦,一过桥之苦,一过所之苦,一开江之苦,一关津之苦,一口岸之苦。总计六者,岁费各数万金"③。以淮运为例,商盐"每纲发运之初,运司衙门有八开之目……自滚总至开江,私费所出,几半于盐本"④。沉重的课费摊派,盐官、总商之浮费盘剥,"鬻一纲之盐才得三百万,而所费殆二千万,欲不贩私得乎? 故虽贩私而吏不问也"⑤。盐商恃特权为护符,有官引为之开路,兼有吏为之庇纵,雇有巡缉为之掩耳。甚而"暗结枭徒,勾通兴贩,官商枭沆瀣一气"⑥。引法虽有疏引缉私考成,"然弁勇窳败,不能制枭贩,而转扰平民。地方官亦以纲法久废,不负责成,意存膜视"⑦。封建专卖本来仰靠专

①　[清]陶澍:《会同钦差拟定盐务章程折子》,载《陶澍集》(上),岳麓书社,1998 年,第 165 页。

②　鲁子健:《清代食盐专卖新探》,《中国经济史研究》1992 年第 3 期。

③　《清史稿》卷一百二十三《食货四·盐法》,中华书局,1977 年,第 3607 页。

④　[清]李澄:《淮醝备要》卷三,道光三年(1823 年)刊本。

⑤　[清]盛康辑:《皇朝经世文编续编》卷五十《孙鼎臣:论盐二》,载沈云龙主编《近代中国史料丛刊》第 838 册,文海出版社,1972 年,第 5436 页。

⑥　《清代档案》雍正十三年十一月六日三保题"为敬陈盐政要务事本"。

⑦　《清史稿》卷一百二十三《食货四·盐法》,中华书局,1977 年,第 3628 页。

商垄断引额来维护，而恰恰是这些持有专卖权的经营主体，自身异化为私盐贩子。

第二，盐业帑本的高利贷性质加剧①。帑本又称之为帑银，指清皇室内务府或地方衙门等机构借贷给盐商以资运营的若干生息资本。而盐商则按规定缴纳一定数量的利息银，称之为帑息或帑利。清代的帑本分两种形式：一是皇宫内务府贷出的帑银，称内务府帑本，用盐商的话来说，就是"万岁发的本银"，所以又称"皇帑"；一是由地方官衙贷出的资本，称为京外帑本。清统治者借给盐商的帑本，最初目的是"资其运营"。

"皇帑"常常数十万或百万两，年利一般是一分至一分五厘②。它最早出现于康熙年间。清王朝建立之前，因战争的破坏，盐商产销面临着极大的困难，当时盐商资本匮乏，且"盐场踊贵，费本极多，户口凋零，转卖迟滞"③。因此盐商常常不得不"请借帑以资营运"④。为此，康熙曾几次批准拨给银两，其中最大也是最早的一笔是康熙四十二年（1703年）借给两淮总商的100万两帑本银，利息按一分计，十年完本付息。据盐商称，"自借皇帑之后，靠万岁洪福，生意年年俱好，获利甚多"⑤。由于这种发商生息银两的利率较社会上的高利贷利率低，因此，一般盐商都乐于接受。再加上清政府的借贷政策也比较灵活，帑本和帑息也可一借再借，分期偿还，故盐商认为"惟有公帑利轻，如能借公还私，每年出利即可十减四五，转瞬之间便脱重累"⑥。为此，周志初指出，此时的借帑还只是一种短期借款，对两淮盐业的恢复具有积极意义⑦。

如果说康熙年间帑本还只是清皇室借贷给盐商"以资运营"的一般性生息资本的话，那么，乾隆年间起，这种情况就大不相同了。作为封建国家

---

①　有关清代盐业帑本的研究，可参阅王思治、金城基《清代前期两淮盐商的盛衰》，载《中国史研究》1981年第2期；周志初：《两淮盐商帑利述略》，载《盐业史研究》1991年第3期；刘德仁、薛培：《略论清政府对盐商的控制与利用》，载《盐业史研究》1998年第3期；宋良曦：《清代中国盐商的社会定位》，载《盐业史研究》1998年第4期等。上述研究成果就清代盐业帑本的起源、作用、演变等问题进行了多角度的探索，但有关帑本的高利贷性质及其危害性等问题则缺乏论述。本书希望在吸收前人研究成果的基础上，就上述问题作一番尝试性的考察。

②　故宫博物院明清档案部编：《李煦奏折》，中华书局，1976年，第219—220页。

③　康熙《两淮盐法志》卷十《奏议一》，台湾学生书局刊，第18页。

④　嘉庆《两淮盐法志》卷十七《转运十二·借帑》，同治九年（1870年）扬州书局重刊本。

⑤　故宫博物院明清档案部编：《李煦奏折》，中华书局，1976年，第219—220页。

⑥　中国第一历史档案馆藏：《内务府奏销档》，乾隆三十年三月，王志德。

⑦　周志初：《两淮盐商帑利述略》，《盐业史研究》1991年第3期。

盘剥盐商的借贷资本,帑本的高利贷性质日渐显现,其剥削性也日益严重。这一阶段帑本的借贷主要有两个特点:一是由一般性借贷演变成了强制性借贷;二是不仅借贷数额非常大,而且期限长。同时此阶段的借贷机构也开始发生了一些变化。自乾隆年间起,除清皇室外,一些地方机构也开始向两淮盐商发放大量的帑本银。这些帑本银都属于无限期的借贷性质,以便永久获利。因此,盐商缴纳的帑利银日趋增加。据周志初统计,乾隆年间,清皇室内务府等机构向两淮盐商发放帑本银为2099756两,再加上地方衙门发放的15万两,总数多达2249756两。利率一般在1分至1分5厘之间①。由此推算,乾隆年间,两淮盐商每年缴纳的帑利银大概为30万两左右。嘉庆年间,清皇室发给两淮盐商的帑本银继续增加。据陶澍统计,清乾隆年间至道光六年(1826年),"历次在京衙门外发息本共计780余万两"②。因此到道光初,两淮盐商每年缴纳的帑息已是一个相当可观的数字。据冯桂芬估算,两淮盐商每年应完纳帑利"百余万两"③。

清中叶的帑息虽与前期相比没有较大变化,但问题在于帑本银数额较大,因而盐商每年所纳帑利必定增多。再加上食盐滞销,盐课不能按时征解,运使也常挪用"帑本抵凑,而利息则空派通纲"④。因此,嘉道之际的盐商一般都没领取过帑本银,但每年几十万两的帑息却要由他们分摊缴纳。笔者虽然没有查到嘉道时期确切的帑息数据,但较笼统的数据还是有的。如道光九年(1829年),两淮盐政福珠隆阿称:"由商赔纳息本一项,统计七百八十万两,因公借出无存,每年空纳百万利息。"⑤包世臣在道光十年(1830年)也指出:"又帑利九十余万两,断无令新贾代旧商偿欠之理。"⑥道光十一年(1831年),清政府可能对该项目进行过清理,所以数据偏低,即"帑利者,系分解内外帑利七十一万一千余两"⑦。陶澍则称:"每年应解之

①　嘉庆《两淮盐法志》卷十七《转运十二·借帑》,同治九年(1870年)扬州书局重刊本。

②　嘉庆《两淮盐法志》卷十七《转运十二·借帑》,同治九年(1870年)扬州书局重刊本。

③　[清]冯桂芬:《利淮醝议》,载沈云龙主编《近代中国史料丛刊三编》第626册,文海出版社,1986年,第13页。

④　[清]陶澍:《淮南乙未纲引课仍请分带折子》,载《陶澍集》(上),岳麓书社,1998年,第282—284页。

⑤　中国第一历史档案馆编:《道光九年两淮盐务史料》,《历史档案》1997年第4期。

⑥　[清]包世臣:《代议改淮醝条略》,《包世臣全集》,黄山书社,1993年,第164页。

⑦　周庆云纂:《盐法通志》卷七十三《征榷门·榷法五》,载于浩辑《稀见明清经济史料丛刊》(第二辑)第22册,国家图书馆出版社,2012年,第147页。

帑利七十余万。"①无论是"百万利息"还是"九十余万两"或者是"七十余万两"利息，对盐商来讲都是一笔不小的负担，而且此时的盐商财力非盛世可比，盐商实际上"多系借资营运"②，盐商既要支付正常借贷利息，又要支付一笔数额较大的无本之利，这较之高利贷实际是有过之而无不及的。可以说，到嘉道年间，两淮帑利已成为盐商的一种沉重的包袱③。

上述情况表明，如果说清初盐商处于复苏时期，帑本还多少含有扶植盐商的作用的话，那么到乾隆以后，情况则发生了根本性变化。帑本实际上已转化成了地地道道的高利贷资本，借帑实质上已演变为清朝廷以高利贷资本对盐商的一种商业投资④。这种借贷完全成了清政府剥削盐商和瓜分盐利的强制方式，不仅帑息加重，而且还出现盐商一方面要偿清帑本，另一方面还要纳"无本之息"的现象，即封建国家将盐商报效捐输之款直接作为"帑本"，仍交由盐商经营，而将利息作为"帑息"交内务府。盐商资本甚至不经转手，就变成了清政府的帑本，盐商反而要为之付出利息。这种帑本不仅对盐商毫无帮助，反而成为盐商的沉重经济负担。这些"帑息"都由盐商按引分摊，成为一种变相的课税，结果导致"商力因之疲乏，两淮、河东尤甚"⑤。例如，乾隆十三年（1748年）七月，乾隆要求两淮盐政每年在"盈余闲款"内解银十万两，长芦盐政解银五万两，交内务府"以备行幸赏赐"之用。但据当时两淮盐政吉庆奏称，"两淮公费并无余剩可以奏解之款"，结果只好由众淮商"情愿每年公捐银十万两，公领生息，以五年为率，连每年息银归入本内，一并营运"。五年以后，"留银六十万两，永作本银生息"⑥。这就是说，淮商先每年送一笔钱给皇帝，然后再将其"借回"，并按本付息，利上滚利，五年后除六十万两永作本银外，"余银解缴内库"，供皇室享用。乾隆五十年（1785年）的"借帑"，其为皇室的干股更是一目了然。这一年，淮商为庆祝乾隆"御宇"五十年，总商江广达等"恭进一百万两"作为大礼"以备赏需"。乾隆下令将其中"四十万两交商人江广达、江正大领

　　① ［清］陶澍：《复奏课归场灶之说未敢遽行折子》，载《陶澍集》（上），岳麓书社，1998年，第190页。
　　② ［清］葛士浚辑：《皇朝经世文续编》卷四十二《俞德渊：呈贺藕耕师》，载沈云龙主编《近代中国史料丛刊》第741册，文海出版社，1972年，第16页。
　　③ 周志初：《两淮盐商帑利述略》，《盐业史研究》1991年第3期。
　　④ 王思治、金城基：《清代前期两淮盐商的盛衰》，《中国史研究》1981年第2期。
　　⑤ 《清史稿》卷一百二十三《食货四·盐法》，中华书局，1977年，第3610页。
　　⑥ 嘉庆《两淮盐法志》卷十七《转运十二·借帑》，同治九年（1870年）扬州书局重刊本。

借,俾资营运,照例生息"①。总商江广达所"借"四十万两,正是他们"恭进"之银,一道谕旨,就变成了皇帝的投资。此外,内务府所属各处,也常以各种名目将"库贮银"交盐政"借帑"与淮商"生息"。陶澍指出:"帑本一款,自乾隆年间至道光六年(1826年),历次在京各衙门及外发息本共七百八十余万两,每年应完息银七十八万余两。此项本银,早罄于前人,而贷偿利息于此日,系属无本之息,实无着落,不得又摊于通纲带完。"②

为此,周志初指出:从乾隆年间起,清皇室向盐商发放帑本银的目的,已完全是为了获得一种长期稳定的收入,而不再是为了扶植盐商③。这种帑本银不仅对盐商毫无帮助,反而成为盐商沉重的经济负担,这些帑息却由盐商们按户分担,成为一种变相的课税,结果导致"商力因之疲乏"的局面。因此可以说,该帑息实际上是清皇室及地方衙门分割盐商利润的一种重要手段。

由于清朝的皇室和地方衙门都把盐商作为贷款生息的对象,而且任意制定贷款利息率,同时盐商所借的帑本数额都很大,欠款的现象也就非常普遍,特别是在物价腾贵、天灾频繁、成本骤增、引盐滞销而导致盐业市场急骤萎缩的情况下,盐商必然陷入负债日重的境地。而封建政府对拖欠帑项的容忍也是有限的,到了一定的时候,统治者为了避免国家收入不至毁弥一空,就不得不采取严厉的措施,对亏欠课帑严重的盐商实行抄家清产,刑杖充军,直至彻底取消这些盐商的运销资格,从而导致盐商的经营破产和身家覆败。如淮商总商邹同裕、包有恒都曾遭此厄运。有时,如果抄家清产之资仍不敷帑息的话,还命令"一商欠缺,众商公赔"④。乾嘉时盐商在封建国家帑息盘剥之下,已从"盐利渐微"到"无利可得"再到"积欠课帑",最后走到被"参革"和"抄家清产"的困境。由此可见,清政府施行的借帑制度是非常残酷的,对商业经济起着严重的破坏作用。该现象在清中后期表现尤为突出。这也是清中叶盐商经营状况每况愈下的根本原因之一。

研究清代帑本与帑息,可以发现盐商与清代封建政府之间存在既相互依赖,又相互利用和制约的双重关系。一方面,盐商作为清王朝的一个主

---

①　嘉庆《两淮盐法志》卷十七《转运十二·借帑》,同治九年(1870年)扬州书局重刊本。

②　[清]陶澍:《淮南乙未纲引课仍请分带折子》,载《陶澍集》(上),岳麓书社,1998年,第283页。

③　周志初:《两淮盐商帑利述略》,《盐业史研究》1991年第3期。

④　中国第一历史档案馆藏:《内务府奏销档》,乾隆四十一年六月二日,永瑢:"为议覆长芦盐政西宁代表东商请借内帑银两事。"

要财政支柱,倍受眷顾和关注。清政府为了维护中央集权统治的政治、经济和军事等利益,不得不对盐商实行弹性政策,在一定程度上实施灵活的经济措施以适应社会经济发展的需要,对盐商进行笼络、扶持、保护和利用,把这个对封建经济制度最具有腐蚀冲击力的社会阶层驯化成为强化封建统治的经济工具。因此,对一个政权来说,其有效控制范围有多大,它就必须在该范围内协调其经济活动,以谋取政治的稳定发展。特别是当国家内部各种势力的挑战又影响社会的经济、政治稳定时,更是如此。清统治者在不影响封建政权稳定的前提下允许商品经济构筑自己的模式,使盐商广泛和自由地从事商品经济,其目的就是为了更好地与商人共同瓜分商业利润,以确保封建专制主义中央集权统治的政局稳定。正是基于上述考虑,自清初起,清政府就特别注重对盐商的扶持工作。在清政府及皇帝的大力支持下,盐商得以垄断厚利,到乾隆年间,终于发展成为挟资千百万,庞荣拟于大僚的巨大封建商业资本集团,其经济实力和政治影响远远超过前代。另一方面,盐商这个与清王朝在政治、经济上有着千丝万缕联系的商业资本集团,清后期,特别是嘉庆以后,由于倍受清王朝借助包括帑本在内的种种名目的盘剥和勒索而日渐疲惫和衰败。为了支撑局面,盐商竭力将这一切转嫁于产盐的灶丁和食盐的广大平民百姓。对于灶丁,盐商们拼命压低收购价格,加深对灶丁的盘剥。对于广大消费食盐的人民,则是短斤缺两,或掺和泥沙,导致盐质低劣,同时还抬高盐价。这样一来,不可避免地导致了私盐的泛滥。私盐的泛滥反过来对盐商的影响又是致命的。至道光时期,在以帑本为基础的高利贷资本及课税的盘剥和私盐泛滥的四面夹击下,盐商终于纷纷破产。

由此可见,从传统的封建小农经济中独立出来的盐商还不可能完全摆脱封建政权的拘束,虽然盐商在与封建国家的经济对抗中,有时也会利用公开的或隐蔽的手段突破封建法律对他们的束缚,以获取政治的、经济的利益和好处,但是在与封建国家浅层次范围内,盐商还必须遵循封建政府的意旨,仰仗封建政府的气息生活,否则就会遭到专权统治者的严厉打击和强行压制,而这就意味着盐商经济生命的完结和经济活动的破产。

第三,层出不穷的正课杂项加重了盐商负担。众所周知,盐课①是传统社会最主要的税收来源之一,在清代国家财赋收入当中占有十分重要的地位(有关这一点,前文多处提及)。乾隆至道光年间,作为清代盐课负担最重的两淮盐商,每年必须向国家缴纳三百至五百万两的盐税,占全国盐税的 60% 左右,然而其行盐总量却仅占全国食盐销售总量的 30% 左右,两者对比,其负担之重,一目了然。如果盐商不能按时缴纳盐课,根据情节的轻重,他们还将受到不同程度的处罚。清廷规定:"商人未完盐课,于奏销时题恭,自题恭日扣限一个月,再不能完,按所欠分数治罪;欠不及一分者,笞五十;欠一分者,枷号一个月,笞五十;欠二分者,枷号一个月半,杖七十;欠三分者,枷号两个月,杖八十;欠四分者,枷号两个月半,杖九十;欠五分者,枷号三个月,杖一百;所欠于枷限内全完,释放免责;枷限外全不完纳,折责之外,仍革退商名,所欠以引窝变抵。又欠课至六分者,杖六十,徒一年,限四个月全完;欠七分者,杖七十,徒一年半,限六个月全完;欠八分者,杖八十,徒两年,限八个月全完;欠九分者,杖九十,徒二年半,限十个月全完;欠十分者,杖一百,徒三年,限一年全完。自欠六分至十分,均将该商即行锁禁,严查家产,限内全完,革退商名,免其杖徒;限外不完,该商发配,所欠以引窝、家产变抵。"②可见清政府对于不能按时缴纳盐课的盐商处罚是十分严厉的。

正课之外,杂项、浮费更是多如牛毛。清初,部库如洗,用途浩繁。因此在原额之外,又增加了七项盐税,即食盐加窝、八县食盐、三府复淮、宁珠、新增、加斤、加丁。此外,办课行盐之间更有更名、变价、仓盐、折价、潮包、椓封、赃罚、京书、赎镪、经费、解费、卤税、积余、残引、纸朱等 15 种杂项,每年光这些杂费,两淮盐商就得支银数百万两③。详情见表 5—9。

---

① 盐课在清政府的财经收入中有着举足轻重的地位,而两淮盐课又在全国盐课中占有相当的比例。两淮盐课分为"场课"和"引课"两种。"场课"是指由两淮场商交纳的课税,这一部分课税在两淮盐课当中所占比例通常比较小;而引课则不然,引课是两淮盐课的主要来源,有"正项"和"杂项"之分。且不说"正项"盐课负担之重,"杂项"名目繁多更是任人难以想象。清初,统治者采取"恤商裕课"的政策,两淮盐商的课税也较轻。但乾隆以后,各种杂项日益增多,两淮杂项多达 50 余项〔参见《清盐法志》卷十八《课程一》,载于浩辑《稀见明清经济史料丛刊》(第二辑)第 4 册,国家图书馆出版社,2012 年,第 583 页〕。

② 故宫博物院编:《钦定户部则例》卷五十《盐法·盐灶禁令》,海南出版社,2000 年。

③ 吴雨苍:《清代两淮盐政》,《国专月刊》1936 年第 3 卷第 5 期,第 66 页。

表 5-9　清代前、中期淮盐正杂课税沿革表

课别	课银(单位:两)	说明
吉安引课今额课银	51331.576	此项是乾隆二十八年(1763年)定额
衡永宝三府代纳两粤引课	55186.156	此二款自康熙六年(1667年)提定
衡永宝三府代纳粤西杂税	15000.000	
宁国和淮扬加窝食盐引课	113064.508	此项康熙八年(1669年)定
上元八县加窝食盐引课	65313.433	此项康熙八年(1669年)定
增引窝额征	107370.445	此是康熙二十六年(1687年)定额
宁国、上元等八县食盐加课	21067.800	康熙十六年(1677年)题定
宁饷滴朱	62305.738	康熙二十六年(1687年)定额
桅封额征	8307.812	康熙二十七年(1688年)定额
更名食盐变价	3946.625	顺治十八年(1661年)定额
潮包额征	2700.000	此由明季引盐出场用大包运至仪征垣内解困改作小包,而大包浸有卤汁,售人煎烧岁征银1300两,清顺治七年(1650年)增至改数
仪征仓盐折价	5000.000	顺治十二年(1655年)题定
巡盐赃罚	4600.000	始于明崇祯间至清初淮商认纳
裁省京书廪费	188.000	清初由淮商认纳
加丁	16663.850	康熙三十八年(1699年)定额
加斤(即割没溢斤公罪)	197048.344	康熙三十八年(1699年)定额
衡永宝定纳停引	20405.313	康熙五十六年(1717年)开始
增巴东引	2806.386	雍正五年(1727年)始
增饶州引	38885.000	雍正七年(1729年)始
增永顺永绥引课	2652.715	雍正十一年(1733年)题定
增淮北纲盐加斤加课	38736.104	雍正十三年(1735年)开始
增高宝泰兴食盐	5009.880	乾隆八年(1743年)题定
节省河饷	50000.000	康熙三十八年(1699年)开始
铜斤	50000.000	康熙四十五年(1706年)开始列入奏销

续表

课别	课银（单位：两）	说明
停解织造	227620.000	雍正二年（1663 年）开始列入（以上各项造入奏销正课）
江甘食岸融销升课	4003.850	乾隆五十八年（1793 年）奏准
淮北食岸融销升课	1618.626	乾隆二十四年（1759 年）奏准（以上两项附入奏销造报）
卤税	60.000	顺治十三年（1656 年）开始
赎锾	1516.849	康熙十六年（1677 年）开始
积余	450.000	顺治十三年（1656 年）开始
盐政节省经费	2100.000	顺治十四年（1657 年）开始
全裁公费	96.000	康熙十四年（1675 年）开始
全裁心红纸张	20.000	康熙十七年（1678 年）开始（以上各项造入考核正册）
经费	18897.868	顺治十三年（1656 年）开始
解费	38392.874	顺治十三年（1656 年）开始
脚价	16360.810	顺治十三年（1656 年）开始
归纲纸朱积余	2202.108	以上不入奏考正课共银七万五千八百五十三两六钱五分九厘
共计	1250828.670	

* 此外还有不入奏考杂项每年 53 万余两，又不入奏考杂费 51 万余两。

资料来源：林振翰：《淮盐纪要》第三篇《运销》，商务印书馆，民国十七年（1928 年），第 39—42 页。

上述杂税，竟多达二百多万两。层出不穷的课税负担最终导致的是原本"场价每盐一斤不及十文"的官盐，"转销各处竟至数十倍之价……如汉镇为销盐第一口岸，盐价每斤需钱四五十文，迨分运各处销售，近者六七十文，远者竟需八九十文不等"。官盐不仅价昂，"且有掺和污泥，杂入皂荚、哈灰等弊，盐质更差"[①]。质劣价昂的官盐自然为质优价廉私盐，特别是边私的入侵提供了机会。

事实表明，在两淮食盐生产、运输、销售这一环节中，两淮盐商虽然高

---

① 〔清〕陶澍：《敬陈两淮盐务积弊附片》，载《陶澍集》（上），岳麓书社，1998 年，第 153 页。

居"食物链"上端，但并不是顶端。在他们上面，还有大大小小的地方官僚和形形色色的盐务管理人员。这些人对盐商的盘剥体现在食盐生产、运输、销售的各个环节中，情节也有轻有重。轻者，以检查为名，索要几十两或是几百两不等的"辛苦费"，这种情况以普通盐务管理人员居多；重者，则以利益为驱动，采取种种措施敲诈勒索盐商；尤为严重的是，官商相互勾结，以权谋私。官商为了各自的需求，结为利益共同体，合伙兴贩私盐，一旦出现事故，则相互配合，欺上瞒下。

至此，我们可以清晰地看到，这根扭曲的食物链的两端，是数量巨大的两个处境完全不同的群体：一端是不避寒暑，终年辛苦劳作的灶户，另一端则是一些取得了食盐专卖特权的盐商和手握权柄的腐败官员。

（三）小结

上述情况表明，清代榷盐体制下的盐商与盐官之间的关系是异常复杂的：一方面，盐商是盐官的直接剥削与勒索对象。盐官为攫取巨额利润，除通过制度规定剥削盐商利润外，还通过非制度手段直接敲诈勒索盐商钱财。盐官对盐商肆无忌惮的敲诈勒索，迫使盐商不得不通过哄抬盐价、掺沙、短秤或是直接参与走私等方式，获取价值补偿。有清一代，私盐名目繁多，但其实起作用的不外商私、官私和枭私三类。其中，究其规模最大者，"莫盛于商所自贩之私……"[①]无论是抬高盐价、掺沙、短秤，还是参与走私，其危害都是非常巨大的。盐商的所作所为必然造成食盐价昂质劣，老百姓因此而淡食，而淡食对老百姓来讲只是权宜之计，其最终结果必然导致私盐盛行；私盐的盛行又是破坏盐法、覆灭盐商的根本原因。加之在潞私、川私、闽私的侵灌、泛滥之下，价昂质次的淮盐，在食盐市场上完全丧失了竞争能力。市场是商业的命脉，市场的丧失，也意味着盐商的衰落。曾经煊赫一时的淮商，到嘉庆末道光初，已经是市场丢失，资本蚀空，财源枯竭，纷纷破产。

另一方面，在共同利益的驱使下，盐商与盐官又往往相互勾结，狼狈为奸，通同作弊。盐商与盐官的这一层关系，用清人之话来说，就是"官以商之富也，而睃之；商以官之可以护己也，而豢之"[②]，在官商勾结、通同作弊

①　《清史稿》卷一百二十三《食货四·盐法》，中华书局，1977年，第3610页。
②　杨仲羲：《意园文略》卷一《两淮盐法录要序》，清宣统二年（1910年）刻红印本。

之下,盐商本身的走私猖獗日甚。

综上所述,清代纲盐体制下的盐商与盐官之间是一种相互依存的关系。一方面,盐官为了满足其自身需求,总是想尽一切办法压榨和剥削盐商,诈取盐业利润;另一方面,盐官为了维护其自身利益,又与盐商相勾结,通同作弊,朋比为奸,共同瓜分盐利。而盐商只有在盐官的保护下,才能巩固自己的社会地位,才能从事正常的盐业贸易。

2.盐商式微与商私的兴起

(1)盐商的没落与商私的兴起

政府以及各级官僚的种种不法行径,增加了盐商的负担,给盐业带来了灾难性的后果。

首先,使官盐失去了市场的竞争优势。在各级官僚的巨额盘剥下,盐商为尽可能攫取更多的利润,在条件允许的情况下,总是将所有开支都列入成本,提高盐价,贻害百姓;而盐价的抬高,使得官盐在市场上与私盐竞争时处于不利地位。

其次,加速了盐商内部的分化。政府施加给盐商的众多苛捐杂税,最终的承担者其实并非所有的盐商。前文提到,盐商至少可以分为四类,即场商、引商、运商和水商。在上述四类盐商当中,场商主要与灶丁打交道,是生产领域的盐商,大多数属于流通和销售领域的杂税对他们而言,影响不大;引商通常并不参与食盐的生产和流通,只是靠垄断盐引、售卖"窝单"为生,因此,杂税对其影响更小;运商中的总商兼有亦商亦官的身份,他们往往能将其必须负担的各种杂税转嫁给运商中的散商;而作为流通和销售领域的主要参与者,散商和水商则必须直面各种杂税压迫。更为可恶的是,散商和水商除了必须承担来自政府的上述杂税以外,还必须忍受来自总商的种种压榨和盘剥。

道光年间,总商以各种名目榨取散商和水商,几乎到了敲骨吸髓的地步。"查两淮行盐六省,公事繁多,办公各费原不能无。惟扬州每纲,额定70万两,已不为少,而总商以不敷为名,每年竟多支八九十万,至百余万两不等。汉口则谓之岸费,每引带征六钱,递加二钱。近闻每引加至一两四钱,计每年亦一百数十万。此两项共需银200余万,与正课相等。皆用于总商之手,无账目可查,诡混开销,每由库内垫支,而摊之于众商,归补无期,遂成亏欠。其在扬州者,多假借名目,如新院到任,修理衙署铺垫什物,一切所费不及数千，竟开销八九万两；一手禀红贴所费，不过数十两，竟开销一千两。……他如月折①一项，每年養养乏商子孙，按月折取银，亦用至十余万两，且续添未已。……又如德音春台二班，频年盐务衙门并未演戏，仅供商人家宴，亦每年开销3万两。此外滥费甚多，并有捏名冒支者。如总漕总河巡抚各衙门，从未解有缉捕犒赏之款，闻亦每处开销三四千两；其余京外各官，谎托可知。若汉口费，则多托名游客，更属无从稽考。此等浮费，每每托名办公不敷，滥支于本款之外，列入成本摊征，是'不敷'二字，乃为总商巧混侵吞之获符也"②。由此可见，散商、水商负担之重，不言而喻。

总之，不管是兼有官商身份的总商，还是各级盐务官员和地方官僚，都无不以散商、水商为利薮。无论是他们的办公费用、日常开销，还是養养子孙所需费用，都统统转嫁到散商、水商头上。也就是说，清中叶两淮盐商受盘剥和压榨最严重的应该是散商、水商，而并非所有的盐商。因此，在盐商日益衰败的嘉道年间，参与商私的贩卖者，也多以散商和水商为主。事实表明，一并将盐商称之为垄断盐商是不公正的。事实上除了总商和部分引商以外，作为盐商主体的散商、水商等并不具备垄断性质。它们既没有垄断权力，也得不到垄断利润；相反，由于备受总商和各级官僚的剥削，而不得不沦落到贩卖私盐的境地。当然，在商私的贩卖队伍当中，我们通常也能看到场商的身影。

再次，引发了盐商无尽的困苦。盐商虽然名义上拥有垄断食盐运销的特权，但其对官盐的经营并非一帆风顺，而是要承受各种困苦。尤其在官盐的运销途中，必须经受各种盘剥。前文提到，由于盐业获利甚丰，那些掌管两淮盐业的大小官吏，无不视之为利薮。他们除了向生产者灶丁掠夺外，还设置种种陋规与盐商分肥。从盐场到批验所"五驳十杠"，一路上关卡、水闸、桥埠都有官吏把守，道道关卡都需馈赠，否则官吏便横加阻滞刁难。有所出江赴各口岸运商们更是多遭盘剥，有所谓"运盐六大苦"和"桥所掣挈三大弊"的说法。六大苦、三大弊就是指运商从盐场起运引盐到口

① 所谓"月折"，是指按月补助财力消乏的盐商及其子孙。有关该制度的设立及其影响，王振忠有详细的论述。月折制度的出现，使得盐业经营活动始终停留在家族组织的庇护下。这种情况必然导致商人缺乏持久的从商热情，更丧失了先前无远弗届的冒险精神，从而引起两淮盐商寄生性的日益加深。参见王振忠《明清徽商与淮扬社会变迁》，三联书店，1996年，第45—50页。
② ［清］陶澍：《陶云汀先生奏疏》卷三十《请删减浮费停缓摊补折子》，载《续修四库全书》第499册，第327—328页。

岸，沿途经过盐政各衙门时，盐官的种种陋规需索，即输纳（缴纳各种规费）、过桥（引盐出场）、过所（过批验所）、开江（由仪征放行）、关津（长江沿岸关津）、口岸（抵达各口岸）等所必须缴纳的各种浮费。"总计六者，岁费各数万金"[①]。另外还有所谓"四费"，即院费，盐差衙门礼灯节费；省费，江苏督抚司道各衙门规礼；司费，运道衙门陋规；杂费，两淮杂用交际费。沉重的课费摊派，盐官、总商之浮费盘剥，"鬻一纲之盐才得三百万，而所费殆二千万，欲不贩私得乎？故虽贩私而吏不问也"[②]。盐商恃特权为护符，有官引为之开路，兼有吏为之庇纵，雇有巡缉为之掩耳。甚而"暗结枭徒，勾通兴贩，官商枭沆瀣一气"[③]。引法虽有疏引缉私考成，"然弁勇窳败，不能制枭贩，而转扰平民。地方官亦以纲法久废，不负责成，意存膜视"[④]。封建专卖本来仰靠专商垄断引额来维护，而恰恰是这些持有专卖权的经营主体，自身异化成了私盐贩子。

当然，盐商衰败的原因，除与上述因素相关外，与清代中后期银贵钱贱的金融体制也是密切相关的[⑤]。不过银贵钱贱的金融体制在不同的盐区其影响程度并不一致。杨久谊认为，银贵钱贱对采取"引地"占有式的长芦、山东、河东等盐区的盐商影响比较大。因为上述几个盐区的盐商是以铜钱为交易媒介的。也就是说他们以铜钱为媒介与百姓进行食盐交易，然后再将赚来的钱兑换成银两，用来交纳盐税。在铜钱对银的兑换率较高的清初时代，上述三大盐区盐商的利润还是非常可观的，但时至清代中后期[⑥]，随着银贵钱贱的日益加剧[⑦]，盐商利润大受影响，盐商的发展也因此

---

①　《清史稿》卷一百二十三《食货四·盐法》，中华书局，1977年，第3607页。

②　［清］葛士浚辑：《皇朝经世文续编》卷四十三《孙鼎臣：论盐二》，载沈云龙主编《近代中国史料丛刊》第741册，文海出版社，1972年，第1152页。

③　中国第一历史档案馆藏：《朱批奏折》（财经类·盐务项），雍正十三年十一月六日，湖广总督三宝。

④　《清史稿》卷一百二十三《食货四·盐法》，中华书局，1977年，第3828页。

⑤　徐泓认为，清中叶中后盐商之所以衰落，与"国家控制力减弱，私盐日益盛行，白银大量外流"密切相关（参见徐泓《清代两淮的盐场》，载《史原》创刊号，第34页）。徐泓还进一步指出，清中叶以后，两淮盐业虽然有产销兼营之形态出现，然而在性质上，始终止于高利贷商业资本主义。这也是两淮盐业已具有近代资本主义之雏形，却不能发展出企业化的盐业的重要原因（参见徐泓《清代两淮盐场的研究》，嘉新水泥公司文化基金会，1972年，第67、104页）。

⑥　比如道光年间，因为鸦片的关系，白银大量外流，致使银在国内的供应日益短缺，银贵钱贱的问题越来越严重。

⑦　有关银钱兑换变动问题，可参见杨端六《清代货币金融史稿》，三联书店，1962年，第181—220页。

大受困扰。但在采取"引窝"占有式的两淮地区也不尽如此。银贵钱贱对两淮盐商虽然也有一定的影响，但这种影响不仅非常有限，而且还是间接的[①]。杨久谊的看法与日本学者佐伯富的观点有较大的出入。佐伯富认为，清中叶以后，淮商之所以日益衰败，其中一个主要因素就是因为大受银贵钱贱的影响[②]。原因很简单，因为淮商的利润是直接以银而不是铜钱来收计的，两淮运商将盐运至汉口、南昌等地，用银折算盐价卖给水贩或铺户。因此，两淮运商得到的是银两，而不是民间常用的铜钱；但水贩和铺户将盐卖给消费者时，他们得到的仍然是铜钱。既然如此，水贩和铺户应该也属于两淮盐商的一种，为什么说两淮盐商受银贵钱贱的影响有限呢？原因有二：一是因为两淮盐商主要是指两淮运商，至于场商与水贩或铺户，他们在淮盐运销过程中所起的作用比运商小得多；二是因为交纳盐课的主要是运商，而不是场商或水贩或铺户。特别是后者决定了银贵钱贱对两淮盐商的影响有限。这一点与长芦、山东、河东的情况有较大的差别。上述三大盐区的运商与消费者打交道时，并不经过水贩或铺户这个中间环节，而是由运商直接将盐卖给消费者，因此他们得到的是铜钱，但在交税时却必须将铜钱兑换成银两。

（2）商私的贩卖方式

盐商贩私，相比而言要比盐枭和其他老百姓具有更多的便利。他们通常利用其合法的身份，掩人耳目，从事着非法的勾当。其贩私途径之隐蔽，令人叹为观止；其贩卖方式之多，更可谓五花八门。为此，陶澍对其种种不法行径进行了深刻的揭露：

　　　　商运官引之重斤与装盐江船之夹带，实为淮纲腹心之蠹。在商人于正盐之外，本有耗卤，无课之加斤，即无异官中之私；而又由包内包外之私。其包内者系运商捆盐出场多带重斤。商厮商伙亦复如之，且由短发江船水脚，以盐斤私抵船价，其短发所给之价，复被厮伙埠头等勒扣过半；甚至船户不领脚价，转以重贿，向商厮埠头等图谋装盐。下至商宅之奴役，亦月有馈费。彼江船何苦为此，无非藉公装私而已。

---

① 杨久谊：《清代盐专卖制之特点——一个制度面的剖析》，《"中央研究院"近代史研究所集刊》2005 年第 47 期。

② ［日］佐伯富：《清代盐政之研究》，东洋史研究会，1956 年，第 255—262 页、290—296 页。

闻江船装盐,每捆解放私盐,谓之"买砠";每船装官盐十之五六,余仓尽以装私,谓之"跑风"。船既装盐将全引一船之盐分为三四船,遇有一船遭风失浅,即捏报全引淹销,将并未失事之二三船亦请补盐。既得照例免课,又得通纲津贴。到岸之后,并得提前先卖,谓之"淹销补运"。是以一引而换数引,明目张胆之私也。①

具体而言,盐商的贩私方式有以下几种:

第一,开设私盐店。盐商贩私的方式多种多样,通过开设私盐店贩私就是其中之一。盐商大多经营有盐店,因此,通过盐店贩私,通常能掩人耳目,不容易被缉私官兵发现。私盐店通常开在淮盐与邻盐相接的府县,即两淮行盐地周围的盐商,借助两淮盐价较高的情况,勾结盐枭,在临近两淮行盐地边界大量开设盐店,作为私盐侵入的据点。所谓"今浙、闽、川、粤及长芦之商,乃于淮盐接界地僻人稀之处,广开盐店,或五六座或十余座,至数十座不等,多积斤,暗结枭徒,勾通兴贩"②,说的就是这种情况。盐商利用盐店贩私,在两淮盐区的很多地方都存在。以江西为例,在淮盐与浙盐、闽盐、粤盐相邻的府县,到处都有盐商通过开设盐店贩私的情况。如淮浙引界相邻地方,"安徽之徽州府与江西之广信府,例食浙盐,均在两省腹地,私盐由浙灌入,以致安徽、江西各省,均被侵占。在浙商总以便民为词,每于徽州、广信等府界,开设私店,而淮盐受害,渐有侵占之虞"③。类似的记载在《盐法通志》中也能看到:"淮浙行盐地界,自嘉庆二十三年勘定后,射利之徒,仍有设私栈,囤积充淮情事。至是两江总督陶澍,委知府陈煦,查明婺、祁边界内开盐店六十家,并究出王学端等开设新老公堂,包私过境。江兆黑等勾串贩私,逞凶拒捕。"④"饶州与浙盐引地接壤,其官盐子店,影射所卖,系侵灌之浙私。"⑤淮闽引界相邻地方也有类似的情况发生:"建昌

①　[清]陶澍:《缕陈淮盐积弊疏》,载《皇清道咸同光奏议》卷三十五《户政类·盐课》,学识斋,1868年。

②　周庆云纂:《盐法通志》卷十一《疆域门·经界一》,载于浩辑《稀见明清经济史料丛刊》(第二辑)第17册,国家图书馆出版社,2012年,第45页。

③　《清实录》第37册,《清宣宗成皇帝实录》卷二百九十三,道光十七年正月,中华书局,1986年,第39468页。

④　周庆云纂:《盐法通志》卷十一《疆域门·经界一》,载于浩辑《稀见明清经济史料丛刊》(第二辑)第17册,国家图书馆出版社,2012年,第45页。

⑤　周庆云纂:《盐法通志》卷十四《职官门·管制二》,载于浩辑《稀见明清经济史料丛刊》(第二辑)第17册,国家图书馆出版社,2012年,第159页。

府所属之新城、广昌、南丰、泸溪四县，与闽省之光泽、建宁等县，地界毗连，而闽境盐店，随在开设。建属人民，越境贩卖，甚为近便，是以该府一属，淮盐每致滞销。"①至于淮粤引界相邻地方，"道光十七年，江督陶澍奏，粤商靠边立店，多设熬锅，使生盐变熟。与淮南无异，以为朦混侵销之计"②。像这样在两淮行盐地界的周围地区专门开设的许多盐店，通常就是商私入侵的据点。

第二，捏报淹消。清廷规定，对于盐商运输途中由于特殊原因淹消的官盐，不仅不追究责任，而且还可以对淹消的官盐给予补偿。部分不法盐商就以此为据，捏报淹消，企图贪索官盐。以道光年间江西新建县发生的案件为例。据新建县禀报，"据该县（盐商）腾用明供认，独自盗卖引盐 420 包，又（盐商）蔡兴富供，与张邦泷押载分装引盐 2500 包，张邦泷盗卖 390 包，存盐 91 包，分给蔡兴富变卖，余被渔户捞散，及落水漂失消化"。后来发现，腾用明供述不实，实际盗卖情况比其供述严重得多。腾用明原装引盐 15990 包，但据商禀，实际只收到引盐仅 8550 包，另外 7440 包不见踪影，短缺非常严重。如果扣除被盗卖的 901（420＋390＋91）包，仍有六千多包下落不明，如果说六千多包盐都被渔户捞散或落水漂失消化，显然让人难以置信。后抓获张邦泷后经过严查才发现，其中确有隐情。腾用明所供，全是捏报③。

第三，利用官盐船夹带私盐。"淮南场盐运至仪征，向例改捆子包，上船装载，由长江逆流至楚，路远日长"。在漫长的运输途中，无论是盐商还是船户，面对贩卖私盐可能带来的巨大利益诱惑，均打起了利用江船夹带私盐的主意。据林则徐所言，道光年间江船夹带私盐主要有三种情形："或托名于卤耗，而包内暗加斤两；或藉口于抛撒，而包外私带脚盐；大抵船户商厮，串通弊混，捆工人役，受嘱放硙盐斤。"④也就是通过超载的方式多带食盐，这些盐不会报关，只会卖给出价最高的人，而所得利润则全部落入了

---

①　[清]盐务署辑：《清盐法志》卷一百四十四《缉私一·缉私上》，民国九年（1920年）铅印本。

②　周庆云纂：《盐法通志》卷十一《疆域门·经界一》，载于浩辑《稀见明清经济史料丛刊》（第二辑）第 17 册，国家图书馆出版社，2012 年，第 45 页。

③　[清]吴养原编：《吴文节公遗集》卷三十九《公牍·批新建县等详船户盗卖引盐由》，载《清末民初史料丛书》第 31 辑，成文出版社，1968 年，第 1065—1067 页。

④　[清]林则徐：《林文忠公政书》乙集，《湖广奏稿》卷一《设法疏销淮引片》，道光十七年二月十九日奉，上海古籍出版社，1999 年。

盐商腰包。

（3）商私的危害性

一般认为，在所有的私盐当中，枭私的危害性最为严重，这是就表面现象而言。纵深分析会发现，与前文提到的灶私、船私、邻私、枭私相比，商私的危害性有过之而无不及。作为食盐生产、运输、销售的管理者和承担者，盐商主导的私盐黑市贸易，与其他私盐一样，不仅影响到官盐的销售，损害官府的收入，扰乱官盐的正常贸易秩序，而且还对整个盐业生产的发展产生深刻的影响，更为重要的是它对盐业专卖体制的破坏是前所未有的。灶私、船私、邻私、枭私的活跃，可以通过加大打击力度予以制约，而商私的活跃则很难通过上述措施加以防范，因为部分盐商亦商亦官的特殊身份使得任何针对商私的措施都显得苍白无力。所谓"家贼难防"说的就是这个道理。商私的危害，不仅仅体现在对官盐的销售或是专卖体制的破坏方面，就其本身的社会地位而言，更是极大的摧残。商私在破坏食盐专卖体制的同时，也就等于摧毁了自身作为特许商人垄断经营官盐的特权。用一句俗语来讲，就是"搬起石头砸自己的脚"，自作自受。

（四）余论：对盐商的垄断以及商私问题的再思考

从盐的自然属性而言，它不仅是人们日常生活当中所不可缺少的调味品，同时更是维持人类生命健康所"不可一日或缺"[①]的生活必需品。上至皇宫贵族，下至平民百姓，都不能摆脱对盐的依赖。世界上能够食用的咸味物品只有食盐一种，我们每天如果不吃米麦，可以用杂粮来充饥；但如果缺乏食盐，却无他物可代。正因为盐有如此独特之功效，在我国传统社会，历代统治者都无不视之为利薮，为了牢牢地将盐利控制在自己的手中，维护统治利益的榷盐体制因此应运而生。清朝政府在继承明制的基础上，赋予了榷盐体制许多新的内容，官督商销就是清代榷盐体制的主要内容。官督商销的榷盐体制下，盐商被推上了承担食盐专卖的历史舞台，清廷赋予他们垄断行盐特权的同时，却又规定盐商必须按章纳课，这种情况决定了盐商的独特官商身份。盐商"亦官亦商、官商合一"的身份在给其带来巨大盐利的同时，也带来了意想不到的灾难，无论是中央还是地方，各级行政官

---

① 田秋野、周维亮：《中华盐业史》，台湾商务印书馆，1979年，第7页。

员无不千方百计地与其分肥。在无尽的盘剥与压榨下,清中叶盐商纷纷破产,商私因此在无奈中勃兴。

与灶私、船私、枭私、官私问题相比,商私问题明显要复杂得多。就总体而言,其复杂性主要体现在两个方面:第一,体现在时间上,不同的时间商私表现出不同的特点;第二,体现在盐商身份上,不同的盐商贩卖私盐的程度、目的等,均存在一定的差别。如果将两者结合起来考虑,问题就会更显复杂难解。

首先,从时间上来看,以往人民在谈论清代商私问题时,往往会忽视时间上的差异,习惯于笼统地用"清代"来概括商私的轻重与否。其实清代初期的商私与清代中、晚期的商私,无论是从贩私规模还是影响而言,都存在一定的差异。作为食盐专卖的代言人,清代初期的盐商与私盐是誓不两立的,他们往往视私盐为眼中钉、肉中刺,并总能千方百计地配合官府打击私盐。当然,这是就总体而言,并不排除个别不法奸商在利益至上的思想诱惑下,面对巨额的盐利依然铤而走险,采取各种方法倒卖私盐的历史事实。不过这种小规模零散的商私,在清代初期的私盐当中并不起眼,其影响也十分有限。进入清中期以后,情况开始发生根本性变化,随着吏治腐败的日益加剧和其他各种私盐的泛滥成灾,乾、嘉、道年间的商私活跃起来,此时的商私不仅规模越来越大,而且危害也越来越劣。

其次,从盐商身份来看,不同的盐商对待私盐的态度也是各不相同的。前文提到,如果不作细分,我们大致可以将盐商分为两大类型,即场商和运商。由于这两者承担的课税各不相同,因此他们与清政府之间的关系也有所差别。在两淮盐课岁入当中,主要的纳税主体是运商,场商基本上不承担纳税的义务。因此,场商固然支配了生产,但在清朝的盐业专卖体制当中,其地位远不及运商重要。这并不是说场商对市场毫无左右的力量。由于运商只能向场商买盐,场商可以对其高抬盐价,只是场商对待运商不能像对待灶户那样任意支配。理由显而易见:运商不仅比场商财力雄厚,跟官府的关系也远比他们亲近;而且因为盐税是运商交纳的,他们在政治上的影响力更非场商所能及①。正是这种微妙的关系,决定着他们对待私盐

---

① 杨久谊:《清代盐专卖制之特点——一个制度面的剖析》,《"中央研究院"近代史研究所集刊》2005 年第 47 期。

的态度。一般来说,在盐商由起步发展到强盛的清初至乾隆年间,场商相对而言是比较安分守己的。而运商则不然,在盐利的诱惑下,运商走私的情况还是时有发生,尽管其影响并不强烈,但确实存在。不过需要说明的是,所谓运商事实上至少包括两种不同的商人,即总商和散商,乾隆以前透私严重的主要以总商为主。进入嘉道以后,日益衰败的局面迫使场商、总商和散商都加入到了贩私行列,而此时的贩私主角,则主要以场商、散商为主。

有关两淮盐商的性质问题,学界普遍的看法是,清代两淮盐商是当时最大的商业资本集团之一,他们拥有巨额的社会财富;他们之所以能积累巨额的社会财富,靠的是政府赋予他们的垄断权力。也就是说,两淮盐商与其他盐商一样都属于典型的垄断商人。事实果真如此吗?据前文分析可知,实际上这是一个很不确切的说法[①]。在所有的盐商当中,只有总商才真正具备垄断权力,而像场商、散商等,他们名义上虽然拥有垄断权利,但现实中却很难获取垄断利润,实际上是徒有虚名。

二、盐官与私盐:吏治腐败与官私的兴起

本书所指的盐官既包括各级地方盐务官员,也包括缉私兵役。作为清代基层盐务管理人员,两淮地方盐务官员和缉私兵役对淮盐的生产、运输、销售和缉私等都负有非常重要的责任。淮盐从生产到销售的每一个环节能否稳稳当当,可以说在很大程度上取决于这些盐政管理人员是否能够尽忠职守。清代初期,在国家盐法的严密监督下,无论是地方盐

---

①　汪崇筼曾经撰文指出,徽州盐商(又被称之为两淮盐商)不是垄断者。明清时盐商销售淮盐的商业利润率为10%或更高,故徽州盐商仅获取应由他们获取的利润(参见汪崇筼《关于徽州盐商性质的两个问题》《徽学》第二卷,安徽大学出版社,2002年)。接着汪崇筼又在《明清淮盐经营中的引窝、税费和利润》(《安徽史学》2003年第4期)一文中,以两淮盐政变革为突破口,指出明清时期两淮盐政变革的特点,是朝廷由专制性卖盐变为专制性收税。该变革造就了我国封建时代最大的商业资本集团——盐商集团。但它并未改变朝廷垄断盐业资源的本质。商人只是在朝廷的垄断下从事经营。朝廷为防止商人获取过高的利润,始终未把盐价的决定权让给他们。所谓盐商牟取暴利(或称获取高额垄断利润)的提法是不符合史实的。同时,还以明清淮盐经营中的三个阶段——开中盐法的实施及嬗变、明万历四十五年的纲运化,以及道光十二年的淮北盐改行票制为中心进行讨论,从而进一步指出,徽州盐商与当时的众多盐商一样,都不是垄断性商人(参见汪崇筼《对"徽州盐商垄断"说的商榷》,《盐业史研究》2003年第4期)。当然,这是就总体而言,而事实上总商的垄断性质还是不容置疑的。

务官员还是缉私兵役,基本上能做到尽职尽责,因此,淮盐从生产到销售
才得以逐步从起步、发展走向繁荣。进入清中叶以后,唯利是图的官场
病态使地方盐务官员和缉私兵役完全丧失了基本的职业操守,逐渐由淮
盐的保护神演变成了淮盐的破坏者。他们置职业道德和国家法律于不
顾,或单独行事,或勾结盐枭、灶丁、船户等,千方百计偷漏私盐,危害两
淮盐法。

(一)地方盐务官员与私盐

1.地方盐务官员的数量与职责

清政府为了保证盐业生产的顺利进行,同时更是为了保障盐税的按时
收缴,从生产、运输到销售的每一个环节,都设有相应的盐务官员予以监督
和管理。长期以来的集权体制,使上级盐业管理部门往往要求下级也设立
对口的机构。不断增设对口机构的结果,最终导致的是地方盐业管理机构
及其人员规模越来越大。总体而言,清代地方盐务官员绝对数字其实并不
算太多,但相对于整个官僚体制而言,却是一个庞大的群体。从运同到提
举,从盐课司大使到库大使,从经历到巡检,全国十大盐场,足足设有170
多位基层盐务官员。详情见表5—10。

表5—10　清代各盐区基层盐务官员设置基本情况表

盐区	盐官名											
	运同	运副	运判	制验同知	提举	盐课司大使	批验所大使	库大使	经历	知事	巡检	总计
长芦	1	—	1	—	—	10	2	1	1	1	1	18
山东	1	—	—	—	—	10	2	1	1	—	—	15
河东	1	—	—	—	—	3	—	—	—	1	2	7
两淮	—	—	3	2	—	23	2	1	1	1	2	35
两浙	—	1	1	—	—	32	4	1	1	1		41
福建						18	2	1				21
两广	1	—	—	—	—	13	1	1	1	—	—	17

续表

盐区	盐官名											
	运同	运副	运判	制验同知	提举	盐课司大使	批验所大使	库大使	经历	知事	巡检	总计
四川	—	—	—	—	—	7	3	1	—	—	—	11
云南	—	—	—	—	3	9	—	—	—	—	—	12
陕西	—	—	—	—	—	1	—	—	—	—	—	1
合计	4	1	5	2	3	126	16	7	5	4	5	170

资料来源:林振翰编辑:《中国盐政纪要》第四篇《职官·清代各省职官表》,商务印书馆,民国十九年(1930年),第7页;周庆云纂:《盐法通志》卷十五《职官门·官数》,载于浩辑《稀见明清经济史料丛刊》(第二辑)第17册,国家图书馆出版社,2012年,第210—215页;张德译:《清代国家机关考略》,学苑出版社,2001年修订本,第229—230页。

上述170多人并非清代地方盐务官员的全部,除了这些基层官员以外,地方盐业管理人员还包括巡盐御史(后改为盐政)[1]、盐运史、盐法道以及监掣委员等中高层管理人员,两者相加,其总数应该不在200人以下。就两淮盐区而言,经过康熙、道光两朝的裁并,即使在机构最为精简的时候,其盐务官员也依然多达39人,这其中还不包括主理地方盐务的各省盐法道。他们分别是:两江总督兼两淮盐政1人、两淮都转盐运使司盐运使1人、淮南监掣同知1人、淮北监掣同知1人、通州分司运判1人、泰州分司运判1人、海州分司运判1人、盐运使司经历司1人、盐运使司知事1人、广盈库大使1人、白塔河巡检司1人、乌沙河巡检司1人、淮南批验所大使1人、淮北批验所大使1人、各场盐课司大使共23人、淮南泰坝委员1人、淮北永丰坝委员1人。如果外加分管地方盐务的江南盐法道、江西兼巡袁临道、湖北武昌道、湖南长宝道、河南粮盐道,其总数达到44人之多(具体情况可参见表5—6)。此外,还有各省口隘巡缉文武委员,各省多寡不定[2]。区区两淮盐区,盐务机构如此层层叠加,其效率有多高,可想而知。

---

① 顺治初,两淮差巡盐御史一人,十年(1653年)停差,归运司管理,十二年复设;康熙十一年(1672年)停差,归安徽巡抚兼理,十二年仍差御史;道光十年(1830年)裁盐政,归两江总督管理〔参见周庆云纂《盐法通志》卷十五《职官门·官数》,载于浩辑《稀见明清经济史料丛刊》(第二辑)第17册,国家图书馆出版社,2012年,第210—215页〕。

② 周庆云纂:《盐法通志》卷十五《职官门·官数》,文明书局,1914年铅印本。

但从这一点也可以看出清政府对两淮盐业的重视的确是煞费苦心。

如此众多的盐务官员,其内部分工是十分明确的。具体而言,两淮盐政的职责主要是巡视两淮盐课、统辖六省行盐地方额引及场灶丁户、缉捕私贩等事,同时还兼管漕运;两淮都转盐运使司盐运使①,主要以掌管两淮盐课,严密场灶,稽核盐斤,办理巡缉事宜为己任;同职机构监掣同知、批验所大使、运判、委员等,则主要负责分管南北盐务;各省盐法道的职责在于专管各省纲盐引目。除盐政和盐运史以外,其他盐务官员同样也兼有缉私义务。清初,两淮盐业发展平稳顺利,靠的就是上述各级地方盐务官员的尽忠职守;清中叶以后,社会风气逐渐恶化,尤其是官场,到处都充满了铜臭味,以官官相护、贪污腐化为主要内容的官场病态污染着每一个官员,对于身处清代第一肥穴的盐务官员而言,要想做到出淤泥而不染,其难度之大,可想而知。总之,清中叶,盐务官场腐败不堪,贪赃枉法、交结欺蒙、因循息玩、拖沓推诿的现象早已层出不穷,特别是原本应该护私的地方盐务官员更是纷纷加入到了走私的行列。

2.盐务官员的堕落和官私的盛行

清中叶盐务官员的堕落主要体现在两个方面:一方面,中央与地方官员之间矛盾重重;另一方面,地方行政官员与盐务官员之间同样也誓不两立。中央与地方官员之间的矛盾,主要体现在地方盐务官员与清王朝的最高统治者皇帝以及主管盐政的户部官员之间。为了与中央政府相对抗,地方盐务官员通常采取消极抵触或是不合作的方式来发泄对中央的不满。如乾隆年间,为了防范邻私对淮盐引地的侵灌,户部有官员建议按道路远近划分食盐行销界线,将湖北兴山等县改食川盐、湖南永州府改食粤盐、江西建昌府改食闽盐、河南上蔡等县改食芦盐,但都被地方督抚一一否决。其理由是:上述地方例食淮盐,是一向之惯例;从前设定该地区例食淮盐,应该也考虑到了私盐的入侵问题,如果现在因为有邻私的入侵就改变销售现状,则可能导致"久定之界听其就便行销,直至平原地面毫无阻隔,则邻盐进一步,又进一步;淮盐退一步,又退一步,两淮纲地日少,每年正杂钱粮

---

① 两淮都转运使司盐运使由四个职别平行的首领官组成,即盐运使司经历司、盐运使司知事、广盈库大使和白塔河巡检司。

凭何办纳"①。即便可以将两淮钱粮改拨他省，那通泰各分司千里场灶所产食盐又销往何处？地方官员的反对似乎不无道理，但仔细分析会发现，其实无论是"销售惯例"，还是"办纳两淮钱粮"，抑或是消化"通泰产盐"，不过是地方官员保护地方利益的借口而已。惯例不是一成不变的，当现实情况发生了变化时，所谓的惯例也应该与时俱进，为现实情况做出让步；至于"办纳两淮钱粮"，也只是人为所致，并非铁定斑斑；消化"通泰产盐"的理由更是苍白无力，因为邻私在侵灌淮盐的同时，淮盐也在不断侵灌周边他盐销区。比如淮盐对浙盐的侵犯，就是浙盐销区长期以来的心腹之患。这件事情虽然最终以维持现状而告终，但它并没有从根本上化解中央与地方之间的矛盾。相互不合作的事件依然时有发生。

　　交结欺蒙、拖沓推诿的消极对抗方式是清中叶地方盐务官员对抗皇权的另一种方式，其特点是：盐务官员并无明显对抗皇帝谕旨之名，但有不执行之实。从法律上很难形成治罪的根据，大多只是受到一些行政处分，但足以使皇权失去对盐务官员的有效控制。如道光十三年（1833 年），由于雨水过多，造成两淮灶产缺额严重。十四年（1834 年），"晴雨均调，摊宜旺"。各盐场本应抓住大好时机多生产食盐，以弥补上年产盐之不足。但地方盐务官员不仅不听从中央政府的指令，而且还捏报事实，结果导致"额产短缺，困运稽延"的局面依然如故，产盐不足的情况毫无改变。"查通分司所属之掘港场，本年（道光十四年）缺额六万余引之多……虽屡经饬催，但迄未困运出场，更难保无虚数捏报情弊。并闻该场东林港、马塘等处地方系出私隘口，每有透漏"。此外，泰分属之富安、丁溪两场也同样是"困运不力"。皇帝对地方盐务官员这种交结欺蒙、拖沓推诿的工作态度非常不满，并下旨摘除了富安、丁溪两场大使的顶戴②。

　　地方行政官员与盐务官员之间同样也是矛盾重重。嘉庆元年有一份上报给皇帝的奏折中曾提到过这样一个事件：嘉庆元年（1796 年），据湖广总督毕沅奏，乾隆六十年（1795 年），湖广食盐销售量为 814900 余引，溢销35030 引；而据两淮盐政苏椤额奏，乾隆六十年（1795 年），湖广官盐销售不

---

　　①　中国第一历史档案馆藏：《朱批奏折》（财经类·盐务项），乾隆五十六年五月五日，两淮盐政全德。

　　②　中国第一历史档案馆藏：《朱批奏折》（财经类·盐务项），道光十四年九月十二日，两江总督管理盐务大臣陶澍。

但没有溢销,而且还缺销 3 万余引①。两位大臣,一位是地方行政长官,而另外一位是专门主管盐政的钦差大臣,上报的数字竟然会相差六七万引,孰是孰非,似乎很难判断。但仔细分析会发现,毕沅虚报浮夸的可能性比较大。理由很简单,作为地方行政长官,盐业经济的发展好坏,直接关系到中央政府对他的考评。而苏楞额作为盐政大臣,其职责之一就是要监督地方政府的食盐销售情况。如果地方政府因为失职或不法行为而导致食盐销售出现偏差,他有责任和义务向中央政府呈报事实。而中央政府也往往是根据盐政大臣的工作态度和业绩来决定其升迁与否。

由此可以判断,苏楞额上报的数字似乎更可信。但作为盐政大臣,苏楞额也深知地方行政长官对其工作能否顺利开展有着非常重要的影响。因此,当苏楞额意识到其所上报的数字可能会得罪湖广总督毕沅时,他很快向中央政府呈报了另一份奏折,说明出现上述情况的原因所在。据苏楞额奏称,查明之所以会出现上述偏差,主要原因在于两位大臣的统计口径有别。毕沅是以月为单位来计算的。也就是说,毕沅将每个月的销售额相加,最终得出的结果就是一年的销售量,而苏楞额是以季为单位来计算的。而且苏楞额自称他只是以乾隆六十年(1795 年)秋季的销售量为基数,将其乘以四得出的结果。很显然,苏楞额在撒谎。作为主管盐政的钦差大臣,他不可能采取如此敷衍塞责的态度来对待一件可能直接关系其命运的事情。也就是说,他在统计湖广食盐销售量时,不大可能只关注一个季度的销售状况,然后就想当然地得出一个很不靠谱的数字。他之所以要通过这份奏折来"澄清"该事实,不过是在给湖广总督找一个可以免罪的台阶下而已,从某种意义上来讲也是给中央政府一个台阶下。事实上,如此明显的谎言中央政府是不可能毫无察觉的。中央政府之所以不想将此事深究下去,关键在于它不想因为这件小事而影响了食盐在湖广的销售大事。在中央政府眼里,无论是湖广总督还是两淮盐政,充其量不过是一个可以用来为其效劳的工具而已。尽管这件事情最终以一方的妥协而告终,但地方行政官员与盐务官员之间的关系是何等的不协调,却已一目了然。

盐务官场的重重矛盾为官私的盛行提供了契机。一方面中央因为无法对地方实施有效的控制,而导致地方官员为所欲为;另一方面地方官员

---

① 《嘉庆、道光二朝上谕档》,嘉庆元年二月十四日,苏楞额,广西师范大学出版社,2000 年。

之间的不团结，更使官私肆无忌惮。

　　清代盐官行私，并非由来已久。清初虽然也有官私的发生，但总体而言属于个别现象。乾隆以后，尤其是嘉道年间，在腐败的吏治与巨额盐利的共同作用下，不仅盐枭、灶丁、船户、贫民、盐商等人的贩私量越来越多，官私也日益猖獗，成为危害两淮盐法的一大痼疾。为此李星沅指出："向来淮扬一带，几成贩私渊薮，自上年（道光二十七年）九月起（至道光二十八年二月止），获（安徽）贵池官运私盐 115 万余斤。"①不足半年时间，安徽贵池就缉获官私一百多万斤，官私贩卖之严重，由此可见一斑。

　　盐官行私，通常有三种方式：一是化官为私。即通过徇私舞弊的方式将官盐转化为私盐，这种私盐又叫"功私"。所谓"功私"，正如包世臣所言："口岸商巡捕获私盐入店，名曰功盐，作官售卖，而不遵例按斤配引输课。"②这种被缴获的私盐，原本应该按正常渠道流入市场，照章纳课，而盐官却利用其手中权力，侵吞国家财产，将原本应该上缴国库的私盐据为己有。二是藉官行私。即地方盐务官员借助其特殊身份与盐商或盐枭相勾结，共同贩卖私盐。如道光十一年（1831 年），"捐纳知府巴怡裕身充盐商，运售引盐，乃敢伙同（盐枭）张逢昌另开子店，藉官行私"③。三是采用夹带的方式贩运私盐。也就是在贩运官盐的过程中，夹带私盐出场，然后在运输途中将私盐透漏出去。道光二十七年（1847 年）八月，通州分司附近曾查获一起类似的藉官夹带行私案④。江南通州分司运判赵祖玉、试用知事颜晋敏伙同船户葛长富等三十多人，督捆官盐三万四千包，雇船装运出场，后被查出另夹带私盐二万三千一百八十三包，合计一百一十五万九千斤。其数量之多，"为从来所未有"。后赵祖玉被撤任，颜晋敏则暂行被革职。同时抓获私贩二十多人，另有十多人在逃⑤。

　　从上述案情可知，这是一起规模非常大的官私案件，无论是从参与人数

---

　　① 〔清〕李概：《李文恭公（星沅）奏议》卷十七《会筹淮南盐务仍宜合力缉私折子》，载沈云龙主编《近代中国史料丛刊》第 312 册，文海出版社，1972 年，第 2511 页。

　　② 〔清〕包世臣：《包世臣全集》，黄山书社，1993 年，第 69 页。

　　③ 〔清〕许梿：《刑部比照加减成案续编》卷四《户律课程·盐法》，载《续修四库全书》第 866 册，上海古籍出版社，1999 年，第 77 页。

　　④ 具体案情参见附录一，案例十九：通州分司运判赵祖玉、试用知事颜晋敏伙同船户葛长富等藉官行私案。

　　⑤ 〔清〕李概：《李文恭公（星沅）奏议》卷十五《附奏访拿官运夹私请将运判知事撤任折子》，载沈云龙主编《近代中国史料丛刊》第 312 册，文海出版社，1972 年，第 2198 页。

还是涉案私盐贩卖量而言,都可谓是同类案件中的"佼佼者"。不过该案的主犯其实并非通州分司运判赵祖玉、试用知事颜晋敏,最先打算贩卖私盐的是船户刘顺高。但作为淮盐运销的管理者,他们对这起案件的发生应该负有不可推卸的责任。如果赵、颜二人能够牢记自己的职责,严把缉私关卡,就不至于发生类似的私盐案。如果再往深处探究,我们会发现,盐务官员之所以如此胆大妄为,说到底其实还是与当时腐败不堪的官僚体制密切相关。

3.盐务官员透私的原因分析

清中叶地方盐务官员之所以透私,原因是多方面的,除了与当时的社会风气相关外,官吏俸禄太低也是一个重要原因。经常与盐商打交道的地方盐务官员,在出手阔绰、富比王侯的盐商面前必定会有强烈的自卑感。前文提到,盐商的发迹很大程度上得益于地方盐务官员的支持和庇护。也就是说,在盐商的致富道路上,地方盐务官员做出的"贡献"是功不可没的,然而他们得到的却非常有限。其实不仅是地方盐务官员,其他各级官员也是如此,从中央到地方,几乎所有官员的薪俸都不高,特别是京外文武职官的薪俸明显偏低。以京外文职官俸薪银为例,像总督、巡抚之类的高级地方官员,一年的薪银加上各种补贴也不过五六百两,而对于州判、吏目、典吏之类的基层官员而言,更是少得可怜,一年的薪银只有区区几十两甚是十几两。相比于一年就能赚几十万,乃至成百上千万两的盐商而言,确实是天壤之别,根本就无法同日而语。

顺治四年(1647年)议准,在外文职官员,照京文职官员,各按品职支给俸银,但与京官不同的是,根据不同的品职,在外文职官员每年还可以得到多寡不等的补贴,详情见表5—11。

表5—11 在外文职官员薪银及各类补贴表

(单位:两)

品职＼薪俸与补贴	薪银	蔬菜烛炭银	心红纸张银	案衣什物银
总督	120	180	288	60
兼副都御史巡抚	120	144	216	60
金都御史巡抚	72	144	216	60
巡盐、巡茶、巡仓各御史	36	180	360	——
左布政史	144	80	120	52

续表

薪俸与补贴 品职	薪银	蔬菜 烛炭银	心红 纸张银	案衣什物银
右布政史	144	40	40	40
按察史	120	80	120	100(其中案衣 52，什物 48)
知事	24	——	——	——
知府	72	——	50	70
府同知、通判	48	——	20	20
知州州同	48	——	——	——
州判	36	——	——	——
吏目	12	——	——	——
知县	36	——	60	40(另还送上司伞扇银 10 两)
县丞	24	——	——	——
典吏	12	——	——	——
盐运使	120	40	40	40
运同	72	——	——	——
运判提举	48	10	20	20
运使经历	36	——	——	——
提举司吏目	120	——	——	——
按察史司司狱、各府司库大使、巡检税课大使、驿丞闸官、河泊所官	120	——	——	——

资料来源:(嘉庆朝)《钦定大清会典事例》卷二百二《户部·俸饷》,载沈云龙主编《近代中国史料丛刊三编》第 657 册,文海出版社,1992 年,第 9299—9329 页。

　　至于各省兵饷,更是少得可怜。清初规定,马兵月给银 2 两,步兵 1 两 5 钱,守兵 1 两,此外皆月支米三斗[①]。也就是说,所有兵种,包括盐务兵丁在内,每年的饷银都不超过 24 两。上述情况后来虽有所变更,但无论是官饷还是兵饷,其偏低的总体局面并没有多大改观。

―――――――――

　　① (嘉庆朝)《钦定大清会典事例》卷二百〇二《户部·俸饷》,载沈云龙主编《近代中国史料丛刊三编》第 657 册,文海出版社,1992 年,第 9299—9329 页。

不过对于这些长年为中央政府卖命的地方官员而言,他们普遍都能得到一笔多寡不等的"外官养廉银"。可非常有意思的是,各省外官养廉银并不一致,同一职官员,有的地方多,有的地方少。清政府为什么要制定如此政策,不得而知。以江西、湖北、湖南为例,详情见表5-12。

表 5-12 赣、鄂、湘三省各级地方官养廉银具体情况表

(单位:两)

省份 品职	江西	湖北	湖南
巡抚	10000	10000	10000
布政使	8000	8000	8000
按察使	6000	6000	6000
道员(包括盐法道)	3000	3000(其中安襄郧荆道2500)	3000
知府	1600—2400 不等	1500—2600 不等	1600—2400 不等
知州	宁都1400,义宁1000	800—1000 不等	900—1300 不等
知县	800—1900 不等	600—1600 不等	600—1200 不等
布政使库大使	240	未设养廉银	60
布政司经历、理问、按察司司狱、照磨	各60	各80	各60
同知	600—900 不等	600—1000 不等	600—1000 不等
通判	各600	500—625 不等	500—800 不等
州同	各60	80—160 不等	60—200 不等
州判	宁都200,其余各60	80—100 不等	60—200 不等
府经历	各60	——	600—100 不等
府司狱	——	60—75 不等	各60
知事	各60	——	各200
县丞、吏目、巡检、典史、驿丞、主簿	各60	60—100 不等	60—100 不等

* 湖广总督的外官养廉银为15000两。
资料来源:(嘉庆朝)《钦定大清会典事例》卷二百○九《户部·俸饷·外官养廉一》,载沈云龙主编《近代中国史料丛刊三编》第657册,文海出版社,1992年,第9573—9611页。

对于两淮盐务官员而言,他们每年同样也能得到 300 至 5000 两多寡

不等的养廉银。详情见表5—13。

表5—13　两淮盐务官员每岁养廉银情况表

（单位：两）

官职	养廉银
两淮盐政	5000
盐法道	3000（江苏淮盐道兼淮南盐务750两；兼淮北盐务1000两）
监掣同知	2400
运判	两淮运司所属各2700
盐场大使	金沙、丁溪、石港、余西、安丰、东台、草堰、板浦、中正等场各500
	丰利、掘港、余东、吕西、角斜、拼茶、富安、梁垛、河垛、刘庄、伍佑、新兴、庙湾、监兴等场各400
两淮盐库大使	700
盐知事	400
盐巡检	驻白塔河者400，驻安东壩者300
江南泰壩官	700

资料来源：（嘉庆朝）《钦定大清会典事例》卷二百〇九《户部·俸饷·外官养廉一》，载沈云龙主编《近代中国史料丛刊三编》第657册，文海出版社，1992年，第9573—9611页。

　　加上养廉银以后，情况有所改观，对于盐法道以上的四品官员，每年都有3000两以上的收入。但对于品职较低的官员而言，薪俸银偏低的局面并没有多大的变化，像知事、县丞、吏目、巡检、典吏、驿丞、主簿之类的地方官员，加上养廉银一年的收入也还是不足100两。不过有意思的是，中央政府在发放养廉银时似乎特别照顾地方盐务官员，尤其是那些品职较低的地方盐务官员。比如同样是知事，地方知事每年只能拿到60两养廉银，而盐知事每年可以拿到400两养廉银，是地方知事的6倍多。中央政府对盐务官员的这种特别眷顾，反映的正是盐业的重要性所在。这从某种意义上也可说明，盐业确实是一个容易滋生腐败的部门。在中央政府看来，如果不给予盐务官员特别的眷顾，他们很可能轻而易举地侵吞国家钱财。

　　对于品职较高的官员而言，账面上的公开薪俸银其实不过是其全部收入的一小部分而已，他们更多的收入来自于下级官吏的馈送，或是其他一些肮脏的钱权交易。一般而言，品职越高，他们所能得到的馈送和交易机会也就越多。而对于那些最基层的官员而言，他们不仅薪俸银非常有限，其他灰色或是黑色收入同样也远远无法与上级官吏相媲美。捉襟见肘的微薄收入与体面的官场生活所必需的高额消费形成了鲜明的反差,在各种矛盾的大量交织下,出现各级盐务官员,尤其是基层盐务官员,置职业道德和法律于不顾,纷纷加入到私盐贩卖的行列,由原来的执法者异化成了私盐贩子也就不足为奇了。

作为清代食盐专卖制度的主要维护者,盐官在清代盐业经济的发展当中起着十分重要的作用。如果说食盐专卖是一场游戏,那么,盐官就是这场游戏的裁判员,他们本身虽然并不参与游戏,却必须制订游戏规则,并对其进行有效监督和评判。很显然,盐官在整个游戏当中起着执法者的作用。然而正是这样一个肩负着维护国家利益(维护公平正义)的执法者,却完全违背了自己的职责,堕落成了监守自盗的乌合之众。

(二)缉私兵役与私盐

1.缉私兵役的职责及其面临的困境

缉私兵役是清代负责捉拿私盐贩,并协助地方盐务官员监督并管理食盐生产、流通、销售的各类将弁、兵丁和巡役。他们与盐务官员一样,对两淮盐业生产的发展也起着举足轻重的作用。作为地方盐务官员的得力助手,缉私兵役的主要职责在于防范并打击私盐,因此,缉私兵役能否尽忠职守,可以说直接关系到两淮盐业的命运。清初,缉私兵役与盐务官员一样都能做到任劳任怨,两淮盐业因此得以蒸蒸日上;清中叶以后,盐务官场的腐败极大地冲击了缉私兵役的缉私热情和缉私积极性,丧失了缉私斗志的缉私兵役随着盐商的衰败而蜕变,随着盐务官员的腐化而堕落。总之,在商私、官私的直接影响下,缉私兵役与两淮盐商和盐务官员一样,也纷纷加入到了走私的行列。

清中叶,两淮缉私兵役的蜕变与其面临的各种困境密切相关。缉私兵役面临的困境主要体现在两个方面:第一,他们与下级盐务官员一样,同样也面临着薪俸太低的困窘,再加上清政府的缉私激励机制又不健全,导致盐务缉私兵役的缉私热情和缉私积极性大打折扣;"今之武弁州县,实有雅以为力,雅以想方者。请得先言,武弁两府隘口卡巡,棋布星罗,敬能严查者,何难绝彼奸私。然武弁俸薪止百余金,兵役每年二食止十余金,未获重赏,固难望其日夜巡逻,出死命而与私枭为敌……是以近日官弁兵役,往往视缉私为畏途,而不敢问,私贩安得不多"①。上述情况表明,正是因为缉私武弁、兵役的俸薪太少,所以才不愿全心全意地献身于缉私事业。

第二,身处缉私前沿的缉私兵役,往往会遇到一些难以预料的危险,该危险主要来自于私盐贩或是其他相关人员的反抗甚至打击报复。如道光二十五年(1845 年),江西德兴县香屯卡兵丁就曾在缉私过程中遇到过类似事情。道光二十五年,据香屯卡委员候补都司景星移称:"道光二十五年(1845 年)十二月初四日,(景星移)督率兵丁任得太等,携带枪械,分路缉私。任得太、廖春芳、吴廷升、姚廷栋巡至湾头村河边,见有不知姓名小船一只(后查明得知该船系装载砖瓦船),船身沉重,恐是私盐,唤令湾拢不允。任得太点放鸟枪吓唬,以致砂子飘伤另船过渡之汪先俚左腿,经汪先俚之母汪王氏邀同族邻汪叔先、汪朝香、张发赶向任得太索医,廖春芳等向劝争闹,廖春芳被汪叔先刃伤扭缚,强牵马匹。吴廷升、姚廷栋亦各被汪朝香、张发殴伤。"②

后通过验伤得知,廖春芳右脚腕有刃伤一处偏左,左右耳根各有抓伤一处,左手二指有咬伤一处;吴廷升右手背、姚廷栋左右手各有木器伤一处。这些伤势虽然并不危及生命,但该案例清楚地表明,身处缉私前沿的缉私兵丁,其处境往往是非常危险的。

这种被殴伤的情况对缉私兵役来说是家常便饭,更为严重的是,他们有时甚至要面临私贩的报复。以道光十二年(1832 年)发生在江西兴国县的事件为例。

> 兴国县民钟自接,即钟兴逢,向在白羊坳相近地方开张饭店。凡有私贩经过,在饭店住歇。因白羊坳设卡驻缉,各私贩不敢行走。钟自接店内生意淡薄,时怀忿恨。十二年八月初六日,钟自接赴白羊坳卡前找寻刘述学索欠,经兵丁刁应凤看见,因钟自接店内向有私贩往来,疑其探听消息,向斥口角,各散。初七日,刁应凤携钱 76 文往兴国县城换钱,路过钟自接店前,钟自接忆及前嫌,斥骂刁应凤,回言,致相

① [清]盛康辑:《皇朝经世文续编》卷五十二《首焕彪:议抚建盐引与闽通销禀》,载沈云龙主编《近代中国史料丛刊》第 834 册,文海出版社,1972 年,第 5931 页。

② [清]孟壶史:《刑案成式》卷五《人命·德兴县香屯卡兵丁任得太缉私放枪误伤平民汪先俚成废一案》,光绪丁丑仲春墨池书屋。

争闹，钟自接举棍殴伤刁应凤头颅、左乳、左右肩等处。①

在第四章第二节有关淮南盐枭走私案件当中提到的一个案例，更有缉私兵役被一千多名盐枭围攻，并被挖瞎双眼，割断脚筋，打断左臂，被抛弃于荒山之中的恶性事件发生。

缉私兵役面临的种种困境，促使他们自觉或不自觉地通过走私来弥补其缉私过程中造成的损失，特别是在巨额盐利的诱惑下，这些人更是铤而走险，以各种名义兴贩私盐。

2.缉私兵役的两面性

清中叶，日益堕落的缉私兵役在缉私过程中通常会表现出两面性的特点：一方面，对于团体走私或是盐枭走私，缉私兵役往往采取护私或是纵私的非法方式与私贩相勾结。前文提到的多个案件中都曾有缉私兵役得贿纵私的情况。以附录一案例二十（江西兴国千总李天林所带兵丁得贿纵私案）为例，道光十二年（1832 年），同样在江西兴国县，就发生过一起缉私兵役得贿纵私案。为了区区几百文小钱，兵役钟学懋不仅自己不缉拿私贩，还帮同私贩通风报信②。

同年在安徽铜陵县一带，也发生了一起类似的案件。湖南沅陵县人李大德、江苏上元县人范云等，与船户刘泳泰共同盗卖私盐，捏报淹消，后为了掩盖真相，贿赂大通汛兵丁范和等人，企图蒙混过关。该案涉案人数数十人，参与分赃的各种兵役十多人，有同知、县役、巡检、汛兵等，甚至连官府的家丁也参与到了分赃的行列③。其影响之恶劣，不言而喻④。

另一方面，在对待一般民众的态度上，缉私兵役却又是另外一副面孔。他们要么以缉私为名，搜捕枪杀普通盐贩和群众，要么敲诈勒索，胡作非为。所谓"各省盐务向来办理未妥，不肖官员，往往纵放大枭，拘拿小贩"，说的就是这种情况。

---

① 中国第一历史档案馆藏：《朱批奏折》（财经类·盐务项），道光十三年四月十九日，江西巡抚周之琦。

② 中国第一历史档案馆藏：《朱批奏折》（财经类·盐务项），道光十三年四月十九日，江西巡抚周之琦。

③ ［清］陶澍：《陶云汀先生奏疏》卷四十七《审拟铜陵县盐船捏淹匪徒闹店墅丁役诈赃折子》，道光八年（1828 年）刻本。

④ 具体情况参见附录一，案例二十一：李大德为刘泳泰代销盗卖商盐，并贿赂该县丁胥捏报淹消案。

乾隆初年,清政府规定:"凡行盐地方,大伙私贩自宜严加缉究,其贫穷老少男妇,挑负四十斤以下者,不许禁捕。"[①]但缉私兵役往往因为抓不到大伙盐枭,就以贫穷老少男妇为替死鬼来搪塞政府的监督。对于缉私兵役的渎职行为,乾隆皇帝早有认识。乾隆元年(1736年)正月,乾隆皇帝曾指出:"地方官办私盐案件,每不问人盐曾否并获,亦不问贩盐斤数多寡,一经捕后,汛兵指拿辄根追严究,以致挟怨诬攀,畏刑逼认,干累多人。至于官捕业已繁多,而商人又添私雇之盐捕,水路又添巡盐之船只。州县毗连之界,四路密布,此种无赖之徒,蔑法生事,何所不为。凡遇奸商夹带,大枭私贩公然受贿纵放,而穷民担负无几,辄行拘执;或乡民买食盐一二十斤者,并以售私拿获。有司即具文通详,照拟杖徒,又因此互相攀染,牵连贻害,此弊直省皆然,而江浙尤甚。"[②]由此看来,缉私效率低下,至少可以认为"挟怨诬攀""官捕业已繁多"和地方官员"受贿纵放"应该是其重要原因所在。

很显然,作为缉私人员,缉私兵役的上述行为是危害性极大的,它不仅破坏了清政府苦心经营的缉私体制,更重要的是助长了私盐贩的走私气焰。清中叶两淮行盐口岸之所以私盐横行,与缉私兵役的不作为或是乱作为不无关系。

(三)余论

过去学界在探讨两淮私盐盛行的原因时,通常热衷于从官盐价格与质量、销售环境、市场因素、利益诱惑,或是私盐贩本身的发展状况着手,却往往忽视了制度因素。清中叶两淮私盐的活跃,可以说很大程度上就是制度失效的一种表现。制度失效的背后,其实是官僚集团上下一系列决策、监管机构的失灵;而监管机构失灵的原因,则是部分监管人员与私盐贩的同流合污。从中央到地方,清代盐务管理机构不可谓不全。从户部山东清吏司到分管督察机构盐运司或盐法道、盐务分司盐课司、巡检司、批验所等一个不缺;两淮盐政、运同、运副、运判、监掣同知、批验大使、巡检司等盐务官员也一应俱全,各类缉私兵役更是多如牛毛。但在实际工作中,这些监管、制衡机

---

① 中国第一历史档案馆编:《乾隆朝上谕档》第1册,乾隆元年五月初五日内阁奉,档案出版社,1991年。

② 中国第一历史档案馆编:《乾隆朝上谕档》第1册,乾隆元年正月二十日内阁奉,档案出版社,1991年。

构和盐务官员却形同虚设，官盐在运销过程中漏洞百出，缉私机构腐败无能。正是官场内部的这些非正常现象，为私盐的入侵提供了可乘之机。

三、私盐与地方政府：私盐泛滥与政府招安

作为管理地方盐业的一个重要机构，地方政府与地方盐务官员一样，对两淮盐业的生产、经营和缉私等均负有重要的责任。为了保障两淮盐业的顺利发展，地方政府通常会与地方盐务官员和缉私兵役通力合作，采取各种措施来防范与打击私盐的侵害。但面对强悍无比的盐枭，权力有限的地方政府在力不从心的情况下，往往会偏向于选择"改良"的措施来处理私盐问题。地方政府这种做法与中央政府所要求的严厉打击私盐行为是背道而驰的，两者之间的不协调行为不仅弱化了缉私效能，同时也在一定程度上影响了地方政府的缉私积极性。道光年间发生的仪征黄玉林案①就充分说明了这一点。

（一）私盐、盐枭与政府的博弈：进攻、退却与打击

道光年间，正是清政府处于由强而弱的式微时期。在内忧外患和天灾人祸的夹击下，大量农民、船户、水手、灶丁、散兵游勇等纷纷失业，为了谋生，他们不得不寻求新的生存方式。处于弱势地位的上述个体，在毫无生存保障的情况下，只有组成群体或结成帮派，才能在动荡不安的环境下站稳脚跟。黄玉林私盐贩卖集团就是在这种背景下产生的。

黄玉林，湖南人，以驾船为生，"原系仪征贩私流犯，在配逃回，复贩私盐"。其贩私规模之大，数量之多，几乎达到了无与伦比的地步。他以江苏水路要冲，同时也是淮盐的集散地——仪征为贩私根据地，以仪征老虎劲地方水码头为汇聚运筹中心，以湖北、江西两省交界的阳罗、蓝溪地方为屯私发卖之处，开展规模庞大的贩私活动。其贩私船只，"大者沙船，载数千石，三两连樯，由海入江；小者猫船，载数百石，百十成帮，由场河入瓜口"，

---

① 有关仪征黄玉林案，桑甫曾作过简单的介绍（参见桑甫《道光十年私盐贩黄玉林案》，《历史档案》1999年第2期）。不过桑文只是就该案的前因后果作了简单的介绍，并没有就该案所反映的深层次问题作分析，比如私盐与地方政府之间的关系等，而这一点正是笔者本章节重点考察的内容。

因此每次运送私盐以数百引计。不仅如此,其贩私船上还"器械林立",以致"辘轳转运,长江千里,呼吸相通,甚则劫掠屯船转江之官盐,每次以数百引计"。可见,配备这些武器,一方面是为了保护贩私船队,另一方面则是为了劫掠江上运送官引之盐船。黄玉林还与官府相勾结,"各路关隘,俱有贿属巡役,以致明目张胆,任其往来"①。上述情况表明,黄玉林集团之所以敢于如此毫无顾忌地进犯官盐引地,大量贩卖私盐,固然是因为他们有强大的武装力量作后盾,但更为重要的是,原本应该是打私防私的盐务官员竟然演变成了其保护伞。在这场官匪勾结、狼狈为奸的游戏当中,最终受害的当然是政府。政府失去的不仅仅是威信,同时还有经济上的损失。盐税是清政府的第二大税收来源,像黄玉林这种大规模的私盐贩卖方式,必然会对清政府的财政收入构成威胁,更何况"以贩私而论,亦不止黄玉林一起"②。

面对日益严峻的局面,道光皇帝不断向当时的两江总督蒋攸铦施压,要求其尽快破案。"总期将黄玉林一犯先行拿获",并"严究党羽,尽绝根株"。在这种情况下,蒋不得不召集部下商讨对策。考虑到黄玉林势力强大,唯恐难以通过武力手段将其制伏,经过周密考虑后,决定采取招安的办法智取黄氏贩私集团要犯。拿蒋攸铦的话来说,就是"原系权宜办理"。在当时的情况下,蒋氏的办法也不无道理。黄玉林势力强大,难以制伏,当然只是招安的原因之一,更为重要的是蒋氏希望通过招安,变盐枭为良民,使黄玉林能为官府所用。蒋氏认为黄玉林"熟习贩私路径,又与枭徒相识",如果黄能招安,那肯定能影响一大批盐枭"改恶从良"。事情确实如蒋所料,招安的告示发布后,"该犯即带同伙犯伍步云等并船盐赴官自首,情愿随同官弁引拿枭犯赎罪"③。黄氏不仅自己向政府投降,后来还配合清政府抓捕了一大批盐枭。如道光十年(1830年)六月,在黄玉林的配合下,官府破获了一起大案,一次就缉获枭贩李玉良、李乔周、散正标、张二、顾大、王三等12名,大小船11艘,并在各船起出私盐170包,及一批枪刀火药等

①　[清]王先谦:《东华续录》道光二十一年,载《续修四库全书》第375册,上海古籍出版社,1999年,第434页。

②　[清]陶澍:《复奏安置投首巨枭黄玉林等情形并淮鹾弊端不止私贩一节折子》,载《陶澍集》(上),岳麓书社,1998年,第152页。

③　[清]陶澍:《复奏安置投首巨枭黄玉林等情形并淮鹾弊端不止私贩一节折子》,载《陶澍集》(上),岳麓书社,1998年,第151页。

武器。随后盐枭不断自首，"有业者 170 名，无业者 243 名"①。正当蒋攸铦以为该案应该有个完美的了结的时候，万万没想到的是，黄玉林之所以愿意接受招安，原来只是缓兵之计。两个月后黄玉林"复图贩私"②。原本就对蒋攸铦处理黄案不满的道光皇帝因此勃然大怒，并责令新任两江总督陶澍重新办理此案。

黄玉林当时为什么会接受招安？其实那只是他在感受到政府咄咄逼人的进攻策略后做出的应变选择——退却。退却不过是缓兵之计而已，其目的是为了更好的进攻。他在看到两淮运使王凤生有关"贩私之人准其自首免罪"的告示后，因害怕自己贩私罪名太大，情愿自行投首，于是带同伙犯伍步云等，并盐船赴官自首，并协助清政府缉拿其他枭贩。

上述案例至少传递了这样一些信息：这场反复无常的盐枭案，勾勒了一副私盐、盐枭与政府相互博弈的清晰画面。纲盐制的日益败坏促使私盐泛滥成灾，尤其是盐枭走私异常猖獗。日益严重的盐枭走私对政府的财经收入构成了严重的威胁。为了保障盐课的征收不受私盐的影响，面对盐枭肆无忌惮的进攻态势，政府不得不加大打击力度。此时对盐枭而言，暂时的退却就是最好的选择。因为退却是为了将来更好的进攻。一旦政府放松警惕，私盐贩卖卷土重来，政府再次加大打击力度。如此恶性循环，最终带来的是两败俱伤。在这场打击与反打击的缉私游戏当中，最不能忽视的是盐商、盐官与盐枭相勾结所起的破坏作用。盐商与盐官的服务对象本应该是政府，但在利益的驱使下，他们却与盐枭串通一气，致国家利益于不顾，由护私者蜕变成了走私者。

（二）黄玉林案的了结：盐枭的损失与政府抉择

通过黄案，清政府意识到，纲盐制确实到了非改不可的地步。在探讨上述问题之前，有必要对黄玉林集团贩卖私盐的情况作更深一步的了解。黄玉林贩私过程中，不仅有武器装备为后盾，更主要的是他还与"商厮商

---

① ［清］陶澍：《复奏筹办巨枭黄玉林等大概情形折子》，载《陶澍集》（上），岳麓书社，1998 年，第 156—158 页。

② ［清］陶澍：《复奏筹办巨枭黄玉林等大概情形折子》，载《陶澍集》（上），岳麓书社，1998 年，第 156—158 页。

伙,多与往来"①。而且"该犯于大小衙门,俱有勾结耳目,凡有举动,无不先知"。此外"该犯声势既重,党与必多。江海船只,时常往来。在官人役,皆其耳目。若稍露端倪,或聚众拒捕,或闻风远窜"②。由此看来,他不仅与盐商、盐官相勾结,而且贩私信息也非常灵通。

像黄玉林如此大规模聚众贩私,而且以武力与政府相对抗的情况,根据清律,根本就不可能有赦免的机会。清律规定,"凡豪强盐徒,聚众十人以上,撑驾大船,张挂旗号,擅用兵仗响器,拒敌官兵,若杀人及伤三人以上者,为首者,依律处斩;为从者,俱发边卫充军"③。而且清律对复贩私盐有更为严厉的惩治法规。按照清律,作为主犯,不仅黄玉林该斩,就连追随其多年的伍步云、伍光藻、黄玉书、陶玉连、吴青山、李天池、蒋绍发、唐廷鳌等从犯,也同样逃脱不了法律的严惩。但地方政府一开始为什么愿意接受黄玉林的招安呢? 说到底,还不是因为力不从心而做出的无奈选择。当然,地方官僚从其自身利益出发,也希望能大事化小,小事化了。但让人难以理解的是,本没有打算真正改恶从良的黄氏贩私集团不但没有受到应有的惩罚,而且有一部分枭徒还被编入政府的缉私队伍,由原来的违法者摇身一变成了执法者。盐枭终究是盐枭,黄玉林在感觉到地方政府的缉私力度有所松弛时;终于露出了狐狸尾巴。据黄玉林供称,"原冀图得盐务缉私,曾指引委员拿获李玉良等犯并盐船器械",后"因无利可图,心生懈怠,屡在街市游荡并与尚厮往来聚饮,经运司解省发(兵)营管束,因约束太严,不能自便,是以复图贩私,虑及被人占老虎劲码头,转至进退两路,故写信给伍步云,令其回原处看守"④。只不过这次黄玉林就不如以前那么走运了。道光皇帝在忍无可忍的情况下决定铲除这一社会毒瘤。最终该案以黄玉林被正法、负责该案的两江总督蒋攸铦被革职才告结束。

清政府在经历了黄玉林案后,开始意识到其盐法确实到了岌岌可危的地步。于是就有了陶澍"改纲为票"的历史事件。从某种意义上讲,黄玉林

---

① 〔清〕陶澍:《复奏筹办巨枭黄玉林等大概情形折子》,载《陶澍集》,岳麓书社,1998 年,第 156—158 页。

② 〔清〕王先谦:《东华续录》道光二十一年,载《续修四库全书》第 375 册,上海古籍出版社,1999 年,第 434 页。

③ 曾仰丰:《中国盐政史》,商务印书馆,1998 年,第 179 页。

④ 〔清〕陶澍:《复奏筹办巨枭黄玉林等大概情形折子》,载《陶澍集》,岳麓书社,1998 年,第 156—158 页。

案实乃清中叶两淮"改纲为票"的催化剂。

(三)讨论与思考

仪征黄玉林案在两淮众多的私盐案例当中虽然并不一定最具有代表性和典型意义，但透过该个案，却至少可以使我们进一步加深对下列问题的了解：

首先，私盐的发展，反映了在当时商品经济日益发展的情况下，全国盐业市场要求走向统一的趋势。清中叶，随着生产力的提高和商品经济的发展，全国统一市场逐渐形成。面对该趋势，清政府在食盐运销方面仍然实行"专商引岸制"，严格控制着食盐的产、运、销，这等于人为地分割了国内的盐业贸易市场。而盐枭则公然向封建政府的垄断进行挑战，敢于践踏盐法，直接开拓食盐产销之间的市场联系。这说明私盐的发展不但反映而且促进了国内市场的统一，而在该过程中，私盐自身也日益商品化。

其次，黄玉林案从表面上看似乎只是无业游民迫于生计，或是为了高额盐利而铤而走险的一种冒险活动。事实远非如此简单，透过现象看本质，我们会发现其背后其实隐藏着深层的社会政治问题。仪征黄玉林案决不是一个孤立、偶然的历史现象，一方面，它反映了两淮盐区私盐充斥确实是不争的事实，尤其是盐枭在该地区具有强大的势力，而盐枭组织之所以活跃，与该地区各级巡捕官吏的腐败无能和包庇纵容又是分不开的；另一方面，也反映出此时的国家政权正处于由强盛走向衰败的历史转型时期。这种解释与传统观点，即"嘉道年间是清政府由强转弱的重要历史时期"是一致的。当然，笔者的目的并不在于证明上述观点的正确与否，只是想借此说明清政府由强盛走向衰败的原因是多方面的，其中就包括私盐对它的影响。私盐的泛滥本身与国家政权的衰败就有着密不可分的联系，而私盐的泛滥则加速了国家政权的弱化。

最后，透过私盐、盐枭与政府三者之间的复杂关系，可以窥探出中央政权与地方政权之间存在着种种难以调和的矛盾。众所周知，盐税是清廷第二大税收来源，私盐的活跃必定会对盐课收入带来一定的冲击，因此，一直以来历朝政府都十分重视对私盐的打击，道光时期也不例外。特别像黄玉林案之类的案件，更为清中央政府所不容。就地方政府而言，虽然它也有打击私盐的愿望，但在力不从心的情况下，他们更偏向于采取改良的方式来防范私盐。这就是为什么蒋攸铦会选择招安的办法来处理黄案的原因所在。很显然,蒋氏的做法与中央的意图是相违背的。而蒋氏所为,实为力不从心之无奈选择。在处理私盐问题方面所表现出来的上述矛盾,只是中央政权与地方政权众多矛盾的表现之一,但纵使从该单一的矛盾出发,也能进一步窥探出清中叶中央政权的弱化确实是一个不争的历史事实。

第六章　清政府对私盐的缉私立法控制

私盐活跃,站在政府的角度而言,它不仅会冲击官盐的销售,影响政府的课税收入,更重要的是它还危及传统社会千百年来所推行的食盐专卖制度。因此,自私盐产生以来,历朝历代政府就从未停止过对私盐的防范和打击。唐中叶以后,随着榷盐体制的日趋成熟,私盐也日渐活跃,政府的缉私立法也随之越来越严密,缉私措施越来越完善,缉私手段更是越来越严厉,但效果甚微。

一、清代缉私立法的历史沿革

清中叶,面对两淮私盐的日益猖獗,为了确保两淮课税收入和盐业专卖体制不受私盐影响,清政府深感加大缉私力度已到了刻不容缓的地步。清代盐业立法,在很大程度上是明代盐业立法的继承与发展,因此,在了解清代盐业立法之前,有必要对明代以及明以前的盐业缉私立法问题作简单回顾。

(一)历代缉私沿革

所谓缉私,是指政府为了减少或杜绝私盐的存在,通过立法的形式采取各种措施防范并打击违反食盐专卖的行为。食盐走私,古来有之,但真正盛行则起于食盐专卖体制发生根本转变的唐中叶时期[1]。划界行盐体制的推行使得私盐变得非常活跃,为了打击私盐,早在汉代就有"凡私煮盐者,钛左趾,没入其器物"[2]的规定。唐朝以后,历朝政府的治私措施相对更为理性,同时也更为严厉。唐政府就曾制定一系列苛酷禁私条例,并成立了专门的缉私机关来缉捕私贩。自刘晏变盐法,于"淮北置巡院十

---

[1]　史继刚:《两宋对私盐的防范》,《中国史研究》1990 年第 2 期。
[2]　沈家本:《历代刑法考·盐法考》,载《续修四库全书》第 877 册,上海古籍出版社,1999 年,第 547 页。

三……捕私盐者"之后,巡捕之卒遍于州县。私盐治罪法也随着私盐活动的盛行而日趋严峻。唐德宗"贞元中,盗鬻两池盐一石者死"。第一次规定对犯禁者处以死刑。唐宪宗元和年间,曾一度改死为流,但不久因皇甫奏请而论死如初,且"比于贞元加酷矣"①。

五代时,各国对私盐的打击力度轻重不一,但总体而言,私盐治罪更为严酷,私盐法令内容的残酷暴虐成为五代历朝盐法的共同特征②。如据五代会要载:长兴四年(933年)三月,有法律规定"贩私盐十斤以上者,买卖人各脊杖二十,处死"③。后汉更是规定犯禁者,"不计斤两多少,并处极刑"。据说这是中国历史上盐禁最严的时期④。

宋政府继承了中唐以来的榷盐制度,并且进一步加强了对食盐专卖的管理。而私盐问题作为食盐专卖的产物,也在制度日益强化的基础上,更加突出地暴露出来。私盐泛滥给宋政府经济和政治上带来了许多不利后果,为此,两宋在加强垄断盐利的同时,也严密了对私盐的防范⑤。早在建朝之初,两宋就特别注重对私盐的控制和管理,且"尤重私贩之禁"⑥。不过宋统治者鉴于五代盐法的过于残酷,在"以宽仁为治"⑦的幌子下,私盐治罪在量刑上比五代有所减轻,犯盐禁而需处死者可以减除死刑而代之以流配。

元代时,政府同样也十分注重对私盐的防治,特别是对枭私的打击更为严厉。盐场与外界交通受到严格的控制,同时还颁布盐政法令,加强对私盐的防范和处理。如延祐六年(1319年)规定:"贩卖私盐判徒刑二年,决七十下,财产一半没官,决杖后发大盐场带镣服役。买食私盐杖六十下,再犯从重判决。官吏、军人等走透私盐或犯界盐贷,笞四十下,除名。纵放私盐者与犯人同样处理。'失过'或'捕获'私盐,是地方官政绩考察的一个

---

①　《新唐书》卷五十四《食货志》,中华书局,1975年,第1380页。

②　郭正忠主编:《中国盐业史》(古代编),人民出版社,1997年,第227页。

③　沈家本:《历代刑法考·盐法考》,载《续修四库全书》第877册,上海古籍出版社,1999年,第546页。

④　郑学檬:《五代盐法钩沉》,《中国社会经济史研究》1982年第1期。

⑤　史继刚:《两宋对私盐的防范》,《中国史研究》1990年第2期。

⑥　《宋史》卷一百八十一,中华书局,1977年,第4403页。

⑦　《宋史》卷一百九十九,中华书局,1977年,第4961页。

重要组成部分。"①可见当时不仅贩卖私盐要受到严惩,而且买私和纵私也是不允许的。其法律之严,由此可见一斑②。

明政府在元代的基础上进一步加强了对私盐的防范和打击。明朝有关私盐的法令,大部分收入《大明律·户律》"课程"中。《大明律》所载"盐法"共 12 条,这 12 条法律分别对贩卖私盐、军人犯私及客商贩私等作了严密而又残酷的规定。如按明律:"凡犯私盐者杖一百,徒三年。"③

可见缉私立法是随着专卖体制的演变而日渐成熟的,特别是自从中唐实行划界行盐制以来,随着私盐问题的日益严重,缉私立法就更为历朝政府所重视。尽管历朝政府在惩罚私盐的力度上有所差异,或轻或重,但视私盐为心腹之患的态度却始终未改变。

(二)清代私盐治罪法的颁行

我国古代的私盐之禁令罪名,最早起于汉武帝时期"此孔仅、咸阳之法,非萧何之律也"④。此后,各朝各代都有相应的法令出台。面对私盐日益猖獗的局面,清承明制,在《大明律》的基础上,进一步加强了对私盐的打击力度。首先是颁布各种法令法规来抑制、防范和打击私盐。清代关于盐业的法令,主要有三种:一是《大清律例·户律·课程》部分,列有"盐法"十一条,附条例十四条。此外还有"监临势要中盐"及"阻坏盐法"等条。上述法律法规就私盐的界定、防范私盐的措施以及对贩私的处罚办法等,都做了详细的规定;二是皇帝颁发的有关盐务的诏敕谕旨。这些诏敕谕旨是针对具体问题发布的,同样也具有法律效力,而且其法律效力具有扩展性,也就是说,针对于事件甲发布的诏敕谕令对于相类似的事件乙也具有同等的法律效力;三是盐业"则例"。这是管理盐业生产、流通、销售等各个环节的具体规定,具有建立制度的性质,属行政性法规,同时也是对违反盐禁的刑事惩罚。三者相互补充,互为表里,对违禁贩私、护私、纵私以及渎职、失职等一系列与私盐相关的问题构成了严密的防范措施。

---

① 《元典章》卷二十二《户部八·盐课·任内失过私盐》,转引自郭正忠主编《中国盐业史》(古代编),人民出版社,1997 年,第 483 页。
② 张晋藩主编:《清朝法制史》,中华书局,1998 年,第 303—305 页。
③ 郭正忠主编:《中国盐业史》(古代编),人民出版社,1997 年,第 636 页。
④ 沈家本:《历代刑法考·盐法考》,载《续修四库全书》第 877 册,上海古籍出版社,1999 年,第 546 页。

　　建朝之初,清廷就特别注重对私盐的控制和管理。如清初规定:"凡犯私盐者,杖一百,徒三年。若有军器者,加一等。诬指平人者,加三等,拒捕者,斩。盐货、车船、头匹并入官。引领牙人及窝藏寄顿者,杖九十,徒二年半。挑担驮载者,杖八十,徒二年。非应捕人告获者,就将所获私盐给付告人充赏。有能自首者,免罪,一体给赏。若事发,止理见获人盐。当该官不许辗转攀指。违者,以故入人罪论。"①该法令不仅就不同情节的贩私行为做出了不同的处罚规定,而且还对奖惩条例进行了解释说明。可见,自清代建朝初期开始,清政府对于解决私盐问题就已经有了比较明确的解决办法。此后随着私盐问题的日益突出,相关的法律、法规也是越来越严密。法律不仅对生产、运输、销售、缉私等各个环节的合法性做出了明确的规定,而且还针对不同的私盐种类,制定了相对应的治私法令。

　　场私是私盐之源,场私不绝,其他私盐自然也难以根除,其危害性之大,不言而喻。因此,要杜绝其他私盐,首先就必须禁绝灶丁贩私。为此,清政府采取了一系列措施来防范并打击场私,除了通过商垣制、保甲法、火伏法来约束并防范灶丁透私以外,还制定了诸如"灶丁私盐律""灶丁售私律""获私求源律"②之类的法律法规来杜绝场私的产生。律令规定"凡盐场灶丁人等,除正额盐外,夹带余盐出场及私煎盐货卖,同私盐法。总催知情故纵及通同货买者,与犯人同罪"③;"凡起运官盐,并灶户运盐上仓,将带军及不用官船起运者,同私盐法";"卖私之人及灶丁将盐私卖于粮船者,俱各杖一百,流二千里";"若私盐买自场灶,即将该管场私并沿途失察各官,题参议处。其不行首报之灶丁,均照贩私例治罪";"灶户将官盐搀和沙泥者,照粮船丁舵已经搀和漕粮治罪"④。上述法律法规对于私煎货卖、知情故纵、场官缉私考成、搀和沙泥等都做了明确的规定。

　　针对船私,清廷颁布有"夹带私盐律"。该律令规定:"凡回空粮船,如有带私盐闯闸、闯关,不服盘查,聚至十人以上,持械拒捕杀伤人,及伤人三人以上者,为首并杀伤人之人,拟斩立决;未曾下手杀伤者,发近边永远充

----

① 曾仰丰:《中国盐政史》,商务印书馆,1998年,第174页。

② [清]盐务署辑:《清盐法志》卷四《通例·缉私门》,载于浩辑《稀见明清经济史料丛刊》(第二辑)第1册,国家图书馆出版社,2012年,第191页。

③ 张荣铮等点校:《大清律例》卷十三《户律·课程》,天津古籍出版社,1993年,第257页。

④ 《两广盐法志》卷二《律令》,转引自温春来《清代广东盐场的灶户和灶丁》,《盐业史研究》1997年第3期。

军；其虽拒捕，又曾伤人，及十人以下，拒捕伤人至死者，为首者拟斩监候，为从者发边卫充军；头船旗丁、头舵人等，虽无夹带私盐，但闯闸、闯关者，枷号两个月，发近边充军；随同之旗丁、头舵，照为从例，枷号一个月，杖一百，徒三年；不知情，不坐，卖私之人及灶丁将盐私卖与粮船者，俱各杖一百，三千里；窝藏寄顿者，杖一百，徒三年。其虽不闯闸、闯关，但夹带私盐，亦照贩私加一等，流两千里……"①同时还规定："凡关津过往，回空粮船如有夹带私盐货卖，管船同知、同判等官分别议处。"②对于犯罪情节轻重不同的人，法律所规定的惩治措施也是各不相同的。而且清政府针对船私的各种法律条文规定，远比针对灶私的法律条文规定要复杂得多。这一方面反映了当时不同私盐种类的泛滥程度所在；另一方面也说明了船私的危害性所在。漕船水手贩私，不仅会危害官盐的销售，同时也会给漕运带来一定的影响。

　　针对盐商贩卖私盐，清政府同样也制定了许多法律条文加以限制和打击。从情理上而言，作为官盐代理人的盐商与私盐原本应该是誓不两立的，但在巨额盐业利润的诱惑下，众多不法盐商千方百计透漏私盐。盐商透私，从性质上而言，应该属于行为不端。因此，针对商私的法律条文，其主要目的在于规范盐商的行为。法令规定"凡客商贩卖官盐，不许盐引相离，违者，同私盐法。其卖盐了毕，十日之内，不缴退引者，笞四十。若将旧引（不缴），影射盐货者，同私盐法；伪造盐引者，处斩。凡客商将官盐插和沙土货卖者，杖八十。凡将有引官盐，不于拘该行盐地面发卖，转于别境犯界货卖者，杖一百。知而买食者，杖六十。不知者，不坐。其盐入官"③。"将官运盐货偷取，或将沙土插和抵换者，计赃，比强盗加一等。如系客商盐货，以常盗论"④。"商人经过批验所，依数掣盘，有夹带余盐者，同私盐法；若私越批验所，不经掣盘者，亦按律治罪，押回掣盘"⑤。由于盐商是国家食盐专卖制度的代言人，他们与政府以及各级地方官僚之间有着许多的

　　① 乾隆《大清律例》卷十三《户律·课程》，《四库全书》本。
　　② 《钦定户部则例》卷五十《盐法·商灶禁令》，海南出版社，2000年。
　　③ 周庆云纂：《盐法通志》卷五十三《场产门·引式一》，载于浩辑《稀见明清经济史料丛刊》（第二辑）第20册，国家图书馆出版社，2012年，第445页。
　　④ 《中国历代食货典》卷二百一十一，盐法部汇考十三《皇清一·户部盐法定例》，台湾中华书局，1970年。
　　⑤ 《钦定户部则例》卷五十《盐法·商灶禁令》，海南出版社，2000年。

共同利益;因此,针对商私所制定的各种法律条文,在实践过程中,我们往往会看到被游戏的一面。从某种意义上而言,法律原本就是统治者用于约束被统治者,或者说强势群体用于压迫弱势群体的游戏。而且其效用往往是单向甚至对立的,对于统治者和强势群体而言,他们的权力对应的是被统治者和弱势群体的义务;但对于被统治者和弱势群体的权力而言,一切都只是画饼充饥。这就是法律通常被游戏的原因所在,特别是当法律的制订者、执行者与违法者之间存在某种共同的利益关系时,法律被游戏的一面会更加暴露无遗。历史如此,现实又何尝不是这样! 其实在大多数情况下,法律的作用更多体现为震慑性,而非惩罚性。

针对缉私兵役的贩私,清廷颁布有"巡盐兵捕贩私律""兵丁贩私律"①等。这些法律规定"凡军人犯私盐,本管千百户有失钤束者,百户初犯笞五十,再犯笞六十,三犯杖七十,减半给俸。千户初犯笞四十,再犯笞五十,三犯杖六十,减半给俸,并附过还职。若知情容纵及通同贩卖者,与犯人同罪"②。雍正三年(1725 年),该条例有所变更。删除了"令武职失察私盐,文职条例处分,亦无千百户官名各减半给俸之事"这一规定。由此可见,清中叶,对兵丁犯私的处分有所减轻。但这并不等于当时兵丁犯私就不如清初严重,只能说明过去的律令太严酷。而现在对律令在原来的基础上作适当的修改,目的就是防止因为法律太严酷,而把本为清政府服务的盐务兵丁,推向了事情的反面,变成了私盐贩。其实无论哪朝政府,都不会对为自己服务的各级衙门成员的违法行为过于苛刻,即便是加上"王子犯法,与庶民同罪"或是"法律面前人人平等"这一条也无济于事,统治阶级往往会寻找各种理由来为这些有用的统治工具开脱罪责,从而使其能死心塌地地为政府服务。事实上,清政府不仅对盐务兵丁的打击不如对船户、灶户、盐枭的打击那么严酷,对盐商、盐官的贩私打击力度更是如此。

通清一代所制定的私盐法令当中,针对枭私的法令最多,处罚也最为严厉。这足以说明当时盐枭危害之严重及政府对该问题的重视程度。那么,清政府具体颁布了哪些法令来打击和防范枭私呢? 据《中国盐业史》载,先后颁布有《豪强贩私律》《武装贩私律》等多条法令。这些法令对武装

① [清]盐务署辑:《清盐法志》卷四《通例·缉私门》,载于浩辑《稀见明清经济史料丛刊》(第二辑)第 1 册,国家图书馆出版社,2012 年,第 191 页。

② 曾仰丰:《中国盐政史》,商务印书馆,1998 年,第 176 页。

贩私的打击是非常严厉的。枭徒贩私,一经捕获,非斩即绞①。如《豪强贩私律》规定:"凡豪强盐徒,聚众至十人以上,掌驾大船,张挂旗号,擅用兵仗响器,拒敌官兵,若杀人及伤三个以上者,比照强盗已行得财律,皆斩。为首者,仍枭首示众。其虽拒敌,不曾杀伤人,为首者依律处斩,为从者俱发边卫充军。若止十人以下,原无兵仗,遇有追捕拒敌,因而伤至二人以上者,为首者依律处斩;下手之人,比照聚众中途打夺罪人,因而伤人律,绞,不曾下手者,仍以为从论。若贫难军民,将私盐肩挑背负,易米度日者,不必禁捕。"②同时还规定"凡兵民聚众十人以上,带有军器,兴贩私盐者,不问曾否拒捕伤人,照强盗已行财律,皆斩立决,若十人以下,拒捕杀人,不论有无军器,为首者斩,下手者绞,俱监候。不曾下手者,发边卫充军。其不带军器,不曾拒捕,不分十人上下,仍照私盐律杖一百,徒三年。若十人以下,虽有军器,不曾拒捕者,示照私盐带有军器加一等律,杖一百,流二千里,其失察文武各官,该督题参,俱交该部,照例议处"③。由此可见,法令对贩卖私盐的打击是非常严酷的,非斩则绞,非绞则流,非流则杖,甚至数罪并罚。法令规定不仅直接打击私盐,而且还要追究失职官吏的责任,如有兵役等包庇纵私,一经人民告发,即将该管弁严行惩处,兵役与枭贩一体治罪④,这种情况在以前并不多见。

　　此外,针对弱势或是强势群体的贩私行为,也制定了相应的法律法规给予打击。如对于妇女贩私,法律规定:"凡妇人有犯私盐者,若夫在家,或子知情,罪坐夫男。其虽有夫而远出,或有子幼弱,罪坐本妇。"⑤可见清廷对于妇女贩私在惩罚力度上相对要比男丁贩私要轻一些,而且还将妇女的贩私行为归罪于男丁。对于军民、势豪贩私,清廷规定:"凡诸色军民、权豪、势人等,乘坐私盐船只,不服盘验者,杖一百,军民发烟瘴地面充军,有官者依律断罪罢职。"⑥"内外权势之人,诡立伪名领引行盐,侵夺民利者,

　　① 郭正忠主编:《中国盐业史》(古代编),人民出版社,1997年,第784页。
　　② 乾隆《大清律例》卷十三《户律·课程》,《四库全书》本。
　　③ 乾隆《大清律例》卷十三《户律·课程》,《四库全书》本。
　　④ 同治《南城县志》卷三之五《蹉政》,据同治十二年(1873年)刊本影印。
　　⑤ 乾隆《大清律例》卷十三《户律·课程》,《四库全书》本。
　　⑥ 《中国历代食货典》卷二百一十一,盐法部汇考十三《皇清一·户部盐法定例》,台湾中华书局,1970年。

查恭治罪,追缴引票盐斤入官。"[1]

对于盐务官员的贩私以及失职、渎职行为,除颁布了相应的治处措施以外,清政府主要是通过缉私考成来规范其行为,当然,有关盐法考成的众多条例,同样也适用于对于缉私负有重大责任的缉私兵役。从笔者掌握的材料来看,清政府所制定的各种盐法考成并不是一次性成型的,而是随着私盐的发展一步步走向成熟。为了便于理解,兹将清代盐法考成条例罗列如下:

清代盐法考成条例[2]:

1.顺治八年(1651 年),清政府规定,巡盐御史盐课欠一分以上者,降俸一级;二、三分者,降级一级;四、五分者,降级三级,照旧回道;六分以上,降级三级,不准回道;八分者革职。

2.兵民兴贩私盐,地方官失察一次,降职一次;二次,降职二次,俱戴罪督缉一年,限内缉获。一次还级一级,缉获二次还级二级。被人首告三次者,革职。地方文武官,缉获私盐三次者,记录一次;六次者,记录二次;九次者,加职一级。

3.凡守御官吏巡检司巡获私盐,俱法有司审问。犯人绞,有军器者斩,盐货车船牲畜入官。引领牙人及窝藏寄放者杖一百,发烟瘴地面充军。挑担驮载者,杖一百,充军;自首者,免罪;常人捉获者,赏银十两。盐运司盘获私盐随发有司追断,不许擅问,有司通同作弊,脱放,与犯人同罪[3]。

4.运使、运同、运判、盐场大使是专管核盐务之员,如灶丁贩卖私盐,场大使失于觉察者,革职;知情者,革职,交部治罪。运同、运判失察一次者,降职二级;失察二次者,降级四级;俱留任戴罪缉拿一年。限满不获,仍罚俸一年,各带原降之级缉拿。如又年限已满不获,仍罚俸一年,各带原降之级缉拿。拿获私盐之日,俱准其开复。失察三次者,革职。运使失察一次者,降职一级;失察二次者,降级二级;失察三次者,降职三级,俱留任戴罪缉拿一年。限满无获,罚俸六个月,带原降之级缉拿。如又年限已满不获,

---

① 《钦定户部则例》卷五十《盐法·商灶禁令》,海南出版社,2000 年。

② 有关盐法考成的情况,另可参阅陈锋文《清代盐法考成述论——清代盐业管理研究之一》,《盐业史研究》1996 年第 1 期。

③ 以上第 1、2、3 条参见《中国历代食货典》卷二百一十一,盐法部汇考十三《皇清一·户部盐法定例》,台湾中华书局,1970 年。

仍罚俸六个月,带所降之级缉拿。拿获私盐之日,准其开复。失察四次者,降三级,调用①。

5.凡私盐要隘处所,派委候补千总前往巡缉,半年更换。如有获私至四千斤以上者,准其留巡一次;如半年期内能缉获大伙私盐久惯窝顿,并积算盐至一万斤以上者,遇缺先行补用,兵役加倍赏给;如半年期疏纵漏私至四千斤者,降一级,留任;四千斤以上者,降一级,调用;一万斤以上者,革职,兵役严行究处。

6.湖北宜昌府巡缉川私,凡经由要隘,汇归总路之处,设立卡巡。另宜昌同判在于宜昌镇标派拨弁兵,东胡县派拨兵役,督率巡缉,遇有川省私贩透越,协力追捕查拿,照例给赏。倘怠忽贿纵,分别查究,该管文武官弁提恭议处。

7.江西吉安府巡缉私盐,均令于皂口等五处设立卡巡查拿。凡山僻小径要隘处,多拨兵役协同卡巡,常川巡缉,有获给赏。如能拿货积窝巨贩者,该管官弁奏请议叙。倘兵役等巡查不周,以及遇有贿纵者,即行分别严究,该管官兵弁一并恭处②。

……

除上述中央政府所制定的各项严刑酷法外,地方政府也根据实际情况采取了一些相应的防私治私措施。如江西建昌府针对当时闽私的入侵,就曾采取"减价敌私"的办法来防范与遏制邻私的入侵:"……闽省与建昌府接壤各州县,现在盐价每斤二十八文,建昌府盐价每斤三十四文……"为减价敌私,地方官员建议,将建昌府盐价减至二十六文。"若闽省减为二十六文,则建昌减二十四文,总比闽省较贱,则私贩无利可图,其侵越之蔽自不可禁而止……"③"减价敌私"既是为了防范闽私入侵建昌府属各县,更是为了进一步防止闽私的步步逼近,渗透至抚州,甚至南昌府地区。于是乾隆五十六年(1791年)四月大学士和珅建议:"建昌一府,额销仅七千五百余引,在该省二十七万余引中,不过三十分之一。本无甚关系,特以该处有杉关等隘口,可恃为门户,从此堵绝闽私,则通省二十七万余引,可以销足。

---

① 光绪《重修两淮盐法志》卷二十七《灶丁》,光绪三十一年(1905年)刻本。
② 第5、6、7条均来自《钦定户部则例》卷五十《盐法·商灶禁令》,海南出版社,2000年。
③ 嘉庆《两淮盐法志》卷十四《转运九·缉私下》,同治九年(1870年)扬州书局重刊本。

否则层层侵入,将无底止……"①也就是说采取多设藩篱的办法,在与其他便宜的销盐地区的邻接地带,设立盐价缓冲地带,降低该地盐价以抵制外盐②。

上述情况表明,清政府为了防范和打击私盐,确实是煞费苦心。为了从根本上铲除私盐,缉私制度及禁私律令既严密又详细,可谓面面俱到。这一方面固然说明了清政府对私盐的打击力度之严酷,同时也反映了当时私盐问题之严重,可谓触目惊心。

二、缉私立法措施的确立

除了颁布上述缉私法律法规外,清政府同时还通过加强缉私组织机构和缉私队伍建设、制定缉私奖惩条例、设关置卡等措施来加强对两淮私盐的防范。

(一)加强缉私组织机构和缉私队伍建设

前文提到,清政府为了保障盐课收入不受侵害,设有一套完整的盐政官僚系统。这些官僚除管理各项盐政事务以外,有一部分人还兼行缉私职责。就两淮而言,清初在两淮盐区,总理盐政事务的是两淮盐政,道光年间改由两江总督兼理行事。两江总督驻扬州,凡关系通纲钱粮及一切改定章程的重要案件,必须详明总督,然后定案。其下设专门的盐务管理机构,即两淮盐政。其职责包括巡视两淮盐课、统辖六省行盐地方额引及场灶丁户、缉捕私贩等事,同时还兼管漕运。由此可见,最高的缉私机构当属两淮盐政(两江总督)。但两淮盐政只是从宏观上对缉私事务进行监督,具体的缉私事务则由两淮都转运使司盐运使来承担。两淮都转运使司盐运使由四个职别平行的首领官组成,即盐运使司经历司、盐运使司知事、广盈库大使和白塔河巡检司,每个首领官下辖多寡不等的办事人员。这些人除掌管盐政事务外,同时也是缉私队伍的主要组成

---

① 周庆云纂:《盐法通志》卷十一《经界》,载于浩辑《稀见明清经济史料丛刊》(第二辑)第17册,国家图书馆出版社,2012年,第29页。

② 《天地会》一书对该事件有所记载,参见《天地会》六,《江西巡抚毓岱奏审以何经先结合抢劫等情折》。

人员。接下来是几个分管南北盐务的同职机构。它们分别是淮南监掣
同知、淮北监掣同知、淮南批验所大使、淮北批验所大使、子盐委员、乌沙
河巡检司、通州分司、泰州分司、海州分司、淮南泰坝委员、海安委员、滦
潼委员、淮北永丰坝委员。其中子盐委员、乌沙河巡检司、淮南泰墒委
员、海安委员、滦潼委员、淮北永丰墒委员等具有缉私的职责。各省还有
专管各省纲盐引目的盐法道，即江南盐法道、江西盐法道、湖北盐法道、
湖南盐法道、河南盐法道。各省盐法道同样也赋有缉私的责任和义务。
此外，每个省都有口隘巡缉文武委员，各省多寡不定①。清政府不仅设立
了如此严密的缉私组织机构，同时还规定将缉私责任落实到具体的人
头，即所谓的"缉私盐例有专责，在官则有州县印捕、专汛营弁等官，在役
则有盐捕弓兵等人"②。

　　此外，清廷在两淮盐区的某些地方还设立专门的缉私官吏和缉私机构
来打击私盐。如江西南昌的督销局，就兼有打击走私的作用。该局设总办
一员，以候补道员任之；兼办一员，以江西盐法道为之。"凡淮盐到岸赴局
挂号，守输待售，勿许绕越。……稽其私行贴价者罚之……而南安、赣州之
粤私，广信之浙私及建昌交界之闽私，时时侵灌腹地，故保贴固藩篱，疏通
销路，皆督销委员之责也"③。在湖广地区同样也设有督销局，其职责与江
西督销局相似。

　　除上述官方设立的专门缉私机构外，清政府还鼓励私人组织缉私力
量，协助政府打击私盐。私人的缉私力量包括巡商、卡商和商人雇用的巡
役、点火等。清代这种两重缉私体制有其存在的独特意义。原因在于，除
了那些专门的缉私人员以外，大多数官员和营弁还承担着其他的治安任
务，无法做到专职专责，而盐商与盐的销售息息相关，必然不愿受到私盐的
侵扰，自然会尽心尽力地抓捕盐贩。于是，统治者就采取谁受益谁负责的
办法，将缉私责任下放到盐商身上④。

　　可见，为了防范并打击私盐，清政府在加强缉私组织机构和缉私队伍

---

　　① ［清］李澄：《淮鹾备要》卷八《利之人·官首吏行》，道光三年（1823 年）刻本。
　　② 周庆云纂：《盐法通志》卷八十五《缉私门·禁例一》，载于浩辑《稀见明清经济史料丛刊》
（第二辑）第 23 册，国家图书馆出版社，2012 年，第 545 页。
　　③ 林振翰：《盐政辞典》，中州古籍出版社，1988 年，第 373 页。
　　④ 张小也：《清代盐政中的缉私问题》，《清史研究》2000 年第 1 期。

建设方面,的确花费了不少功夫。

(二)制定缉私奖惩条例

要保障政府颁布的各项缉私法律法规有效地执行,制定相应的奖惩条例是非常重要的,同时也是十分必要的。因为奖惩条例可以奖勤罚懒,使缉私系统的各要素在压力面前更具活力,在奖励面前更有动力。政府缉私,例有考成,量多则赏,失察则罚。清代盐法对此作了许多明确的规定,企图使缉私力量服从于有效的激励机制。

对于中央政府而言,最忌讳的是地方盐务官员的不作为或者乱作为。为了防范类似事件的发生,清政府在惩罚官兵缉私失职、渎职方面,制定了许多有针对性的具体条例。"康熙五十年题准,官员该管界内,有本官衙役私行煮贩或私卖者,本官不能觉察,别经发觉者革职。其军民人等在伊界内私行煮盐或私卖者,不能觉察,别经发觉,降三级调用;兼辖官降一级,罚俸一年;如该管官自行拿获者免议。又题准凡旗人兵民聚众十人以上,带有军器兴贩私盐,失于察觉者,将失事地方专管官革职,兼辖官降二级,皆留任,限一年缉拿,获一半以上者复还官级,若不获者照此例革职降级。该督抚巡盐御史,如有失察官员,徇庇不行题参,照徇庇例议处"①。可见,无论是有意还是无意,只要某官员管辖范围内出现私盐,那么他就毫无条件地必须承担一定的责任,从革职到降级再到罚款,轻重不一,具体处罚措施,视情况而定。

而对于各级衙门机构及缉私人员的徇私舞弊和知情故纵行为,处罚则更为严厉。《大清律例》规定:"凡管理盐务,及有巡缉私盐之责文武衙门,巡获私盐,即发有司归勘。各衙门不许擅问。若有司官吏通同脱放者,与犯人同罪。受财者,计赃以枉法从重论。凡管理盐务,及有巡缉私盐之责文武衙门,设法差人于该管地面,并附场关去处,常川巡禁私盐。若有透漏者,关津把截官,及所委巡盐人员,初犯笞四十,再犯笞五十,三犯杖六十,并留职役。如知情故纵,及容令军兵随同贩卖者,与犯人同罪;受财者,计赃以枉法从重论。其巡获私盐入己不解官者,

①　嘉庆《钦定大清会典事例》卷一百五十,载沈云龙主编《近代中国史料丛刊三编》第656册,文海出版社,1992年,第8408—8411页。

杖一百，徒三年；若装诬平人者，加三等。……兵役受贿放纵者，计赃以枉法从重论。未受贿者，杖一百，革退。贩私地方之专管官兼辖官及押运官，并交部议处，随帮革退。"①上述条例不仅规定了各文武衙门的具体职责，而且对于违规行为作了详细的界定，并在此基础上明确了具体的处罚办法。

"罚"只是一种手段，不是目的，真正目的是为了通过"罚"来保障缉私系统的正常运转，监督和督促缉私法律法规有效地执行。同时"罚"也是为了与"奖"相对应，形成奖罚分明的激励机制。因此，有罚，就必然有奖。清政府规定"专管官，一年内拿获十人以上带有军器大伙私贩一次者，记录一次；二次者，记录二次；三次者，加一级；四次者，加二级；五次者，不论俸即升。兼辖官，一年内拿获三次者，记录一次；六次者，记录二次；九次者，加一级；拿获次数多者，均照次数记录加级"②。针对实际情况的变化，清政府后来又多次对一些具体条款进行了调整，如失察灶私、邻私等私盐活动的处分等，同时也增加了一些物质奖励，如两淮先是规定拿获私盐奖励一半，后索性全行奖励。

以上并非清政府所发布的缉私奖罚条例的全部，但已足以表明清政府对官员缉私的重视。

(三)通过设关置卡加大缉私力度

邻私是清中叶两淮主要的私盐种类之一。两淮邻私主要活跃在湖广、江西、安徽、河南与川盐、粤盐、闽盐、浙盐、芦盐相交的边关府县。邻私的入侵，给两淮官盐的销售带来了巨大的影响。为了有效地遏制邻私的进犯，清政府不得不从运销领域加强对私盐的防范，通过在关隘要口设关置卡等措施来加大缉私力度。

在两淮盐区，江西是受邻私侵害较为严重的省份之一。在江西与粤盐、闽盐、浙盐相交的吉安、建昌、广信各府，清中叶邻私异常活跃。为了防范邻私的进犯，清廷在上述府县设立了大量的关卡。据《盐政辞典》载，清

---

① 张荣铮等点校：《大清律例》卷一十三《户律·课程》，天津古籍出版社，1993年，第257—260页。

② 嘉庆《钦定大清会典事例》卷一百五十，载沈云龙主编《近代中国史料丛刊三编》第656册，文海出版社，1992年，第8442页。

初,江西"缉私卡十有七"①,即良口缉私卡、万安南门缉私卡、泰和南门缉私卡、泰和印覆江缉私卡、庐陵神冈山缉私卡、峡江龙母庙缉私卡、乐平土霸口缉私卡、浮梁景德缉私卡、浮梁倒湖缉私卡、安仁石港缉私卡、余干瑞洪缉私卡、金溪浒湾缉私卡、临江黄口缉私卡、萍乡南坑缉私卡、德化姑塘缉私卡、义宁渣津缉私卡、义宁桃树港缉私卡。区区江西,就设有十七个缉私卡(这还不包括地方政府所设缉私卡),可见当时私盐之盛。而且仔细分析会发现,这十七个缉私卡当中,除乐平土霸口缉私卡、浮梁景德缉私卡、浮梁倒湖缉私卡、安仁石港缉私卡、义宁桃树港缉私卡、义宁渣津缉私卡等一些设于省界交接处直接打击邻私如浙私、闽私和粤私入侵的缉私卡外,其余设于腹地的缉私卡大多数都是针对浙私、粤私等入侵吉安府所设置的。如万安南门缉私卡、泰和南门缉私卡、泰和印覆江缉私卡、庐陵神冈山缉私卡、峡江龙母庙缉私卡、临江黄口缉私卡等,几乎对整个吉安府属各县形成了一个包围圈。《两淮盐法志》也能找到相类似的记载:"乾隆七年十二月,江西驿盐道陈诰详定吉安府万安县之皂口与赣属毗邻,为粤私侵越扼要。吉水县之桐江与峡江交界,为省私、浙私入境隘口,应饬商各立水卡,各设巡丁八名,巡船一双,以资堵缉。其庐陵县水东卡乃系查缉陆路粤私之出,张渡、藤田二处者,亦应照旧设立,毋庸裁撤。"②层层设防的缉私卡足以说明当时江西地区私盐的泛滥是何等的严重。同时也说明为打击私盐,清政府的确是费尽心机、用心良苦。再来看看建昌府情况。为打击私盐,清政府委令护盐道恒宁亲赴各交界处所,确勘透私要隘。如新城县之虚家岭、山岗口二处,与福建光泽县接壤;南城县之水溅架地方,为闽私水陆总路;南丰县之百丈岭、夫人岭二处,与福建光泽、建宁两县接壤;泸溪县之椒溪、朱崖、藻坪、陈坊、猫儿岭五处,与福建光泽县连界,均为私贩出没要路。从前未经设卡,必须设立卡房,添派兵役,招募巡丁,以资驻守。其余私贩小径,如新城、南丰二县之羊头隘,洲湖原马鞭隘、青山隘,南城县之万年桥东岸,广昌县之牙苏山、船尖隘、凉山栋等处,亦应一律堵塞,以防透越③。赣州府的情况也不例外,为杜枭私侵灌,清政府于兴国江口、王

---

①　林振翰:《盐政辞典》,中州古籍出版社,1988年,第35—36页。

②　嘉庆《两淮盐法志》卷十三《转运八·缉私上》,同治九年(1870年)扬州书局重刊本。

③　嘉庆《两淮盐法志》卷十四《转运九·缉私下》,同治九年(1870年)扬州书局重刊本。

母渡造备炝船,设卡缉私①。道光年间,清政府在江西所设哨卡有增无
减,仅吉、赣、建、宁三府一州地区设卡就多达二十七处。嘉道年间,随着
私盐的进一步活跃,清政府在江西所设哨卡更是有增无减,据有关资料
记载,为防范邻私,清中叶,清政府先后在江西设卡四十多处。详情见表
6-1。

表 6-1　清中叶右西岸关隘简表

关卡名称	属地	作用	设卡时间
黄龙庙	波阳县	缉邻私	不详
小港滩	波阳县	设巡商	乾隆十一年(1746年)
瑞洪	余干县	缉浙私	道光十二年(1832年)
太阳埠	乐平县	缉浙私	道光十二年(1832年)
段村	乐平县	兼巡瑞洪卡	乾隆十一年(1746年)
东港、鲤鱼桥	浮梁县	缉浙私	道光十二年(1832年)
景德	浮梁县	设巡商	乾隆十一年(1746年)
香屯	德兴县	缉浙私	道光十二年(1832年)
戴村	德兴县	缉浙私	乾隆十年(1745年)
陆家埠	安仁县	设巡商	乾隆十一年(1746年)
北仓	安仁县	缉浙私	道光十二年(1832年)
长塘	安仁县	缉浙私	不详
湖口	九江府	查夹私	同治二年(1863年)
硝石、万年桥	南城县	缉闽私	道光十二年(1832年)
水溅架	南城县	缉闽私	乾隆五十六年(1791年)
卢家岭、冈口	新城县	缉闽私	乾隆五十六年(1791年)
飞鸢、石峡	新城县	缉闽私	乾隆三年(1738年)
杉关、黄家隘	新城县	缉闽私	乾隆三十一年(1766年)
盘湖隘、邛都隘	南丰县	缉闽私	乾隆三十一年(1766年)

---

① 同治《赣州府志》卷二十九《经政志·盐课》,载刘锋、赵之谦等纂《中国地方志集成》第73
册,江苏古籍出版社,1996年,第545页。

续表

关卡名称	属地	作用	设卡时间
椒溪、朱崖、藻坪、陈坊、猫儿岭	泸溪县	缉闽私	乾隆五十六年(1791 年)
石丈岭、夫人岭	南丰县	缉闽私	乾隆五十六年(1791 年)
盘湖	南丰县	缉闽私	不详
白水镇、尖峰	广昌县	缉闽私	乾隆三十一年(1766 年)
花山	泸溪县	缉闽私	乾隆三十一年(1766 年)
许湾、黄港	临川县	缉闽私	道光十三年(1833 年)
石港	安仁县	缉浙私	道光十二年(1832 年)
皂口	万安县	缉粤私	乾隆七年(1742 年)
良口	万安县	缉粤私	道光十二年(1832 年)
白洋圳	泰和县	缉粤私	道光十二年(1832 年)
汤村塘	龙泉县	缉邻私	道光十二年(1832 年)
桐江	吉水县	缉省私、浙私	乾隆七年(1742 年)
茅店	赣县	缉粤私	道光元年(1821 年)

资料来源:周庆云纂:《盐法通志》卷八十八《缉私四》,载于浩辑《稀见明清经济史料丛刊》(第二辑)第 24 册,国家图书馆出版社,2012 年,第 134—183 页。

　　区区江西一省就设卡 45 处,邻私之盛,不言而喻。在上述 45 卡当中,为缉浙私设卡 10 处、缉闽私设卡 14 处、缉粤私设卡 4 处。该情况表明,在侵灌江西的邻私当中,尤以闽私最为猖獗。

　　江西如此,两淮其他省份也不例外。以湖北为例,清中叶,清政府为了堵截豫私、潞私、川私对淮盐引地的入侵,先后在湖北与河南、河北、四川交界的应山、光化、枣阳、麻城、均州、随州、巴东、襄阳、宜昌等府州县设卡 60 多处,形成了一条严密的缉私防线[1],详情见表 6—2。

表 6—2　清中叶右鄂岸关隘简表

关隘名称	属地	作用	设卡时间
南岸嘴	夏口厅	以查夹带	同治三年

---

[1]　周庆云纂:《盐法通志》卷八十八《缉私四》,载于浩辑《稀见明清经济史料丛刊》(第二辑)第 24 册,国家图书馆出版社,2012 年,第 134—183 页。

续表

关隘名称	属地	作用	设卡时间
虾子、沟麻、河渡	汉川县		同治十二年(1873 年)
河口	黄陂县	缉北盐(豫盐,以下同)	不详
小河溪	孝感县	缉北盐	同治七年(1868 年)
新堤	沔阳县	缉川私	不详
武穴	广济县	淮盐入楚第一门户,验票	同治三年(1864 年)
旧店两路口	麻城县	缉北私	同治七年(1868 年)
黄陂站	黄陂、黄安交界	缉北私	同治七年(1868 年)
松子关	罗田县	缉北私	同治七年(1868 年)
双合店、萧家栅	德安府	缉私	同治十二年(1873 年)
隔蒲潭	云梦县	缉私	同治十二年(1873 年)
圣厂唐县镇	随州	缉河南北潞私	同治十二年(1873 年)
广水驿	应山县	缉北私、潞私	同治七年(1868 年)
湖口镇、刘家砦、杨家垱、官庄	枣阳县	缉豫盐	不详
槐树关、小江口、石板河、白土嘴	均州	缉豫盐	乾隆六十年(1795 年)
清凉寺、破碑铺、黄渠铺、乔永冈、净土寺、石台湖	襄阳府	缉豫私	乾隆六十年(1795 年)
两河口、樊城	襄阳府	缉唐县、新野私盐	乾隆六十年(1795 年)
黄渠河	襄阳府	缉邓州、新野私盐	乾隆六十年(1795 年)
黑龙集	襄阳府	缉邓州私盐	乾隆六十年(1795 年)
寺庄店、钱家冈	枣阳县	缉豫私	乾隆六十年(1795 年)
光化		缉邓州私盐	乾隆六十年(1795 年)
薛家集、三官殿、老河口、客落湖、秦家集	光化县	缉豫私	乾隆六十年(1795 年)
韩家楼、陈家楼、韩家塘、张家营、傅家营、何家楼	光化县	缉邓州私盐	乾隆六十年(1795 年)
张家集	谷城县	不详	乾隆六十年(1795 年)
文家河	襄阳、谷城交界	不详	乾隆六十年(1795 年)

续表

关隘名称	属地	作用	设卡时间
平靖关、武胜关、黄土关、吴家店、花山店、许家冲	应山县	缉豫私	乾隆六十年(1795 年)
牌口、小林店、吴山店、大悲店、青河店	随州	缉豫私	乾隆六十年(1795 年)
荆子关	郑县	缉豫私	乾隆六十年(1795 年)
彝陵州	湖北省	缉川私	雍正十三年(1735 年)
平善坝	宜昌府	缉川私	雍正五年(1727 年)
南津关、西坝、白洋	宜昌府	缉川私	乾隆六十年(1795 年)
百户沱	巴东县	缉川私	不详

资料来源:周庆云纂:《盐法通志》卷八十八《缉私四》,载于浩辑《稀见明清经济史料丛刊》(第二辑)第 24 册,国家图书馆出版社,2012 年,第 134—183 页。

　　湖南与江西、湖北一样,也是邻私侵犯的重灾区。侵灌湖南的邻私主要以粤私、川私为主。为了防范川私、粤私的入侵,清政府同样也设有不少关卡。

表 6－3　　清中叶右湘岸关隘简表

关隘名称		属地	作用	设卡时间
城陵矶		岳川之下游	缉川私要隘	不详
西港		沅江县	缉川私要隘	不详
秧田		常宁县	缉粤东私盐	乾隆五十八年(1793 年)
西林港		益阳县	以防私盐偷越	同治九年(1870 年)
沧港		常德府	以防私盐偷越	同治九年
布袋口		岳、常交界	以防私盐偷越	同治九年
衡州府	石期市	东安县	缉粤私侵越	不详
	藕塘铺	蓝山县	缉粤私侵越	不详
	常宁河口	常宁县	缉粤私侵越	不详
	皂头街	来阳县	缉粤私侵越	不详
	陵零、永庆二县		缉粤私侵越	不详

资料来源:周庆云纂:《盐法通志》卷八十九《缉私四》,载于浩辑《稀见明清经济史料丛刊》(第二辑)第 24 册,国家图书馆出版社,2012 年,第 134—183 页。

　　尽管卡巡众多,但复杂的地理形式,严重影响了设关置卡的效率。如湖南的衡州、永州两府,处于湘江上游,界粤引盐,粤私乘流四达,随处可通。各州县虽设水陆缉私卡座,但因"设卡之处有定,而私贩绕越无常,且上游跬步皆山,路径尤为丛杂,枭徒群群结对,间道抄行"①。此地关卡,因此形同虚设。

　　从法律条文的制定,到奖惩措施的颁行,再到缉私关卡的设立,应该说清政府在防范私盐方面的法律机制总体而言是较健全的。不过健全的法律机制并不等于一定能产生良好的效果,因为效果的好坏,最终还得取决于具体的执行情况。事实表明,上述所谓的法律法规以及奖惩条例等,就像清政府制定的有关商私的种种法律法规一样,有时并不一定能够得到很好的贯彻执行,其效果也因此大打折扣。如果违法不究,其危害性甚至比无法可依更为严重,因为它不仅会破坏法律的严肃性、权威性及其震慑力,会影响法律在人们心目中的神圣地位,更重要的是它可能会挫伤人民对法律饱满的信心,导致诸多难以预料的严重后果。

三、缉私组织的腐败无能和缉私效率的低下

　　尽管清廷想尽一切办法来杜绝私盐活动,但私盐问题不仅得不到解决,反而越来越严重。究其原因,除了贩私者各自存在的原因和官盐本身存在的弊端以外,还与清代缉私组织的腐败无能有着密切的关系。有关该问题的探究,张小也将其总结为五点:一是缉私人员腐败无能;二是缉私人员结构复杂;三是缉私人员过于庞大;四是缉私人员装备落后;五是缉私激励机制效率低下②。应该说这五点从根本上说明了私盐问题之所以屡禁不止的原因所在。由于张小也对该问题有比较详尽的阐述,本书只是在张文的基础上作简单的补充。

　　笔者认为,缉私组织的腐败无能主要体现在以下两个方面:

　　首先,缉私人员"执法不严、违法不究",对各类私盐活动的打击避重就轻。就私盐贩卖的主体而言,活跃于有清一代的主要有三大私盐,即枭私、

---

　　① 《林则徐全集》(中册),奏稿,海峡文艺出版社,2002年,第459页。

　　② 张小也:《清代盐政中的缉私问题》,《清史研究》2000年第1期。

商私和官私,因此,清初即有人指出:缉私"所重者奸商大枭"①。但是,枭私的贩卖主体,即"盐枭",不仅人数众多,而且有强大的武装作后盾,"淮南北之枭,又私贩于场灶以灌腹内,其为首者,有大仗头副仗头之目,赀本多至数十万。大伙以数千计,小伙二三百为群,炮位枪矛刀戟鞭槌之器毕具。所过关隘,辄鸣钲施枪,衔尾飞渡"②。所以缉私人员对他们或是得贿纵放,或是避其锋芒,"见枭而遁逃,惟恐不及官府责问,则拿街上肩荷背负之小轻犯,不过贩盐四斤,沿门斗卖以资湖口者捐为枭,而捉将官里去,以塞厥责。而彼真正私枭,白书横行,莫敢谁何……"③正因为如此,才会出现"官弁兵役,捕缉私盐之时,每遇大枭,不敢过问,往往纵之使去"的局面。缉捕兵役不仅失职不察,反过来却危难平民百姓,害及无辜:"至于肩批背负之穷民,资以糊口者,则指为私贩,重加惩处。"④各级缉私兵役的玩忽职守,贪赃枉法,正是导致缉私工作不能奏效或很难奏效的重要原因之一。

　　枭私如此,官私、商私也不例外。就官私和商私而言,特殊的身份同样也可以使其逃脱官府的打击,当官府的缉私行为越来越形同虚设时,官私、商私在长期姑息养奸的氛围下,变得越来越肆无忌惮。道光年间琦善的奏折曾提到过这样一则事例:道光九年(1829年)十月二十四日据云阳、奉节呈报,云南候补同知德克精阿押送己丑年运铜船二十二只,行抵云阳时,巡查官员见有小船往铜船上运盐,当时截私盐六十包并私贩三名,随之铜船上水手多人竟敢将汛兵六人捆绑,抢去其刀枪,甚至还将千总羁留船上,二十九日行至下游才将千总放回,又以汛兵抢夺铜船上盐米为由,将其移交文送县加以杖责。这些铜船行至奉节时,知县上船验铜,发现藏有私盐。此时风雨大作,不便扣押,而铜船却乘机砍断缆索潜逃,汛兵迅速追截八只,起出私盐达三万一千余斤⑤。

　　①　中国第一历史档案馆藏:《朱批奏折》(财经类·盐务项),嘉庆二十三年五月四日,陕西巡抚朱勋。
　　②　[清]盛康辑:《皇朝经世文续编》卷五十《王赠芳·请更定盐法疏》,载沈云龙主编《近代中国史料丛刊》第838册,文海出版社,1972年,第5476页。
　　③　[清]盛康辑:《皇朝经世文编续编》卷五十《孙鼎臣:论盐一》,载沈云龙主编《近代中国史料丛刊》第838册,文海出版社,1972年,第5429页。
　　④　《华东续录》卷三,乾隆元年二月甲申,载《续修四库全书》第372册,上海古籍出版社,1999年,第146页。
　　⑤　中国第一历史档案馆藏:《朱批奏折》(财经类·盐务项),道光十年六月二十六日,两江总督琦善。

官府由于奈何不了真正的奸商巨枭,因此往往将贩卖私盐的罪责转嫁于一般小民。官府的这种做法不仅解决不了清中叶日益猖獗的私盐问题,反而容易导致官民矛盾激化,使原本就让官府焦头烂额的私盐问题更加复杂化。

面对大盐贩的肆无忌惮,官府身感力不从心,只能捕捉贫民升斗之盐。这充分反映了清代缉私组织的反动和腐败无能。

清政府的不作为或是乱作为,表面上看损害的是广大民众的利益,但从长远而言,其所作所为其实是在为自己掘墓。政府如果不能有效维护公共秩序,保护广大民众的基本权利和利益,那就是一个失职或是不称职的政府;如果它侵犯广大民众的权利和利益,那就是一个非法的组织。广大民众就有权罢黜、免去其所委托的权力,另行组织新政府。

此外,缉私奖惩条例有名无实,无法起到真正的激励作用,也影响了缉私效果。缉私奖惩条例的有名无实,主要体现在两个方面:一是缉私处分条例有不合情理之处,造成缉私人员纵放私盐;二是缉私奖赏条例甚为笼统,执行时亦很不认真严肃,严重影响了兵弁缉私的积极性①。除此以外,奖惩条例无法落到实处,或者说,缉私兵弁的薪俸太低,也是导致缉私效率不高的重要原因。

总之,由于各级巡捕官吏的玩忽职守,贪赃枉法,使清代的缉私机构不能充分发挥其职效。相反,在这些人的包庇纵容下,贩私活动反而更为猖獗。该现象所反映的问题是深刻的,私盐问题从表面上看似乎只是私盐贩迫于生计,或是纯粹为了高额盐利而铤而走险的一种冒险活动,事实上事情远不止如此简单。透过现象看本质,我们会发现其背后其实隐藏着深层的社会政治问题。食盐走私可以说既是清代政治日益腐败的必然结果,同时也是当时政治日益腐败的具体体现和反映;反过来,日益腐败的政治又进一步加速了私盐的泛滥。

四、小结

有清一代,尤其在清中叶,面对私盐的日益活跃,清政府颁布了许多法

---

① 有关这两方面的情况,可参见张小也《清代盐政中的缉私问题》,《清史研究》2000 年第 1 期。

律法规加以防范与遏制,但事实表明,私盐问题仍然无法得到很好的解决,这其中的原因是多方面的。为此,魏源通过诗歌《江南吟·缉私盐》对此进行了深刻的揭露:

> 缉私盐,缉私盐,改捆先治场私源。七斤豫章八斤楚,不改恐致官私嫌。改捆愈多私愈众,即挖官色作私用。岸费愈增本愈绌,川粤潞私四面周。何况银价日高抵岑楼。呜呼!场私如山积,邻私如川灌,若运场私敌邻私,信盐贱销两获算。君不见,温川郡守师票盐,商民歌咏官府嫌。弹章早上秋霜严,利民利国徒鸡廉。奈何尽夺中饱餍。①

可见,质量、成本、价格、吏治等,均是影响缉私的重要原因。具体而言,以下几点也许能为我们提供某些启示:

第一,私盐问题是一个持久而又复杂的社会问题,任何缉私措施都决非一朝一日能奏效。解决私盐问题是一个长期而又艰巨的系统工程,它需要中央与地方政府相互配合,协调一致,同时也需要地方官僚与缉私官兵通力合作,互联互动。而事实上二者往往因为利益冲突而事与愿违。利益群体之间矛盾的存在不仅破坏了政府内部的团结,而且还影响了缉私兵役的缉私热情,弱化了缉私效果。

第二,从某种意义上来讲,解决私盐问题,规范政府行为是关键。政府不仅要坚守自身岗位,履行缉私职责,同时还必须依法办事:一方面,如果政府行为缺位,必然会大大降低其缉私效能;另一方面,如果政府不作为或乱作为,其后果则更为严重,它不仅不利于私盐问题的解决,反而会进一步激化社会矛盾,降低政府在民众心目中的公信力和信誉度。因此,要防范并打击私盐,政府不仅应该在法律允许的范围内行事,而且还必须以法律为依据,真正做到"有法必依、执法必严、违法必究"。

第三,在防范和打击私盐的过程中,制定相应的法律法规使缉私做到有法可依是必要的,也是非常重要的。但法律条文必须简明扼要,行之有效。而清代缉私立法却极为琐细,而且通常是有名无实,特别是对于盐官、盐商不法行为的各种法律条文,往往只是纸上谈兵,在实践过程中很难执行。这些华而不实的法律条文,不仅耗费了清廷太多的时间和精力,同时

---

① 魏源:《江南吟·缉私盐》,参见潘同生编著《中国经济诗今释》,中国财政经济出版社,2000年,第275页。

还使原本非常简单的缉私机制变得复杂化,影响了缉私效能。

其实在走私与缉私的博弈游戏当中,一开始就注定了不可能有真正的赢家。走私者以私盐为工具与政府做斗争,虽然一定程度上维护了自身的利益,但它并没有从根本上改变食盐专卖制度,政府借盐商之手垄断食盐生产、流通、销售的局面并没有因此而改变;政府为了打击私盐虽然费尽心机,但私盐也并没有因为严厉的缉私制度和缉私立法而减少,相反,在跌宕起伏的走私与缉私斗争历程中,私盐问题愈演愈烈。

事实表明,仅仅靠加大打击缉私力度,或是加强缉私法律建设来解决私盐问题是不够的,所有这些措施的作用都是有限而又短暂的,它可能在某一地区或某一特定时间范围内发挥作用,而就全局而言,它最终只能治"标"而无法治"本"。要彻底解决私盐问题,关键在于从源头抓起,找出私盐活跃的真正的原因所在,然后在此基础上制定一些相应的政策措施。从根本上来讲,还是应该从转换制度入手。最有效的办法就是放弃榷盐制度,通过其他更为合理有效的方式来满足政府对盐课的需求,推行以市场为导向的食盐自由买卖制度,从而做到"化敌为友、化私为官"。

余论:对两淮私盐基于制度
因素的思考与评价

历史研究的目的是什么？对于该问题恐怕没人能给出个标准答案,事实上也不可能有标准答案。不同的人站在不同的立场,必然会有不同的看法,正所谓"仁者见仁,智者见智"。国学大师梁启超曾经指出,"历史的目的在于将过去的真实事实予以新意义或新价值,以供现代人活动所借鉴"。那么,什么又是"予以新意义或新价值"呢？接着他又指出,所谓"予以新意义",是指"从前的活动本来很有意义,后人没有觅察出来,须要把它重新复活;或者从前的活动被后人看错了,须得把它重新改正";而所谓"予以新价值",就是指"把过去的事实从新评估"①。可见历史的研究目的在于再现历史现实,或者修正错误。但无论是把历史事实重新复活、重新改正或是作重新的评估,都只不过是历史研究的过程而已,而不是最终目的所在,其最终目的还是要回归现实,即"供现代人活动所借鉴"。如果最终的研究成果仅仅停留在理论层面,而无法产生任何实践意义的话,那么,这种研究可以说是基本不成功的,也是缺少实用价值的。笔者并不奢望现有研究能给当今社会带来多少具有前沿意义或者是重大实用价值的东西。对于历史研究而言,该欲望显然不现实。从学术的角度而言,我只希望本研究有助于拓宽盐业史的研究视野,丰富盐业史的研究内容,促进相关研究方法的更新,使盐业史研究更加饱满充实,成立体态势;从现实的角度而言,则希望它可以为研究者在解决类似问题时提供某些借鉴。也许这种借鉴是浅显的、微妙的、间接的,其实这都不重要,重要的是它超越了历史研究本身,为现实注入了一些新的元素。

正是基于上述考虑,所以本书才会耗费如此篇幅来描述清中叶两淮私盐的缘起、发展、影响、危害的全过程,其目的在于透过私盐与地方社会之间的互动,来展现清中叶私盐、私贩、民众与国家政权之间复杂而微妙的关

---

① 梁启超:《中国历史研究法》,上海古籍出版社,2004年,第148—152页。

系。描述的目的是再现历史,而分析的目的则是为了诠释历史。笔者无意援引发生在局部地区的特殊情况来推断出涵盖全局的一般性结论,只是希望通过这一微观研究,使下列问题的讨论得以进一步深化。

第一,私盐与地方社会的互动反映了怎样的复杂社会。

首先,从微观层面而言,私盐与地方社会的互动,反映的是各种社会阶层之间因为争权夺利而表现出来的相互博弈关系。从表面上看,私盐与地方社会的互动是社会各阶层争夺经济利益的一种表现,是一个不折不扣的经济问题,但纵深分析会发现,它其实更是一个反映各种社会矛盾消长情况的政治问题。围绕着"私盐"这样一个利益主题,中央与地方、官僚与盐商、官府与民众等社会各阶层之间为了各自的私利,尔虞我诈、勾心斗角,在制度与非制度层面上展开了激烈的斗争。

就中央与地方之间的博弈而言,中央政府各项工作的顺利开展,需要地方政权的通力配合;而地方政府的生存与发展更需要以中央政府为靠背。但在实际生活中,人们看到的是,当两者为了取得互利共赢并实现各自利益最大化的时候,双方在相互配合的同时,却又相互制约。中央与地方政府之间的相互博弈,在盐业问题上的主要表现,在于两者在处理私盐问题时的相互利用又互不协调上。作为利益共同体,应该说中央政府与地方政府在打击私盐方面有着共同的愿望。中央政府希望地方政府能尽职尽责,而地方政府则希望中央政府能给予足够的行政权力和资金支持。而在具体实践过程中,中央政府在授权地方政府监督并治理私盐问题时,却又自觉或不自觉地给地方政府制造了许多障碍:要么不给地方政府以足够的资金、人力和物力支持,要么在治私权限上予以种种限制。中央政府的如此作为势必束缚地方政府的手脚,因此,地方政府在缉私过程中往往从"私利"而不是"公利"出发,采取消极被动的态度来对抗私盐,特别是当面对强悍无比的盐枭时,其缉私意志更是脆弱无比,有时甚至与私贩相勾结,同流合污,共同贩卖私盐。

就官僚与盐商的关系而言,无论是中央官僚还是地方官僚,都将获取巨额盐利的希望寄托于盐商身上。他们希望通过盐商这样一个行盐"工具",借助权力寻租的巨大威力,来实现其不劳而获的财经梦想。而盐商则希望以各级官僚为庇护,借助官府赋予的食盐专卖特权,通过种种合法或非法手段,来达到其利益最大化的目的。很显然,当两个原本并非利益共同体的群体站在同一平台上为了达到同一个目的时，矛盾的产生必然在所难免。因此，围绕形形色色的私盐事件，人们通常看到的是各级官僚与盐商若即若离的身影。为了共同的利益，他们通常会相互合作；而当为了各自私利，则又相互抱怨。正是在此背景下，当人们看到官商之间既存在剥削与被剥削，也存在通同作弊、狼狈为奸的关系时，也就不足为奇了。

就官府与民众之间的关系而言，体现在私盐问题上的博弈游戏同样也精彩无比。首先，官府与民众都视食盐为利薮，但官府企图通过食盐专卖体制独霸盐利，而民众则渴望通过市场的一般性规则与官府共同分肥。相互不对称的利益诉求促使矛盾凸显，随着矛盾的不断激化，私盐应运而生。私盐的出现在破坏专卖体制的同时，却在一定程度上化解了官民之间的矛盾，缓解了双方剑拔弩张的对立情绪。私盐的这种双面效应，一定程度上可以解释清中叶两淮私盐难以根绝的原因。其次，官府与民众在对待私盐的态度方面，也在相互博弈中发生着变化。对于民众而言，特别是对于贫苦民众而言，私盐就像荒漠中一根救命草，它不仅解决了他们的淡食问题，而且还成就了他们当中相当一部分人的就业之道；而对于官府而言，尤其是对于地方官府而言，私盐则像一根"用之不得、弃之可惜"的鸡肋。一方面它影响盐课收入、破坏专卖体制，但另一方面它在缓解官民矛盾、解决边远地区老百姓的食盐消费，乃至借助私盐获取非法利益问题上，却起着官盐所不可替代的"积极"作用。正是这种相互矛盾的作用不断动摇着地方官府的缉私决心，而当巨大的盐利成为难以抗拒的诱惑时，为数众多的地方行政官员、盐务官员和缉私兵役等，都纷纷倒向了民众之列，由官盐的保护者异化成了私盐的贩卖者。

其次，从宏观层面来看，私盐背后所展现出来的各种社会矛盾的消长是我国传统社会由强盛走向衰败的一个缩影。作为我国晚期传统社会历史发展进程的重要组成部分，私盐问题清晰地反映了清代榷盐体制的落后性以及清代经济社会诸多层面的特点。榷盐体制刻板顽固，缺乏时代发展所需要的灵活性和变通能力。无论老百姓如何深受淡食之困苦，无论私盐贩卖表现如何之猖獗，清廷坚守两淮以"官督商销、划界行盐"为特点的榷盐体制不变，直到私盐泛滥成灾，并危及盐商命运、影响课税收入时，才勉为其难地在纲盐体制破败不堪的淮北盐区推行票盐制改革。然而，不彻底的改革一开始就注定了它的短命。清政府对待榷盐体制的态度，其实也是它保守、呆滞的政治体制的一个缩影。这种缺乏进取精神与创新意识的统治机制自然难逃没落的命运。因此，可以说，私盐问题在一定程度上为我们解释"清政府为何会在乾、嘉、道年间由强盛走向衰败"提供了某些可靠的依据，尽管这些依据是间接微妙的。

清中叶官场的不良风气，在私盐与地方社会的互动过程中也得到了充分的体现。最典型的例子莫过于盐务官员与缉私兵役的监守自盗，他们不仅参与或是单独贩私，而且还勾结私贩倒卖官盐或是得贿纵私。此外，撇开盐务官员和缉私兵役的不法行为不论，即便是主张严厉缉私的户部官员与地方盐政之间，也往往为了各自的私利与权势，难以和衷共济。比如在湖广、江西某些与邻盐交界府县的官盐销售问题上，前者主张就近行盐，而后者则坚持要维持现状，就是其重要体现之一。

第二，私盐的活跃给地方社会带来了哪些影响。

事实表明，私盐给地方社会带来的影响是复杂而深远的，任何情况下人们都不应该简单地用"好"或者是"坏"来评价它。对于不同的社会阶层而言，私盐具有不同的意义：对于以督抚为中心的地方政府而言，私盐的活跃，让其疲于奔命，依附于官府的盐商也因此日渐衰败；对于以会党为首的盐枭而言，私盐是一种工具，他们以武力为后盾，利用私盐这个工具，武力对抗于政府，发泄他们对社会的不满，同时也通过食盐贩私，实现其生财之道，从而达到改变其社会地位的目的；对于普通民众而言，私盐只是他们谋生的一种手段，在被逼无奈的情况下，他们借助私盐来实现其自我生存的价值。

正是因为私盐给不同的社会阶层带来的影响是各不相同的，所以各个社会阶层对待私盐的态度也千差万别。通常情况下地方政府和盐商主张不惜一切代价打击私盐；作为私盐的贩卖者和倡导者，盐枭则主张将私盐贩卖规模"发扬光大"；而普通民众的态度则游离于地方政府与盐枭之外，随政府政策的变化而变化。

私盐和地方社会的这种互动，折射出的是食盐走私背后深层的社会问题，比如地方政府与中央政府矛盾的凸显、民众对政府的不信任、社会核心价值的丧失等等，而这一切又与社会制度密切相关。

第三，私盐与榷盐体制之间存在怎样的关系。

清中叶两淮私盐为什么会猖獗无比？诚然，对于这个问题有许多答案,如官盐质劣价昂、私盐质优价廉、吏治太腐败、缉私不力等,但最根本的原因在于榷盐体制本身。

在我国传统社会,盐的重要性源于盐税在国家财经收入当中所扮演的重要角色。在工商业日益发达的今天,由于工商业税收在国家赋税当中所占的比例越来越大,盐税的重要性已逐渐淡出了政府的财政体制,同时也淡出了人民的视线,食盐曾经的辉煌已日渐为人民所遗忘与忽视。但作为一种事关国计民生的重要商品,无论是今天还是传统社会,政府都将其列入专卖商品之列。不过就其性质而言,今天的盐专卖与传统社会的榷盐制度已发生了根本性变化。如果说今天的盐专卖主要是出于食品安全(保证民食和健康)的考虑的话,那么,传统社会的榷盐制度则主要是为了保障国家的课税收入。尽管传统社会的榷盐也有保证民食的因素所在,但当民食与课税发生冲突时,政府会毫不犹豫地倾向于加强对盐课的保护,而不是民食。正是这种难以调和的矛盾引发了诸多围绕盐利而展开的斗争。无休止的斗争不仅弱化了清政府的统治基础,而且还激化了社会矛盾,削弱了各级盐务官兵的缉私积极性,从而为私盐的入侵提供了可乘之机。从该角度而言,制度因素更能说明清中叶两淮私盐为什么会如此盛行。

众所周知,榷盐体制的最大特点在于它的市场排他性。在榷盐体制下不可能有公平的市场竞争,同时也排斥商品经济的发展。应该承认,榷盐体制对于解决消费者的食盐问题和清政府的赋税收入确实发挥了非常重要的作用,并在一定程度上调节着两淮食盐市场的供需平衡。但所有的这些作用都不是市场的自我调节行为,而是建立在行政权力的强行干预基础上的。清政府为了维护国家机器的正常运转,置市场规律和老百姓的基本需求于不顾,限定行销区域、设定销售价格、制定专商行盐的"霸王"条款,都是为了保护垄断利润——盐课和自身利益而采取的强制手段,是典型的借国家公权力推行行政垄断的行为。较经济垄断而言,行政垄断对社会的危害性更具有隐蔽性,而对社会稳定却具有更大的破坏力,因为公权力的滥用,它直接损害的是政府的公信力和社会的整体公平性,更容易激化社会矛盾。从某种意义而言,私盐泛滥正是社会矛盾激化的一种表现。

总之,清廷的上述做法不仅割断了食盐与消费者之间的联系,使食盐完全处于市场供销之外,而且还破坏了自由买卖、优胜劣汰等最基本的市场规律。当食盐脱离市场机制以后,所有围绕食盐的经济行为都可能带有一定的政治目的,不仅食盐的名称改称为"官盐",事关食盐销售好坏的成本、价格、质量也很可能与市场的需求相违背。市场经济的基本规律表明,当商品的成本、质量或是价格出现问题时,最有效的方法就是通过市场这只"无形的手"来解决,而清代榷盐体制的实践正好与此相反。以价格为例,清中叶私盐活跃,很大程度上是因为各地盐价不统一造成的。盐价的高低差异,原本可以通过市场供求状况予以解决,然而榷盐体制下,清政府却固守各地盐价不统一的陈规不变。从官盐的流通看,清代实行额定盐引制,划地销售,割据市场,使官盐价格长期维持在远远高于实际市场价值的垄断高价水平。因此,官盐不是一般意义上的流通商品,而是一种肩负特殊使命的流通物品。其特殊使命就是在国家政权保证其市场唯一性的运作下,迫使消费者为维持生存而购买。消费者购买的这种官盐,与其说是一种商品,不如说是以购买的形式向国家交纳的一笔贡赋。盐之买卖变成了征收贡赋的手段,食盐消费者也就成了贡赋的承担者。因此,这种在缺乏"流通自由和商业自由"的基础上制定的盐价,可以说完全背离了市场的基本规律。

　　一言以蔽之,种种迹象表明,以垄断为主要特点的榷盐体制才是导致清中叶两淮私盐盛行的根本原因所在。两淮的情况表明,食盐垄断从没有像清中叶这般处于民众讨伐的风口浪尖,从灶户、贫民、盐枭到兵弁、盐商、盐官,社会各阶层对垄断的不满史无前例的严重。人们纷纷以各种方式将垄断推上审判台,这表明民众对垄断积压的不满已经到了一个爆发的临界点。在此情况下,又如何能保证官盐不受遵循市场规律的私盐的侵害呢?

　　林纪猷在谈到民国盐务积弊时指出:"虽历代盐政,时有更张,各区盐务,年有兴革,而终有今日支离之局面,既无补于国库,且无益于民食,是谁之过欤? 是制度及行政之不良也。如苛捐杂税,比比皆是;划地行盐,迫而走私;盐商垄断,假公济私;吏道过杂,流弊大甚;场地零落,合作困难;制造粗劣,私盐充斥;运道不修,成本加贵。凡此种种,均有碍盐务之发达,国税之收入。"①民国如此,清代又何尝不是这样? 就两淮而言,正是由于苛捐杂税、吏治腐败、盐商垄断、运道破落等原因,导致私盐充斥,盐务积弊积重难返,官盐销售到了岌岌可危的地步。

---

　　① 林纪猷:《中国盐政之沿革》,《工商学志》1935 年第 7 卷第 1 期,第 46 页。

第四，清代两淮私盐从缘起到泛滥经历了怎样的发展过程。

清代两淮私盐的发展经历了一个波浪式的演进过程。在这个波浪式的发展进程中，曾经出现过两个高峰期，第一个高峰期发生在清政府由强盛走向衰败的历史转型时期——乾、嘉、道、咸年间。其特点表现为：第一，私盐种类繁多，有灶私、商私、枭私、官私、船私、邻私等；第二，私贩成份复杂，参与走私的有灶丁、平民、盐商、盐官、盐枭等。过去人们通常认为，这一阶段的私盐之所以泛滥成灾，是因为当时官盐质劣价昂，而私盐质优价廉造成的。但仔细分析就会发现，这其实只是表面原因。真正的原因在于盐业制度本身，即制度设计的不合理性。不合理的盐业制度带来的是官盐成本上涨，而官盐成本上涨，最终导致的是盐价上涨；加上清政府半强制性的"捐输报效"和各种需索盘剥，更使得盐商处境艰难。为了维持最基本的经营活动，他们不得不在食盐当中掺入泥沙，或是任意抬高盐价。其结果是"搬起石头砸了自己的脚"。盐商不但没有因此获得高额利润，反而为食盐走私提供了契机。私盐的泛滥迫使清政府不得不对原有的盐业管理体制进行新的改革，即将原有的垄断性纲盐制改革为具有更多自由贸易性质的票盐制。票盐制改革对抑制私盐的泛滥的确起到了一定的积极作用，但票盐制改革所取得的成就是局部而又短暂的，好景不长，"咸同兵燹"很快就将来之不易的成就化为了乌有。"咸同兵燹"以后，私盐贩卖活动卷土重来，也就是从19世纪60年代初期起，清代第二个食盐贩私高峰因此而至。相比于前一次高峰而言，这一次食盐贩私具有两个明显的特点：一是盐枭成为这一次私盐贩卖的主流。盐枭贩私不仅人多力众、组织严密、分工明确，而且他们还与会党组织——青、红帮等相勾结，武力对抗清政府；二是来势更为凶猛，而且持续时间更长，一直伴随清政府走向终结。

附录一：清中叶两淮私盐案例

案例一：田国荣、陈玉九等平民贩私案

田国荣籍隶怀远县，黄廷甫籍隶山东县沂水县，周魁耀籍隶江苏青河县。于(乾隆)五十五年(1790年)十二月初间，田国荣、黄廷甫、周魁耀在青河县羔沟贩卖毡货，适籍隶山东之逸犯谢泳亦在彼卖毡。因是年毡货价昂，不能赚钱，俱未置买。该犯等见羔沟盐贱，上江盐贵，各出本钱向蒋文学买盐。田国荣买盐1000斤，黄廷甫买盐1000斤，周魁耀买盐600斤，谢泳买盐1000斤；雇陈兆洪船只装载，于五十六年(1791年)正月十九日行至马家冈，见有盐船数只被官兵追拿。谢泳畏惧，将船底凿损沉溺，与田国荣等赴水上岸脱逃。田国荣、黄廷甫、周魁耀三月初逃至凤台县被获。

又盱眙县游击抓获陈玉九、蒋万和二名。陈玉九籍隶江苏沛县，向贩烟叶为生。于(乾隆)五十六年(1791年)正月间在桃源县搭船回家，经由洪泽湖口守风，向邻船船户胡景光买盐250斤，带回贩卖。于本年二月初二日，船抵盱眙宗家铺地方，船户听闻查拿私盐严紧，畏惧不装，遂将陈玉九盐包、行李抛弃河滩，开船而去。适有觅食之蒋万和路过，经陈玉九雇负被囊登岸，正在论价，被兵役一并拿获。

又宿州续获张二，籍隶亳州，向在盱眙县马家冈雇工，于(乾隆)五十四年(1789年)四月初八零星贩卖，又于五十五年(1790年)六月初六日向徐振海买盐300斤。又蒋四，亳州回民，寄居盱眙县马家冈，系第三起沉船案内逸犯，买盐280斤，族闻缉私严紧，不敢出卖。至三月二十日，有籍隶定远县与蒋四素识之王大成卖米回归，推车路过，蒋四没事溜进吸烟，与王大成商量将所买盐斤推至乡间伙卖，赚钱均分。王大成允从，将盐装载车上，行至凤阳县被获。

以上先后获灶户、盐犯 11 名。①

案例二：谢鸿仪等有组织、有计划地贩卖私盐案

谢鸿仪、胡遐镒、陈四海籍隶山东；王有富、牛金声、王凤成籍隶河南；杨彪籍隶江南阜宁。向不安分，常赴海州一带贩卖私盐，不能记忆年月次数。谢鸿仪又于本年正月间在赣榆县向宁兴场灶户梁复举及贩户吴老大买盐 20000 余斤，雇不识姓名小车装载运，欲赴洪泽湖售卖。胡遐镒于本年正月间在海州向临兴场灶户滕闲及揽卖私盐之刘自超买盐 20000 余斤，运至王茂聪家窝藏。俟同现获之李际崖、谈发有、邵驴脸、潘如海、吴士泰用蒲包捆好，雇丁大小船转运，欲赴洪泽湖售卖。陈四海于本年二月间在海州向临兴场灶户李锦买盐 9400 余斤，雇刘四小车装运，欲赴桃源县售卖。王有富于本年正月间，在海州向临兴场灶户李书及贩户马德买盐 10200 斤，雇现获之张之成船只装运，欲赴亳州售卖。牛金声于本年正月间向贩户陈二麻子买盐 12600 余斤，雇刘四小车装运，运至汤泳达家，又雇史得功帮同堆贮窝藏，以图零星售卖。王凤成于本年正月内在海州向贩户张发成买盐 6000 余斤，雇不识姓名小车装运，欲赴洪泽湖售卖。杨彪于本年二月内在盐城县向新兴场灶户刘大斌、杨有幅、张位、戴如珍、殷国士买盐 4100 斤，雇不识姓名小车装运，赴青河县售卖。经桃源、沭阳、阜宁、安东各县，会同营讯查获。又雇大保、陈受堂、张受三、谢小观、蒋十宝、马迎德、张四、武二福、万兴、左大保、李三有、王有林、沙大保、沈公盛、左学凤、黄恒贵、张有仁、蒋学洪、徐有仁、王受山、吴仲兴、赵六保、陈仲有、周长有、雇加禄、戴有成、周藤如均系江南泰兴县人，素常贩私，不记次数。此次又于本年正二月内在泰兴地方向贩户陈大才并扫卖私盐之王有仁、王大、李七、胡士林等陆续收买私盐 5500 余斤。即雇陈受堂船只装运，赴镇江售卖。经京口营会同江都县拿获，并据泰兴将陈大才拿获。

又陈兆廷、浙江会稽人，于上年十二月内在沭阳县向贩户朱其禄买盐 2400 斤，雇吴二小车运至桃源县曾永嘴地方，卖与不识姓名纲船，经桃源县会营拿获，并将卖盐银 30 两起出。

① 中国第一历史档案馆藏：《朱批奏折》（财经类·盐务项），乾隆五十六年五月二十二日，安徽巡抚朱珪。

又张廷元系山阳人，于本年二月内在该县杨永庙地方，见在逃之方虞成载有私盐一车，即向买盐1080斤，至甘泉棚地方，经该县代同兵役拿获。

又裴化纯、穆大志、李忝林均籍隶山东，裴化纯于本年二月内在海州地方向挑贩私盐之陆明远、王四买盐560斤；穆大志于本年正月在沭阳县向贩户张四买盐840斤；李忝林于本年正月在沭阳县向贩户崔四买盐840斤。又徐泳太，山阳县人，于本年正月内同在逃之朱鸣高各向贩户陈桂林买盐550余斤。又苏永栋、蒋万禄籍隶安徽。苏永栋于本年正月内在沭阳县向私贩陈二买盐420斤；蒋万禄于本年正月向贩户张宗亮买盐320斤。各犯经桃源、青河、山阳各县协同拿获。

又马恒、宋有庆系海州人，于本年二月内向海州私贩陈大买盐320斤，经沭阳县拿获。

又卜三、汤二、姜得均系邳州人，于本年三月内在赣榆县向私贩张文举各买盐270斤。又王泳太、周洪礼、吕利、张日茂、许朋立均系邳州人，亦于本年二月内先后向私贩陈飞雨家各买盐六七十斤至二百余斤不等。又胡成沅、郭翠、郭平亦系邳州人，于本年正月内先后向不知姓名盐贩买盐二三百斤不等。又白宗权、伏起、刘照均系邳州人，于本年三月内在赣榆县向贩户万成买盐240斤，经邳州知州会营拿获。

又李五、周选、李益均系赣榆县人，本年二月内李五向临兴场灶户梁复举买盐320斤；周选、李益向临兴场灶户李开其买盐330斤，经赣榆县会营拿获。

又陈重远、孙有柘系盐城县人，于本年二月内向新兴场灶户洛世禹、丁士杰各买盐120斤，经山阳县会营拿获。

又朱万高系泰兴县人，向不识姓名买盐240斤，经江都县拿获。

又窝犯孙元梅赣榆监生，于本年二月内有在逃之赵大将私盐60斤交该犯窝顿；又窝犯张自贵，桃源县人，有在逃之盐犯刘浦儿于本年正月内将私盐2000余斤交该犯窝顿；又王自贵系桃源县人，有在逃之盐犯胡先、考三于上年十二月将私盐500斤交该犯窝顿，均经桃源县会营拿获。

又孙仁、周贵、朱三、陈秀均系铜山县人，摇船度日。本年二月内孙仁等在桃源揽载，有在逃之盐贩邵文彩、张大同、陈姓将私盐200包，约20000余斤，雇该犯船只装运，甫经装完，尚未开行即被桃源县带同兵役拿获。……以上所贩卖私盐多系临兴、新兴两场透漏。①

案例三：唐光烈等兴贩私盐拒捕并致伤兵役案

唐光烈、刘正经、张景云、汪名远、冯之典，俱籍隶天门，平日各在四川赶脚营生，素相认识。乾隆五十五年（1790年）十一月初间，由东湖县五斗湖驮载货物同赴巫山县交卸，因值岁暮回家，稔知巫山县横石溪地方盐价甚贱，唐光烈起意贩卖获利，俱各允从。唐光烈、刘正经、张景云各用银3两，在易友店内各买盐120斤。张子见、汪名远、冯之典、杨永敬、黄应富各用银2两买盐80斤，俱用骡载归。十二月初八日，自巫山县横石溪起身，因闻大路巡缉严紧，俱由山僻小路行走。十二日先后行抵兴山县平邑口，该犯等闻有兵役截拿，别无逃逸路径，彼此商议，唐光烈辄声言，如遇截拿之人，即行拒殴。遂嘱张景云、杨永敬、汪名远、冯之典照管众人骡头，唐光烈手执蛮刀，刘正经、黄应富、张子见各执木棍前走，以防擒拿。兵役余贵、邬杰等弊见，上前阻拦。张子见等突出向拒，邬杰拾石掷打，致伤黄应富顶心，黄应富畏惧退后，张子见拢，用棍连殴邬杰，兵丁余贵即杖棍打伤张子见。初张子见将棍格落。余贵拔刀拿戳张子见两下，唐光烈用刀拒伤余贵左腰，余贵转牙用刀背格伤唐光烈右胳肘、右腋肘，并用刀尖戳伤唐光烈左脚踝。唐光烈亦用刀背殴打余贵右胳膊，并戳伤余贵右胯连及肾囊，倒地，维时，张景云等骡前走，徐华等上前擒捕，刘正经用棍殴伤徐华右胯右胳肘。唐光烈等分路逃散，该兵役等回县禀报，经该道府县会营四路缉拿，先后将首伙8犯全行拿获。起出盐骡。②

案例四：刁轮等兴贩私盐及盐快得贿纵私案

刁轮籍隶铜山，先于乾隆五十八年（1793年）戳伤吴三纲，身死，脱逃被获，审拟绞候。恭逢嘉庆元年正月初一日大赦，免罪释放，至四年四月迁往仪征。五月二十日边会遇在外之乔老汉、艾锡华，谈及淮南商引额运百万，每引例准开销卤耗余盐13斤，俱由屯船户写雇驳船从泰壩载至仪征，

---

① 中国第一历史档案馆藏：《朱批奏折》（财经类·盐务项），乾隆五十六年四月十九日，江苏巡抚觉罗长麟。

② 中国第一历史档案馆藏：《朱批奏折》（财经类·盐务项），乾隆五十六年二月八日，湖广总督毕沅、湖北巡抚福宁。

改捆子包后装入大船，运往江西、湖广行销。多余卤耗盐斤，如遇天时晴燥，装贮结实，卤耗无几。每百引可得千余斤，少或数百斤。沿途驳装船户，如遇公正之人，不图渔利，于掣盐时多余卤耗向例归屯，船户分得一半，其余一半即给驳船户及押运之人三七均分。其间不肖船户即将多余之盐沿途变卖，更在盐包内偷爬一斤半斤，每船亦可爬积数十斤至一二百斤不等，皆在仪征黄泥滩、黄泥港及泰坝以下一带地方贱价消卖。每石斤止合钱 900 文内外，收买转卖。大可获利。刁轮即起意纠约乔老汉、艾锡华贩私。因三人出本为数无多，又纠同现获之高魁、李凤标、王二、宋五、姚二、卢国鉴、彭学濂总管钱盐出入，乔老汉、艾锡华、李老、李二、郭大、张环、高文山、大文二专管收买转卖。嗣因乏人照应，刁轮又纠伊弟刁凤，并姚二之弟姚三及李锡敬、王万五、张二即张长会、吴四黑子、赵万子、王大、歪毛子、赵细万子、王国万等 10 人帮同照料，言明刁凤等不出本钱，获利许分半股。自嘉庆四年（1799 年）六月起至五年（1800 年）四月访拿以前止，乔老汉等坐刁轮划船，向已获之邵自富、王廷遐、许连幅及不知姓名各驳船户收买得盐 56000 余斤，捆成八九斤不等小包，陆续卖于陶谷、张三、王七、李和及不知姓名各湖广船户，每百斤获利五六百文，按股分用。该犯等伙贩私盐，时会经仪征盐快余文秀巡见，称欲禀报。刁轮两次送给钱 3000 文，为其隐庇。此刁轮等结伙盘踞，兴贩私盐及盐快得规包庇之情也。[1]

案例五：陈铎等纠伙贩私案

陈铎籍隶山东，嘉庆十年（1805 年）来至海州，与州民张五熟识，陆续收买老小担上盐斤，私卖约 600 余斤。十一年四月十五日，张五向陈铎谈及船户装载引盐，开销卤耗为名，沿途零星盗卖，价值较贱。陈铎起意贩私，即托张五引买。时有船户强万良，顶名陈启岗与于廷南、吕万如、侯士海、王戎、王瑞成、李泳华、蒿增贵 8 船，揽载船人巴恒盛存场引盐 232 引，于四月十四日报掣出关。因水浅船小，将盐照例散装，运赴卢家沟售销。张五往向船户强万良买盐，强万良约候夜间船抵张家店再商。张五告知陈铎，即纠在逃之韩小鱼、蔡双子、童兴照、刘大旺合伙共凑本钱 5000 文，雇

① 中国第一历史档案馆藏：《朱批奏折》（财经类·盐务项），嘉庆六年一月二十五日，江苏巡抚岳起。

坐已故之李连贵，现获之周添顺，及在逃之左进修小船三只。又有在逃之山东人苏景荣亦起意贩盐，纠同现获之苏宝、宋振及在逃之苏景和、苏三共凑本钱 7000 余文，托郑允太转雇在逃之徐祥子、徐小狗、杨二、戴子头、蒋二汉相帮照应，许给工资。雇坐田四、汪士有小船二只，与陈铎等船均至张家店南首，见强万良等船分泊，陈铎、张五向强万良买盐，苏景荣向候士海议买。强万良只允卖盐五笆斗，陈铎嫌少，并因价昂，致相争闹。陈铎见船内盐系散装，声言船户必有夹带，起意扒抢。即日，韩小鱼、蔡双子、童兴照、刘大旺至强万良、于廷南、吕万如船上，共抢盐 32500 余斤，经周添顺、李连贵、左进修接收过船。苏景荣与候士海讲买未定，见陈铎等扒抢，亦纠同苏宝、宋振、苏景和、苏三至候士海、王戎、王瑞成船上，共抢盐 32700 余斤，经徐祥子、徐小狗、杨二、戴子头、蒋二汉接收过船。时有在逃之直隶人韩东奎等踵至，亦至李泳华、蒿增船上共抢盐 23500 余斤。各犯将盐分装各处，卖与在逃之沙东凡及不识姓名人，得钱各自俵分花用。余盐或经理初水淹消，或因闻拿获，弃河内。强万良等盗卖之事隐瞒报官，后抓获盐贩。①

案例六：戈大等转辗纠伙兴贩私盐被获案

有原籍山东济宁州，寄居仪征县之戈大即郭大，于嘉庆二年（1797 年）十月间，会遇在逃之乔七、乔老汉兄弟及石癞子，谈及驳船私卖卤耗余盐，可以兴贩获利。戈大起意纠合凑本贩私，乔七等应允。因凑本不敷，戈大又纠昔存今故之刘鸣、刘呆子并未获之崔老、梁玉周、王二、王四、李景瑶、李五、王第三，经管盐钱出入，乔七、乔老汉、石癞子、郑大汉、袁志、田裕姜、李同、张八、赵德兴、李真、刘秃子、陈运，专管收买转运，言明出本之人，俱分大股。嗣于七月五日，乔老汉与戈大口角拆伙，刘鸣、刘呆子身故，李五、王第三均各患病。戈大又邀高魁、彭学濂，帮管钱盐，并雇卢国鉴、崔五相帮挑运至句容。陈二及桥头砚岗一带不识姓名饭店窝顿零盐，并有划船户高老汉亦常雇载运盐斤。自嘉庆三年（1798 年）十月起至四年（1799 年）九月止，共收买盐斤六七万斤。戈大止知凭钱二、季友年、邰自富、焦通达说

---

① 中国第一历史档案馆藏：《朱批奏折》（财经类·盐务项），嘉庆十二年五月十七日，两江总督铁保。

合,买得驳船户朱连、杨洪、刘四等卤耗余盐3000余斤,其余俱由乔七等经手不知姓名人。每百斤获利七八百文不等,按股分用。后因高魁、彭学濂、卢国鉴等俱因所分无几,即与乔老汉均入刁轮一伙贩私。而戈大亦和林芳不和,停歇。旋闻访拿严紧,即雇不知情之田文学小船潜回原籍,续又来江探信,行至邳州即被拿获。此戈大转辗纠伙兴贩私盐,闻拿潜逃被获之情由也。①

案例七:傅长发等合伙贩私拒捕并殴伤兵弁案

据建昌府知府董斯福督同南城县知县黄宗宪禀报,建昌营游击萨斌善带同弁兵前往南丰县地方缉拿私盐。转至南丰县朱良堡地方,私枭贩纠众,将该游击弁兵拒伤,当获李立本等8名,解郡勘验,并督饬兵役续获傅长发等5名。

道光十五年(1835年)八月间,傅长发兄傅长人、族人傅邦安及素识之黄细冬、白细受、傅载川、傅连发、王矮俚、危添丁、傅大幅、饶庭举、白士升、白疙俚同在福建贸易。傅长发因见盐价便宜,起意合伙兴贩获利均分。黄细冬等允众随从,向建宁、泰宁等县不知姓名盐店陆续收买得闽盐2800斤,添雇饶茂淙、傅汾俚、傅细幅、吴梦绍帮同分挑回籍。是月十四日,挑至南丰县八都地方,又有南丰、宜黄、金溪各县不知姓名十余人亦各挑盐走至,一同坐歇(由此可见,很多人把贩卖私盐当成了一种职业)。适建昌营游击萨斌善带同千总许纲,随营武举王绍祖,并兵丁彭得腾、吴金发、黄镇江、胥兴发在彼缉私,见向捕拿。各犯畏惧,弃盐逃走,当将傅长发等及不知姓名人私盐拿获,共5468斤。时南丰讯把总王文浦亦巡缉至彼,当将盐斤交给王文浦,就近解回南丰,该游击同王绍祖等由旱路回营。傅长发逃后复与黄细冬、白细受、傅载川、傅连发、王矮俚、危添丁、饶茂淙、傅汾俚、傅细幅、吴梦绍会遇,傅长发不知盐已解回南丰,一时顾惜资本,当以南丰运盐回郡,必由南城朱良堡地方经过。该处人烟稀少,起意纠众拦夺,并令黄细冬等纠素好之李立本、饶太平、饶后淙、邱友才、吴帼绿、傅焕川入伙帮夺,许分盐斤,各应允。傅长发当与李立本分携木棍、余具,徒手17人,于

---

① 中国第一历史档案馆藏:《朱批奏折》(财经类·盐务项),嘉庆六年一月二十五日,江苏巡抚岳起。

十五日黎明齐抵朱良堡附近韭菜墩地方,见该游击带同兵弁在前行走,赶上喊抢,该游击饬兵捕拿。傅长发喝令拒捕,自积用棍殴伤武举王绍祖顶心右胎膊,失跌倒地,擦伤发际、右臂膀,并殴伤兵丁彭得腾右手背、黄镇江左肩胛;李立本亦用木棍殴伤兵丁吴金发右臁肋、胥兴发左后胁,并拾石掷伤该游击左腰、左胳肘;该游击当用腰刀划伤李立本左眼泡,黄镇江亦用鸟枪头划伤李立本左脚面。彭得腾、胥兴发性急,施放鸟枪,致伤傅长发左手、两腿。彼有傅邦安之弟傅邦告、傅邦吉闻知,因恐伊兄在场亦即赶至附和。维时千总许纲行走在后,闻信赶至,经该游击督率严拿,先后获犯,并于傅邦安家内续获先期另买挑回私盐四五百斤。①

案例八：庐陵县犯人梁道信等窝囤贩私,并廖余青等各自兴贩私盐案

道光二十五年(1845年)七月,据庐陵县知县蒋宁检、万安县知县彭申锡详称:梁道信籍隶庐陵县,廖余青、曾胜青均籍隶兴国县,沈仪滩、陈有得、刘兴发均籍隶雩都县。廖余青等均先不贩私。梁道信向与现获之族侄梁灏佑,并在逃之魏茂柱、邱万亨,在庐陵县陂头圩地方伙开饭店生理。道光二十二年(1842年)十二月间,梁道信因生意淡薄,看见该处时有盐贩过往,起意窝顿私盐,并收买转售获利。当与梁灏佑等商允。即于是月起,有盐贩至店吃饭,留住寄顿,以后盐贩即在店内销售,亦有挑往别处发卖。梁道信等每担收取房钱45文不等。遇有卖剩余盐,卖给梁道信店内。梁道信亦时向盐贩收买,陆续转售,约计每年收买私盐一二百担,与得房钱俱不记确数。往来盐贩均未认识。二十五年(1845年)五月间,廖余青曾在雩都县地方贸易,曾胜青、沈仪滩、陈有得亦挑送客货至雩都县交卸,均知该处粤盐价贱,各自起意贩卖。廖余青就在不记招牌盐店买得盐3756斤(注:旧计一斤等于16两);曾胜青、沈仪滩、陈有得向不知情之曾长发官盐店各买盐90斤,每斤价钱40文。廖余青将盐分装33担,雇用不识名挑夫运至吉安一带销售。曾胜青等均分装两篓,由山僻小路作伴同行。六月初二日傍晚,廖余青先至梁道信饭店,央允梁道信等窝顿。曾胜青等并有两起不知姓名盐贩随后走至,均经梁道信等招揽留歇,与廖余青等均议明每

---

① 中国第一历史档案馆藏:《朱批奏折》(财经类·盐务项),道光十六年二月二十一日,江西巡抚调任湖北巡抚周之琦。

担房钱 50 文,尚未付给。次早,廖余青等各挑盐担至村销售,即被万安县缉私卡员等督率庐陵、万安等县兵役将廖余青、曾胜青、沈仪滩、陈有得人盐并获。不识姓名盐贩与廖余青之挑夫,均各弃盐逃逸。盐担俱被兵役追获。①

案例九:万安县拿获盐犯萧全瑞等开饭店收买私盐,并王年兴等各自贩私案

　　道光二十七年(1847 年)正月二十五日,江抚吴准部咨覆:萧全瑞籍隶泰和县,邹英柏、高德芬、王年兴、田祥兴、张立富、郑桢祥与其弟郑金标均籍隶龙泉县。萧全瑞与在逃之曾致详、周声章、刘先思、高建福,在龙泉县新江口地方合伙开设万和号饭店。邹英柏与在逃之匡典云、高宜受、王大松,在该处合开愈昌号饭店,雇现获之黎芝详挑水煮饭。高德芬与在逃之焦昌琳、焦昌球及弟高建德,在该处伙开同兴号饭店,雇现获之黄有环挑水煮饭。道光二十五年(1845 年)八月初间,萧全瑞因生意淡薄,见该处私盐价贱,起意收买,转售获利。与曾致详、周声章、刘先思、高建福商允,各出本钱,于初四日起陆续收买私盐,零星转售。至被获之日止,先后贩盐13000 余斤。九月初八日,匡典云亦起意收买私盐。与邹英柏、高宜受、王大松商允,各出本钱,陆续收买,零星转售。至被获之日止,先后贩盐9000余斤。十一月二十五日,焦昌琳亦起意收买私盐。与高德芬、高建德、焦昌球商允,各出本钱,陆续收买,零星转售。至被获之日止,先后贩盐9000余斤。

　　十二月十三日,王年兴、田祥兴、张立富、郑桢祥、郑金标赴南康县唐江村赶墟,见该处不记牌名店内粤盐价贱,各自起意贩卖获利。王年兴买盐40 斤,田祥兴买盐 54 斤,张立富买盐 36 斤,郑桢祥买盐 152 斤,与伊弟郑金标分挑。俱于十五日傍晚行至龙泉县新江口地方,王年兴、田祥兴、张立富将盐挑至萧全瑞店内,并有不知姓名 5 人各挑私盐一担到店,经萧全瑞一并收买。郑桢祥与伊弟郑金标将盐挑至焦昌琳店内,并有不知姓名人挑盐一担到店,经焦昌琳一并收买。又有不知姓名 6 人各挑私盐一担至匡典云店内,经匡典云收买。萧全瑞等各与王年兴等议定每斤 52 文,次早过秤

---

　　① [清]孟壶史:《刑案成式》卷一《课程》,光绪丁丑仲春墨池书屋。

交价。王年兴等与不知姓名挑盐人各在买盐店内住歇。时有萧福海至萧全瑞店内投宿,用钱 420 文向萧全瑞买盐 7 斤,带回食用。又彭正沅至匡典云店内投宿,用钱 300 文向匡典云买盐 5 斤,带回食用……①

案例十:朱有才等灶户串通盐贩贩卖私盐案

朱有才、李枢籍隶海州,王谦籍隶赣榆县,俱充临兴场灶户;刘三籍隶海州,开张饭店。各场每日扫盐三四石不等,将成石者交商,剩下余盐二三十斤,听灶户卖与乡民得钱食用。朱有才于乾隆五十五年(1790 年)二月间因第一起(注:指第一起案件)灵璧县周永庄拿获。盐贩马玉向伊买盐,该犯贪图多得钱文,隐瞒该场官役,将扫积余盐 5000 斤,卖给马玉,得钱 12 千文;6 月间,又自出本钱陆续收买盐 4300 斤,转卖马玉,得钱 10 千文。李枢于乾隆五十五年(1790 年)十二月间,因已获盐贩李二、孙三,同未获之孙四托伊买盐,该犯隐瞒官役,将扫积余盐并承揽向老幼男妇陆续收买盐共 16000 斤,卖给李二 8000 斤,孙三、孙四共 8000 斤,得钱 4800 文。又王谦于(乾隆)五十五年(1790 年)十一月间,因第四起泗州半城拿获。盐贩顾文学及未获之郑二向伊买盐,该犯亦隐瞒官役,将扫积余盐 2000 斤卖与顾文学、郑二各 1000 斤,共得钱 4000 文。该犯复代顾文学收买盐 2000 斤,又代郑二收买盐 3600 斤,共得钱 400 文。刘三于(乾隆)五十四年(1789 年)六月间,因顾文学、郑二推车住宿伊店,见盐价甚贱,托伊代买盐 560 斤。嗣马玉等被获,供出各犯,经海州将朱有才等四名拿获。②

案例十一:万安县民龚稷百等各自兴贩私盐案

道光二十六年(1846 年),据盐贩龚稷百供:年 39 岁,父亲已故,母亲曾氏现年 74 岁,兄弟三人,小的第二,娶妻廖氏,生有一子;李武光供:年 30 岁,父已故三年,母亲曾氏现年 58 岁,并没兄弟、妻子;李武仁供:年 20 岁,父亲已故 10 年,母亲刘氏现年 65 岁,并没兄弟、妻子;杨善樑供:年 38 岁,父亲已故,母亲彭氏现年 72 岁,兄弟二人,小的居长,兄弟业已成丁,并没娶妻。有据同供万安县人,向俱种田度日,先不贩盐。道光二十六年(1846

---

① 〔清〕孟壶史:《刑案成式》卷一《课程》,光绪丁丑仲春墨池书屋。

② 中国第一历史档案馆藏:《朱批奏折》(财经类·盐务项),乾隆二十六年五月二十二日,安徽巡抚朱珪。

年)闰五月二十四日,小的们看见赣县万安等处私盐色白质贱,各自起意兴贩获利。小的龚稷百路过赣县五坡地方,向不知姓名人担上买盐 40 斤,小的李武光也在那里向不知姓名人担上买盐 34 斤。小的李武仁在本县索武地方,小的杨善樑在本县沙坪地方,向不知姓名人担上买盐 40 斤。均用箩筐装储,挑回贩卖,先后走到本县漂神地方,因天晚难行,一同投宿饭店,就被(芙蓉卡缉私员弁督同)兵役们巡见,把小的们连盐并拿获,解案的委止。各自起意贩私一次,并非同伙积惯兴贩,也没有窝囤的人。以上私盐贩,根据“犯无税私盐者,杖一百、徒三年”律,各杖一百、徒三年。①

案例十二:李兴泰等借回空粮船南下机会贩卖私盐案

李兴泰与王三,即王景沅,籍隶邳州;陈添金籍隶海州。嘉庆二十三年(1818 年)十月九日,李兴泰至赣榆县墩上集售卖花生,与现获之王三、陈添金并在逃之孙宣、刘顺、王之路会遇,谈及该处盐贱,每斤价只四文。李兴泰因正值回空粮船南下,销盐容易,起意各自出本钱合伙贩卖,获利均分。王三等应允,约次日会齐。二十日,李兴泰携带家存铁枪二杆防身,王三等各备钱文车辆,并带木杆芦苇,先后至墩上集左近野地停歇。托素好之姚庆,即姚余庆、韩得杨向老少男妇陆续买得私盐 12800 余斤,分装 28 包,每斤给姚庆、韩得杨钱一文。因车少不敷装载,雇现获之崔义、张文开、杜乾、李炳业四人,墅不识姓名人车辆将盐分装,用带去木杆芦苇搭棚遮羞,即于是夜起身从僻路行走,欲至邳州猫儿窝售卖。二十八日,行抵该州罗家庄,维时回空粮船因催攒严紧,不敢逗留卖私。该犯将盐车推至张信饭店歇宿,拟往土山镇销售。因人盐同在一处,虑人看破,即央张信与邻人吴斌商允,许给钱文,将盐运至吴斌家藏放。时有另起盐犯魏勋等推车 14 辆,载盐 51 包亦至该处,托马洪贵找得歇店,经马洪贵捏称咸鱼,欲至张程氏、王陈氏家空房分藏停歇。又有另起盐犯殷克勋雇阎大郎、阎开吉推车一辆,载盐两包,赴陈王氏家住宿,经官兵访知,密往查拿,将该盐犯李兴泰等拿获,余俱弃盐逃脱,禀经饬发淮安府审拟。②

---

① [清]孟壶史:《刑案成式》卷十《季咨稿》,光绪三年(1877 年)墨池书屋刊本。
② 中国第一历史档案馆藏:《朱批奏折》(财经类·盐务项),嘉庆二十四年六月二十五日,两江总督孙玉庭。

案例十三：万安县良口卡拿获船户王清荣等各自兴贩私盐案

道光二十六年(1846年)二月十三日，据署新建县知县斌椿祥称：缘王清荣、林崇仁均籍隶会昌县，陈明易籍隶瑞金县，俱驾船营生。王清荣向雇同县人罗老四、林崇仁向雇同县人吴老五各充水手。均先未贩私盐。道光二十六年(1846年)二月初四日，王清荣、林崇仁、陈明易与在逃之刘水生各船，俱在南安府揽载山东曹州镇官眷来省交卸。王清荣等因见该处盐价便宜，各自起意贩卖获利，当向不知字号盐店王清荣用钱买得盐1904斤，林崇仁买得盐408斤，陈明易买得盐1206斤，罗老四买得盐68斤，吴老五买得盐136斤，刘水生买得盐408斤，乘装行李时藏入舱底。初六日行至南康县地方，刘水生因船被碰坏，另雇会盛元船只装载，将自己所买私盐搬放林崇仁船内搭坐，来省售卖。初九日，船至万安县良口卡，即经该县会同驻卡员弁督率兵役在各船将盐查获……①

案例十四：两江总督孙玉庭奏报枭匪沙四等贩卖私盐案

沙四系河南夏邑回民，向在清河小贸度日，嘉庆二十四年(1819年)正月，邀同素识之山东回民曾得、李六作伙至窑沟搭棚开设饭店，见该处有老幼男妇挑卖零盐价贱，沙四起意囤卖获利，随置买称盐秤杆，并虑有人查拿，在荒担上卖得腰刀二把防身。自二月起陆续收积零盐1500余斤，先经卖给亳州回民丁盛修私盐400斤、在逃之马维林私盐200斤。贩至安徽转卖。沙四因本处出卖不能多赚，将余盐900斤捆仓存贮，欲运往洪湖分销。其伙曾得、李六及暂住该棚之蒋六同侄蒋荣均图贱贩私，各收积零盐一二百斤至一百七十斤不等，丁盛修先因贩私获利，复至沙四棚内图收零盐，并有附近开设客寓之蒋士齐囤积私盐400余斤，其伙亦囤积90斤。又路过之李四、李三、蒋济，均因海沭盐贱，各图兴贩，购盐100余斤及80斤不等。又有柳万全、钱玉、杨路各买食盐数十斤，欲俟次日带回食用，适经营县巡商访闻往拿。蒋济闻风脱逃，余俱捕获，并将拾之泥盐来至窑沟易米之沭阳人杨玉苓，至沙四棚前路过，暂歇之客民闻兴等6名并获解县。②

----

① ［清］孟壶史：《刑案成式》卷一《课程》，光绪三年(1877年)墨池书屋刊本。
② 中国第一历史档案馆藏：《朱批奏折》(财经类·盐务项)，嘉庆二十四年五月二十五日，两江总督孙玉庭。

案例十五:访拿安东县枭匪钟平等拒伤巡役获犯 44 名案

钟平籍丰县,余犯图三等籍隶本省及安徽、山东不一。钟平向在海沭贩卖咸鱼,嘉庆二十四年(1819 年)三月初六日,至安东周永信与素识在逃之吴自太、张保淋、梁正欣,并现获之周三、黄西汉撞遇。吴自太道及贩鱼不能获利,起意结伙收买老少零盐囤积僻处,运赴安徽转卖。有至境阮师付庵地僻可以藏顿。钟平等应允,即至庵居住,先后纠邀平克凡、赵康、孔计春、张金、邵二棍、邵凤、杨广周、杨义、王芝、王四、张万本、刘第二及受伤身死之黄义顺,在逃之姚四、沈成理、刘第三、李凤祥、严正祥、王发、赵士沅、赵萝湖 21 人入伙贩私,公雇郭庭、郎玉淋、李文玉、陈有才、刘魁、郁隧、单元章、任朝运、苏鬼、王木、边树勤、刘二、刘万昌、沈法书、孔传明、刘任凤、刘二正及在逃之俞升共 18 人相帮载运,于初七、八、九等日,各犯分投,陆续收卖肩贩零盐共积 13000 余斤,藏顿庵内。初九日傍晚,有距庵 4 里之胡家庄人凤闻各犯聚集囤私,恐滋生事,欲于次日邀众殴逐钟平。吴自太闻信,商同预备打架。吴自太因住近三谷,掣有防盗枪械,当同姚四取至庵内,将火枪装药,以用抵吓,虑伤人命,未装铁砂。次日,吴自太、严正祥走出,探信未回,即经海州钱永集都集都司秦标访闻,密会本管县讯,恐致惊散,带领弁兵商巡该庄往拿。钟平在庵外遇见,误认为胡家庄众,喝令伙党持械出迎。自与赵康、董西汉各捐火枪先出。平克凡、周三、郭庭、郎玉淋、李文玉、陈有才、孔计春、张金、刘魁、郁隧、邵二棍、邵凤、杨广周、杨义、黄义顺及在逃之姚四、沈成理、张保淋、梁正欣、李凤祥、王发、赵梦湖、赵士沅、俞升等 24 人,分执棍械、蜡杆、竹标出而助势。巡役崇奎趋前,钟平即令平克凡帮伊点放大枪,轰伤崇奎腿上。该营县督率兵役赶前扑捕,将持械迎拒之黄义顺各戳身死。崇奎喊称来者系属官兵,各犯始知误认庄众,畏惧不敢迎敌,各弃枪械奔逃,当经官兵缉捕,惟姚四等九犯奔逸,余俱就擒。其庵内守获盐包并未在场,助势之王芝等 15 犯亦经兵役搜获。时有闻闹至观望之李江等 12 人一并误被截拿。[①]

---

① 中国第一历史档案馆藏:《朱批奏折》(财经类·盐务项),嘉庆二十四年五月二十五日,两江总督孙玉庭。

案例十六:林芳等兴贩私盐及盐快得贿纵私案

籍隶山东冠县回民薛添华,即薛添花,及菏泽县回民马六即马旺,又名马六大王,又籍隶安徽寿州,先于乾隆四十二年(1759年)在籍听从张二汉纠约抢夺,充军发配脱逃之回民马四,即马文科,又名马四大王,并安徽盱眙县回民李成德、山东曹县人金世信、清河县回民易二小即易德明,均与在逃之林芳、陆华、张大光素识。林芳等亦知仪征黄泥滩、黄泥港及泰壩以下一带地方有驳船户私卖卤耗,及偷爬引盐,价值甚贱,欲图兴贩获利。因本钱有限,纠合马六等及在逃之崔第二、马玉林、金玉林、李景瑶、艾士达、马百礼,一共15人凑本钱380余千文。派定林芳、陆华、张大光、薛添华、崔第二、金玉林、马百礼总管钱盐出入,马六、马四、李成德、金世信、易二小、马玉林、李景瑶、艾士达专管收买转卖。言明出本之人获利俱分大股。林芳复纠不出本钱之卞加禄、穆大志、杨凤、刘令公、周洪仁、汪廷标、左二呆子等7人帮同照料,许分半股。同在住居荒僻之李青云即李庆云家往来窝顿。马六等因买卖船户俱不认识,稔知原籍湖南零陵县,先居仪征,驾船生理之李学章与仪征船户及湖广船户均熟识,托其经手收买,说合转卖,并许抽给用钱。李学章应允。自嘉庆四年(1799年)九月起至五年(1800年)四月访拿以前止,引领马六等先后雇坐高老汉及不识姓名人划船,转托现获仪征船户钱二、季友年、张家禄并在逃之刘再潮、冯国材、唐别英、高明伦等,向驳船户刘德山、陆文魁并卢二等暨不识姓名人驳船户共收买盐58000余斤。马四另托宋五亦向驳船户王廷遐等收盐四五千斤。马六等又向囤户全德买盐2500斤,捆成八九斤不等小包,陆续卖与湖广船户陶谷、彭伍林、唐惟荫、孔继善,并不知姓名船户约有5万斤,其余15000斤因时值湖广船只较少,消变不及,由经林芳作主,改捆四五十斤一包,另雇李子仲即李四秃子、李梦鳌、张丙即张二米、文崔五、王德荣即王三、高有朋即高元朋,先后运送至丹徒世业州滩自盖草房内,并居住丹徒炭渚之邹成玉、句容陈二、周三即邹三、瓜州吴生汉等家藏收。又央世业州居住之庄三就近照管,经李子仲等分挑至丹徒炭渚句砚岗桥、瓜州等处卖与居民,计每斤获利三、四、五、六至八、九百文不等。林芳、张太光、马六、马四、薛添华、崔第二、马玉林、金玉林、李景瑶、艾士达10人于贩私时,携带棍棒、刀枪,以作防身护盐之用,并未拒捕伤人。并有仪征盐快余文秀、丹徒世业州地保王文斗,炭渚地保池得凤先后巡见,称欲禀官,经林芳送给余文秀 3500 文,凭庄山送给王文斗钱 4500 文,凭邬成玉送给池得凤钱 2500 文,盐 20 斤,猪肉 5 斤。余文秀等各为隐庇。此马六等与外逃盐枭林芳等携带器械大伙兴贩,盐快、地保得赇包庇之情由也。①

案例十七:两淮盐枭设卡抽费案

个案 1:"道光元年(1821 年)四月,查获王三富在(淮北)新坝地方自称仗头,私设盐关,纠集 18 人入伙,凡车船经过时,分别重量之大小,抽取一百文或五六十文不等。每日将收取钱文分作 20 股,王三富自得 2 股,其余 18 人各得一股。为了防止码头被人抢去,拿出旧有防夜鸟枪、长枪各一杆,新购鳝鱼刀等武器,作为保护码头之用"。②

个案 2:道光年间,"有乐平县枭匪王凤彩等数 10 人,在婆邑之小港地方设立公堂,专包私盐过卡,每担连卡费抽钱 300 文。凡私盐过卡,有公堂人到卡,知会即不过问,惟照数收费。枭贩以过卡为关,以纳费为税,连艘直达,四溢侵充,无所忌惮。如零星私盐不经王凤彩之手,即送信卡所截拿,以为报公地步……。本月初一,有过卡私盐 120 余担,系王凤彩等经营之盐,(兵丁)即得赇放行;初三日,有罗姓兵丁查出乐平船带有未经费之私盐百余斤,当向索得钱一百数十文,亦即卖放"。③

案例十八:盐枭胡载华等盗卖私盐并贩卖妇女案

缘李二、杨八、黄名兴、丁有、杨盛良、邱华菖、刘成选、赵鸣鹤、耿如林、耿景玉、聂潮盛、聂潮林、朱明安、李大伦、蔡廷标、王宗刚、张鸣鹤、常三侉子、胡载华、胡载云系籍隶安徽寿州、宿州、怀远、定远、凤台等州县回佟。胡载华于道光六年(1826 年)在江宁县贩卖私盐千余斤,嗣复零星贩私不记次数。十年(1830 年)冬间,该犯与族弟胡载云及在逃之李加海前赴无为州占住龙墩庙码头,遇有盐船经过,船户水手偷卖夹带私盐,该犯等代为转卖,每次数百斤

---

① 中国第一历史档案馆藏:《朱批奏折》(财经类·盐务项),嘉庆六年一月二十五日,江苏巡抚岳起。

② 中国第一历史档案馆藏:《军机处录副奏折》,道光二年五月二十七日,两江总督孙玉庭。转引自方裕谨《道光初年两淮私盐研究》,《历史档案》1998 年第 4 期。

③ 〔清〕吴养原编:《吴文节公遗集》卷四十二《公牍·扎饶州府等查拿枭匪由》,载《清末民初史料丛书》第 31 辑,成文出版社,1968 年,第 1137—1138 页。

及数十斤不等。常三侉子向在江都县仙女庙地方小卖营生，十一年(1831年)春间，因扬州地方常有人买卖妇女，起意窝顿转卖获利。李二、杨八、黄名兴、丁有、邱华菖、刘成选及已被格杀之杨恒山、杨盛良向俱携带刀械，往来淮扬、庐凤之间，籍卖私盐为业，每次数百斤及数千斤不等。十一年(1831年)二月，李二等八人与在逃之杨四、于老四、徐洪尧、杨上斌、杨明秀、韩保菖、杨土地、杨美华、杨二麻子、杨添幅先后由原籍各带刀械赴当涂县东塘村地方，租住胡姓房屋图贩私盐。赵鸣鹤、耿如林、耿景玉、聂潮盛、聂潮林、朱明安、李大伦、蔡廷标、王宗刚、张鸣鹤十人亦以零星贩私为业。十一年(1831年)正月，赵鸣鹤等十人先后由原籍来至扬州。因闻该处妇女价贱，各自起意贩往芜湖转卖为婢。二月，赵鸣鹤在常三侉子家买得在逃之郭二奸拐之郑臧氏及幼女郑向林、幼女郑硒子、郑小二四口；耿如林在常三侉子家买得在逃之戴九奸拐之陈董氏一口；又在常三侉子家代蔡廷标向盐城县人汤二买的伊幼女汤女一口；耿景玉在常三侉子家买得在逃之徐汉林诱拐之徐张氏一口；又在江都县向朱介菖买的伊女徐朱氏一口；聂潮盛在江都向吴万贵买得伊幼女吴芝英一口；又张蔡氏买得伊媳张夏氏一口；聂潮林在泰州买得在逃之汪自凤诱拐之徐王氏一口；朱明安在江都买得在逃之孙长绿诱拐之曹小八一口；李大伦在常三侉子家买得在逃之陈七诱拐之陈杨氏一口，又在仪征县向魏先买得伊幼女魏云红一口，又向周斌买得伊童养媳周九子一口；蔡廷标向马成陇买得童养媳许三子一口，又向赵举买得伊幼女赵二子一口；王宗刚在仪征向余四买得伊幼女佘兰英一口；张鸣鹤在仪征向白五买得伊幼女白七子一口，又向谈梦安买得伊继女周小女一口。赵鸣鹤、耿如林、耿景玉、聂潮盛、聂潮林、朱明安随在江都地方雇坐段潮贞船只，言明兴贩情由，装赴芜湖交卸。段潮贞贪利允从。赵鸣鹤等各带所买妇女于二月十九日上船开行。赵鸣鹤与郑臧氏奸宿，耿如林与陈董氏奸宿，耿景玉与徐张氏、徐朱氏奸宿，聂潮盛与张夏氏奸宿，聂潮林与徐王氏奸宿，朱明安因曹小八年幼，未与通奸。二十二日，李大伦、蔡廷标、王宗刚、张鸣鹤在仪征地方雇坐杨起舟船只，亦言明兴贩情由，装赴芜湖交卸。李大伦因陈杨氏赋性痴呆，未与通奸；蔡廷标等所带各女年俱幼，无奸。二十四日早，赵鸣鹤、李大伦等船只先后行至当涂县慈湖口地方，一同拉纤上行，适有胡载华、胡载云与李二、杨八、丁有、杨四、杨上斌、于老四、徐洪尧分坐划船两只，迎探私盐船信息，在彼停泊食饭。杨四见赵鸣鹤等船内载有妇女,料系兴贩,唤令胡载华上岸向询。赵鸣鹤等素知杨四为人,强横虑将妇女抢去,当即一齐上岸,赶向杨四等捉拿。杨四、李二、杨八、丁有、杨上斌、于老四、徐洪尧弃船奔逃,胡载华、胡载云落后,被赵鸣鹤等追及捉拿,过船将船开行。胡载华船户戚桃年当赶游兵营所属之西梁汛喊禀,比赵鸣鹤等船至和州地方,胡载华出言辱骂,赵鸣鹤气忿,起意将胡载华之耳割去,使其不能见人,当与聂潮盛、李大伦商允,令聂潮盛等将胡载华拴住,赵鸣鹤自取顺刀割去胡载华左耳轮,将胡载华、胡载云释放……①

案例十九:通州分司运判赵祖玉、试用知事颜晋敏伙同船户葛长富等藉官行私案

刘顺高、罗安详、黄荣辉、萧名发、周文发、邵泳发、张德广、柏有才、沈富林、姜长林、张万顺、张毓书、冯士华、王少堂、陈德保、姚通和、姚锦沅、袁春贵、葛长富、倪国春、周善金、周善银、娄鉴、卞焕、陈堂、徐祥、周泳菖、杨升、蔡庭阮、蔡洪顺、龚奎、王敖、顾太、王和、王如,籍隶湖广、江西、江苏等省、沅陵等县,或驾船度日,或充扫丁差役,均未犯案。丁九焕籍隶如皋,先在泰州贩私,被获拟军留养。王士贡籍隶湖南零陵县,先因揽载吉庆祥等店纲引,在途盗卖,复创议减租,被江夏县拿获,审拟枷号两个月,杖一百,流两千里,刺发福建泰宁县安置,在配逃脱,销毁刺字。道光二十七年(1847年)夏,赵祖玉督同颜晋敏拨运余西李堡等场官盐3400引,计34000包,赴贵池、建德、青阳、铜陵、石埭等处销售。颜晋敏即饬揽头娄鉴雇得已获之刘顺高、罗安详、黄荣辉、萧名发、周文发、邵泳发及在逃之李合茂、王红连、刘红发、陈和发、王元菖、邹秀发、杨泳发、罗亨辉、刘秀芳等江船16只。因内河水浅,颜晋敏督押各船停泊扬州江口守候,刘顺高等分赴场垣查点盐包,仍由娄鉴转嘱揽伙,陈堂、徐祥雇得已获之张德广、柏有才、沈富林、姜长林、张万顺、张毓书、冯士华、王少堂、陈德保、姚通和、姚锦沅、袁春贵、葛长富、倪国春及未获之吴兆有、王树林、王万寅、唐茂才、刘长生、潘文礼、陈文才、孙添梆、唐明、胡悦亮、杨锦幅并已故之刘士蔚等,剥船赴场剥运,至江口过载,赵祖玉派差龚奎、王敖押运,又添差顾太、王和并家丁王如、唐贵,沿途催查。刘顺高等起意贩私夹带。又有现获之蔡洪顺、王士贡及在逃之伍登发等,各出本钱,交刘顺高等附买图贩。刘顺高等央娄鉴代为购买,言明获利分肥。娄鉴转托陈堂、徐祥、周泳菖、杨升及在逃之葛玉等向丁九焕、蔡庭阮及在逃之周发葵、韩金仁、周源发、仲七、胡三、周四、章江、杨如焕言及丁九焕等向不识姓名担上陆续售卖私盐。又向富安场灶丁周善金、周善银售卖场盐十余万斤,通知娄鉴等带领刘顺高等三面说合。刘顺高向韩金仁买盐40000斤,由代伍登发买盐2000斤;罗安详、萧名发各向丁九焕买盐50000斤;又代蔡洪顺、王士贡、谢春山、汤锦全各买盐2000斤;代屈文沅买盐5000斤。黄荣辉向蔡庭阮买盐50000斤,又代刘仁旗、周又林各买盐2500斤;周文发向周发葵买盐60000斤;又代武三买盐2600斤。邵泳发向杨如焕买盐120000斤,又代周尚德买盐25000斤,代吴之连买盐2000斤。其在逃之李合茂等向周发葵等分买盐斤,均系卞焕代记账目,娄鉴向剥船户张德广告知,令其加装,每包给钱20文。张德广等贪利,允从陆续分运下船。丁役龚奎等查知,不依娄鉴从中说,令刘顺高等给龚奎、王敕钱各20千文,顾太、王和洋银各40圆,王如洋银10圆,代为包庇。剥船户刘士蔚在途病故,其侄刘学仁上船接运,不知加装私盐情事。①

案例二十:江西兴国千总李天林所带兵丁得贿纵私案

泰和县白羊坳为粤私陆路侵淮要隘。于道光十二年(1832年)奏准添设卡巡,委派兴国营千总李天林带兵前往驻查。所带兵内有籍隶兴国县之钟学懋与邱绍发、邱振章素识。邱绍发向在兴国校坑地方开设饭店。十二年五月,有庐陵县人刘老桂、林有沅投歇邱绍发饭店。谈及向贩私盐,因白羊坳设卡巡缉,不能偷越,欲绕道行走,不识途径,央邱绍发引送,每担私盐许给钱35文。邱绍发贪利,允从。因虑兵丁查觉,即往向钟学懋告知,嘱勿禀报查拿,每担许给钱10文。钟学懋亦即应允。八月初三日,刘老桂、林有沅贩得私盐23担,挑至邱绍发店内,邱绍发带领小路绕行,傍晚行至严坑邱振章家门首,央邱振章帮同引路,刘老桂等另又许给邱振章钱200

① 〔清〕李概编:《李文恭公(星沅)奏议》卷十七《审拟官运夹私各员折子》,载沈云龙主编《近代中国史料丛刊》第312册,文海出版社,1972年,第763—768页。

文。是夜,邱绍发、刘老桂、林有沅并挑盐人夫均在邱振章家住宿。初四日早,由严坑行至泰合县境内,被眼线邱在祥、刘世宰探知(为了打击私盐,地方官员甚至雇佣所谓的"眼线"来帮忙),报名卡员。时千总李天林已因调考军政卸卡,经委员永丰县层山司巡检孙鹏起,会同代办卡务之兴国营把总程兆恒、吉安营外委胡启标带兵,领吉安、永丰、兴国三营兵丁萧炳光等缉拿,邱绍发等弊见逃走,众挑夫仍将盐斤挑回邱振章家,亦各逃逸。该员弁等追至,起获私盐 17 担,计重 1218 斤,余盐 6 担沿途丢弃无存,所许各钱均未付给。此兴国营兵丁钟学懋得贿纵私之实情也。[①]

案例二十一：李大德为刘泳泰代销盗卖商盐,并贿赂该县丁胥捏报淹消案

李大德即李大得,籍隶湖南沅陵县;范云籍隶江苏上元县;童升、陶玉、潘孔书、范和籍隶安徽桐城、铜陵等县。李大德先于道光元年因在籍行窝熊思康家,临时拒捕,未经成伤,案内发近边冲军,佥发铜陵县安置。范云、童升系铜陵县家丁,陶玉系差役,潘孔书系户房书办,范和系大通汛兵丁。道光十一年(1831 年)十月,有在逃船户刘泳泰,在江苏仪征县经现获之钱干亭及在逃之杨友跂、刘达臣、万兴、盛保鹰揽载商人邹德兴辛卯纲引盐 480 引。带残引 120 引,共计子盐 33103 包,凭埠头宴广源立契盖戳,装赴江西口岸。刘泳泰因无商厮押运,沿途陆续将盐盗卖。十二年正月船抵铜陵县地方,尚存盐 17000 包,刘泳泰央托李大德及安徽省另案已获之王幅田、徐月桂并在逃之王春堂、王锦文、王茂青、王相帼代为销售,许分银两,李大德等应允。时有安徽省另案已革之捐职同知刘瑶收买私盐,李大德往向说合。刘瑶令其族侄刘光海及管事之洪著勤、方美中向刘泳泰买盐 10000 包,每包言价银 21 两 1 钱。刘光海只给刘泳泰银 2000 两,李大德等即扣出银 230 两,按股均分。

又安徽现获之刘小、卡孜代,在逃之铜陵县人方加泰,向刘泳泰买盐 1200 包。又未获之桐城县武生刘献堂、刘华石各向刘泳泰买盐 1000 包。又刘泳泰送给王锦文之父王修盐 100 包,余盐 3700 包系王幅田、王春堂、

---

① 中国第一历史档案馆藏：《朱批奏折》(财经类·盐务项),道光十三年四月十九日,江西巡抚周之琦。

王锦文代销,不知卖与何人。所得价银李大德等均照前扣分,余俱刘泳泰收受。刘泳泰因盐已卖尽,起意捏报淹消,于正月二十九日以船至荷叶洲江面遭风,将船盐打沉等情,赴铜陵县呈报,该署县胡邦黼适值局试文童移行,大通镇巡检王兰佩、大通汛把总章锡旗、外委刘宏恩前诣会勘,并无船只。王兰佩讯据刘泳泰供称船已沉溺水底,无从查勘,取具刘泳泰供结绘图据实详县,并未声叙淹销。刘泳泰虑恐究出实情,与李大德相商,情愿出钱打点。李大德当托陶玉及已获病故之县役焦泰、张淮转向范云、童升及在逃之该县门丁吴忠告知。范云等贪利应允,陶玉等令刘泳泰出钱八百千文包办,言定先付钱四百千文给李大德转交陶玉等派分,陶玉等以 280 千文作为内费,送交吴忠接收,吴忠自留 70 千文,分给范云 40 千文,童升 30 千文,在逃之管门家丁萧玉 10 千文,管监家丁董幅 20 千文,跟班家丁徐贵、虞升、张诚各 10 千文,各三小厮 10 千文,内幕严石卿 60 千文,严石卿跟人 10 千文。陶玉等又将钱 120 千文作为外费,陶玉、焦太、张淮各分 20 千文,经承潘、孔书 10 千文,汛兵范和 8 千文,书工方汉林 2100 文,值日差役金茂王安、宁彩各 2600 文;未获病故之地保樊全 5000 文,并付给未获之巡检门丁张贵兴、巡检书役共分钱 14900 文,余钱十数千文系在逃之看役盛美地保佘肇修,县差继英、王斌等分得。该署县胡邦黼、巡检王兰佩、把总章锡旗、外委刘宏恩均不知情。该署县提讯刘泳泰及水手项贵保,佥供船系遭风打沉,盐被淹销,该署县因船可验,恐有未确,将刘泳泰、项贵保各掌责二十,交差管押。随因屡讯,刘泳泰等狡执前供,误信为实据供通。详经臣墅盐运司查严情节未确,均经驳饬将人卷提解运司衙门讯办。因刘泳泰、项贵保在押病重,先据看役禀,经该署县饬交地保樊全保领医调拒,刘泳泰、项贵保先后乘间逃脱,关缉未获,此李大德为刘泳泰代销盗卖商盐,并贿嘱该县丁胥捏报淹销,刘泳泰等脱逃未获之原委也。①

---

① [清]陶澍:《陶云汀先生奏疏》卷四十七《审拟铜陵县盐船捏淹匪徒阗店墅丁役诈赃折子》,载《续修四库全书》第 499 册,上海古籍出版社,1999 年,第 396—398 页。

附录二:两淮盐官设置图

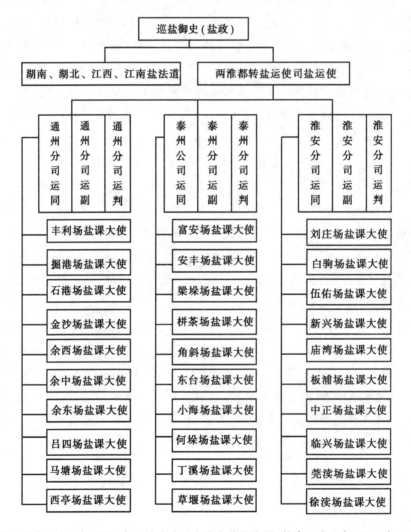

巡盐御史(盐政)

湖南、湖北、江西、江南盐法道　　两淮都转盐运使司盐运使

通州分司运同	通州分司运副	通州分司运判	泰州公司运同	泰州分司运副	泰州分司运判	淮安分司运同	淮安分司运副	淮安分司运判

丰利场盐课大使　　富安场盐课大使　　刘庄场盐课大使

掘港场盐课大使　　安丰场盐课大使　　白驹场盐课大使

石港场盐课大使　　梁垛场盐课大使　　伍佑场盐课大使

金沙场盐课大使　　栟茶场盐课大使　　新兴场盐课大使

余西场盐课大使　　角斜场盐课大使　　庙湾场盐课大使

余中场盐课大使　　东台场盐课大使　　板浦场盐课大使

余东场盐课大使　　小海场盐课大使　　中正场盐课大使

吕四场盐课大使　　何垛场盐课大使　　临兴场盐课大使

马塘场盐课大使　　丁溪场盐课大使　　莞渎场盐课大使

西亭场盐课大使　　草堰场盐课大使　　徐渎场盐课大使

说明:乾隆二十四年(1759年),淮安分司由淮安移往海州;乾隆二十八年(1763年),改称海州分司。此外,乾隆以后,盐场的隶属关系和盐场的归并也有所变化①。具体情况

---

① 盐场由清初的30场归并成了23场。

如下:通州分司下属丰利、掘港、石港(马塘场并入)、金沙(西亭场并入)、吕四、余西(余中场并入)、余东、角斜、栟茶 9 场;泰州分司下属富安、安丰、梁垛、东台、何垛、丁溪(小海场并入)、草堰(白驹场并入)、刘庄、伍佑、新兴、庙湾 11 场;海州分司下属板浦(徐渎场并入)、临兴(临洪、兴庄二场并入)、中正(乾隆元年新设,莞渎场并入)3 场①。

①　嘉庆《两淮盐法志》卷二十六《盐课十》,同治九年(1870 年)扬州书局重刊本。

附录三：湖北省河流水系图

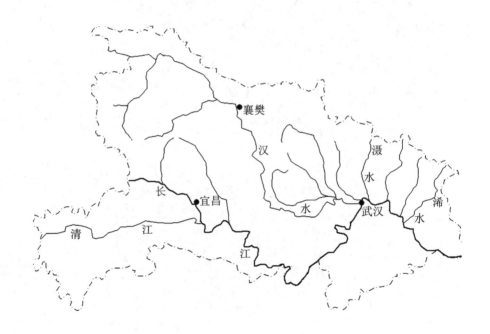

附录四:湖南省河流水系图

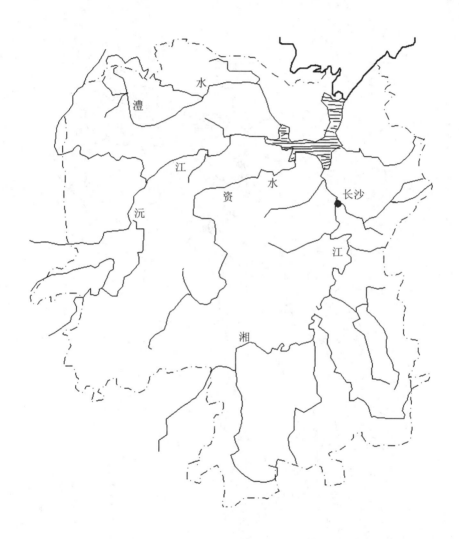

附录五:江西省河流水系图

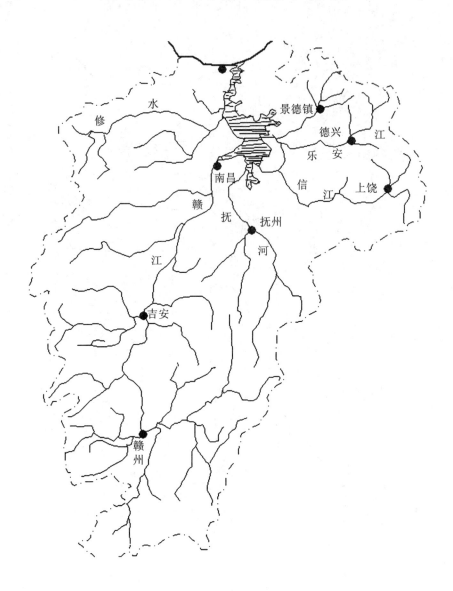

修 水

景德镇

德兴

乐 安

信 江

上饶

南昌

赣

抚

抚州

江

河

吉安

赣州

附录六:两淮行盐地邻私入侵图

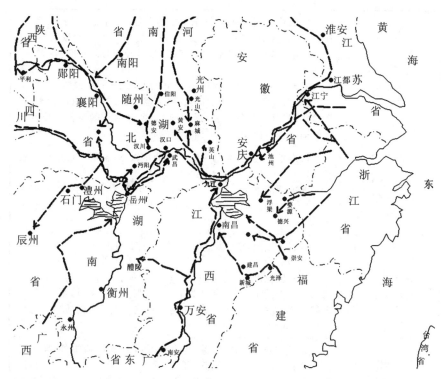

资料来源:转引自[日]佐伯富《清代盐政之研究》,《盐业史研究》1993 年第 4 期。

附录七：清代两淮盐务大事表

顺治元年 （1644年）	差长芦、两淮、两浙、河东巡盐御史各一人；直隶、山东、河南、江西、江南、浙江、湖广、陕西盐政一年更差。（《中国盐政实录》） 复准场灶照额煎盐，大使亲验，按月开报，运使如有隐匿，以通同治罪。 复准商人行盐，水程填明卖销地方，完日同引缴查，不得告改，或盐引焚溺取具。地方官印结查验，查实补买，以前代天始、崇祯年间加派，名色甚多，深为商累，今着尽行蠲免。止按万历年间旧额按引征课。（《中国盐政实录》）
顺治二年 （1645年）	议准停止边商纳粟，令运司招商纳银，依额解。（《中国盐政实录》） 题准两淮纲引1 410 360（引），每引征课六钱七分五厘四毫有奇。其中行淮南1 181 237引，淮北229 123引。（《重修安徽通志》）
顺治三年 （1646年）	差官督理浙、淮引务，加户部侍郎衔，驻扎扬州。（《中国盐政实录》） 督察院议准，凡运司、提举司等官，一年合办盐课，于岁终将已未销盐引若干，已未完盐课若干，造册呈送盐政具题，以册送户科注销，俟盐差任满具题，听督察院考察外，仍造具总册送科稽核。（《中国盐政实录》）
顺治四年 （1647年）	议准在外文职，照在京文职，各按品职支给俸银外，盐运使岁支薪银120两，心红纸张、蔬菜、烛炭、修宅什物银各40两；运同岁支薪俸银72两；运判提举岁支薪银48两，心红纸张、修宅什物银各20两，散扇案衣烛炭银均各10两；运司经历岁支薪银36两；知事岁支薪银24两；提举司吏目岁支薪银12两。（《中国盐政实录》）
顺治五年 （1648年）	题准各运司，盐课分前朝一引为二引，每岁应行1 410 360引，每引行盐200斤，征银六钱七分。（《重修安徽通志》）
顺治七年 （1650年）	停差督引部院，仍令盐运使司官吏赴部开领。（《中国盐政实录》）
顺治八年 （1651年）	盐课正额，自应征解，若课外余银非取诸商，则侵克于民，大属弊政。传户部督察院通行各盐差御史及各盐运司，止许征解额课，不许分外勒索余银。（《中国盐政实录》）
顺治九年 （1652年）	题准增行宁国府食盐167 398引（分行淮南113 970引，淮北53 420引），每引征课银五钱二分五厘。（《重修安徽通志》）

续表

顺治十年 （1653 年）	题准（两淮）增行 92 697 道，照纲引例征课。《重修安徽通志》
顺治十二年 （1655 年）	复差巡盐御史。复准各盐务课多补欠，运司权轻，难以纠劾，仍择廉能风烈御史巡视。《中国盐政实录》
顺治十三年 （1656 年）	定巡盐御史先领二季盐引赴任，其二季仍委员官赴领。《中国盐政实录》 题准盐政衙门不许商役互充。定各省文职各官，岁俸并心红纸张银仍照例支给外，裁柴薪、蔬菜、烛炭银。《中国盐政实录》 题准（两淮）增纲引 16 万道，照例增课。《重修安徽通志》
顺治十四年 （1657 年）	题准势豪不准占揽引窝，商铺不许自定价值，如有专利害民，串通经纪扰卖勒索等弊，该御史严行禁饬。《中国盐政实录》 题准改江都食盐 1 万引于宁国行销。《重修安徽通志》
顺治十六年 （1659 年）	题准商人载盐不论大小船，均用火烙印记船头，不许滥行封捉。《中国盐政实录》 题准上江增食盐 96 700 引，照例征课。《重修安徽通志》 题准增食盐每引升课银一两。《湖北通志》
顺治十七年 （1660 年）	淮南各场，于清顺治十七年设立公垣。场官专司启闭，凡灶户煎盐，均令堆储垣中与商交易。如藏私室及垣外者，以私论。商人领引赴场，亦在垣中买筑。《淮盐纪要》 题准盐船过关，止纳船料，如有藉端盘验额外要者，以枉法治罪。题准凡获大伙私枭盐，必研讯窝家经纪；所过地方有无徇纵，管盐司道扶同不举者，一并参研，不许以肩担背负奇零小贩塞责。又议准贫民食盐 40 斤以下者免税，40 斤以上者，仍令纳课。《中国盐政实录》 题准停止新增两项纲引，每纲引摊纳课钱一钱二分一厘有奇。《湖北通志》
康熙元年 （1662 年）	令巡盐御史亲历各场分清丈，不许豪右隐占各正疆界。《中国盐政实录》 以淮北引滞，改拨宁国府 6 500 引，和州、含山 3 500 引，每年奏销以为定额。《通志》 题准改淮北食盐 1 万引，于宁国、和含等处行销。《重修安徽通志》
康熙二年 （1663 年）	题准凡殷实人户愿行盐者，听其顶补办课，不许签派滋扰。《中国盐政实录》
康熙三年 （1664 年）	江西吉安府以距粤远，改食淮盐，增行 51 302 引（另一说为康熙五年）。江西总督张朝璘疏言：吉安府向食粤盐，但距粤千余里，更有十八滩之险，商贾裹足，民多淡食，请以康熙三年为始，改食粤盐，仍照额完课。《通考》 定御史差满交代离任经征、带征盐课考成。《中国盐政实录》

康熙四年 (1665 年)	题准经管盐课官,报明巡盐御史,查核完欠,方许离任。 (《中国盐政实录》)
康熙五年 (1666 年)	题准巡盐御史,除长芦近差外,两淮、两浙、河东御史,以到任日为始,扣至九个月即行报满,督察院预为题差,新差御史照定期赴任,交代接征,不得日空悬。复于六年议准闰月之年,连闰在任十三个月为一年,差满考核;近差扣至十一个月报满,远差扣至十个月报满,无闰之年仍如旧例。(《中国盐政实录》)
康熙六年 (1667 年)	湖南衡、永、宝三府,原食粤盐,改食淮盐,销淮南额内纲引81 706。(《通典》) 定湖广、郴州等十一州县食盐免其销引办课。(《清会典事例》)
康熙七年 (1668 年)	议准行盐地方,将认过引目商人姓名,取保结认状,造册报部,并于年终取具,并无派引累民印结送部。又题淮州县卫所官勒令百姓买引,私派户口销盐者,革职。司道、府都司不查报巡,盐盐史、管盐巡抚失于觉察,照例议处。(《中国盐政实录》)
康熙八年 (1669 年)	题准两淮食盐照纲引例,每引增课银一钱五分四毫。又题准停止纲引 138 847 引,于淮南纲引内每年摊纳课银一钱一分五厘九毫有奇。(《重修安徽通志》)
康熙九年 (1670 年)	题准凡旗人贩卖私盐,照例治罪外,其主系官罚俸,系平人鞭责。(《中国盐政实录》)
康熙十年 (1671 年)	题准盐差御史,不拘满汉,每处止差一人。(《中国盐政实录》) 题准改江都食盐 6 000 引于宁国、和含等处行销。(《清会典事例》)
康熙十一年 (1672 年)	盐政归并,各该巡抚停差巡盐。(《中国盐政实录》)
康熙十二年 (1673 年)	复差巡盐御史,题准前官已完销引,责成后官限定一年内缴部。(《中国盐政实录》) 定长芦、山东、河东、两淮、两浙每年四季盐引预支户部库银刷印交新差御史带往,俟解到纸朱银补库。《中国盐政实录》
康熙十三年 (1674 年)	题准改淮安食盐 11 930 引于纲引地行销;江都食盐 35 981 引于宁国、和含等处行销。(《清会典事例》及《重修安徽通志》)
康熙十四年 (1675 年)	题准量增盐课以济军需,各省引盐岁共 3 632 677 引,每引增银五分,共增银 181 633 两有奇。此所增两,或每引增课五分,或照盐引之课多寡均派。(《中国盐政实录》) 改山阳等处食盐 32 000 引,于宁国、和含等处行销。(《重修安徽通志》) 淮安食盐 12 100 引于纲引地行销。(《重修安徽通志》)

续表

康熙十五年 (1676年)	题准各官,该管界内有私煎贩卖者,系所管衙役,革职;系军民人等,降调。如旗人私煎贩卖,本主自行拿获者免议。(《中国盐政实录》)
康熙十六年 (1677年)	停止盐差笔贴式,如差满御史仍带笔贴式一人。(《中国盐政实录》) 题准增纲、食盐引,每引加盐25斤,带课银二钱五分。(《重修安徽通志》)
康熙十七年 (1678年)	江西南安、赣州二府改食淮盐;两淮徐渎场并入板浦场;议准遇闰加课。(《中国盐政实录》) 题准兴贩私盐,文武失于缉捕者,如不及十人或十人以上不带军器,仍照例议处。十人以上带军器者,专管官革职;兼辖官降级,留任,限一年缉获一半以上者,还职,不能缉获者,照例革职;该督抚、巡盐御史、提督总兵官,不提参者,照徇庇例议处。如专管官一年内能获大伙私贩,一次至五次者,分别议叙,兼辖官亦照例议叙。题准各官查出灶地升科,均照查出地丁钱粮例议叙。又复准嗣后各省、直隶州,督销盐引、巡缉私盐原系府同知经管,改归州同;原系同判兼管,无州判者交于州同管理。如销引不完,及巡缉私盐不力,该抚即照例参处。(《中国盐政实录》) 题准增宁国、和含等处食盐56 000引,照例征课。(《重修安徽通志》)
康熙十八年 (1979年)	题准计丁加纲引20 742道,照例征课。(《重修安徽通志》)
康熙二十年 (1681年)	恩诏康熙十七年,各行盐地方征收闰月课银,除已完外,如拖欠者,该督抚御史保提,到日优免,此后闰月停其征收。(《湖北通志》)
康熙二十一年 (1682年)	题准凡私盐经沿途官兵捕快盘获者,徇纵场官及失察官一并议处。(《皇朝政典类纂》) 题准停宁国、和含等处新增盐引,减除课银。(《重修安徽通志》)
康熙二十四年 (1685年)	复准停征每引加课银五分。(《重修安徽通志》)
康熙二十五年 (1686年)	定江西南安、赣州二府仍食粤盐。(《清朝通典》)
康熙二十六年 (1687年)	原食淮盐之河南陈州等六属,因距淮穷远,改食芦盐。(《皇朝政典类纂》)
康熙二十七年 (1688年)	题准淮南宁国等处增食盐1万引,太平、池州、安庆三府增纲盐2万引,共增课银二万七千九百四十二两六钱,自丁卯纲为始。(《重修安徽通志》)

康熙二十八年 （1689 年）	题准盐店设立小票，私畜盐丁概行禁止，有擅用者照违禁例治罪。议准场灶向无officate书刊易知由单，易于稽核，不必造赋役全书。议准私枭全获，沿途失察武职免议。（《中国盐政实录》） 复准安庆、池州、太平等府食盐所加 3 万引，准其除去，仍循旧额。（《钦定大清会典事例》）
康熙三十年 （1691 年）	复准十人以上带有军器兴贩私盐，凡获贼一半以上，失察各官免其处分，本泛未获别泛，全获者亦免其处分，别泛拿获少一二人者，照例处分。（《中国盐政实录》）
康熙三十二年 （1693 年）	复准江西赣州府属向食广盐，著就近改食潮盐。（《钦定大清会典事例》）
康熙三十三年 （1694 年）	议准运丁夹带私盐，沿途各官失察谎称出境者，降调。（《中国盐政实录》） 议准两淮加课银 15 万两。（《重修安徽通志》）
康熙三十七年 （1698 年）	复准两淮盐斤壅积难销，将原加 25 斤之盐暂停止，所停盐自三十六年为始，分作五年带征，其三十七年仍将三十五年之课盐照旧征运。（《重修安徽通志》）
康熙三十八年 （1699 年）	始将各省盐课杂款，列为节省河饷。（《中国盐政实录》） 议准两淮行盐之处督抚以下官员，具有馈送陋规，概行禁止。（《重修安徽通志》）
康熙三十九年 （1700 年）	议准私枭党众官兵，不能拿获或止获一二名及兵丁被杀伤者，专管官、兼辖官皆免其处分，限一年缉拿，如不获，仍照旧例处分。（《中国盐政实录》）
康熙四十二年 （1703 年）	题准两淮未完盐课，先作五年带征，今淮北诸商，引积难销，将课银 84 394 两分作十年带征。（《重修安徽通志》）
康熙四十三年 （1704 年）	题准两淮增织造、铜斤、河工等项银 30 万两；每引加盐 42 斤。（《钦定大清会典事例》）
康熙四十六年 （1707 年）	复准私贩致碍官引，皆是积枭巨囤所致，嗣后盐法衙门将私贩之徒严其用刑拷讯，除正罪外，其余不得滥用刑讯。（《中国盐政实录》）
康熙四十七年 （1708 年）	复准扬州等九营水师官员，有巡防海口并盘查私贩之责，如有大伙兴贩者，该御史即会同总督提镇差拨官兵查拿。（《重修安徽通志》）
康熙四十九年 （1710 年）	定湖广盐引无分销南北，一例通销，行销无分疆界。（《清朝文献通考》） 题准各省解部盐课关税，该御史监督皆具批送科领，解官役于银物交足之日，将所给实收送科查验。（《中国盐政实录》）

康熙五十年 (1711 年)	议准各省盐运司库存盐课责任与藩司相同,嗣后运使交代亦照藩司交代之例。(《中国盐政实录》) 　题准两淮盐课缺额,自辛卯纲起,于三年内带完。(《重修安徽通志》)
康熙五十二年 (1713 年)	灶丁定额,自此始以五十年丁册定位常额,续生人丁永不加赋。(《中国盐政实录》)
康熙五十四年 (1714 年)	议准两淮未销盐引 85 万张,自五十四年起至五十八年止,分作五年带销。(《重修安徽通志》)
康熙五十六年 (1717 年)	题准地方各官失察,外省棍徒来境私贩,仍照定例按次处分。有能拿获私贩千斤以上者,将该管官核实,提请纪录,如有不肖官员贪图纪录,将贫难军民、肩挑背负易米度日之人及外省来贸易之平民滥作私贩查拿,私用非刑害人至死者,将该员照诬良为盗例革职。如未经至死者,将该员降一级调用。(《中国盐政实录》)
康熙五十九年 (1720 年)	议准嗣后盐枭就抚复行贩私审实者,降本犯解部,发往和扑多、乌兰古木地方。其出结之地方,专兼辖及该管各官,俱照例降级议处。(《中国盐政实录》)
雍正元年 (1723 年)	复准江南婺源县分销休宁盐引,祁门分销歙县引盐。(《清会典事例》) 　议准两淮行盐地方,如江西、湖广二省,及江宁府属上元县等处,地方广大,盐不敷用,每引准加盐五十斤;其山阳等州县,逼近场灶,盐多反致引壅,不必加盐,其所加盐,应以次年为始,交与巡盐御史,照数秤掣,令其出运。(《清会典事例》) 　议准湖广盐革除陋规,每包减去盐价六厘。价贱时每包一钱一分九厘,价贵时不得过一钱二分四厘,安丰场盐较梁垛场盐再减二厘。(《湖北通志》)
雍正二年 (1724 年)	议准湖广、江西、江南上江等处,每引加盐 50 斤。(《钦定大清会典事例》)
雍正三年 (1725 年)	复准湖广荆州府巴东县地涌盐泉,增行 2 526 引,课银 2 806.3 两有奇。(《通典》) 　又题准每引加盐 50 斤。(《钦定大清会典事例》)
雍正四年 (1726 年)	议准回空粮船经过产盐所在地方,文武官弁不行力催,任其逗留与游客、囤户等私相交易,致有夹带之事者,将该地方文武官弁并压空官弁参劾,照例议处。运丁、游客、囤户准照贩卖私盐人例加等治罪。(《中国盐政实录》) 　又复准粮船、旗丁、水手,南北往返,必须食盐,准其于受兑上船之处,每船带盐 40 斤于交卸;回空处亦准其带盐 40 斤,多带者同私盐例,从重治罪。(《中国盐政实录》)

续表

雍正五年 (1727 年)	两淮临兴、兴庄二场,并为临兴场。(《中国盐政实录》) 复准停止食盐改拨纲地行销。(《重修安徽通志》)
雍正六年 (1728 年)	两淮始定稽查火伏之例。(《中国盐政实录》) 　议准两淮盐场设立灶长保甲,以清盐政。各灶烧盐处,令商人公举干练殷实者,按其场灶,酌用数人,并设立灶长,巡役查核,其盐之多寡,尽入商垣,以杜灶丁私卖之弊。凡州县场司,俱令设立十家保甲,互相稽查,遇有私贩,据实首明,将本犯照例治罪,私盐变价分别赏给。诬者治以反坐之罪。倘有徇隐等情,被旁人告发者,该州县场司官,照失察私盐例参处。(《皇朝政典类纂》) 　议准归州、巴东、兴山三县,仍循旧制,行销淮盐。(《湖北通志》)
雍正十年 (1732 年)	奏准两淮盐运至江西、湖广,均由大江,遇有失风失水,该地方官及营弁查明属实,出具印结,仍许其装盐复运。若弄虚作假,则采取适当措施予以处罚。(《钦定大清会典事例》)
雍正十一年 (1733 年)	湖南常宁县例销淮引,桂阳州例食粤盐,今桂阳屯丁散处常宁,食粤食淮不无混淆,请将五十四户屯丁田赋户口归并常宁县管辖,其食粤盐亦该销淮引,以杜私贩。(《清朝通典》)
雍正十二年 (1734 年)	复准江西安远县改食惠盐。(《清会典事例》)
雍正十三年 (1735 年)	敕谕两淮盐课乙卯纲正额分年带销。(《皇朝政典类纂》)
乾隆元年 (1736 年)	题准淮北增引 27 000,照例征课。(《皇朝政典类纂》) 　两淮裁马塘场,并石港场、余中场,并余西场、白驹场,并草堰场,并添设中正一场,以莞渎场并入。(《中国盐政实录》) 　复准四川建始县改隶湖北,民间食盐照旧行销川盐。(《湖北通志》)
乾隆二年 (1737 年)	宜昌府属之归州、巴东、兴山、长阳等四州县,如遇淮盐不能接济,听民零买川盐,免其缉捕,但不得过十斤以上,亦不许转相货卖。(《湖北通志》)
乾隆三年 (1738 年)	题准湖北改土归流之鹤峰等七州县,应就近买食川盐,课额赴川省完纳,府州县销引督催考成,皆归川省考核奏报。(《清会典事例》)
乾隆四年 (1739 年)	题准江西饶州府增行 1 500 引,照例征课。(《皇朝政典类纂》)
乾隆六年 (1741 年)	题准江南高、宝、泰三州县定额 3 000 引,照例征课。(《盐法通志》) 　奏准淮南引盐,五、六月每引加耗 15 斤;七月加耗 10 斤;八月加耗 5 斤,至九月则时已秋凉,停止加耗。(《盐法通志》)
乾隆七年 (1742 年)	题准江西饶州府增行 2 万引,照例征课。(《皇朝政典类纂》)

乾隆八年 (1743 年)	议准两淮乙卯纲未完引额提入癸亥纲闰月内带销。(《皇朝政典类纂》)
乾隆九年 (1744 年)	两淮场灶编入保甲。(《中国盐政实录》)
乾隆十年 (1745 年)	准两淮食盐拨于纲地行销。(《清朝文献通考》) 准两淮盐政吉庆请两淮盐场添铸煎盐盘角二十七副。(《清朝文献通考》)
乾隆十一年 (1746 年)	题准湖南永顺、永绥增行 3 271 引,照例征课。 题准江西安福、永新二县,上西、垄西二乡,刑名钱谷既改归莲花厅管理,所有二县引盐,应行分销安福之上西分销 603.4,永新之垄西分销 1 131 引,其分销盐引归厅督销。(《清会典事例》)
乾隆十三年 (1748 年)	六月,准淮北盐每引加耗 15 斤;七月,每引加耗 10 斤。(《盐法通志》)
乾隆十五年 (1750 年)	奏准嗣后两淮行运楚盐,令盐政每年会同江苏、湖广督抚,查明该地方年岁丰歉,酌定应贵应贱,饬商运销事竣造册送部存案。(《湖北通志》)
乾隆二十五年 (1760 年)	两淮盐政高恒奏,甘泉、江都等州县,食引雍积,请拨纲地融销。(《清朝通志》)
乾隆二十八年 (1763 年)	议准各场商运盐斤,船户勾通枭贩,盗卖爬抢等事,呈报地方官,详报盐政详查确实,准其于淹销一例补运。所失盐斤于各犯名下追缴,解部充饷。(《中国盐政实录》) 复准收买私盐,船载车装马驮络绎,应照无引私盐律治罪,不得藉口买自店家,本属官盐,曲为开脱。(《中国盐政实录》)
乾隆二十九年 (1764 年)	准两淮盐政高恒疏言,本年甲申一纲不敷民食,请预提乙卯纲引 40 万道分给领运。(《皇朝政典类纂》) 复准粮船每只准带食盐 40 斤,至经过查验处所,将食盐摆列船头,听查验官零星称出余多之盐,每船不得过二三斤,如有多带,入官变价充公,不得以私盐混出,致滋扰累。(《中国盐政实录》)
乾隆三十年 (1765 年)	奏准运使、运同、运判、盐场大使系专管盐务之员,如灶丁贩卖私盐,大使失于觉察者,革职;知情者,革职,交部治罪。运同、运判应处有差。(《中国盐政实录》) 又奏准地方官拿获私贩,务将人盐实数详报私盐例,应入官,不得一毫隐讳。如将所获私盐侵蚀分肥,并大伙拒捕之案从中渔利,将人盐数目以多报少者,该管官弁题参革职,计赃照枉法律治罪。(《中国盐政实录》)

乾隆三十一年 （1766 年）	准盐政高恒请预提丁亥纲引 25 万道给商接济。（《皇朝政典类纂》） 奏准吉安额盐，听水贩赴省埠买盐运销，于吉安郡城公选卖盐商伙数人，开设公店，以敌邻私。（《清会典事例》）
乾隆三十三年 （1768 年）	两淮西亭场归并金沙场，小海场归并丁溪场。（《中国盐政实录》）
乾隆三十四年 （1769 年）	议准州县官拿获私盐，概照本地官盐价值，悉令遵照定例交商，一律变价入官。（《中国盐政实录》）
乾隆三十五年 （1770 年）	议准吉安所属一厅九县幅员辽阔，仅于郡城设立公店，外属不能遍及，则食户惮于涉远，势必就近买食私盐，故设店三载以来，销盐不及前次水贩之半，嗣后责成省埠卖商自招殷实水贩分地销售。（《清会典事例》）
乾隆三十七年 （1772 年）	停止五十年编审之制，编审灶丁亦于是年停止。（《中国盐政实录》）
乾隆四十三年 （1778 年）	复准拿获私盐，承审官如仍以买自不知姓名人率混具详，并不究问私盐来历，及运往何处囤买实情，即照故纵例议处。（《中国盐政实录》） 凡私盐要隘处所，派委候补千总前往巡缉，半年更换。如有获私至 4000 斤以上者，准其留巡一次。如半年期内能缉获大伙私盐久惯窝顿，并积算盐斤在 1 万斤以上者，遇缺先应补用兵役，加倍赏给；如半年期内疏纵漏私数至 4000 斤者，降一级，留任；4000 斤以上者降一级，调用；1 万斤以上者，革职，兵役严行究处。（《中国盐政实录》）
乾隆四十六年 （1781 年）	议准四川、重庆一带入楚船只，零星食盐仍照巴东易食零盐之例，不得过 10 斤以上。若有任意售卖过数，除买盐越贩者照例究拟外，其卖给多盐之铺，即以通同货卖例治罪。（《湖北通志》）
乾隆五十三年 （1788 年）	议准江西、湖广及江南之安、池、太三府，俱系淮南纲盐地面，而课税相同。缘湖广为畅销地面，江西与浙、闽、粤三省毗连，均有邻私入境，官运销不足额。该盐政于每纲之首，查覆前纲畅滞情形，裒益分派额引，以期无雍无缺。江南之安、池、太三府，本有定额，而该处系濒江，私盐随路闯入，以致官引积压日多，准其以四分融销楚省，酌定应留应融分数。俟本岸之引，请运过半，即给与融引，令其运楚，期间商力不齐，如正盐未到，即以已到之融盐作为正额，仍于每纲全完奏销时，分晰报部。（《清会典事例》）

续表

乾隆五十六年（1791 年）	湖北盐法道详，湖北安陆府属荆门州一缺，奉文改为直隶州知州，将安陆府属之当阳、荆州府属之远安二县，归于该州管辖，所有该州额销引盐 2 220 引，另立州总。将当阳原派 1 111 引，远安 480 引，摊于安、荆二府总项下开除，归该州督销。（《湖北通志》） 议准行销淮盐之江西、湖广、江南、河南各省，无论巡役兵民，但能拿获枭犯者，将所获盐货车船匹配，全行赏给。其所赏盐斤，许该巡役兵民携赴就近官商盐店，令商人查招现卖时价，八折给领。（《清会典事例》）
嘉庆五年（1800 年）	奏准小伙私盐出境，及临邑私盐入境贩卖，不能擒获，州县吏目典史等官，照窝案满贯例查参。若拒捕杀伤人者，按次数查参。（《中国盐政实录》） 又议准枭徒聚众十人以上，带有军器，拒捕杀伤人者，州县印捕官降二级，留任；道员府州罚俸一年，俱限一年缉拿，限满不获，专管官照所降之级调用；兼辖官降一级，留任。（《中国盐政实录》）
嘉庆九年（1804 年）	盐场大使失察，灶丁透私，如能立时自行拿获者，免议；或自行查出未经拿获详报通缉者，革职，留任，限一年缉拿；限内全获并拿获过半兼获首犯者，准其开复，逾限不获仍革职。如犯被临境拿获，将革职留任之岸按年开复。（《中国盐政实录》） 又议准地方有奸徒强夺盐店及闹灶场之事，文武官弁即行拿获，究出主使同伙，如获犯过半并获首犯者，免其处分；如不能获犯与获犯不及一半者，照盗案例提参议处。（《中国盐政实录》）
嘉庆十七年（1812 年）	议定凡现充盐商人员，兼户部司员；此外，祖孙、父子以及嫡亲伯叔兄弟，有现充盐商者，亦令其回避，户部如堂兄弟以下，远近宗族虽无运本股份，但既系同族亦应引嫌，不准选补户部山东司之缺。（《中国盐政实录》）
道光元年（1821 年）	孙玉庭奏准盐运至楚岸，停止封轮之法，该复散卖旧章，以利疏销。（《圣训》） 江西、江苏、安徽等处专设盐政管理。（《中国盐政实录》） 江西、湖广、江宁、安徽等处盐务均归各该总督管理。（《中国盐政实录》）
道光十一年（1831 年）	淮北从江督陶澍之请，该行票盐。（《中国盐政实录》） 嗣后如有拿获贩私，舵工、水手即着追究风客住址姓名，拿获到案，按律征办，舵工、水手免其治罪。若甘心包庇不肯供指，即比照贩私三百斤以上，不供出卖盐人姓名之例，于本罪上加一等治罪；倘系挟嫌污攀，仍照诬告例加等办理。（《中国盐政实录》）
道光十七年（1837 年）	两淮盐务改归两江总督管理。（《中国盐政实录》）

道光二十九年 (1849 年)	奏准奸商捏报淹消,蒙领护照,及部引未领先请给发配运到岸,地方官通同捏报者,革职拿问;该运司并不查明迁行发给护照者,照徇庇例降三级,调用。(《中国盐政实录》)
道光三十年 (1850 年)	从江督陆建瀛之请,淮南该行票盐。(《中国盐政实录》)
咸丰三年 (1853 年)	川粤盐入楚,设关抽税,是为厘税之始。(《中国盐政实录》) 淮盐阻滞,准以川盐接济,湖北民食是为川盐济楚之始。(《中国盐政实录》)
咸丰九年 (1859 年)	淮南泰兴岸试行官运。(《中国盐政实录》)
同治二年 (1863 年)	江督曾国藩于两淮该行官督商销、保价整轮之法;又于两淮按盐抽厘,是为盐厘。(《中国盐政实录》)
同治四年 (1865 年)	淮盐仪征盐栈移设瓜州。(《中国盐政实录》)
同治五年 (1866 年)	署江督李鸿章以鄂、湘、西、皖行淮四岸,改为循环转运之法,捐输票本该始于此。行淮盐之淮安府属桃源、徐州府属宿迁、瞿宁、邳州四食岸专销余盐,官收官运。(《中国盐政实录》)
同治八年 (1869 年)	淮南滁州、来安岸试行官运。(《中国盐政实录》)
同治十年 (1871 年)	淮南整顿盐色。(《中国盐政实录》)
同治十一年 (1872 年)	奏准将湖北武昌、汉阳、黄州、德安四府专销淮盐,其安陆、襄阳、郧阳、荆州、宜昌、荆门五府一州,仍准川盐借销;湖南岳州、常德专销淮盐,其澧州则暂分与川销。(《中国盐政实录》)
同治十二年 (1873 年)	淮盐瓜栈移设仪征县之十二圩。《中国盐政实录》
同治十三年 (1874 年)	定运商窝单即令照窝行运,不必官为定价,止准按窝给单,不准预请数钢售卖。如本窝力绌不能运盐,或不愿自行搬运,准其售于新商认运,不准转卖于不行盐之人。倘该商于开纲后并不投滚办运,又不退与新商,即由运司提窝改签,以杜流弊。(《中国盐政实录》)
光绪四年 (1876 年)	淮北整顿盐色。(《中国盐政实录》)
光绪九年 (1883 年)	行淮盐之徐、淮四岸招商认运。(《中国盐政实录》)

续表

光绪十二年 (1886 年)	定盐场官员,只令回避本籍,毋庸回避祖籍;如有在祖籍服官者,其祖籍本府州县一律令其回避,以别府所属之缺调补;候补人员不准在祖籍之府当差,亦不得委署本府之缺。(《中国盐政实录》)
光绪二十六年 (1900 年)	行淮盐之徐、淮岸商革退,试办官运。(《中国盐政实录》)
光绪三十四年 (1908 年)	江西建昌试办官运。(《中国盐政实录》)
宣统二年 (1910 年)	行淮之河南西平、遂平、确山三县办理官运;设淮南盐政公所。(《中国盐政实录》)
宣统三年 (1911 年)	将各项课税厘金加价,以及一切杂捐经费等名目,归并为一,统称盐税。是为划一盐税之始。八月,以盐政处改为盐政院;九月,以度支大臣兼任盐政大臣;十一月,以盐政院归并度支部。(《中国盐政实录》)

资料来源:本表结合席裕福、沈师徐辑《皇朝政典类纂》卷七十一《盐法一·盐课》,载沈云龙主编《近代中国史料丛刊续辑》第 880 册,文海出版社,1998 年;《清会典事例》,中华书局,1991 年影印本;嘉庆朝《钦定大清会典事例》,载沈云龙主编《近代中国史料丛刊三编》第 665 册,文海出版社,1999 年;盐务署辑《中国盐政实录》(附录·盐务大事表),载沈云龙主编《近代中国史料丛刊三编》第 871—874 册,文海出版社,1999 年;林振翰《淮盐纪要》,商务印书馆,民国十七年(1928 年);《清朝通典》卷一十二《食货十二·盐法》,商务印书馆,民国二十四年(1935 年);《清朝通志》卷九十一《食货十一·盐法》,商务印书馆;乾隆官修《清朝文献通考》,光绪八年(1879 年)浙江书局刊本;何治基等纂《重修安徽通志》(光绪三年重刊本)卷七十九《食货志·盐法》,台湾华文书局印行,民国二十四年(1935 年);《大清十朝圣训》,北京燕山出版社,1998 年;民国《湖北通志》,台湾华文书局据民国十年(1921 年)重刊本印行等,制作而成。

参考文献

正史、别史、档案、资料汇编

《册府元龟》,中华书局,1960 年。

《后汉书》,中华书局,1965 年。

《旧唐书》,中华书局,1975 年。

《明会典》,中华书局,1989 年。

《明经世文编》,中华书局,1962 年。

《明实录》,"中央研究院"历史语言研究所,1983 年。

《明史》,中华书局,1974 年。

《清国史》,嘉业堂钞本,中华书局,1993 年。

《清实录》,中华书局,1986 年。

《宋史》,中华书局,1977 年。

《唐会要》,中华书局,1955 年。

《新唐书》,中华书局,1975 年。

《元典章》,山西古籍出版社,2004 年。

《资治通鉴》,中华书局,1956 年。

[明]黄淮、杨士奇编:《历代名臣奏议》,上海古籍出版社,1989 年。

[清]葛士浚辑:《皇朝经世文续编》,沈云龙主编《近代中国史料丛刊》第741 册,文海出版社,1972 年。

[清]何良栋辑:《皇朝经世文四编》,沈云龙主编《近代中国史料丛刊》第761 册,文海出版社,1972 年。

[清]贺长龄辑:《皇朝经世文编》,沈云龙主编《近代中国史料丛刊》第731 册,文海出版社,1972 年。

[清]纪昀等纂:《钦定历代职官表》,中华书局,民国年间铅印本。

[清]蒋良骐撰:《东华录》,《续修四库全书》第 368—371 册,上海古籍出版

社,1999年。

[清]昆冈等纂:《钦定大清会典》,据光绪二十五年(1899年)刻本影印,新文丰出版公司,1976年。

[清]刘锦藻撰:《清朝续文献通考》,商务印书馆,1936年。

[清]乾隆时官修:《清朝通典》,商务印书馆,1935年。

[清]三泰等纂:乾隆《大清律例》,《四库全书》本。

[清]沈家本等编订:《钦定大清现行新律例》,《续修四库全书》第864册,上海古籍出版社,1999年。

[清]沈家本撰:《历代刑法考》,《续修四库全书》第877册,上海古籍出版社,1999年。

[清]盛康辑:《皇朝经世文编续编》,沈云龙主编《近代中国史料丛刊》第838册,文海出版社,1972年。

[清]托津等纂:《钦定大清会典事例》,沈云龙主编《近代中国史料丛刊三编》第656册,文海出版社,1992年。

[清]王先谦编:《东华续录》,《续修四库全书》第371—378册,上海古籍出版社,1999年。

[清]倭仁纂:《钦定户部则例》,《故宫珍本丛刊》第284—286册,海南出版社,2000年。

[清]席裕福、沈师徐辑:《皇朝政典类纂》,沈云龙主编《近代中国史料丛刊二编》第880册,文海出版社,1998年。

[清]许梿、熊莪纂辑:《刑部比照加减成案》,《续修四库全书》第865册,上海古籍出版社,1999年。

[清]许梿撰:《刑部比照加减成案续编》,《续修四库全书》第866册,上海古籍出版社,1999年。

[清]颜世清辑:《约章成案汇览》,《续修四库全书》第874—876册,上海古籍出版社,1999年。

[清]张廷玉等撰:《清朝文献通考》,光绪八年(1882年)浙江书局刊本。

[清]朱梅臣辑:《驳案汇编》,《续修四库全书》第873—874册,上海古籍出版社,1999年。

[清]祝庆祺等撰:《刑案汇览》,《续修四库全书》第867—872册,上海古籍出版社,1999年。

故宫博物院明清档案部编:《关于江宁织造曹家档案史料》,中华书局,
　　1975年。

故宫博物院明清档案部编:《李煦奏折》,中华书局,1976年。

何泉达选辑:《清实录江浙沪地区经济资料选》,上海社会科学院出版社,
　　1989年。

罗振玉等编辑:《皇清奏议》,全国图书馆文献缩微复制中心,2004年。

南开大学历史系编:《清实录经济资料辑要》,中华书局,1959年。

萧一山:《清代通史》,中华书局,1986年。

于浩辑:《稀见明清经济史料丛刊》(第二辑),国家图书馆出版社,2012年。

张海鹏、王廷元主编:《明清徽商资料选编》,黄山书社,1985年。

赵之恒、牛耕、巴图主编:《大清十朝圣训》,北京燕山出版社,1998年。

中国第一历史档案馆编:《乾隆朝军机处随手登记档》,广西师范大学出版
　　社,2000年。

中国第一历史档案馆编:《乾隆朝上谕档》,档案出版社,1991年。

中国第一历史档案馆藏:乾隆、嘉庆、道光朝《军机处录副奏折》(财经类)。

中国第一历史档案馆藏:雍正、乾隆、嘉庆、道光朝《朱批奏折》(财政类·盐
　　务项)。

盐业史料

[清]丁宝桢等纂修:光绪《四川盐法志》,光绪八年(1882年)刻本。

[清]噶尔泰纂修:雍正《敕修两淮盐法志》,雍正六年(1728年)刻本。

[清]蒋兆奎纂:《河东盐法备览》,乾隆五十五年(1790年)刻本。

[清]李澄辑:《淮鹾备要》,道光三年(1823年)刻本。

[清]李卫纂修:雍正《两浙盐法志》,雍正元年(1723年)刻本。

[清]庞际云等纂修:《淮南盐法纪略》,同治十二年(1873年)淮南书局
　　刊本。

[清]阮元等纂修:道光《两广盐法志》,道光十六年(1836年)刻本。

[清]铁保等纂修:嘉庆《两淮盐法志》,同治九年(1870年)扬州书局重
　　刊本。

[清]童濂等编:《淮北票盐志略》,同治七年(1868年)刻本。

［清］王定安等纂修：光绪《重修两淮盐法志》，光绪三十一年（1905 年）刻本。

［清］王世球等纂修：乾隆《两淮盐法志》，乾隆十三年（1748 年）刻本。

［清］王守基纂：《盐法议略》，同治刻本（另见《丛书集成初编》第 774 册，中华书局，1991 年）。

［清］许宝书编：《淮北票盐续略》，同治九年（1870 年）刻本。

［清］延丰等纂修：《钦定重修两浙盐法志》，嘉庆六年（1801 年）刻本。

［清］著者不详：《两淮鹾务考略》（抄本），《四库未收书辑刊》（第一辑）第 24 册，北京出版社，1998 年。

陈庆年：《两淮盐法撰要》，益智社铅印本。

方裕谨编选：《道光初年楚岸盐船封轮散卖史料》（上、下），《历史档案》1991 年第 1、2 期。

方裕谨编选：《康熙年间关于盐务的御史奏章》，《历史档案》1985 年第 1 期。

方裕谨编选：《道光九年两淮盐务史料》，《历史档案》1997 年第 4 期。

高振田编选：《查弼纳奏报查抄李煦家产及审讯其家人史料》，《历史档案》1998 年第 4 期。

蒋静一：《中国盐政问题》，正中书局，民国二十五年（1936 年）。

景学钤编：《盐政丛刊》，盐政杂志社，1920 年铅印本。

景学钤编：《盐政丛刊》（二集），盐政杂志社，民国二十一年（1932 年）。

景学钤：《盐务革命史》，南京京华印书馆，1929 年。

林纪猷：《中国盐政之沿革》，《工商学志》1935 年第 7 卷第 1 期。

林振翰：《淮盐纪要》，商务印书馆，民国十七年（1928 年）。

林振翰：《盐政辞典》，中州古籍出版社，1988 年。

林振翰编辑：《中国盐政纪要》，商务印书馆，民国十九年（1930 年）。

南开大学经济研究所经济研究室编：《中国近代盐务史资料选辑》第 1 册，南开大学出版社，1985 年。

欧宗祐：《中国盐政小史》，商务印书馆，民国二十年（1931 年）。

田斌：《中国盐税与盐政》，省政府印书局，民国十八年（1929 年）。

田秋野、周维亮：《中华盐业史》，台湾商务印书馆，1979 年。

王澈编选：《乾隆四十二年山东峄县私盐贩拒捕伤差案》，《历史档案》1991

年第 3 期。

盐务署辑:《清盐法志》,民国九年(1920 年)铅印本。

盐务署辑:《盐政备览》,1925 年铅印本。

盐务署辑:《中国盐政实录》,沈云龙主编《近代中国史料丛刊三编》第 871—874 册,文海出版社,1999 年。

杨德泉编:《清代前期两淮盐商资料初辑》,《江海学刊》1962 年第 11 期。

叶志如、丁进军编选:《嘉庆后期两淮盐务史料》,《历史档案》1994 年第 1 期。

曾仰丰:《中国盐政史》,商务印书馆,1998 年。

周庆云纂:《盐法通志》,1914 年文明书局铅印本。

左树珍:《盐法纲要》,新学会社,民国二年(1913 年)铅印本。

文集、诗集、笔记、小说、奏折、族谱、野史

[宋]柳永:《煮海歌》,潘同生编著《中国经济诗今释》,中国财政经济出版社,2000 年。

[明]汪道昆:《太函集》,黄山书社,2004 年。

[明]王士性著,吕景琳点校:《广志绎》,中华书局,1981 年。

[明]王守仁:《王阳明全书》,中央书局,1935 年。

[明]谢肇淛:《五杂俎》,辽宁教育出版社,2001 年。

[清]包世臣撰,李星点校:《包世臣全集》,黄山书社,1993 年。

[清]段光清:《镜湖自选年谱》,中华书局,1960 年。

[清]范锴辑:《汉口丛谈》,成文出版社,《中国方志丛书》本,1975 年。

[清]龚自珍:《龚自珍全集》,上海人民出版社,1975 年。

[清]黄钧宰:《金壶七墨全集》,沈云龙主编《近代中国史料丛刊》第 428 册,文海出版社,1972 年。

[清]李斗:《扬州画舫录》,中华书局,1960 年。

[清]李概编:《李文恭公(星沅)奏议》,沈云龙主编《近代中国史料丛刊》第 312 册,文海出版社,1972 年。

[清]李觏:《李觏集》,中华书局,1981 年。

[清]李果:《在亭丛稿》,乾隆十年(1745 年)刻本。

［清］梁章钜撰，陈铁民点校：《浪迹丛谈续谈三谈》，中华书局，1981年。

［清］林则徐：《林文忠公政书》，清光绪三年(1877年)山林氏刻本。

［清］凌焘：《西江视臬纪事》，乾隆八年(1743年)剑山书屋刻本。

［清］卢靖编：《陆文节公(建瀛)奏议》，沈云龙主编《近代中国史料丛刊》第
　　343册，文海出版社，1972年。

［清］罗文彬编：《丁文诚公(宝桢)遗集》，沈云龙主编《近代中国史料丛刊》
　　第74册，文海出版社，1972年。

［清］孟壶史：《刑案成式》，光绪丁丑仲春墨池书屋。

［清］欧阳兆熊、金安清撰，谢兴尧点校：《水窗春呓》，中华书局，1984年。

［清］钱泳：《履园丛话》，中华书局，1979年。

［清］沈垚：《落帆楼文集》，民国七年(1918年)嘉业堂刻本。

［清］陶澍：《陶澍集》，岳麓书社，1998年。

［清］陶澍：《陶云汀先生奏疏》，《续修四库全书》第499册，上海古籍出版
　　社，1999年。

［清］王庆云：《石渠余纪》，北京古籍出版社，1985年。

［清］王树柟编：《张文襄公(之洞)全集》，沈云龙主编《近代中国史料丛刊》
　　第458册，文海出版社，1972年。

［清］魏源：《魏源集》，中华书局，1976年。

［清］吴嘉纪：《陋轩诗集》，道光泰州夏氏刻本。

［清］吴嘉纪著，杨积庆笺校：《吴嘉纪诗笺校》，上海古籍出版社，1980年。

［清］吴养原编：《吴文节公遗集》，《清末民初史料丛书》第三十一辑，成文出
　　版社，1968年。

［清］小横香室主人：《清朝野史大观》，中央编译出版社，2009年。

［清］杨仲义编：《意园文略》，清宣统二年(1910年)刻红印本。

［清］姚元之：《竹叶亭杂记》，中华书局，1982年。

［清］袁枚：《随园诗话》，人民文学出版社，1982年。

［清］张集馨：《道咸宦海见闻录》，中华书局，1981年。

［清］周玉山：《周悫慎公全集》，民国十一年(1922年)秋浦周氏校刊石
　　印本。

《林则徐全集》编辑委员会编：《林则徐全集》(第二、三册)，海峡文艺出版
　　社，2002年。

许承尧:《歙事闲谭》,黄山书社,2001年。

方　志

[明]林希元等纂修:嘉靖《钦州志》,《故宫珍本丛刊》第203册,海南出版社,2001年。

[清]白璟等纂修:乾隆《湘潭县志》,据乾隆四十六年(1781年)刻本影印,《中国地方志集成》本。

[清]陈鄂等纂修:乾隆《襄阳府志》,据乾隆二十五年(1760年)刻本影印,《中国地方志集成》本。

[清]陈荫昌等纂修:同治《大庾县志》,据同治十三年(1874年)刊本影印,《中国地方志集成》本。

[清]定祥等纂修:光绪《吉安府志》,光绪二年(1876年)刻本,《中国地方志集成》本。

[清]范咸等纂修:乾隆《湖南通志》,乾隆二十二年(1757年)刻本。

[清]何远鉴等纂修:同治《施南府志》,据同治十年(1871年)刻本影印,《中国地方志集成》本。

[清]何治基等纂修:光绪《重修安徽通志》,华文书局据光绪三年(1877年)重刊本印行。

[清]黄德溥等纂修:同治《赣县志》,据同治十一年(1872年)刊本影印,《中国地方志集成》本。

[清]黄鸣珂等纂修:光绪《南安府志》,据清光绪十二年(1886年)刻本,《中国地方志集成》本。

[清]李人镜等纂修:同治《南城县志》,据同治十二年(1873年)刊本影印,《中国地方志集成》本。

[清]廖恩树等纂修:同治《巴东县志》,据同治五年(1866年)刻本影印,《中国地方志集成》本。

[清]刘抃等纂修:光绪《饶平县志》,据光绪三年(1877年)刊本影印,《中国地方志集成》本。

[清]刘丙等纂修:道光《宁都直隶州志》,据清道光四年(1824年)刻本影印,《中国地方志集成》本。

［清］马步蟾等纂修：道光《徽州府志》，据道光七年（1827 年）刻本影印，《中国地方志集成》本。

［清］马云龙等纂修：光绪《均州志》，据光绪十年（1884 年）刻本影印，《中国地方志集成》本。

［清］欧阳骏等纂修：同治《万安县志》，据同治十二年（1873 年）刊本影印，《中国地方志集成》本。

［清］邵子彝等纂修：同治《建昌府志》，据同治十一年（1872 年）刊本影印，《中国地方志集成》本。

［清］宋瑛等纂修：光绪《泰和县志》，据光绪五年（1879 年）刊本影印，《中国地方志集成》本。

［清］王柏心等纂修：同治《宜昌府志》，据同治五年（1866 年）刻本影印，《中国地方志集成》本。

［清］王闿运等纂修：同治《桂阳直隶州志》，据同治七年（1868 年）刻本影印，《中国地方志集成》本。

［清］王万芳等纂修：光绪《襄阳府志》，据光绪十一年（1885 年）刻本影印，《中国地方志集成》本。

［清］魏瀛等纂：同治《赣州府志》，据同治十二年（1873 年）刻本，《中国地方志集成》本。

［清］杨瑞云等纂修：光绪《盐城县志》，据光绪三年（1877 年）刊本影印，《中国地方志集成》本。

［清］游法珠等纂修，杨廷为等纂：乾隆《信丰县志》，据乾隆十六年（1751 年）刻本影印，《中国地方志集成》本。

［清］曾国荃等纂修：光绪《湖南通志》，上海古籍出版社，1990 年。

［清］赵之谦等纂修：光绪《江西通志》，华文书局据清光绪七年（1881 年）刻本印行。

［清］朱维高等纂修：康熙《瑞金县志》，据康熙二十二年（1683 年）刊本影印，《中国地方志集成》本。

李正谊等修，邹鹄等纂：民国《吉安县志》，据民国三十年（1941 年）铅印本影印，《中国地方志集成》本。

刘锋、赵之谦等纂：《中国地方志集成》，江苏古籍出版社，1996 年。

民国《江西通志》，京华书局，1967 年。

石国柱、楼文钊修,许承尧等纂:民国《歙县志》,1937年铅印本。

吴宗慈等纂:民国《江西通志稿》,民国线装本。

张仲炘、杨承禧等纂:民国《湖北通志》,上海古籍出版社,1990年。

专　著

蔡少卿:《中国近代会党史研究》,中华书局,1987年。

陈锋:《清代盐政与盐税》,中州古籍出版社,1988年。

陈锋编:《陈锋自选集》,华中理工大学出版社,1999年。

陈然编:《中国盐史论著目录索引》,中国社会科学出版社,1990年。

池子华:《中国流民史》(近代卷),安徽人民出版社,2001年。

戴均良等主编:《中国古今地名大词典》(中册),上海辞书出版社,2005年。

戴裔煊:《宋代钞盐制度研究》,中华书局,1981年。

杜家骥编著:《清朝简史》,福建人民出版社,1997年。

段超:《陶澍与嘉道经世思想研究》,中国社会科学出版社,2001年。

方志远:《明清湘鄂赣地区的人口流动与城乡商品经济》,人民出版社,
　　2001年。

冯尔康:《清史史料学》,沈阳出版社,2004年。

葛剑雄主编,曹树基著:《中国人口史》(第五卷·清时期),复旦大学出版
　　社,2001年。

郭绪印:《清帮秘史》,上海人民出版社,2002年。

郭正忠:《宋代盐业经济史》,人民出版社,1990年。

郭正忠主编:《中国盐业史》(古代编),人民出版社,1997年。

黄锡荃等编著:《中国的河流》,商务印书馆,1995年。

《江西省情汇要》编辑委员会编:《江西省情汇要》,江西人民出版社,
　　1985年。

李国屏:《清门考原》,上海文艺出版社,1990年。

李鹏年等编著:《清代中央国家机关概述》,紫禁城出版社,1989年。

李三谋:《明清财经史新探》,山西经济出版社,1990年。

李文治、江太新:《清代漕运》,中华书局,1995年。

李孝聪:《中国区域历史地理》,北京大学出版社,2004年。

李洵、薛虹主编：《清代全史》，辽宁人民出版社，1995年。

李志茗：《晚清四大幕府》，上海人民出版社，2002年。

林文勋、黄纯艳等：《中国古代专卖制度与商品经济》，云南大学出版社，2003年。

刘经华：《中国早期盐务现代化：民国初期盐务改革研究》，中国科学技术出版社，2002年。

罗玉东：《中国厘金史》，香港大东图书公司，1977年。

孟森：《清史讲义》，广西师范大学出版社，2005年。

牛平汉主编：《清代政区沿革综表》，中国地图出版社，1990年。

欧阳春、方志远：《明清中央集权与地域经济》，中国社会科学出版社，2002年。

彭泽益：《十九世纪后半期的中国财政与经济》，人民出版社，1983年。

彭泽益、王仁远主编：《中国盐业史国际学术讨论会论文集》，四川人民出版社，1991年。

蒲坚编著：《中国古代法制丛钞》，光明日报出版社，2001年。

齐思和整理：《黄爵滋奏疏、许乃济奏议合刊》，中华书局，1959年。

秦宝琦：《清末民初秘密社会的蜕变》，中国人民大学出版社，2004年。

任放：《明清长江中游市镇经济研究》，武汉大学出版社，2003年。

邵鸿：《商品经济与战国社会变迁》，江西人民出版社，1995年。

沈寂、董长卿、甘振虎：《中国秘密社会》，上海书店，1993年。

沈兴敬主编：《江西内河航运史》（古、近代部分），人民交通出版社，1991年。

谭其骧编著：《简明中国历史地理地图集》（清时期），中国地图出版社，1996年。

唐力行：《商人与中国近世社会》，浙江人民出版社，1993年。

陶用舒：《陶澍评传》，湖南师范大学出版社，2007年。

王戎笙编：《台湾清史研究文摘》，辽宁人民出版社，1988年。

王瑜、朱正海主编：《盐商与扬州》，江苏古籍出版社，2001年。

王振忠：《明清徽商与淮扬社会变迁》，三联书店，1996年。

韦明铧：《两淮盐商》，福建人民出版社，1999年。

吴慧、李明明：《中国盐法史》，台湾文津出版社，1997年。

吴宗国主编:《中国古代官僚政治制度研究》,北京大学出版社,2004 年。

萧一山:《近代秘密社会史料》,岳麓书社,1986 年。

萧一山:《清代通史》,华东师范大学出版社,2006 年。

谢俊美:《政治制度与近代中国》,上海人民出版社,2000 年。

行龙:《人口问题与近代社会》,人民出版社,1992 年。

徐泓:《清代两淮盐场的研究》,嘉新水泥公司文化基金会(研究论文第二○
　　六种),1972 年。

许大龄:《清代捐纳制度》,燕京大学哈佛燕京学社,1950 年。

许涤新、吴承明主编:《中国资本主义的萌芽》,人民出版社,1985 年。

严中平编著:《清代云南铜政考》,中华书局,1957 年。

杨子慧主编:《中国历代人口统计资料研究》,改革出版社,1996 年。

姚邦藻主编:《徽州学概论》,中国社会科学出版社,2000 年。

于光远主编:《经济大辞典》,上海辞书出版社,1992 年。

张德泽:《清代国家机关考略》,学苑出版社,2001 年修订本。

张海鹏、王廷元主编:《徽商研究》,安徽人民出版社,1995 年。

张晋藩主编:《清朝法制史》,中华书局,1998 年。

张景月、刘新风主编:《商史通鉴》,九州图书出版社,1996 年。

张荣铮等点校:《大清律例》,天津古籍出版社,1993 年。

张小也:《清代私盐问题研究》,社会科学文献出版社,2001 年。

张研、牛贯杰:《19 世纪中期中国双重统治格局的演变》,中国人民大学出
　　版社,2002 年。

章开沅等主编,张建民著:《湖北通史》(明清卷),华中师范大学出版社,
　　1999 年。

中国第二历史档案馆编:《民国帮会要录》,档案出版社,1993 年。

中国会党史研究会编:《会党史研究》,学林出版社,1987 年。

中国人民大学、中国第一历史档案馆合编:《天地会》,中国人民大学出版
　　社,1987 年。

周伯棣编著:《中国财政史》,上海人民出版社,1981 年。

周积明、宋德金主编:《中国社会史论》(上、下),湖北教育出版社,2000 年。

周育民、邵雍:《中国帮会史》,上海人民出版社,1993 年。

周志初:《晚清财政经济研究》,齐鲁书社,2002 年。

〔比〕罗伯特·特里芬:《垄断竞争与一般均衡理论》,商务印书馆,1995年。

〔美〕Torbert,Preston M. *The Ch'ing Imperial Household Department: Study of Its Organization and Principal Functions, 1662－1796.* Cambridge,Mass.and London:Harvard University Press,1977.

〔美〕道格拉斯·C·诺思著,陈郁、罗华平等译:《经济史中的结构与变迁》,上海三联书店、上海人民出版社,1994年。

〔美〕道格拉斯·C·诺思著,刘守英译:《制度、制度变迁与经济绩效》,上海三联书店,1994年。

〔美〕何炳棣著,葛剑雄译:《明初以降人口及其相关问题(1368—1953)》,三联书店,2000年。

〔美〕罗威廉著,江溶、鲁西奇译,彭雨新、鲁西奇审校:《汉口:一个中国城市的商业和社会(1796—1889)》,中国人民大学出版社,2005年。

〔美〕马克·科尔兰斯基(Mark Kurlansky)著,夏业良、丁伶青译:《盐》,机械工业出版社,2005年。

〔美〕曾小萍著,董建中译:《州县官的银两——18世纪中国的合理化财经改革》(*The Magistrate's Tael:Rationalizing Fiscal Reform in Eighteenth Century Ch'ing China*),中国人民大学出版社,2005年。

〔美〕张伯仑著,郭家麟译:《垄断竞争理论》,三联书店,1958年。

〔日〕长野郎:《中国社会组织》(中译本),光明书局,1930年。

〔日〕三谷孝著,李恩民监译:《秘密结社与中国革命》,中国社会科学出版社,2002年。

〔英〕李约瑟著,《中国科学技术史》翻译小组译:《中国科学技术史》,科学出版社,1975年。

论 文

曹树基、刘仁团:《清代前期"丁"的实质》,《中国史研究》2000年第4期。

曹文柱:《关于两晋之际流民的几个问题》,赵清主编《社会问题的历史考察》,成都出版社,1992年。

陈锋:《论清顺治朝的盐税政策》,《社会科学辑刊》1987年第6期。

陈锋:《清代两湖市场与四川盐业的盛衰》,《四川大学学报》(哲学社会科学版)1988 年第 3 期。

陈锋：《清代三藩之乱期间盐课岁入辨析》，《历史档案》1989 年第 3 期。

陈锋：《清史稿·盐法》补正，《文献》1990 年第 4 期。

陈锋：《简论宋明清漕运中私货贩运及贸易》，《中国经济史研究》1996 年第
　　1 期。

陈锋：《清代盐法考成述论——清代盐业管理研究之一》，《盐业史研究》
　　1996 年第 1 期。

陈锋：《清代户部的盐政职能——清代盐业管理研究之二》，《盐业史研究》
　　1998 年第 2 期。

陈倩：《社会分层理论视野下的清代私盐分类思考》，《东南学术》2013 年第
　　6 期。

陈倩：《清代四川地方政府对私盐失控的原因述评》，《学术探索》2014 年第
　　4 期。

陈诗启：《明代的灶户和盐的生产》，《厦门大学学报》(社会科学版)1957 年
　　第 1 期。

陈为民：《陶澍》，《平准学刊》第三辑(下)，中国商业出版社，1986 年。

董咸庆：《盐币：云南市场流通过的货币》，彭泽益、王仁远主编《中国盐业史
　　国际学术讨论会论文集》，四川人民出版社，1991 年。

段超：《陶澍盐务改革及其时代特点》，《江汉论坛》2000 年第 12 期。

方裕谨：《道光初年两淮私盐研究》，《历史档案》1998 年第 4 期。

方裕谨：《道光初年清政府遏制两淮私盐之对策》，中国第一历史档案馆编
　　《明清档案与历史研究论文选》，新华出版社，2005 年。

方志远：《明清湘鄂赣地区食盐的输入与运销》，《中国社会经济史研究》
　　2001 年第 4 期。

方志远：《明清湘鄂赣地区的"淮界"与私盐》，《中国社会经济史研究》2006
　　年第 3 期。

郝树声：《略论秦汉时期盐铁钱专营与中央集权的巩固》，《甘肃社会科学》
　　1998 年第 3 期。

何亚莉：《二十世纪中国古代盐业史研究综述》，《盐业史研究》2004 年第
　　2 期。

洪均：《论胡林翼整顿湖北盐政》，《理论月刊》2005 年第 5 期。

黄长义:《人口压力与清中叶经济社会的病变》,《江汉论坛》2000 年第 12 期。

黄道华:《鄂西中部盐业史略》,《盐业史研究》1992 年第 1 期。

黄国信:《清代两广盐区私盐盛行现象初探》,《盐业史研究》1995 年第 2 期。

黄国信:《清代雍正到道光初年的盐枭走私》,《盐业史研究》1996 年第 1 期。

黄国信:《食盐专卖与盐枭略论》,《历史教学问题》2001 年第 5 期。

黄国信:《乾嘉时期珠江三角洲的私盐问题——中国第一历史档案馆一则关于东莞盐务档案的解读》,《盐业史研究》2010 年第 4 期。

黄启臣、黄国信:《清代两广盐区私盐贩运方式及其特点》,《盐业史研究》1994 年第 1 期。

贾大泉:《历代盐法概述》,《盐业史研究》1989 年第 3 期。

江希峞:《浅议两淮盐业缉私沿革》,《盐业史研究》1996 年第 2 期。

姜涛:《食盐与人口》,《中国经济史研究》1994 年第 3 期。

蓝勇:《清代滇铜京运路线考释》,《历史研究》2006 年第 3 期。

李景屏:《康乾盛世与奢靡之风》,《北京社会科学》1995 年第 2 期。

李克毅:《清代的盐官与盐政》,《中国社会经济史研究》1990 年第 4 期。

李三谋、任建煌、计萍:《清朝有关解盐的缉私活动》,《盐文化研究论丛》第四辑,巴蜀书社,2009 年。

廖品龙:《中国盐业专卖溯源》,《盐业史研究》1988 年第 4 期。

刘德仁、薛培:《略论清政府对盐商的控制与利用》,《盐业史研究》1998 年第 2 期。

刘洪石:《略论清代的票盐改革》,《盐业史研究》1995 年第 4 期。

刘经华:《中国传统盐务管理体制的制度分析——以清代官督商销制为中心》,《江汉论坛》2003 年第 4 期。

刘庆龙、蔡建:《近 20 年清代两淮盐业研究述评》,《盐业史研究》2005 年第 2 期。

鲁子健:《川盐济楚与四川盐业的发展》,《社会科学研究》1984 年第 2 期。

鲁子健:《清代四川的盐榷与盐枭》,《盐业史研究》1986 年第一辑。

鲁子健:《清代食盐专卖新探》,《中国经济史研究》1992 年第 3 期。

吕一群:《清代湖广私盐浅议》,《华中师范大学学报》(哲学社会科学版)
　　1991年第4期。

吕一群:《清代湖广榷盐制度的演变》,《江汉论坛》1996年第7期。

马俊亚:《两淮盐业中的垄断经营与手工生产者的困境》,《华中师范大学学
　　报》(人文社会科学版)2007年第1期。

马新:《榷盐与私盐贩的盛行》,《盐业史研究》1999年第4期。

明坚:《漫谈两淮盐务》,《盐业通讯》第179期,1966年。

倪玉平:《政府、商人与民众——试论陶澍淮北票盐改革》,《盐业史研究》
　　2005年第1期。

彭云鹤:《明清两淮盐私和漕运》,《盐业史研究》1991年第4期。

齐涛:《行盐地界制度探源》,《盐业史研究》1991年第1期。

秦宝琦、刘美珍:《论天地会》,中国人民大学清史研究所编《清史研究集》第
　　一辑,中国人民大学出版社,1980年。

秦和平:《川江航运与啯噜消长关系之研究》,《社会科学研究》2000年第
　　1期。

桑甫:《道光十年私盐贩黄玉林案》,《历史档案》1999年第2期。

盛茂产:《孙玉庭与盐务缉私》,《盐业史研究》2001年第1期。

史继刚:《两宋对私盐的防范》,《中国史研究》1990年第2期。

史继刚:《中国古代私盐的产生和发展》,《盐业史研究》2003年第4期。

邰婧:《从〈刑案汇览〉看清朝盐政中的缉私——从道光年间报司有名巡役
　　杀死拒捕盐匪案说起》,《法制与社会》2007年第1期。

陶成章:《浙案纪略》,《中国近代史资料丛刊·辛亥革命》第3册,上海人民
　　出版社,1957年。

汪崇篔:《明清两淮盐利个案两则》,《中国社会经济史研究》2000年第
　　3期。

汪崇篔:《乾隆朝徽商在淮盐业经营中的获利估算》,《盐业史研究》2000年
　　第1期。

汪崇篔:《清嘉道时期淮盐经营成本的估算和讨论》,《盐业史研究》2002年
　　第1期。

汪崇篔:《明清淮盐经营中的引窝、税费和利润》,《安徽史学》2003年第
　　4期。

汪崇篔:《关于徽州盐商性质的两个问题》,《徽学》第二卷,2004 年。

汪士信:《乾隆时期徽商在两淮盐业经营中应得、实得利润流向试析》,《中国经济史研究》1989 年第 3 期。

王斌:《林则徐与两淮盐务改革》,扬州大学 2009 年硕士论文。

王波:《明清时期淮盐走私的形式、原因和治理》,《盐文化研究论丛》第二辑,巴蜀书社,2007 年。

王方中:《清代前期的盐法、盐商与盐业生产》,《清史论丛》第四辑,中华书局,1982 年。

王家范:《中国古代的流民问题》,《探索与争鸣》1994 年第 5 期。

王思治、金城基:《清代前期两淮盐商的盛衰》,《中国史研究》1981 年第 2 期。

王小荷:《清代两广盐区私盐初探》,《历史档案》1986 年第 4 期。

王肇磊、贺新枝:《鄂西北私盐运道概略》,《盐业史研究》2008 年第 1 期。

王肇磊:《清代鄂西北私盐问题略论》,《郧阳师范高等专科学校学报》2010 年第 2 期。

王振忠:《清代汉口盐商研究》,《盐业史研究》1993 年第 3 期。

王振忠:《清代两淮盐务首总制度研究》,《历史档案》1993 年第 4 期。

王振忠:《康熙南巡与两淮盐务》,《盐业史研究》1995 年第 4 期。

温春来:《清代广东盐场的灶户和灶丁》,《盐业史研究》1997 年第 3 期。

吴海波、杨勇:《清中叶江西官私食盐的运输途径与流通方式》,《盐业史研究》2002 年第 3 期。

吴海波:《清中叶江西中、南部地区官盐分销状况与私盐》,《盐业史研究》2004 年第 2 期。

吴海波、李曦:《清政府对私盐的防范和打击——以江西为例》,《盐业史研究》2005 年第 1 期。

吴海波:《明清两淮盐商的资本来源、增值及其特点》,《兰州学刊》2005 年第 4 期。

吴海波:《清代国家生息资本——盐业帑本考》,《晋阳学刊》2005 年第 2 期。

吴海波:《清代湖广官盐运销、流通与私盐》,《求索》2006 年第 2 期。

吴海波、李曦:《清代两淮票盐制及其实态》,《唐都学刊》2006 年第 1 期。

吴海波：《道光年间江西私盐案浅探——以〈刑案成式〉为例》,《历史档案》
　　2007 年第 3 期。

吴海波：《清中叶两淮私盐、私枭与会党》,《盐文化研究论丛》第二辑,巴蜀
　　书社,2007 年。

吴海波：《清代"两淮岁课,当天下租庸之半"质疑》,《四川理工学院学报》
　　（社会科学版）2008 年第 3 期。

吴海波：《私盐、盐枭与政府——以道光十年仪征黄玉林案为例》,《历史档
　　案》2008 年第 1 期。

吴海波：《晚清江淮盐枭与帮会述略》,《盐业史研究》2008 年第 3 期。

吴海波：《从档案史料看清代湖广私盐问题》,《四川理工学院学报》（社会科
　　学版）2010 年第 2 期。

吴海波：《道光年间江西盐枭走私个案剖析——以〈吴文节公遗集〉为例》,
　　《盐业史研究》2010 年第 1 期。

吴海波：《清代私盐立法问题探析》,《盐文化研究论丛》第五辑,巴蜀书社,
　　2010 年。

吴海波：《清中叶两淮私盐及其个案分析》,《四川理工学院学报》（社会科学
　　版）2010 年第 5 期。

吴海波：《清中叶两淮私盐之贩卖方式与特点——以私盐个案为视角》,《南
　　都学坛》2010 年第 1 期。

吴海波：《清中叶湖广私盐量化分析》,《盐业史研究》2011 年第 2 期。

吴海波：《基层民众与私盐——清中叶两淮盐区流通领域的私盐问题研
　　究》,《盐业史研究》2013 年第 4 期。

吴慧：《略论清代纲盐之弊和票法的改革意义》,中国人民大学清史研究所
　　编《清史研究集》第五辑,中国人民大学出版社,1986 年。

吴克嘉：《吴盐如花皎白雪——话说历史悠久的泰州盐文化》,人文泰州网
　　（http://rwtz. t56. net/index. php? m ＝ content&c ＝ index&a ＝
　　show&catid＝16&id＝2576）。

吴善中：《客民·游勇·盐枭——近代长江中下游、运河流域会党崛起背景
　　新探》,《扬州大学学报》（人文社会科学版）1999 年第 5 期。

萧国亮：《清代两淮盐商的奢侈性消费及其经济影响》,《历史研究》1982 年
　　第 4 期。

萧国亮:《论清代纲盐制度》,《历史研究》1988 年第 5 期。

萧国亮:《清代盐业制度论》,《盐业史研究》1989 年第 1 期。

萧致治:《评林则徐对两湖盐务的整顿及其成效》,《武汉大学学报》(人文科学版)2009 年第 1 期。

谢婕:《〈陋轩诗〉与清初灶户的社会生活》,《东岳论丛》2004 年第 1 期。

徐泓:《明代的私盐》,《"国立"台湾大学历史学系学报》1980 年第 7 期。

薛培:《试论清代封建国家干预盐业经济的基本模式》,《盐业史研究》2001 年第 2 期。

薛宗正:《清代前期的盐商》,《清史论丛》第四辑,中华书局,1982 年。

杨久谊:《清代盐专卖制之特点——一个制度面的剖析》,《"中央研究院"近代史研究所集刊》2005 年第 47 期。

移元:《民国时期帮会的蜕变与黑社会的形成》,《社会科学》1996 年第 10 期。

曾玲:《明代前期的福建盐业经济》,《中国社会经济史研究》1986 年第 4 期。

张丹丹:《雍正朝私盐的种类探析》,《贵州工业大学学报》(社会科学版)2008 年第 5 期。

张笃勤:《明清武汉的淮盐市场与城市经济》,《盐业史研究》1999 年第 2 期。

张国骥:《清嘉道时期的吏治危机》,《湖南师范大学社会科学学报》(社会科学版)2004 年第 2 期。

张洪林:《清代私盐难禁之法律缘由考析——以四川为例》,《学术研究》2012 年第 2 期。

张荣生:《古代淮南盐区的盐官制度》,《盐业史研究》2001 年第 3 期。

张小平:《汉口徽商与社会风尚——以〈汉口丛谈〉为例》,《安徽史学》2005 年第 1 期。

张小也:《清代盐政中的缉私问题》,《清史研究》2000 年第 1 期。

张娅静:《浅析清初盐业规制及其弊端》,西南政法大学 2011 年硕士论文。

张永海、刘君:《清代川江铜铅运输简论》,《历史档案》1988 年第 1 期。

赵小平:《清代滇盐生产与商品经济发展研究》,缪坤和主编《经济史论丛》,中国经济出版社,2005 年。

赵芷清:《略论我国盐税制度》,《盐业通讯》第 204 期,1968 年。

郑建明:《关于清中叶江西食盐销售的几个问题》,《盐业史研究》1998 年第
　　1 期。

郑建明:《江西食盐销售史述略》,《盐业史研究》1998 年第 4 期。

郑民德:《冲突与制衡:清代盐枭与封建政权之间对盐业利益的争夺》,《石
　　河子大学学报》(哲学社会科学版)2012 年第 3 期。

郑学檬:《五代盐法钩沉》,《中国社会经济史研究》1982 年第 1 期。

周汉庭:《湖北盐业发展之管见》,《盐业史研究》1995 年第 1 期。

周琍:《清代广东盐业与地方社会》,华中师范大学 2005 年博士论文。

周琍:《清代赣闽粤边区盐粮流通与市镇的发展》,《历史档案》2008 年第
　　3 期。

周琍:《清代闽粤赣边区盐商贩私研究》,《盐业史研究》2009 年第 1 期。

周志初:《清代中叶社会经济的变化与两淮盐务的衰落》,《盐业史研究》
　　1992 年第 3 期。

周志初:《清乾隆年间两淮盐商的资本及利润数额》,《扬州大学学报》(人文
　　社会科学版)1997 年第 5 期。

朱宗宙:《明清时期扬州盐商与封建政府关系》,《盐业史研究》1998 年第
　　4 期。

庄泽宣、陈宇恂:《中国秘密会党之源流及组织》,《历史政治学报》1947 年
　　第 1 期。

作者不详:《论江浙枭匪》,《东方杂志》1906 年第 1 期。

[法]霍克奎特:《早期中国盐业生产的原始方法》,彭泽益、王仁远主编《中
　　国盐业史国际学术讨论会论文集》,四川人民出版社,1991 年。

[韩]金钟博:《明代盐法之演变与盐商之变化》,《史学集刊》2005 年第
　　1 期。

[美]D.W.考夫曼原著,黄健翻译,梁鹰校译:《盐的来源和早期生产方式》,
　　《盐业史研究》1991 年第 4 期。

[美]何炳棣著,巫仁恕译:《扬州盐商:十八世纪中国商业资本的研究》,《中
　　国社会经济史研究》1999 年第 2 期。

[美]李中清:《明清时期中国西南的经济发展和人口增长》,《清史论丛》第
　　五辑,中华书局,1984 年。

［美］托马斯·梅茨格（Thomas Metsger，中文名：墨子刻）：《陶澍对淮北食盐专卖制度的改革》，《中国论丛》1962 年第 16 卷。

［日］白井左知子：《清代赋税关系数字的检讨》，《中国近代史研究》1981 年第 1 期。

［日］渡边惇等：《清末时期长江下游的青帮、私盐集团活动——以与私盐流通的关系为中心》，《盐业史研究》1990 年第 2 期。

［日］冈本隆司：《清代票法の成立——道光朝两淮盐政改革再論》，《史学雜誌》第 110 卷第 12 号，2001 年。

［日］藤井宏：《明代盐场研究》，《北海道大学文学部纪要》第 1 卷，1952 年。

［日］伍跃：《清代报捐研究》，《明清论丛》第六辑，紫禁城出版社，2005 年。

［日］影山刚：《西汉的盐专卖》，刘俊文主编，黄金山、孔繁敏等译《日本学者研究中国史论著选译》第 3 卷，中华书局，1993 年。

［日］佐伯富：《关于清代盐业资本》（上、下），《东洋史研究》11—1、2，1950 年、1951 年。

［日］佐伯富：《清代咸丰时期的淮南盐政》，《东洋史研究》1955 年第 13—16 期。

［日］佐伯富：《清代道光时期淮南盐政的改革》，《东方学论集》第 3 期，1956 年。

［日］佐伯富：《清代的盐法》，《人文》第 2 卷第 2 期，1956 年。

［日］佐伯富：《清代淮南盐販路の争夺について》，《史林》第 39 卷第 4 号，1956 年。

［日］佐伯富：《清代盐の专卖制度について》（上、下），《历史教育》第 5 卷第 11、12 号，1957 年。

［日］佐伯富：《清代にぉけゐ盐务の疑惑について》，《东方学》1966 年第 32 辑。

［日］佐伯富：《从盐管见中国古代史》，《大谷大学研究年报》1981 年第 33 期。

［日］佐伯富：《清代盐政の研究》，（京都）东洋史研究会，1956 年；另见《盐业史研究》1993 年第 3、4 期，1994 年第 2、3、4 期。

［日］佐伯富：《盐と中国社会》，《东亞人文学报》第 3 卷第 1 号，1943 年；另见刘俊文主编，黄金山、孔繁敏等译《日本学者研究中国史论著选译》，

中华书局,1993年。

[新]姜道章(Ching,Tao-chang):Salt Consumption in Ch'ing China,*Nan-gyang University Journal* v.8 & 9(1974—75),pp.67—88。

[新]姜道章:《清代盐税》,《食货月刊》复刊第6卷第7期,1976年。

[新]姜道章:《中国的盐业生产:1644—1911》,《美国地理学家协会之年报》第66期,1976年。

[新]姜道章:《中国清朝产盐工业的重要性》,《东方研究期刊》1976年第14卷第2期。

[新]姜道章、张世福、张莉红:《论清代中国的盐业贸易》,《盐业史研究》1989年第2期。

[英]霍西(Alexaoder Hosie)著,钱智修译:《中国盐政概论》,《东方杂志》1914年第11期第4、5号(期)。